Marketingpraxis IM FREMDENVERKEHR

D1872475

Ferner/Müller/Zolles

# Marketingpraxis IM FREMDENVERKEHR

Das bessere touristische Marketing entscheidet über den Erfolg des Urlaubsangebotes.

Verlag Orac

WIEN · STUTTGART · BERN

Laut Bescheid Zahl 25.355/1-14a/77 vom 8. 8. 1979 des Bundesministeriums für Unterricht und Kunst wird das Buch „Marketingpraxis im Fremdenverkehr“ als Unterrichtsmittel für den Gebrauch an Gastgewerbefachschulen und Hotelfachschulen im Unterrichtsgegenstand Fremdenverkehrslehre sowie an Höheren Lehranstalten für Fremdenverkehrsberufe im Unterrichtsgegenstand Fremdenverkehrslehre und Werbung für geeignet erklärt.

ISBN 3-7015-0182-3
Copyright © 1989 by ORAC
Buch- und Zeitschriftenverlag GesmbH, Wien
Alle Rechte vorbehalten
Schutzumschlag: Fritz Gnan
Grafische Gestaltung: Alfred Hoffmann
Lektorat: Sibylle Pühringer
Satz und Reproarbeit: Druckerei Robitschek & Co., Wien
Druck und Bindung: Carl Ueberreuter Buchproduktion GesmbH

# Inhalt

# VORWORT

Marketing ist im heutigen Wirtschaftsgeschehen unbedingt notwendig, somit keine Angelegenheit, zu der man sich bekennen oder nicht bekennen könnte. Das gilt für alle Wirtschaftsbranchen, insbesondere für den Fremdenverkehr. Wenn wir wollen, daß aus dem Fremdenverkehr ein Gästeverkehr wird, müssen wir alle unsere Bemühungen vom Gast, also vom Markt her ableiten und darauf ausrichten.

Dieses Buch faßt Erfahrungen aus der Praxis für Praktiker zusammen, soll Anregung und Nachschlagewerk sein und damit in die Bereiche der Fremdenverkehrswerbung, Marktforschung, Verkaufsförderung usw. einführen. Ein Handbuch für alle, die neu in diesen faszinierenden Wirtschaftszweig einsteigen, und ein Leitfaden für alle, die sich im Wettbewerb des Tourismus behaupten müssen.

Die Beispiele in diesem Buch demonstrieren angewandtes Marketing; sie haben vielfach Modell- und Vorbildcharakter und vermitteln einen Einblick in die Vielfalt der Problemstellung. Sie wurden so ausgewählt, daß sie einen aktuellen Stand der Marketingpraxis zum Zeitpunkt des Erscheinens der nunmehr dritten Auflage des Buches wiedergeben.

Wenn dieses Buch dem Leser den bleibenden Eindruck vermittelt, im Tourismus komme es darauf an, vom Markt her zu denken, das typisch Eigenständige herauszuarbeiten, all dies in unverwechselbarer Form gewinnend anzukündigen, mit einem Wort: das eigene Angebot zu profilieren, so hat es einen wichtigen Zweck erfüllt. Es muß nämlich ausdrücklich gesagt werden: Wer im Fremdenverkehr – wie in allen anderen Wirtschaftsbranchen – möglichst vielen Interessenten möglichst alles zu bieten versucht oder sich lediglich routinehafter Aussagen und Methoden bedient, wird im zunehmenden Konkurrenzkampf des Welttourismus Schiffbruch erleiden.

Aus der Herkunft der Autoren ergibt sich der Schwerpunkt der Darstellung – das Reiseland Österreich mit seinen wichtigsten Märkten, insbesondere der Bundesrepublik Deutschland. Die grundsätzlichen Ergebnisse und Folgerungen gelten jedoch für jedes entwickelte bzw. in fortgeschrittener Entwicklung befindliche Reiseland und für alle großen Reisemärkte Europas.

Seit vielen Jahren veröffentlichen wir
in unseren Zeitschriften
regelmäßig Reiseberichte und Informationen
über Kur- und Urlaubsorte in Österreich.
Seit vielen Jahren steht Österreich
als Urlaubs- und Reiseziel
bei unseren Lesern in der Beliebtheit
ganz oben.

JAHRES
ZEITEN
VERLAG

Für Sie · Petra · Zuhause · Selber machen
Vital · Schöner Reisen · Merian
Architektur & Wohnen · Feinschmecker · Tempo

# FREIZEIT UND TOURISMUS

## DAS PHÄNOMEN FREIZEIT

Freizeit ist jener (selbstzubestimmende) Anteil unseres Lebens, der in starker Abhängigkeit zum (fremdbestimmten) Anteil, der Arbeitszeit, zu sehen ist. Jost Krippendorf stellt dazu in „Freizeit und Tourismus“ (Hoffmann, 1981) fest: „Freizeit ist jener schmale, frei disponible Zeitraum, in dem die freie Zeit für das Individuum Freiheit bedeuten könnte...“
Historisch betrachtet, wurde durch Arbeitsteilung und industrielle Fertigung der ursprünglich organische Ablauf von Arbeit – Erholung – Arbeit verzerrt. Die Erholungszeit mußte in der Folge erkämpft werden und wurde gesetzlichen Regelungen unterworfen. Daraus leitete man bis heute das „Recht auf Freizeit“ ab.

Den Problemen mit dem Kampf um die Freizeit folgten bald die Probleme mit der Freizeit. Natürlich geht es auf dem Arbeitsmarkt noch immer um die Senkung der Arbeitszeit. Parallel dazu wird aber bereits verstärktes Engagement in die Bewältigung der Freizeit investiert.
Wenn früher die Arbeit als zentraler Lebenssinn angesehen wurde, so ist es heute in immer stärkerem Ausmaß die Freizeit. – Es wird also nicht nur weniger lange, sondern auch weniger gerne gearbeitet.

## DER WERTEWANDEL

**Auszugsweise zitiert nach Romeiss-Stracke in Jost Krippendorf „Freizeit und Tourismus“**

Heute sind drei nebeneinander existierende Lebensstil-Strömungen festzustellen:

- *Die „arbeitsorientierte Lebenseinstellung“:*
  Man lebt, um zu arbeiten.

Anteil an der Gesamtbevölkerung (Deutschland) 1985: 10–20%, Prognose für 2000: 10%.

- *Die „hedonistische Lebenseinstellung“:*
  Man lebt, um zu genießen (Hedonismus = griech. „Lust“). Anteil an der Gesamtbevölkerung (Deutschland) 1985: 10–20%, Prognose für 2000: 45–60%.
- *Die „ganzheitliche Lebensweise“:*
  Die Einheit des Alltags wird angestrebt. Beide Bereiche sollen als sinnvoll erlebt werden und einander nicht ausschließen. Diese – alternative – Lebensweise ist stark im Steigen begriffen. Anteil an der Gesamtbevölkerung (Deutschland) 1985: 20–30%, Prognose für 2000: 30–45%.

Laut einer Freizeitstudie des ADAC wird die effektive jährliche Arbeitszeit auf 1512 Stunden sinken. Für die weitere Arbeitszeitverkürzung besteht eine eindeutige Präferenz zugunsten der verkürzten Wochenarbeitszeit. Vor die Wahl gestellt, entweder täglich 1,5 Stunden weniger zu arbeiten oder pro Woche einen Tag frei zu haben, entschieden sich zwei Drittel der Befragten für den zusätzlichen freien Tag.
Das B.A.T. Freizeit-Forschungsinstitut ermittelte für das Jahr 2010 mehr als 200 arbeitsfreie Tage für die Deutschen. Das wird auch ein Umdenken bei der Freizeitgestaltung mit sich bringen: „Arbeiten“ – vom Heimwerken über soziale Aufgaben bis zur Bildung und Weiterbildung oder dem Erlernen anderer Berufe – wird genauso dazugehören wie die vermehrte Pflege von Kontakten und Geselligkeit, Gesundheit und Fitneß, Sport und Hobby. Freizeitberufe vom Animateur und Interessentenberater bis zum „Zuhörer für einsame Menschen“ könnten Hochkonjunktur haben.
Nachstehend einige ausgewählte Daten und Tabellen des B.A.T. Freizeit-Forschungsinstitutes, Prof. Dr. Opaschowski, Hamburg:

**Dreifacher Freizeitzuwachs**

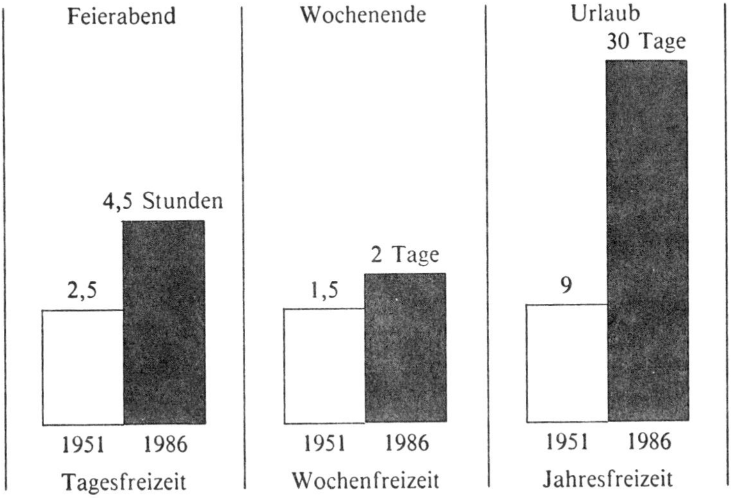


Quelle: B.A.T Freizeit-Forschungsinstitut nach Daten des Statistischen Bundesamtes

Noch nie hatte eine Generation soviel Zeit und Geld, Bildung und Wohlstand wie heute. Innerhalb der letzten 35 Jahre nahm die Freizeit am Feierabend um über 70% zu, wurden die 5-Tage-Woche und das verlängerte Wochenende eingeführt und verdreifachte sich die Zahl der Urlaubstage. Im gleichen Zeitraum haben sich die Nettoeinkünfte der abhängig Beschäftigten vervielfacht und stieg das Bildungsniveau der jüngeren und mittleren Generation deutlich an: 85% der über 60jährigen haben noch Volksschulbildung, dagegen nur mehr 58% der Gesamtbevölkerung.
Immer weniger Menschen erwirtschaften heute in immer kürzerer Zeit mehr gesellschaftlichen Reichtum als in der Vergangenheit. Zugleich steht immer mehr Menschen immer mehr arbeitsfreie Zeit für Freizeit- und Urlaubsaktivitäten zur Verfügung.

## Was uns im Leben wichtig erscheint

Frage: „Manches in unserem Leben ist uns sehr wichtig, anderes eher unwichtig. Ich lese Ihnen jetzt einige Dinge vor, und Sie sagen mir bitte anhand dieser Karte, wie wichtig für Sie persönlich die einzelnen Dinge sind."

Antwort: „wichtig" / „sehr wichtig" (in Prozent)

| | |
|---|---|
| 1. Familie | 90% |
| 2. Freunde | 88% |
| 3. Freizeit | 85% |
| 4. Bildung | 79% |
| 5. Beruf | 78% |
| 6. Kultur | 60% |
| 7. Politik | 49% |
| 8. Religion | 48% |

Repräsentativbefragung von 2.000 Personen ab 14 Jahren
Quelle: B.A.T. Freizeit-Forschungsinstitut 1986

Der Beruf, das Lebensideal von einst, ist mittlerweile auf den fünften Platz der Werteskala gefallen. Noch vor 10 Jahren hielten die Deutschen ihren Beruf für wichtiger als die Freizeit. Heute geben drei „F" dem Leben einen Sinn: Familie, Freunde und Freizeit. Das Leben ist nicht mehr nur zum Arbeiten und Schaffen da. Erwerbsarbeit bleibt lebenswichtig, aber der Absolutanspruch der Berufsethik hat sich überlebt. Nur noch die Selbständigen, die leitenden Angestellten und Beamten sprechen sich für die zentrale Lebensbedeutung des Berufs aus. Ganz im Gegensatz dazu hält jeder vierte Bezieher von Einkommen bis zu 3.000 DM den eigenen Beruf für „weniger wichtig" oder gänzlich „unwichtig". Für die Mehrheit der Deutschen hat die Berufsarbeit ihren Mythos verloren.

**Freizeit contra Familie**

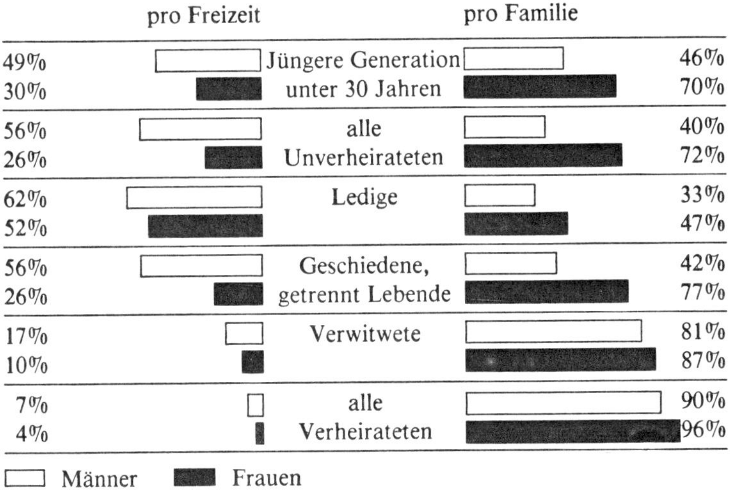


Repräsentativbefragung von 1.850 Personen ab 18 Jahren (Differenz zu 100% ohne Angabe).
Quelle: B.A.T. Freizeit-Forschungsinstitut 1985

Die Gefahr einer kinderlosen Freizeitkultur besteht bei anhaltender Kinderlosigkeit in allen westlichen Industrieländern. Den größten Geburtenrückgang verzeichnet die BRD. In den Vorstellungen vieler Bundesbürger schließen sich Kinderwunsch und freizeitorientierter Lebensstil weitgehend aus. Befürchtet werden deutliche Einschränkungen der persönlichen Freizeitinteressen. Für jeden zweiten Mann unter 30 sind mittlerweile Freunde, Hobbys und Urlaubsreise wichtiger als Ehe, Kinder und Familiengründung. 49% wollen auf ihre persönliche Freiheit und Unabhängigkeit in der Freizeit nicht verzichten. Ihre Begründung: „Man kann auch so glücklich leben!" Und auch die überwiegende Mehrheit aller unverheirateten Männer genießt ihr Freizeitleben ohne familiäre Verpflichtungen nach dem Grundsatz: „Meine persönlichen Freizeitinteressen sind mir wichtiger als heiraten und eine Familie gründen." Wenn sich der Trend „weg von Ehe und Kindern" nicht verstärken soll, muß die Familienpolitik neue Wege gehen. Sie muß überzeugende Konzepte für ein neues Leitbild der freizeitaktiven Partnerschaft in der Familie liefern, damit sich Familienorientierung und Freizeitorientierung nicht mehr auszuschließen brauchen.

## Einkommensverzicht nicht mehr gefragt

Frage: „Würden Sie in Kauf nehmen, etwas weniger zu verdienen, wenn Sie ‚dafür mehr Freizeit zur Verfügung hätten‘?“

Antwort: „Nein“

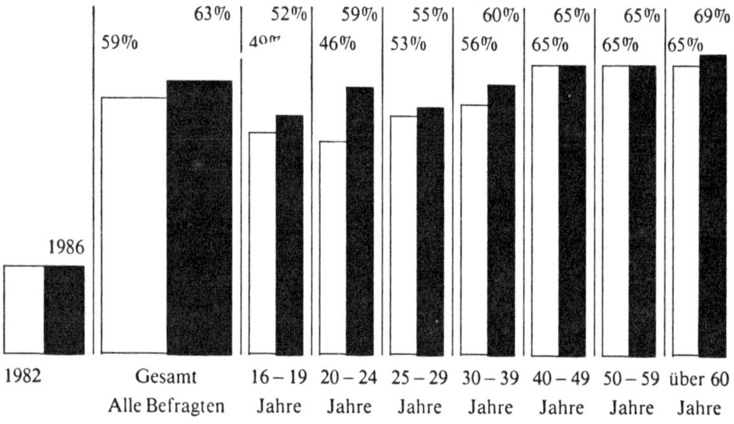


Repräsentativbefragung von 2.000 Personen ab 14 Jahren
Quelle: B.A.T Freizeit-Forschungsinstitut 1986

Mehr Freizeit ohne mehr Geld ist immer weniger wert. Diese leidvolle Erkenntnis ist für viele neu. Die Menschen leben in der Freizeit auf, können aber von der Freizeit allein nicht leben. Wie soll die wachsende Freizeit eigentlich finanziert werden? Noch vor vier Jahren waren 51% der 16- bis 24jährigen zu Einkommensverzichten bereit, wenn sie dafür mehr Freizeit bekämen. Im Zeitvergleich der Jahre 1982 und 1986 zeigt sich: Die jüngere Generation favorisiert wieder materielle Werte. Die Mehrheit der jüngeren Generation ist nicht mehr bereit, zugunsten der Freizeit auf mehr Geld zu verzichten. Im Zuge des Wertewandels zeichnet sich eine neue Balance materieller und immaterieller Wertorientierungen ab. Man möchte schon regelmäßig Arbeit und gesichertes Einkommen haben, aber andererseits auch nicht auf die Lebensfreude in der Freizeit verzichten. Für zwei Drittel der Bevölkerung gilt: Zur Lebensqualität gehören immer Arbeit, Geld und Freizeit.

**Freizeitausgaben auf Wachstumskurs**

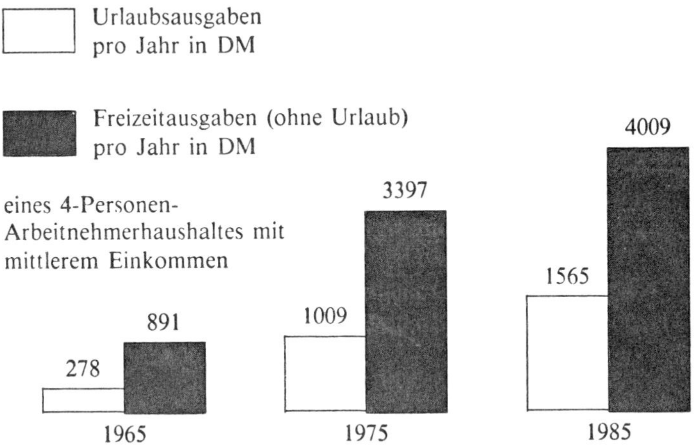


Quelle: B.A.T Freizeit-Forschungsinstitut nach Daten des Statistischen Bundesamtes

Zum drittgrößten Wirtschaftsfaktor der Welt hat sich die „weiße Industrie“ von Freizeit und Tourismus entwickelt – wertmäßig nur übertroffen von der Energiegewinnung und der Kraftfahrzeugproduktion. Ein auf Konsum, Mobilität und Lebensgenuß ausgerichtetes Freizeitverständnis hat eine wichtige Wachstumsbranche entstehen lassen. Der Anteil des Freizeitmarktes am Bruttosozialprodukt wird auf 15 Prozent geschätzt. In der gesamten westlichen Welt erweist sich der Freizeitmarkt als eine widerstandsfähige Wachstumsindustrie.

In der Bundesrepublik Deutschland haben sich die Freizeitausgaben (einschließlich Urlaub) zwischen 1965 und 1985 fast verfünffacht. Jede sechste Mark wird heute für Freizeitgüter ausgegeben. Innerhalb des Freizeitbudgets stellen die Bundesbürger traditionell die meisten Geldreserven für den Urlaub bereit.

**Freizeit als Arbeitgeber**
in der Bundesrepublik Deutschland

| | Anzahl dei Berufstätigen |
|---|---|
| Spielwarenindustrie, Spielautomatenbetriebe, Spielbanken, -clubs, Wett-, Lotteriewesen | ≈45.000 |
| Heimwerkerbedarf, Hobby, Do-it-yourself, Handarbeiten | ≈60.000 |
| Sportartikelindustrie, Camping, Caravaning, Boots-, Yachtbau, Sportorganisationen | ≈65.000 |
| Herstellung und Handel von Foto- und Filmgeräten | ≈70.000 |
| Kino, Theater, Orchester, Bühnen, Schausteller-gewerbe, Kulturelle Einrichtungen | ≈75.000 |
| Gartenpflege, -bau, Haustiere, Forst- und Jagdwirtschaft, Handel mit zoologischem Bedarf, Pflanzen, Blumen | ≈180.000 |
| Herstellung von und Handel mit Radio, Fernsehen und Video, Rundfunk- und Fernsehanstalten | ≈245.000 |
| Herstellung von und Handel mit Büchern, Zeitschriften, Zeitungen, Büchereien, Lesezirkel | ≈460.000 |
| Herstellung von und Handel mit Autos, Krafträdern, Fahrrädern, einschließlich Straßenverkehrsgewerbe und Dienstleistungen (ca. 30% der laufenden Ausgaben für Freizeitzwecke) | ≈1,200.000 |
| Tourismusindustrie, Reiseveranstaltungen und -vermittlung (Reisebüros), Fremdenverkehr, Gaststätten-, Beherbergungsgewerbe, Kur-, Bäderwesen | ≈1,500.000 |
| Sonstiger Freizeitbedarf | ≈1,000.000 |
| Gesamt | ca. 4,000.000 |

Quelle: B.A.T. Freizeit-Forschungsinstitut nach Daten des Statistischen Bundesamtes, Bundesrepublik Deutschland

Weltweit 60 Millionen Arbeitsplätze hängen direkt und indirekt von der Tourismusindustrie ab, in der Bundesrepublik etwa 1,5 Millionen. Weitere 2,5 Millionen Beschäftigte leben von den einzelnen Freizeitindustrien.
Seit 1965 ist die Nachfrage nach freizeitbezogenen Dienstleistungen und Gütern überproportional gestiegen. Die Freizeit entwickelt sich immer mehr zum Garant sicherer Arbeitsplätze. Sie wird nach dem Bericht an den CLUB OF ROME (1982) – von Automation und Mikroelektronik kaum erfaßt – nicht nur überleben, sondern expandieren.
Schon heute sind mehr Erwerbstätige im Freizeitbereich beschäftigt als in der gesamten Automobilindustrie. Vor allem in den Bereichen Freizeitökonomie, Freizeitgestaltung und Freizeitberatung entwickeln sich neue Arbeitsfelder für Freizeitberufe.

**Wunsch und Wirklichkeit**

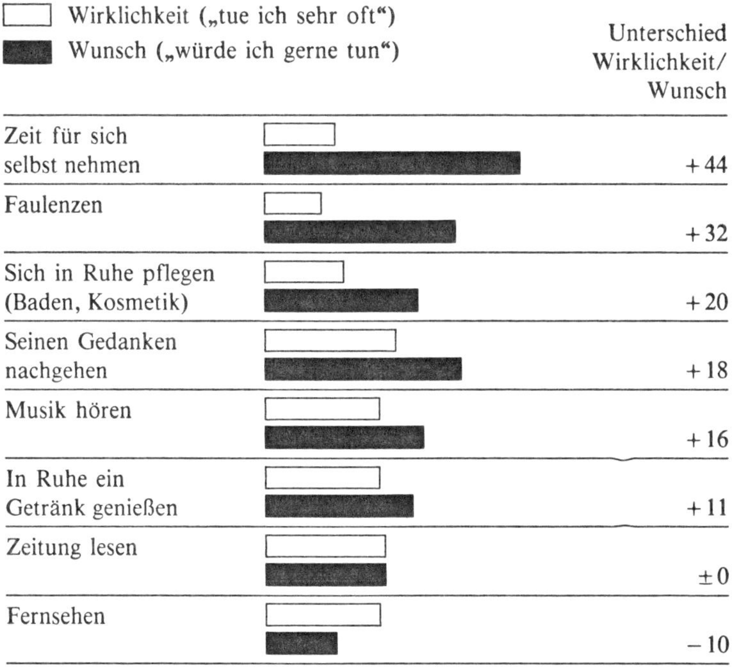


Repräsentativbefragung von 400 Berufstätigen im Alter von 16 bis 59 Jahren
Quelle: B.A.T. Freizeit-Forschungsinstitut 1983

Dreimal soviel „Zeit für sich selbst“, wie sie tatsächlich haben, wünschen sich die Bundesbürger. Das Zur-Ruhe-kommen-Wollen ist derzeit der größte Defizitposten in der Freizeit. Sie wollen faulenzen, sich in Ruhe pflegen oder ihren Gedanken nachgehen. Sie wollen ganz einfach Muße, aber begeben sich in die Betriebsamkeit. Wie ist dieser Widerspruch zu erklären? Viele machen aus der freien Zeit wieder Arbeitszeit, Pflichtzeit, Zeit für Programme, Aktionen und Aktionismus. Aus der Freizeitbeschäftigung wird schnell Geschäftigkeit. Sie haben Schwierigkeiten, ökonomisch mit der eigenen Zeit umzugehen, sich selber Grenzen zu setzen und auch mal nichts zu tun. Und je mehr freie Zeit sie haben, umso vielfältiger werden ihre persönlichen Freizeitwünsche. Dadurch entsteht bei ihnen das subjektive Gefühl, nicht zu dem zu kommen, was sie schon immer tun wollten. Sie nehmen sich – vor allem an Wochenenden – mehr vor, als sie wirklich schaffen können. Die Folgen sind Zeitnot und Erlebnisstreß.

## FREIZEIT + ORTSVERÄNDERUNG = URLAUB

Einen besonderen Stellenwert im Wachstumsmarkt Freizeit nimmt der Urlaub ein. Nicht nur als großer Ausgabeposten im Haushaltsbudget, sondern auch als Faktor für Selbstverwirklichung und Ausdruck persönlicher Freiheit. Somit bedeutet der Urlaub für den Konsumenten Jahr für Jahr weiterhin eine sehr wichtige Entscheidung. Die vermehrte Freizeit wird möglicherweise weniger dem Haupturlaub als vor allem den Zweit- oder Drittreisen, also den klassischen Kurzurlauben, zugute kommen (Quelle: Deutsche Reiseanalyse).
Urlaub ist ganz eindeutig mit „Ortsveränderung“ als Inbegriff der Freiheit besetzt, das heißt weg aus der gewohnten Umgebung an einen unbekannten Ort, die Reisestrecke muß überwunden werden, eventuelle Verständnisschwierigkeiten, fremde Währung usw. schaffen ein Gefühl der Unsicherheit. Zudem muß das Urlaubsprogramm selbst bestimmt werden, eine Entscheidung, die sehr wesentlich zum Erfolg oder Mißerfolg beiträgt und die noch dazu für die Mitreisenden mitgetroffen wird. Die Freizeit-Psychologie ortet hier konkrete Angstzustände, die praktisch in eine Art Herausforderung umgelegt werden: man erzählt stolz, welche Abenteuer während des Urlaubes erlebt wurden und wie man sie letztlich doch

gemeistert hat. Dies erklärt auch, mit welcher Hingabe teilweise wirklich unangenehme Situationen überwunden und damit akzeptiert werden. Denken wir beispielsweise an eine Lkw-Blockade am Autobahngrenzübergang, die praktisch nicht verhindern konnte, daß die Urlauber trotzdem über Wald- und Güterwege „durchgesickert“ sind.

Prof. Dr. Clemens August Andreae umreißt den durch umfassende Urlaubsmöglichkeiten geprägten Fremdenverkehr von heute und morgen mit zehn Thesen:

- *Fremdenverkehr bedeutet Nachfrage*
  und zwar aus dem In- und Ausland, wobei es darauf ankommt, die Phantasie der Umworbenen anzusprechen. Je wirksamer diese angeregt wird, desto größer ist die Nachfrage.
- *Fremdenverkehr als Angebot*
  Das Angebot muß den Vorstellungen der Umworbenen entsprechen. Die Hauptaufgabe für heute und morgen besteht darin, einen beinahe klassischen Mangel des Fremdenverkehrs, nämlich die Unflexibilität im Bereich der Angebotsgestaltung, durch konsequente Anpassungsbereitschaft an die Verhältnisse soweit wie möglich zu überwinden. Je beweglicher die Anbieter sind, desto erfolgreicher können sie sein. Bequem ist das freilich nicht.
- *Fremdenverkehr als Impulsgeber*
  Andreae sieht den Tourismus als den größten Multiplikator an. Umso mehr wird sich Agilität in der Angebotsgestaltung als vorteilhaft, aber auch als unumgänglich notwendig erweisen, wenn man wettbewerbsreif bleiben will.
- *Fremdenverkehr als Impulsnehmer*
  Andreae sieht nach dem Erreichen einer gewissen Quantität die Aufgabe, die Qualität zu steigern. Sonst, so Andreae, „tötet der Tourismus den Tourismus“. Wir leiten daraus für das Phänomen „Urlaub“ die Chance einer weiteren Verbreitung auf bisher vom Tourismus noch nicht bzw. nur gering erfaßte Erdteile, Staaten und Gebiete ab.
- *Fremdenverkehr: Kur- und Fremdenverkehrsdirektor*
  Im weitesten Sinn des Wortes ist damit der Bedarf an ausgezeichnet ausgebildeten Touristik-Fachleuten zu verstehen. Nach Andreae steht beispielsweise der Kurdirektor wie „Petrus am Tor zur Freizeit (gatekeeper)“.

- *Fremdenverkehr: Werbung, Öffentlichkeitsarbeit, Corporate Identity*
  Das Phänomen „Urlaub“ können wir eben – so angenehm uns dessen wachsende reale Bedeutung ist – nur dann voll in den Griff bekommen, wenn alle Faktoren einer zeitgemäßen Kommunikation erfüllt werden.
- *Fremdenverkehr und Umwelt*
  Eine These mit steigender Aktualität, die aber gleichzeitig einer wirklich durchdachten Zusammenarbeit aller – auch der nur indirekt Beteiligten – bedarf. Nationalparks allein genügen nicht. Eine intakte Umwelt erfordert auch, den traditionellen Gewohnheiten der dort ständig wohnenden Bürger entsprechende Lebensmöglichkeiten zu bieten.
  Außerdem erwarten viele Gäste einen Erlebnisurlaub, zumindest sind viele Touristen nur kurzzeitig am totalen Ausruhen, insgesamt aber vielmehr an Erlebnissen, an gesellschaftlichen Kontakten, Kunst, Kultur usw. interessiert. Viele erwarten zwar eine intakte Landschaft, werten diese aber bewußt oder unbewußt nur als Kulisse.
- *Fremdenverkehr und Mode*
  Schon vor gut 100 Jahren beeinflußte die zunehmende Neigung zu Wanderungen das Angebot an dafür geeigneter Kleidung. Heute spielt die sogenannte Freizeitmode eine bedeutende Rolle; es empfiehlt sich daher eine Zusammenarbeit zwischen einzelnen Fremdenverkehrsorten und Modeschöpfern bzw. -produzenten.
- *Fremdenverkehr: Steuern und Transferzahlungen*
  Das Phänomen „Urlaub“ bewegt eben bedeutende Geldbeträge; auch im Zusammenhang mit Steuern, Subventionen, Devisenaus- und eingängen.
- *Fremdenverkehrsgesinnung*
  Das Fremdenverkehrswesen unserer Zeit erzielt oft solche Quantitäten, daß wir tatsächlich auch von „Massentourismus“ sprechen müssen. Es kann daher nicht überraschen, wenn etwa unter dem Eindruck vielwöchigen Hochbetriebes so mancher am Fremdenverkehr eigentlich höchst interessierte Anbieter müde wird. Außerdem ist nicht jeder Gast ein angenehmer Partner.
  Darüber hinaus fühlen sich manche in bestens frequentierten Urlaubsgebieten wohnende Mitbürger durch die große Zahl an

Fremden mehr oder weniger gestört. Sie wissen eben nicht, daß sie, wenn auch nur indirekt, Tourismus-Nutznießer sind.
Ein hohes Niveau der Fremdenverkehrsgesinnung aller direkt und indirekt am Angebot Beteiligten ist unbedingt notwendig! Oder mit anderen Worten: Echte Gastfreundschaft ist das Lebenselexier des Phänomens „Urlaub". Auch der umfassendste gesetzliche Urlaubsanspruch kann den Fremdenverkehr nur wirksam beeinflussen, wenn dieses Lebenselexier in maximalem Umfang geboten wird.

Apropos Gastfreundschaft: Der Deutsche Hotel- und Gaststättenverband (Dehoga) hat seine Nachwuchswerbung unter das Motto „Gastfreundschaft ist unser Beruf" gestellt. Die Frankfurter Allgemeine Zeitung berichtete darüber im September 1988 und hob hervor, daß diese Gruppe mit 855.000 Beschäftigten in 200.000 Betrieben mit 62.000 Lehrlingen mehr Mitarbeiter beschäftigt als die deutsche Automobilindustrie.
Gastfreundschaft ist unzweifelhaft ein unentbehrliches Element zeitgemäßer Marketingpraxis im Fremdenverkehr.

## FREIZEITBEWÄLTIGUNG IN BALLUNGSZENTREN

Gerade in Gegenden mit beengtem Lebensraum nehmen neue Möglichkeiten der Freizeitbewältigung einen besonderen Stellenwert ein. Mit der vermehrten Freizeit auch innerhalb des Arbeitsjahres wird der Wunsch nach geeigneten Alternativen laut.
Ein aktuelles österreichisches Beispiel dafür ist der City-Club. Eine tropische Erlebniswelt mit angeschlossenem Luxushotel in Vösendorf bei Wien – unter dem Namen Eldorado errichtet und vom Club Med übernommen – steht nicht nur Hotel-, sondern auch Tagesgästen zur Verfügung. Schwimmen, Saunen, Tennis und eine Reihe weiterer Sportarten bis zu Bodybuilding oder Golf können hier praktiziert werden. Nach Club-Beispiel sorgen Animateure – bis hin zur Kindergärtnerin – für reibungslosen Genuß des riesigen Angebotes. Der Eintrittspreis für Tagesgäste deckt auch alle Ausgaben für das Sportangebot ab. Eine bewußte Schwelle – über den Preis – soll auch im Sinne der Homogenität mit den Hotelgästen diese Erlebniswelt einer selektiven Schichte vorbehalten. Tropische Vegetation, Restaurants und mehr als 2.000 Quadratmeter Wasserfläche sind bis Mitternacht für alle Gäste zugänglich.

## KONSEQUENZEN IM VERHALTEN

Viele sind auch heute noch für die Bewältigung der vermehrten Freizeit-Freiheit nicht genügend gerüstet. Eine Konsequenz der daraus entstehenden Unsicherheit ist die verstärkte Neigung zur Gruppe. Man reist im Familienverband, mit Bekannten, Arbeitskollegen usw. Hier wird die Geborgenheit der gewohnten Umgebung durch die Geborgenheit in der Gruppe ersetzt. Das oftmals überwiegende Bedürfnis nach vertrauten, heimatlichen Sitten ist ebenfalls eine Folge der Unsicherheit, d. h. man klammert sich an etwas, das man kennt. So erklären sich die typischen deutschen Biergärten an der spanischen Küste oder das „Eisbein" in einem sonst bewußt landestypischen Rasthaus in Österreich; eine Erklärung, die jedoch keine Empfehlung ist.

Zum grundsätzlichen Konflikt zwischen Sicherheit (Arbeitswelt) und Freiheit (Freizeit) kommt noch die verbreitete Vorstellung, daß auf der einen Seite die Aktivität und auf der Freizeitseite die (negative) Passivität steht. Inaktives Verhalten bzw. „nichts tun" im Urlaub erzeugt schlechtes Gewissen. In der gesamten Freizeitwelt wird somit jede Art von Aktivität überbetont; dieses Verhalten findet sich ebenso im Urlaub.

Die Summe der dargestellten Probleme aus der Urlaubssituation kann unterbewußt als existenzbedrohend empfunden werden.

Der Urlauber sucht deshalb geordnete Verhältnisse und bedient sich fertiger Angebote. Er läßt sich die Probleme weitgehend von Dritten lösen, die eigentlichen Ursachen werden somit durch eine Ersatzhandlung lediglich überdeckt.

Die subjektiven Vorstellungen über Urlaub strotzen oft vor Klischees. Der Mensch zeigt sich in der Regel auch bei sehr ausgeklügelten Befragungstechniken eher verschlossen. Man will den Traum vom schönen Urlaub und damit von der bewältigten Freizeit erhalten. Jeder will die Schwierigkeiten der Freizeit- bzw. Urlaubswelt meistern und wehrt sich dagegen, daß man ihm nachweisen könnte, er wäre dieser Herausforderung nicht gewachsen. Unabhängigkeit und Individualität werden geradezu als demonstratives Urlaubsverhalten sichtbar.

Was bleibt, ist helfen. Alle, die wir mit Urlaubern direkt Kontakt haben oder Einfluß auf das Angebot ausüben, sollten uns die ungewöhnliche Situation immer wieder vor Augen führen, vor der die Gäste oftmals stehen. Der Mensch ist beseelt, einen

schönen, erfolgreichen und gelungenen Urlaub zu verbringen, die Bereitschaft dazu ist sehr groß. Tödlich wäre es, diese Bereitschaft ungebührlich auszunützen; oft wird die Unsicherheit dann mit aggressivem Verhalten überspielt.
Neben Speis und Trank, Komfort und Freizeiteinrichtungen brauchen die Gäste vor allem Hilfe und Unterstützung für die Gestaltung ihres Urlaubes. Geistiger Inhalt der Urlaubszeit und Wohlbefinden sind letztlich die entscheidenden Voraussetzungen für einen schönen Urlaub. Diese möglichst unaufdringliche Lebenshilfe für den Urlaub wurde bisher leider zuwenig beachtet.

## DIE TOURISTISCHE DIMENSION

Die völkerverbindende und gleichzeitig äußerst wichtige wirtschaftliche Funktion des weltweiten Fremdenverkehrs steht heute außer Zweifel. Die zunehmende Anerkennung des Tourismus äußert sich unter anderem auch darin, daß sogar in der neuen Verfassung der UdSSR die Förderung des Tourismus im Artikel 41 ausdrücklich erwähnt wird. Schließlich ist nach § 24 der Menschenrechtskonvention das Recht auf Erholung sogar als Grundrecht des Menschen festgehalten.
Das Recht auf Urlaub (Urlaubsanspruch) kennen wir seit ca. 100 Jahren.
Besonders seit dem Zweiten Weltkrieg erlangte die Fremdenverkehrswirtschaft durch die allgemeine technische und soziale Entwicklung (vor allem: zunehmende Freizeit) eine wirklich führende Position. Der mit dem Fremdenverkehr eng verbundene sogenannte „Freizeitmarkt“ wird sich aller Voraussicht nach auch weiterhin ausweiten.
Wir sind uns darüber im klaren, daß in den klassischen Industriestaaten zwar auch künftig Steigerungen im Urlaubsverkehr möglich sind, doch erwarten wir in diesem Bereich nur noch eine eher langsame Entwicklung, da die mobilen Schichten längst für den Reiseverkehr gewonnen sind. Aus anderen hochentwickelten Staaten, die bisher in der internationalen Touristik noch nicht allzu stark in Erscheinung traten, könnten bei einer entsprechenden Allgemein-

entwicklung sogar dramatische Anstiege eintreten. Insgesamt ist jedenfalls der internationale Reisemarkt nach wie vor wachstumsträchtig. Die Fremdenverkehrssparte sicherte die angesichts der geschilderten Entwicklung notwendige internationale Zusammenarbeit, indem sie 1975 die WTO (World Tourism Organisation) mit Sitz in Madrid gründete.

Dieser größten zwischenstaatlichen Vereinigung im Tourismus gehören bereits 180 assoziierte und Vollmitglieder sowie 70 alliierte Mitglieder (staatliche und private Organisationen) an. Zur Wahrung der weltweiten Interessen standen für 1980/81 13 Millionen Schweizer Franken zur Verfügung.

Laut Artikel 3 der Statuten der WTO ist es das Ziel der Organisation, den Tourismus zu entwickeln und zu fördern, um einen Beitrag zur allgemeinen wirtschaftlichen Entwicklung der Länder zu leisten. Deshalb bemüht sich die WTO:

- durch moralischen und politischen Druck einen verstärkten Abbau der nationalen Grenzen zu erreichen,
- durch Planung und Anregung von Wirtschaftsprogrammen neue Gebiete dem Tourismus zu erschließen und so die wirtschaftliche Entwicklung der Staaten voranzutreiben,
- durch Einsatz von Presse, Funk und Fernsehen die Bedeutung des Tourismus für die wirtschaftliche und soziale Entwicklung der Staaten zu verdeutlichen,
- die Interessen der Touristen und Tourismusorganisationen gegenüber den Regierungen zu vertreten.

## DER WIRTSCHAFTLICHE ASPEKT

Was bedeuten 100 zusätzliche Gästeübernachtungen pro Tag und Jahr für eine Fremdenverkehrsgemeinde?

- Einnahmen von $ 1,928.000,–
- $ 507.000,– Mehreinkommen für Dienstnehmer
- 47 neue Arbeitsplätze
- Einnahmen der öffentlichen Hand in der Höhe von $ 106.000,–
- 45 Schulplätze für Kinder

- Bevölkerungszuwachs von 119 Personen
- 44 Haushaltsgründungen
- $ 144.000,– Zuwachs an Bankeinlagen
- 6 Geschäftseröffnungen

Diese Studie wurde von „Travel South U.S.A." zwar für den amerikanischen Raum erstellt, die Bedeutung für jedes andere Fremdenverkehrsland dürfte jedoch kaum geringer sein.

## TOURISMUS SCHAFFT ARBEIT

Quelle: Frankfurter Allgemeine Zeitung

Die Tourismusindustrie ist der größte Arbeitgeber der Welt: Über 101 Millionen Menschen verdienen ihren Lebensunterhalt im Fremdenverkehrsgewerbe. Damit ist – statistisch gesehen – jeder 16. Arbeitnehmer auf der Welt im Tourismus beschäftigt. Umgerechnet 3,49 Billionen Mark, so zeigt eine im Auftrag von American Express erstellte Studie des Wirtschaftsberatungsunternehmens Wharton Econometric Forecasting Association (WEFA) weiter, flossen allein 1987 weltweit in die Kassen dieses Wirtschaftszweiges, eine Summe, die größer ist als das jährliche Bruttosozialprodukt Großbritanniens und der Bundesrepublik zusammen. Gut zwei Drittel dieses Betrages oder umgerechnet 2,33 Billionen Mark entfielen dabei auf Ausgaben innerhalb des persönlichen Reiseverkehrs, während die restlichen 1,16 Billionen Mark für Geschäfts- oder Staatsreisen aufgewendet werden. Vor allem in den hochentwickelten Industrienationen der westlichen Welt ist das Reisen zu einem begehrten Konsumgut geworden: Elf Prozent der Ausgaben, die von den Bewohnern dieser Staaten getätigt werden, fließen in den Tourismus. Damit liegt die Reise nach Lebensmitteln und Wohnen, aber noch vor der Kleidung, auf der Verbraucherskala an dritter Stelle. Am meisten Geld wird in Amerika bewegt: Die Bürger der Vereinigten Staaten gaben 1987 648,25 Milliarden Mark für Reisen aus, dahinter folgen Japan (351,64 Milliarden Mark), die Bundesrepublik (179,2), Großbritannien (137,97) und Frankreich (119,94).

**Die Entwicklung der Einnahmen und Ausgaben im internationalen Tourismus (1985/86)**
(Angaben in Millionen US $)

| Total OECD countries | | | Non-Member countries | | | All countries | | | | |
|---|---|---|---|---|---|---|---|---|---|---|
| 1985 | 1986 | %86/85 | 1985 | 1986 | %86/85 | 1985 | 1986 | %86/85 | | |
| 4.992,3 | 6.805,3 | 36,3 | 92,8 | 123,0 | 32,5 | 5.085,1 | 6.928,3 | 36,2 | Einn. | Austria |
| 2.508,2 | 3.878,4 | 54,6 | 215,1 | 328,3 | 52,6 | 2.723,4 | 4.206,7 | 54,5 | Ausg. | |
| | | | | | | 1.660,8 | 2.269,2 | 36,6 | Einn. | Belgium-Luxembourg |
| | | | | | | 2.047,9 | 2.886,9 | 41,0 | Ausg. | |
| 1.249,1 | 1.648,0 | 31,9 | 76,9 | 111,1 | 44,5 | 1.326,0 | 1.759,2 | 32,7 | Einn. | Denmark |
| 1.297,3 | 1.957,6 | 50,9 | 105,7 | 155,8 | 47,3 | 1.403,0 | 2.113,3 | 50,6 | Ausg. | |
| 476,4 | 574,1 | 20,5 | 25,0 | 22,7 | −9,3 | 501,4 | 596,8 | 19,0 | Einn. | Finland |
| 727,2 | 1.004,3 | 38,1 | 50,7 | 65,7 | 29,6 | 777,9 | 1.069,9 | 37,5 | Ausg. | |
| 7.042,8 | | | 885,8 | | | 7.928,6 | 9.580,2 | 20,8 | Einn. | France |
| 3.695,5 | | | 855,7 | | | 4.551,3 | 6.383,4 | 40,3 | Ausg. | |
| 5.353,5 | 7.228,2 | 35,0 | 535,7 | 597,6 | 11,6 | 5.889,2 | 7.825,9 | 32,9 | Einn. | Germany |
| 12.833,2 | 18.054,7 | 40,7 | 1.800,5 | 2.608,8 | 44,9 | 14.633,6 | 20.663,5 | 41,2 | Ausg. | |
| 1.403,6 | 1.735,8 | 23,7 | 21,8 | 99,3 | 354,8 | 1.425,5 | 1.835,1 | 28,7 | Einn. | Greece |
| 348,8 | 453,2 | 29,9 | 20,3 | 44,3 | 118,0 | 369,1 | 497,5 | 34,8 | Ausg. | |
| 41,9 | | | 0,0 | | | 41,9 | | | Einn. | Iceland |
| 76,8 | | | 0,0 | | | 76,8 | | | Ausg. | |
| 520,2 | 624,2 | 20,0 | 28,6 | 34,8 | 22,0 | 548,8 | 659,0 | 20,1 | Einn. | Ireland |
| 419,8 | 675,1 | 60,8 | 5,3 | 8,0 | 52,0 | 425,1 | 683,1 | 60,7 | Ausg. | |
| 8.685,1 | 9.810,1 | 13,0 | 72,6 | 42,7 | −41,2 | 8.757,6 | 9.852,8 | 12,5 | Einn. | Italy |
| 2.250,1 | 2.722,7 | 21,0 | 33,5 | 35,3 | 5,4 | 2.283,6 | 2.758,0 | 20,8 | Ausg. | |
| 1.439,7 | 1.834,5 | 27,4 | 57,8 | 71,0 | 22,9 | 1.497,5 | 1.905,6 | 27,3 | Einn. | Netherlands |
| 3.008,8 | 4.283,0 | 42,4 | 107,5 | 147,0 | 36,8 | 3.116,2 | 4.430,0 | 42,2 | Ausg. | |

| Total OECD countries | | | Non-Member countries | | | All countries | | | | |
|---|---|---|---|---|---|---|---|---|---|---|
| 1985 | 1986 | %86/85 | 1985 | 1986 | %86/85 | 1985 | 1986 | %86/85 | | |
| 751,2 | 987,3 | 31,4 | 4,3 | 4,7 | 10,0 | 755,5 | 992,0 | 31,3 | Einn. | Norway |
| 1.681,6 | 2.394,2 | 42,4 | 42,0 | 34,8 | – 17,2 | 1.723,6 | 2.428,9 | 40,9 | Ausg. | |
| 1.108,8 | 1.561,0 | 40,8 | 19,7 | 21,5 | 9,0 | 1.128,5 | 1.582,5 | 40,2 | Einn. | Portugal |
| 229,6 | 325,5 | 41,8 | 6,1 | 7,5 | 23,8 | 235,6 | 333,0 | 41,3 | Ausg. | |
| 5.407,7 | 10.342,1 | 91,2 | 2.676,0 | 1.603,0 | – 40,1 | 8.083,7 | 11.945,2 | 47,8 | Einn. | Spain |
| | 1.021,7 | | 999,7 | 481,5 | – 51,8 | 999,7 | 1.503,2 | 50,4 | Ausg. | |
| 1.056,8 | 1.318,4 | 24,8 | 127,4 | 224,7 | 76,4 | 1.184,2 | 1.543,2 | 30,3 | Einn. | Sweden |
| 1.770,2 | 2.557,9 | 44,5 | 194,6 | 252,7 | 29,8 | 1.964,8 | 2.810,5 | 43,0 | Ausg. | |
| | | | | | | 3.163,9 | 4.239,9 | 34,0 | Einn. | Switzerland |
| | | | | | | 2.413,1 | 3.378,0 | 40,0 | Ausg. | |
| | | | | | | 1.478,6 | 1.227,9 | – 17,0 | Einn. | Turkey |
| | | | | | | 327,0 | 311,9 | – 4,6 | Ausg. | |
| 4.995,5 | 5.704,0 | 14,2 | 1.999,2 | 2.216,5 | 10,9 | 6.994,7 | 7.920,5 | 13,2 | Einn. | United Kingdom |
| 5.107,1 | 7.231,5 | 41,6 | 1.149,7 | 1.454,2 | 26,5 | 6.256,9 | 8.685,8 | 38,8 | Ausg. | |
| 2.884,0 | 3.556,2 | 23,3 | 217,5 | 296,5 | 36,4 | 3.101,5 | 3.852,7 | 24,2 | Einn. | Canada |
| 3.540,0 | 3.641,1 | 2,9 | 585,0 | 654,2 | 11,8 | 4.125,1 | 4.295,4 | 4,1 | Ausg. | |
| | | | | | | 11.675,0 | 12.913,0 | 10,6 | Einn. | United States |
| | | | | | | 16.482,0 | 17.627,0 | 6,9 | Ausg. | |
| 772,5 | | | 312,9 | | | 1.085,4 | 1.366,3 | 25,9 | Einn. | Australia |
| | | | | | | 1.904,7 | 1.925,2 | 1,1 | Ausg. | |
| | | | | | | 277,1 | | | Einn. | New Zealand |
| | | | | | | 415,8 | | | Ausg. | |
| | | | | | | 1.130,9 | 1.442,8 | 27,6 | Einn. | Japan |
| | | | | | | 4.770,9 | 7.138,3 | 49,6 | Ausg. | |
| | | | | | | 1.050,2 | 1.150,1 | 5,2 | Einn. | Yugoslavia |

Quelle: OECD

# DIE „INTERNATIONALEN“ URLAUBSWÜNSCHE

In einer Untersuchung von Gallup wurden die verschiedensten länderspezifischen Präferenzen bezüglich einer Urlaubsreise festgestellt. Es zeigt sich, daß vor allem die zwei Länder mit den höchsten Ausgaben für den internationalen Tourismus, nämlich die Vereinigten Staaten von Amerika und Japan, im Verhältnis zu den anderen Industrieländern ein geringes relatives Interesse für Auslandsreisen haben. In Lateinamerika sind 58%, in Mexiko 74% der Befragten an Auslandsreisen nicht interessiert. Im Fernen Osten sind es 32%, in Indien nur 17%, in Japan äußerten 42% ihr Interesse an einer Auslandsreise, in Australien, Frankreich und Skandinavien konnte das höchste Interesse mit jeweils 84% festgestellt werden.

Das gefragteste Urlaubsland für die USA ist Großbritannien mit 13%, vor Italien mit 10%. Von den befragten Europäern möchten die meisten gerne eine Reise in die USA machen, in Japan sind vor allem die USA und die Schweiz als Reiseländer populär.

**Das Verhältnis der Pro-Kopf-Einnahmen und -Ausgaben im internationalen Tourismus**

(am Beispiel eines beliebig herausgegriffenen Urlaubsjahres der letzten Zeit)

| Land | Einnahmen*) je Einwohner in $ | Land | Ausgaben*) je Einwohner in $ |
|---|---|---|---|
| Österreich | 499 | Österreich | 280 |
| Schweiz | 399 | Norwegen | 254 |
| Malta | 243 | Schweiz | 219 |
| Dänemark | 185 | Belgien | 193 |
| Belgien | 119 | Dänemark | 185 |
| Norwegen | 118 | Niederlande | 177 |
| Spanien | 112 | Bundesrepublik Deutschland | 176 |
| Griechenland | 106 | Irland | 161 |
| Irland | 96 | Schweden | 151 |
| Zypern | 90 | Kanada | 149 |
| Italien | 84 | | |

| Land | Einnahmen*) je Einwohner in $ | Land | Ausgaben*) je Einwohner in $ |
|---|---|---|---|
| Frankreich | 83 | Neuseeland | 91 |
| Kanada | 81 | Finnland | 80 |
| Niederlande | 80 | Island | 77 |
| Finnland | 79 | Frankreich | 74 |
| Island | 69 | Malta | 63 |
| Großbritannien | 68 | Zypern | 45 |
| Bundesrepublik | | Australien | 41 |
| Deutschland | 63 | USA | 34 |
| Schweden | 54 | Großbritannien | 34 |
| Neuseeland | 50 | Jugoslawien | 26 |
| Portugal | 41 | Japan | 19 |
| Jugoslawien | 39 | Griechenland | 18 |
| USA | 28 | Italien | 16 |
| Australien | 25 | Spanien | 14 |
| Türkei | 5 | Portugal | 14 |
| Japan | 4 | Türkei | 6 |

*) In diesen Ziffern sind allerdings auch Warenkäufe in einem jeweils unterschiedlich großen Ausmaß enthalten.

Für den europäischen Markt ist unzweifelhaft die Deutsche Bundesrepublik der ausschlaggebende Faktor. Der Schweizer Professor Krapf bezeichnete schon vor Jahren in einem in Wien gehaltenen Vortrag die Deutschen als die „Bankiers des europäischen Fremdenverkehrs".

Daher interessieren uns natürlich besonders die qualitativen Entwicklungstendenzen der Nachfrage des deutschen Urlaubsmarktes. Eine solche Projektion wurde von Bruno Tietz, Universität Saarland, ausgearbeitet:

**Qualitative Entwicklungstendenzen**

| Bisher | Künftig |
|---|---|
| 1. Primär Quantitätsdynamik, vor allem durch Einkommenszunahme, Verstädterung der Siedlungsweise, Sozialzwänge zum Urlaub | 1. Veränderung der Kriterien der Quantitätsdynamik durch veränderte Familienstrukturen oder Stabilisierung der Siedlungsweise |
| 2. Aufbau des quantitativen touristischen Anspruchsniveaus | 2. Übergang auf ein quantitatives und qualitatives touristisches Anspruchsniveau |
| 3. Aufbau eines generell hohen Stellenwertes des Urlaubs | 3. Festigung des Stellenwertes des Urlaubs |
| 4. Ansätze zur Problematisierung des Urlaubs | 4. Mehr öffentliches Bewußtsein über die Urlaubswirkungen in Urlaubsgebieten |
| 5. Erst teilweise Orientierung der Nachfrage an einer Freizeitideologie | 5. Zunehmende Orientierung der Nachfrage an einer Freizeitideologie |
| 6. Steigende Auswirkungen der verbesserten Ausbildung auf die Urlaubsgestaltung | 6. Weiterhin zunehmende ausbildungsbedingte Anforderungen an die Urlaubsgestaltung |
| 7. Zunehmende Verfeinerung und Differenzierung der Tourismusbedürfnisse, aber auch kräftige Tourismusausrichtung auf der Basis der Primärbedürfnisse | 7. Weitere Differenzierung der Tourismusbedürfnisse, aber weiterhin kräftige Primärbedürfnisse |
| 8. Polarisierung der individuellen Reisekultur bei mehr als einem Urlaub, z. B. Sport versus Bildung, Ruhe versus Erlebnis | 8. Tendenziell eher Zunahme unterschiedlicher Urlauberrollen gleicher Personen |

| Bisher | Künftig |
|---|---|
| 9. Ansätze zur Polarisierung der Nachfrage, z. B. Gesellschaftstourist gegenüber Einzeltourist, Luxusurlaub gegenüber dem Trend zum einfachen Leben | 9. Weiterhin Kräftigung der Polarisierung der Nachfrage mit der Nutzung neuer Angebotssegmente |
| 10. Hohe Stabilität gegenüber Urlaubsregionen | 10. Tendenziell weiter Stabilität, wenn auch rückläufig |
| 11. Übergewicht der Haupturlaubsreise | 11. Zunahme der Zahl der Urlaubsreisen je Urlauber mit rückläufiger Bedeutung der Haupturlaubsreise |
| 12. Nutzung der Angebote von Kurzreisen | 12. Starke Zunahme der Kurzreisen |
| 13. Tendenziell zunehmende Dauer je Reise | 13. Insgesamt weiterhin tendenzielle Verlängerung des Aufenthaltes je Reise |
| 14. Stärkere Wohnorientierung des Urlaubs mit Nachfrage nach Ferienwohnungen und Bungalows | 14. Weiterhin stark überdurchschnittliche Zunahme der Nachfrage nach Ferienwohnungen und Bungalows |
| 15. Bereits kräftiges Wachstum des Flugreiseverkehrs | 15. Tendenziell weiterhin überproportionales Wachstum des Flugreiseverkehrs*) |
| 16. Noch Flugreiseerschließung neuer Reisegebiete | 16. Weitere Intensivierung der Flugreisegebiete*) |
| 17. Beachtliche Bedeutung von Urlaubsrandprodukten, z. B. Ansichtskarten | 17. Tendenziell eher überproportionale Zunahme von Urlaubsrandprodukten |

*) Diese Entwicklung ist inzwischen durch Überlastung der derzeit verfügbaren Flugverkehrsstraßen etwas behindert. Ebenso könnte sich ein Wiederanstieg der Treibstoffkosten hemmend auswirken.

## ZUKUNFTSPROBLEME DER FREMDENVERKEHRSWIRTSCHAFT

Die wohl weitblickendste Prognose, nämlich bis 2029, wurde nach einem Artikel von Herman Kahn erstellt und in „The Futurist", 8/1979, veröffentlicht. Bei all diesen Prognosen wird weiterhin mit überdurchschnittlichen Wachstumsraten gerechnet und von stabilen gesellschaftspolitischen und nationalökonomischen Voraussetzungen ausgegangen. Weiters wird unterstellt, daß die touristische Infrastruktur und Kapazität so wie bisher der steigenden Nachfrage unbegrenzt und automatisch folgt. Auch darin liegt ein gewisser Unsicherheitsfaktor, da dies infolge natürlicher Belastbarkeitsgrenzen für Landschaft und Bevölkerung nicht mehr so selbstverständlich ist.
In den Zukunftsprognosen für den Fremdenverkehr ist von den nichtquantifizierbaren und vor allem unberechenbaren menschlichen Faktoren wenig zu finden. Viele, die aktuelle Tourismusauswüchse bereits als neue Form des Kolonialismus betrachten, sehen in dieser Veränderung der Fremdenverkehrsgesinnung die größten Zukunftsprobleme.

Schwierigkeiten dieser Art sieht die WTO-Forschung (Peter Shackleford) offensichtlich nicht:

- Die Reiseindustrie gedeihe in Notlagen und blühe durch Herausforderungen auf.
- Wahrscheinlich werden die internationalen Touristenströme, von denen bis jetzt 70 bis 80% in entwickelte Gebiete fließen, mehr zu den Entwicklungsländern gelenkt werden.

Es darf also angenommen werden, daß sich neben einer überproportionalen Entwicklung im bereits bestens gerüsteten Nordamerika die zusätzlichen Tourismusströme vor allem dorthin bewegen werden, wo noch weitere Kapazitäten geschaffen werden können; dies räumt besonders den Entwicklungsländern mit geeigneten landschaftlichen und klimatischen Voraussetzungen hohe Chancen ein. Falls die politischen und sozialen Verhältnisse dies zulassen. Bis diese neuen Destinationen aufnahmefähig sein werden, bedarf es außerdem Investitionen in die touristische Infrastruktur in gigantischem Ausmaß. Es entstehen in diesen Hoffnungsgebieten früher oder später durch das „Eindringen“ der Urlauber Probleme mit den Einheimischen. Mit weiterer Sensibilisierung des Gastes scheidet die an sich mögliche Trennung von der ortsansässigen Bevölkerung sicherlich aus, die Isolation der Urlaubsgebiete hat auf die Dauer kaum Zukunft.

Bei planmäßigem Aufbau neuer Zielgebiete in Entwicklungsländern sind daher wesentliche Fragen zu beachten bzw. zu klären. Soll Tourismus eine dominierende Rolle spielen, soll das ganze Land einbezogen sein, welchen Nutzen kann die einheimische Bevölkerung ziehen, wie können Negativeinflüsse auf die natürliche Entwicklung der Einwohner verhindert werden usw.?

Wie ein vernünftiges Nebeneinander von Gast und Einheimischen für die Zukunft aussehen könnte, hat Mohamed A. Tangi vom United Nations Environment Program in sechs Vorschlägen zusammengefaßt:

- Die Unterbringung von Touristen soll nicht länger auf die Hotels beschränkt bleiben. Die Möglichkeit, Zimmer bei Privaten als Alternative zum Bau großer Hotels zu mieten, sollte entwickelt werden. Das würde auch dazu beitragen, zwischen Fremden und der Lokalbevölkerung Freundschaften zu stiften.
- Der Tourismus soll sich von den überfüllten Küstenregionen weg und nach Gegenden hin entwickeln, die dünn besiedelt sind und wo es noch genügend Raum gibt.
- In allen Fremdenverkehrsregionen müssen Naturreservate geschaffen werden, die vom Tourismus ausgesperrt und geschützt werden sollen.
- Es sollen sowohl auf seiten der Gastgeber wie der Gäste besondere Vermittler ausgebildet werden, die nach Kenntnissen und Charakter geeignet sind, wechselseitiges Verständnis zu wecken.
- Es muß ein Tourismuskodex entwickelt werden, den sowohl die Gäste wie die Gastgeber als verpflichtend anerkennen.
- Bei allen am Meer gelegenen Orten müssen Höchstraten für den Touristenzustrom festgesetzt werden: etwa ein Maximum von 600 Menschen pro Hektar Strand.

Die Frage nach der „Urlauberdichte“ ist allerdings schon lange keine Frage der Küstengebiete mehr. Jedes Zielgebiet mit etablierter

Nachfrage steht heute bereits vor dem Problem der Festlegung vernünftiger Ausbaugrenzen. Die landschaftlichen Voraussetzungen als die tragenden Angebotsfundamente können nur bedingt belastet werden. Leider wird der Ausbau der touristischen Infrastruktur von „Landschaftsschützern mit speziellen Absichten" zu oft als willkommene Gelegenheit für die Publizierung oder Durchsetzung eigener Anliegen benützt. Die objektive Beurteilung notwendiger Investitionen gegenüber nichtvertretbar unwirtschaftlichem Wunschdenken bleibt meist im emotionalen Bereich auf der Strecke.

Einige Gründe für Fehlentscheidungen dieser Art sind im fehlenden Wissen über die Wertigkeit der landschaftlichen Gegebenheiten für den Tourismus zu suchen. Wie soll die Vernichtung von Natur, Landschaft und Kultur verhindert werden, wenn wir für die Erhaltung zuwenig gesicherte Argumente kennen? Erst wenn wir in voller Konsequenz wissen, was wir verlieren, kann uns die Erhaltung rentabel erscheinen.

Umfassend bereitete W. Kofler in einem Konzept der Erholungs-Raumplanung die psychischen Auswirkungen der verschiedenen Landschaftselemente auf:

**Modell zur Bewertung ausgewählter Landschaftselemente für die Befriedigung objektiver Bedürfnisse zur psychischen Erholung** (von W. Kofler)

| | LANDSCHAFTSBILDER | | FARBEN | | LICHT UND DUNKEL | | | | BELEBUNG DER LANDSCHAFT | | | | | | | | | | | |
|---|---|---|---|---|---|---|---|---|---|---|---|---|---|---|---|---|---|---|---|---|
| | Hochgebirge | Flach- und Hügelland | grün, blau, gold | gelb, kamin | Sternenhimmel | offenes Feuer | Lichtvermehrung | Dämmerlicht | harmonische Bewegung (Kornfeld, Schilf) | Wildtiere | Wildpflanzen | landwirtschaftliche Tätigkeit | LANDSCHAFTSTIEFE | GRENZFLÄCHEN | WASSER IN DER LANDSCHAFT | GERÜCHE | AKUSTISCHE EFFEKTE | KÖRPERLICHKEIT | ZEUGEN DER KULTUR | ZEUGEN DER ZIVILISATION |
| GEBORGENHEIT | – | + | + | – | | + | | + | + | | | + | + | + | | + | + | + | + | – |
| BEWEGUNGSDRANG | + | – | – | + | | – | | | – | + | + | + | | + | + | | | + | + | – |
| GEISTIGE TÄTIGKEIT | – | + | + | | + | + | + | | + | + | + | | | | + | + | + | | + | – |
| ENTDECKUNGSLUST | + | – | | + | + | | – | | – | + | + | – | | | + | | + | | + | – |
| SELBSTWERTGEFÜHL | + | – | | | | + | | | + | + | + | | | | + | | | + | + | – |
| INNERE RUHE | – | + | + | – | + | + | + | + | + | + | + | | | | + | | + | | + | – |

\+ Die im Modell berücksichtigten Elemente können fördernd wirken
– Die im Modell berücksichtigten Elemente haben keinen oder einen negativen Effekt

Insgesamt rechnen die Fachleute mit einer Verdoppelung der internationalen Touristik bis zur Jahrtausendwende, was einer jährlichen Wachstumsrate von rund 3,5% entspricht.
Die WTO rechnet sogar mit einem jährlichen Anstieg zwischen 4,5% und 5,5%; die Zahl der inländischen und ausländischen Touristen soll bis zum Jahr 2000 auf 3 Milliarden steigen.
In den USA treten 20 nationale Tourismusvertretungen europäischer Urlaubsländer auf. Sie unterhalten insgesamt 50 Büros und beschäftigen zusammen 300 Personen. Der jährliche Werbeaufwand für inländische und ausländische Urlaubsziele beträgt – allein von nationalen und regionalen Werbestellen – ca. 50 Millionen Dollar.
In der Deutschen Bundesrepublik gaben zuletzt die Touristikvertretungen der wichtigsten Reiseländer gut 150 Millionen DM für Werbung in den Massenmedien aus. Für Tourismusleistungen gesamt, also Verkehr und Touristik, Fremdenverkehr und Reisegesellschaften, wurden Werbeausgaben in den klassischen Medien (Tageszeitungen, Publikumszeitungen, Fachzeitungen, TV und Funk) von etwa 400 Millionen getätigt. Somit ein bedeutender Anteil des Tourismus am gesamten internationalen Marketing.
Der amerikanische Futurologe Herman Kahn meint sogar, daß bis zum Jahrhundertende der Tourismus eine der größten Industrien der Welt, wenn nicht die größte überhaupt sein wird.
Die Prognosen für die „weiße Industrie“ veranlassen übrigens Robert Jungk zur Feststellung: „Es müßte außer dem Naturschutz ein Kulturschutz und ein Einheimischenschutz entwickelt werden.“

**Die Entwicklung ausgewählter Touristikdaten (weltweit) von 1979 bis 2029**

| Gegenstand | 1979 | 1989 | 2009 | 2029 |
|---|---|---|---|---|
| Hotelzimmer in Mill. | 8,0 | 9,2 | 16,0 | 27,9 |
| Automobil in Mrd. Meilen | 2,3 | 3,0 | 4,0 | 5,0 |
| Passagierflug in Bill. Meilen | 400 | 700 | 2.000 | 7.000 |
| Gesamtumsatz im Reiseverkehr in Mrd. US-$ | 450 | 800 | 2.000 | 7.000 |

## Gegenwärtige und zukünftige Trends im Tourismus

| Gegenstand | 1979 | 1989 | 2009 | 2029 |
|---|---|---|---|---|
| Reisearten | Großraumflugzeuge; Bahn und Bus leicht abnehmend; Geschwindigkeitsbeschränkungen bei Autos (55 mph) | Zweite Generation der Überschallflugzeuge, starke Verbreitung des Flugverkehrs; schnelle Eisenbahnen (100 mph) und Autos (80 mph) | Möglicherweise hydrogengetriebene Hyperschallflugzeuge, Senkrechtstarter; Bahnlinien (200 – 400 mph) | Viele Hypersonicflugzeuge; neue revolutionäre Reisearten, z. B. „transplanetarischer Tunnel“, automatische Privatfahrzeuge |
| Reisedauer von New York nach<br>Washington D. C.<br>. . . London<br>. . . Moskau<br>. . . Sydney | Flugzeug: 1 Std.; 4 Std.; 9 Std.; 1 Tag<br>Bahn: 3,5 Std.<br>Auto: 4,5 Std. | Flugzeug: 1 Std.; 4 Std.; 6 Std.; 15 Std.<br>Bahn: 2 Std.<br>Auto: 3 Std. | Flugzeug<br>1 Std.<br>3 Std.<br>4 Std.<br>8 Std. | Flugzeug<br>0,5 Std.<br>2 Std.<br>2 Std.<br>3 Std. |
| Umweltbelastung durch Tourismus | Häufige Diskussionen; einige Beschränkungen | Starke Beschränkungen, Anti-Tourismuspolitik | Abklingen der Umweltproblematik; weitgehende Kontrolle durch verbessertes Management | Nicht als Problem erkannt, voll kontrolliert |
| Reisen / Tourismus / Freizeit | Verhältnis Tourismus / Freizeit wächst | Weiteres Anwachsen des Verhältnisses Tourismus / Freizeit | Stabiles Verhältnis Tourismus/Freizeit | Breite Palette von Freizeitaktivitäten der Selbstverwirklichung einschl. Reisen |
| Arbeitszeit | 38-Std.-Woche | 35-Std.-Woche | Etwa 20-Std.-Woche mit individuellen Wahlmöglichkeiten | Hohe individuelle Freiheitsgrade |

Quelle: „The Futurist“, August 1979

Diese 1979 aufgestellte Prognose zeigt schon nach zehn Jahren damals kaum vorhersehbare neue Entwicklungsrichtungen: Beispielsweise dokumentiert sich eine gewisse Reisemüdigkeit auch von Stammgästen gegenüber bisher bevorzugten Gebieten. Ebenso folgen jüngere Jahrgänge gar nicht so selten neuen Zielvorstellungen.

Bei grundsätzlicher Anerkennung der Prognosen von Kahn, Jungk und anderen sollte aus deren Erkenntnissen die Folgerung resultieren, sich gerade um Stammgäste mit ihren naturgemäß hohen Erwartungen noch intensiver zu bemühen.
Außerdem kommt es darauf an, durch Angebotsvarianten jungen Jahrgängen scheinbar „alte" Urlaubsgebiete zu aktualisieren.

Eine Studie des ADAC über die *Qualität der Freizeit des Jahres 2000* kommt unter anderem zu folgenden Schlüssen:

- Zuwachs an Freizeit ist sicher.
- Andererseits aber unterliegt die Qualität der Freizeit gewissen Gefahren (Belastungen). Unter anderem deshalb, weil nicht jeder Mitbürger seine Freizeit richtig nützt; aber auch, weil bestimmte Urlaubs- und Ausflugsziele zu manchen Perioden überlastet sind (sein könnten).
- Freizeit ist nur scheinbar ausschließlich Privatangelegenheit; dies deshalb, weil die generelle staatlich-politische Entwicklung die Freizeit direkt und indirekt beeinflußt.
- Die Arbeitsproduktivität wird weiterhin, wenn auch möglicherweise langsamer, ansteigen. In manchen Berufen könnte sie im Jahr 2000 doppelt so hoch wie etwa 25 Jahre vorher sein; allerdings nicht in allen Berufen.
- Freizeitzuwachs könnte sich daher auch unterschiedlich nach Berufsgruppen entwickeln. Es liegt auf der Hand, daß damit naturgemäß Spannungen verbunden sein könnten.
- Streben nach Urlaubsausweitung. Auch dieser Bereich entwickelt sich unterschiedlich. Die Mehrzahl gibt nach wie vor einem verlängerten Jahresurlaub den Vorzug; andere – kleinere – Gruppen bevorzugen entweder ein verlängertes Wochenende oder größere Pausen zwischen den Tages-/Nacht-Arbeitseinsätzen.

*Die Entwicklung des Luftverkehrs im Jahr 2000* sieht Dr. Ulrich Steinhardt, Deutsche Lufthansa, durchaus positiv:

Da der Luftverkehr generell mit Wirtschaftswachstum und Bruttosozialprodukt korreliert, darf ein Ansteigen erwartet werden. – Das Wachstum der Weltwirtschaft bis zum Jahr 2000 wird mit 3% jährlich beziffert.
Als weitere Indikatoren gelten: Das Abnehmen des Bevölkerungszuwachses in Europa, die steigende Lebenserwartung, die Vorverlegung des Rentenalters, was ein höheres Potential von Personen, die

**Grundverhaltensweisen in der Freizeit und ihre voraussichtliche Entwicklung**

| *Grundverhaltensweisen* (und Beispiele für Aktivitäten) | *Entwicklungstrend* |
|---|---|
| 1. Geselligkeit, soziale Kommunikation, Mitwirkung (z. B. Zusammensein mit Freunden, ehrenamtliche Arbeit) | Stark zunehmend |
| 2. Do-it-yourself, produktive Arbeit (z. B. Garten-, Handarbeit, Reparaturen, Hausbauen) | Stark zunehmend |
| 3. Ruhe, Alleinsein, Regeneration (z. B. Dösen, Schlafen, Sonnen, Sammeln, Fotografieren) | Stagnierend |
| 4. Vergnügen und Zerstreuung (z. B. Fernsehen, Musikhören, Zeitschriftenlesen) | Stagnierend |
| 5. Mobilität und Suche neuer Umweltreize (z. B. Wochenendreisen, Urlaubsreisen, Erlebnis- bzw. Abenteuerurlaub) | Weiter stark zunehmend (gegen Ende der 80er Jahre: Sättigungstendenzen) |
| 6. Körperliche Bewegung und sportlich-spielerische Betätigung (z. B. Skilaufen, Tennis, Reiten, Windsurfing, Squash, Wandern, Spazierengehen, Baden, Federball) | Zunehmend |
| 7. Intellektuelle Auseinandersetzung, Diskussion, Bildung (z. B. Konzerte, Vorträge, Theaterbesuche, Bücherlesen, Weiterbildung) | Leicht zunehmend |

Quelle: Prognos, Basel

unabhängig sind und über Mittel für Flugreisen verfügen, garantieren soll.
Steigende Mobilität läßt auch die Haushaltsgröße erwarten: In der Bundesrepublik Deutschland ist derzeit etwa jeder dritte Haushalt ein 1-Personenhaushalt, ein weiteres Drittel sind 2-Personenhaushalte. Mitglieder solcher Haushalte sind in der Regel ungebunden und an Reisen interessiert.
Auch die Zunahme der Bildung (höhere Schulen, Universitätsabschlüsse) weckt das Interesse für fremde Länder und Flugreisen.

## ÖKOLOGIE UND „SANFTER“ TOURISMUS

„Die gegenwärtigen Umwelt-, Wirtschafts- und sozialen Krisen geben Anlaß zu einem allgemeinen Umdenken und eröffnen die Chance zu neuen Perspektiven – auch im Tourismus. Die Bereitschaft für eine Veränderung der Tourismuspolitik in Richtung einer harmonisierten sozial- und umweltverantwortlichen Entwicklung war kaum je so groß wie heute.
Der Sanfte Tourismus als eigentliche Bewegung (im Sinne einer neuen touristischen Geisteshaltung/Ethik) hat zum Ziel, Formen des Tourismus zu entwickeln, die einen möglichst hohen Nutzen für alle Beteiligten bringen – die Touristen, die ortsansässige Bevölkerung, die Tourismusunternehmungen – bei gleichzeitiger Minimierung der Nachteile (Kosten) ökonomischer und vor allem ökologischer und sozialer Art.“ – soweit Jost Krippendorf.

Schon 1980 forderte der Futurologe R. Jungk den „sanften“ Tourismus und arbeitete eine Gegenüberstellung von hartem und sanftem Reisen aus:

| Hartes Reisen | Sanftes Reisen |
|---|---|
| Massentourismus | Einzel-, Familien- und Freundesreisen |
| Wenig Zeit | Viel Zeit |
| Schnelle Verkehrsmittel | Angemessene (auch langsame) Verkehrsmittel |
| Festes Programm | Spontane Entscheidungen |
| Außengelenkt | Innengelenkt |
| Importierter Lebensstil | Landesüblicher Lebensstil |
| „Sehenswürdigkeiten" | Erlebnisse |
| Anstrengend und aktiv | Bequem und passiv |
| Wenig oder keine geistige Vorbereitung | Vorhergehende Beschäftigung mit dem Besuchsland |
| Keine Fremdsprache | Sprachen lernen |
| Überlegenheitsgefühl | Lernfreude |
| Einkaufen („Shopping") | Geschenke bringen |
| Souvenirs | Erinnerungen, Aufzeichnungen, neue Erkenntnisse |
| Knipsen und Ansichtskarten | Fotografieren, Zeichnen, Malen |
| Neugier | Takt |
| Laut | Leise |

Jost Krippendorf entwirft in seinem Buch „Alpsegen/Alptraum" zehn Grundsätze für eine Tourismusentwicklung in Einklang mit Mensch und Natur:

1. Die Notwendigkeit des Eingriffes einsehen – Ausbruch aus dem Teufelskreis des quantitativen Wachstums.
2. Die schwächeren Elemente im Gefüge stärken und auswuchernde Elemente zurückbinden:

- Die Natur gegenüber den Interessen der Wirtschaft,

- Die Landwirtschaft gegenüber dem Tourismus,
- Die nachhaltig produktiven sozial- und umweltverträglichen Tourismusformen (Hotellerie und Aufenthaltstourismus) gegenüber den weniger produktiven und weniger verträglichen (z. B. Zweitwohnungen, Tagesverkehr).

3. Ausbauziele verbindlich festlegen; Beschränkung auf das Wünschbare (nicht das Machbare), festgelegt durch Orte und Regionen.
4. Kontrolle über Grund und Boden behalten, d. h. aktive Raumordnungs- und Bodenpolitik betreiben.
5. Eine zurückhaltende Erschließungspolitik verfolgen. Bei infrastrukturellen Erweiterungen (Straßen, Parkplätzen, Kanalisation) die Ausbau-Ziele beachten.
6. Natur und Landschaft wirksam schützen. Für eine „grüne Entwicklungspolitik" einstehen; Schutzinteressen vor Verwertungsinteressen stellen, um in Zukunft der Forderung als Kontrastraum zur verstädterten Industriewelt überhaupt noch gerecht zu werden.
7. Land- und Forstwirtschaft stärker als Partner gewinnen. Partnerschaftliche Zusammenarbeit bei Entscheidungsfindung und Ausführung anstreben.
8. Den Fächer der wirtschaftlichen Tätigkeiten gezielt verbreitern – die Qualität der Arbeitsplätze verbessern. Bewußte Wirtschafts- und Arbeitsmarktpolitik betreiben; nicht nur Bauwirtschaft und Tourismus „verdienen lassen"; sinnvolle Einbindung möglichst vieler Branchen.
9. Die einheimische Kultur pflegen. Die besondere Pflege soll in erster Linie der Eigenständigkeit der Bevölkerung dienen.
10. Tourismus-Marketing und die Information in den Dienst des „sanften" Entwicklungskonzeptes stellen. Mobilisierung des Bewußtseins auf allen Ebenen (Bevölkerung, Tourismus-Unternehmer, Politiker und Touristen). – So kann sich diese notwendige Entwicklung auf breiter Ebene durchsetzen.

**Mögliche Störfaktoren im Urlaub**
(von 100 Urlaubern)

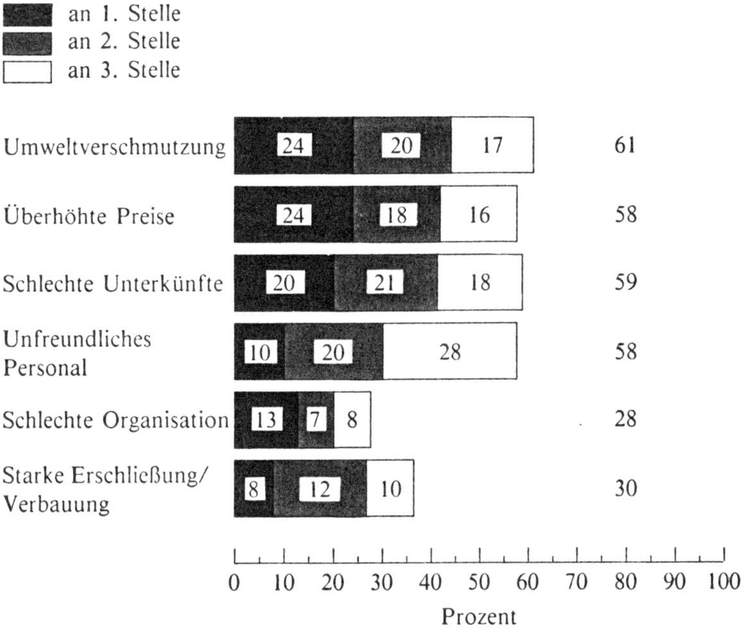


Quelle: Info Research International (Auftraggeber Österr. Reisebüroverband, erhoben bei österr. und internationalen Urlaubszielen)

Daß ein Umdenken und geeignete Maßnahmen notwendig sind, haben die Verantwortlichen erkannt. Hierzu ein Auszug eines Pressegespräches im Bundesministerium für wirtschaftliche Angelegenheiten. Minrat. Dr. Anton Würzl nimmt Stellung zu Ergebnissen einer Arbeit des österreichischen Institutes für Raumplanung „Untersuchung der Nutzungsintensität und der Landschaftsbelastung im Fremdenverkehr anhand ausgewählter Fallbeispiele“:
„Als Folge eines zunehmenden Problembewußtseins werden nunmehr von der öffentlichen Hand und auch von der Tourismuswirtschaft verstärkte Anstrengungen zur Milderung eingetretener Belastungen, zur Sanierung von Schäden sowie zur Vermeidung weiterer Beeinträchtigungen unternommen. Wesentlich betrifft dies die Handhabung der Raumordnungsinstrumente zur Gewährleistung einer geordneten Siedlungsentwicklung sowie einer sparsamen und

schonenden Inanspruchnahme der räumlichen Ressourcen, Maßnahmen zur Milderung der Belastungen durch den Verkehr, verstärkte Anstrengungen zur Rekultivierung von Schipisten und große Fortschritte hinsichtlich einer möglichst umweltschonenden Abwasser- und Müllentsorgung."

Auch Dr. Klaus Lukas, Geschäftsführer der ÖFVW, bekundet den Willen der nationalen Werbestelle, der Umwelterhaltung größte Aufmerksamkeit zu widmen:
„*Umwelterhaltung* sollte im Zweifelsfall *Priorität vor Umweltnutzung* haben. Rohstoff des Fremdenverkehrs in Österreich ist neben der Kultur die Natur, die unzerstörte Umwelt. Die Rohstoffe anderer Industrien können vielleicht bei entsprechendem Forschungsaufwand durch synthetische Materialien ersetzt werden, der Rohstoff Natur ist mit Sicherheit durch nichts zu ersetzen. Der Spaziergang in einem Wald aus Plastikbäumen mit Vogelgezwitscher aus versteckten Lautsprechern ist bestenfalls eine Horrorvision.
Kurzfristige Ertragsüberlegungen sollten im Zweifelsfall verantwortungsbewußten Zukunftsstrategien weichen."

## DIE VARIABLEN DES TOURISMUS

Das überwiegend ortsgebundene, landschaftlich ausgerichtete, klimatisch geprägte und organisch gewachsene touristische Angebot steht einer sehr beweglichen Nachfrage gegenüber, die noch dazu mannigfaltigen, wechselhaften Einflüssen (Variablen) unterliegt.

Wir sagen deshalb auch, das touristische Angebot sei, weil nicht kurzfristig zu verändern, statisch, die Nachfrage hingegen dynamisch. „Statisch" sagt lediglich aus, daß in der Fremdenverkehrswirtschaft meistens von einer relativ fixen Angebotsstruktur ausgegangen werden muß, die kurzfristige Änderungen nur schwer ermöglicht. (Um es noch klarer zu sagen: Ein organisch gewachsenes Urlaubsangebot hat größere Anpassungsprobleme, ist aber andererseits ein unentbehrliches profilierendes Angebotsmerkmal.)

Diese Tatsache unterscheidet uns von vielen anderen Wirtschaftsbereichen, in denen das Angebot differenzierter und beweglicher als die Nachfrage ist.

Zu den wesentlichen Variablen (wechselnden Einflüssen) zählen:

a) Variable, die in der jeweiligen Situation des Herkunftslandes liegen. Hier sind insbesondere politische und wirtschaftliche, oft kurzfristig eintretende Wandlungen zu beachten. (Streiks, Wirtschaftskrisen, Sparmaßnahmen öffentlicher Kassen für Kuraufenthalte, verschärfte Ausreisebestimmungen)
b) Variable der Reise- bzw. Transporteinrichtungen. In diesem Zusammenhang wirken sich die auch für Fachleute des Fremdenverkehrswesens oft nur schwer erkennbaren zwischenstaatlichen Vereinbarungen aus. Denken wir z. B. an die komplizierten Verträge über den gegenseitigen Flugverkehr (Landerechte). Außerdem ist die technische Weiterentwicklung zu berücksichtigen. Eigens hergestellte Sonderzüge, die bis zu einem gewissen Grad den Flugkomfort mit dem ihm nach wie vor zukommenden Image „Erlebniswert“ bieten, könnten das einschlägige Geschehen beeinflussen. Die ausschlaggebenden Gesichtspunkte werden nach wie vor sein: Reisegeschwindigkeit, Reisebequemlichkeit und nicht zuletzt Reisekosten.
c) Variable des Medienkonsums – wichtig für die Werbeplanung und die Konzeption der Aussage über unser Angebot. Die Zahl der touristischen Angebote vergrößert sich fortlaufend, da nicht zuletzt auch Staaten der Dritten Welt sich um den Fremdenverkehr immer intensiver bemühen.
Außerdem beeinflussen aus gesamtwirtschaftlichen oder außerwirtschaftlichen, letztlich politischen Gründen erstellte Dumpingangebote (auch Wechselkursänderungen) den Ablauf.
d) Variable des Angebotslandes, z. B. allgemeine Sicherheit, Energieversorgung, Umweltbedingungen, politische und wirtschaftliche Stabilität. Eine spezielle Rolle spielen naturgemäß Wechselkurse, Preisstabilität, steuerliche Belastungen; der einzelne Anbieter hat gerade auf diese Faktoren keinerlei Einfluß.
e) Variable, die im Verhalten und den Lebensumständen der Umworbenen (Zielpersonen) liegen, z. B. verändertes Einkommen, das Freizeitverhalten, unterschiedliche Erwartungen und Ansprüche der verschiedenen Generationen, veränderter Lebensstil, neue Verhaltensmuster und Moderichtungen.

Obgleich solche Variable tatsächlich überwiegend unberechenbar sind, versuchen wir doch, sie möglichst frühzeitig zu erkennen, um rascher darauf reagieren zu können. Tatenlos zuzusehen wäre falsch (siehe auch Kapitel Marktforschung).

Einige Erfahrungen:

a) Es macht sich bezahlt, laufend und systematisch wirtschaftliche, politische aber auch gesellschaftliche (Moden! Meinungsbildner!) und kulturelle (Werte! Vorbilder!) Nachrichten aus dem In- und Ausland zu verfolgen. Wir interessieren uns speziell für das Geschehen in den Herkunftsgebieten unserer Gäste.
b) Wir befragen die Gäste immer wieder und tatsächlich interessiert nach ihren Wünschen, Einstellungen, nach ihrer Zufriedenheit; wir vermerken eventuelle Anregungen.
c) Wir überprüfen laufend Alter, Beruf, Herkunftsgebiet, spezielle Gewohnheiten, Hobbys unserer Gäste.
d) Marktforschungsergebnisse allgemeiner Art erläutern wir durch
   - Vergleich mit Ergebnissen anderer Perioden und
   - mit den eigenen Beobachtungen.

Prof. Dr. Harald Jürgensen, Direktor des Institutes für Europäische Wirtschaftspolitik, Universität Hamburg, äußerte sich 1988 zum Thema „Veränderte Verbraucher – verändertes Marketing“ maßvoll optimistisch über die weiteren allgemeinen Entwicklungen und die daraus abzuleitenden konkreten Aufgaben bzw. Chancen zeitgemäßer Marketingarbeit. Er betonte, das schon längst eingeleitete qualitative Wachstum übertreffe die verminderten quantitativen Zuwachsraten deutlich. Es gebe grundsätzlich kein Feld der Nachfrage, auf dem nicht auch zukünftig innovativer und technischer Fortschritt für weiteres qualitatives Wachstum sorgen könne.

Zahlreiche Spezialisten sprechen von *„neuen Konsumenten“*, wodurch sich auch in der Bestimmung von Zielgruppen für die touristische Werbung veränderte Richtlinien ergeben. Allgemein zeigt sich eine *Entwicklung zu kleineren Zielgruppen*. Der Grund dafür: Individuellere Verhaltensweisen, die auch dazu veranlassen, kleinere, durch gemeinsame Interessen verbundene Gruppen, zu bilden bzw. werblich anzusprechen. Folgende Erfahrungen helfen uns dabei:

- Lebensstile ändern sich und lösen individuelle Urlaubswünsche aus, die bisher unberücksichtigt blieben.
- Status-Symbole und Status-Vorstellungen wandeln sich, wodurch sich auch Bevorzugung bzw. Zurücksetzung von Urlaubszielen ändern.
- Das Flugzeug ist inzwischen als Massenverkehrsmittel einzustufen.
- Nach wie vor spielt aber der Pkw für Urlaubsreisen eine führende Rolle.
- Andererseits steigt angesichts weiter Anreisestrecken auch die Nutzung entsprechender öffentlicher Verkehrseinrichtungen.
- Individuelle Mobilität am Urlaubsort wird auch in Zukunft bevorzugt.
- Weiterhin kann mit einem Zuwachs der Nachfrage im touristischen Bereich gerechnet werden.
- Der Kostenfaktor nimmt aber an Einfluß zu.
- Werbung wird zunehmend auch als unterhaltender Faktor gewertet.

## DIE MARKTCHANCEN IM FREMDENVERKEHR

Die Prognosen sind durchaus positiv. Sie gehen davon aus, daß in den Industriestaaten zumindest ein knapper Realzuwachs erreicht wird und damit die frei verfügbaren Einkommensanteile weiter wachsen werden, die Bevölkerungskonzentration in Großstädten anhält, die Mobilität nicht nur gehalten, sondern trotz Energieproblemen verstärkt wird und die Arbeitszeit – sowohl die wöchentliche als auch die Lebensarbeitszeit – weiter sinkt. Die Freizeit soll erneut zunehmen – somit auch die Zeit für mehr Urlaub! Der Urlaub verliert den Rest an Luxusimage und wird endgültig als Konsumgut verankert.
So günstig die allgemeine Situation im Lichte solcher Vorhersagen auch aussehen mag, es wird für die einzelne Destination trotzdem immer schwieriger, weitere Zuwachsraten zu verwirklichen. Zudem darf aus diesen günstigen Prognosen nicht automatisch auf ver-

mehrte Reisetätigkeit geschlossen werden. Abgesehen von den bekannten wirtschaftlichen Schwierigkeiten (speziell Energie- und Umweltprobleme) zeigen Marktstudien folgende Situation:

- Die reiseinteressierten Schichten sind längst erschlossen.
- Nun gilt es, auch die unbeweglicheren Bevölkerungsschichten zu gewinnen.
- Die noch neu zu mobilisierenden Gruppen verfügen meist nur über bescheidene Mittel.

> Die erwartete günstige Situation kann nur derjenige nützen, der mit durchdachten und ausreichend breit eingesetzten Maßnahmen im Kampf um die Marktanteile mitmischt. Mit anderen Worten: durch die generelle soziologische (und auch technische) Entwicklung besitzt der Tourismus tatsächlich auch künftig sehr gute Möglichkeiten, die aber ausschließlich durch zeitgemäße und professionelle Marketingarbeit genützt werden können. Dabei wird die Wettbewerbssituation immer gespannter.

Der Welttourismus ist von starker Konzentration geprägt. Fast 90% des Gesamtaufkommens verteilen sich auf Europa und die USA. Zu dieser räumlichen kommt die zeitliche Konzentration durch die Ferientermine der Industrieländer. Die Reiseintensität und das Potential steigen zwar, doch vermehrt sich gleichzeitig die Zahl der Anbieter. Diese Unzahl von Urlaubsangeboten verschärft nicht nur den Wettbewerb im Preis-Leistungs-Verhältnis, sondern macht vor allem die Gestaltung und Präsentation des einzelnen Angebotes immer schwieriger. Banale „Wald- und Wiesenangebote“ genügen schon lange nicht mehr.
Es bestätigt sich für den Tourismus die absatzwirtschaftliche Erfahrung von Industrie und Handel: Altbewährte Maßnahmen müssen durch neue Methoden immer wieder ergänzt werden, um aktuelle Leistungen wirksam zu präsentieren.
Wir bieten zielgruppenorientierte Vielfalt, um den verschiedenen Bedürfnissen, Neigungen, Interessen und Wünschen wirkungsvoll gerecht zu werden. Dabei darf nicht jeder alles anbieten wollen und auch nicht jeder gleiche Argumente anderer Anbieter verwenden.
*Individuell gestaltete Angebote lohnen sich!*
Wie in allen anderen Wirtschaftszweigen bewährt sich bei starkem Konkurrenzdruck die durchdachte *Spezialisierung*.

Die bis in unsere Tage lediglich als „Konsumgut“ bewertete Urlaubsreise nahm inzwischen längst auch Investitionscharakter an. Der Urlauber investiert Ferienreisen in seine Gesundheit, seine künftige Leistungskraft, sicherlich auch in sein Ansehen, seinen Wissensdrang. Eine Summe solcher Motive bestimmt den nationalen und internationalen Gästeverkehr von heute und morgen.
Diese Motivation wandelte sich im Laufe der Zeit vom hauptsächlichen Wunsch nach körperlicher Erholung mehr und mehr zum Bedürfnis nach geistiger Entspannung. Dies entspricht auch den Veränderungen unserer Arbeitswelt.
Der Schweizer Krippendorf erwartet für die Zukunft einen emanzipierten und mündigen Touristen, bei dem das Bedürfnis nach rein körperlicher Erholung (Essen, Trinken usw.) zugunsten des Bedürfnisses nach Erholung der Gefühlswelt durch Aktivitäten und Erlebnisse abnimmt. Das Erholungsbedürfnis wird somit verfeinert und kultiviert. Der erfahrene Tourist der Zukunft wird vermehrt das Bodenständige und Natürliche suchen: Bildungsreisen werden zunehmen, und die Gäste setzen sich stärker mit der Lebensart und der gesellschaftspolitischen Situation des Zielgebietes auseinander.
Außerdem zeichnen sich ganz spezielle Entwicklungen ab, die wir bei der Erstellung der Angebote sorgfältig berücksichtigen müssen:

- Der Zweiturlaub (begünstigt durch die zunehmende Zahl gesetzlich fixierter Urlaubstage; so in Europa Zug zum Vierwochen-Mindesturlaub) spielt eine immer größere Rolle.
- Der Probe-(Kurz-)Urlaub, um den eigentlichen Ferienaufenthalt an Ort und Stelle zu erkunden und vorzubereiten.
- Der zunehmende Ausflugstourismus.
- Viele Unternehmen veranstalten Klausurtagungen außerhalb des Betriebsstandortes, um ungestört Problemlösungen zu finden, Schulungs- und Trainingsprogramme zu erfüllen, Produktionen vorzustellen.
- Der immer kompliziertere wirtschaftliche Ablauf erfordert – abgesehen von den Besuchstouren der Reisenden (Vertreter) – vermehrte fachliche und zwischenmenschliche Kontakte in Form von Tagungen, Kongressen usw.
- Sogenannte Belohnungsreisen (Incentivreisen) zur Animation setzen sich zunehmend durch: Etwa um erfolgreiche eigene,

aber auch erfolgreiche Mitarbeiter der Abnehmer (z. B. Handelsbetriebe) auszuzeichnen.

*Was kann man tun? Es geht vielfach darum, zu prüfen, wieweit das eigene Angebot geeignet ist, an Märkte mit wachsendem Potential angepaßt zu werden.*
Zum Beispiel wachsen die Märkte der „Singles“ oder der „älteren Menschen“, in den USA oder Japan längst wesentlich charmanter als „*Silbermarkt*“ bezeichnet, zu allen anderen Bereichen überproportional.
Wachsende Mobilität, besserer Gesundheitszustand und früheres Rentenalter sind – neben einem wachsenden Selbstbewußtsein der Senioren – die Hauptgründe für die rapide Zunahme. Bei den Singles können sicherlich ständig wachsende Scheidungsraten oder andere Veränderungen im Bereich Ehe und Familie neben höherem Einkommen und größerer Mobilität für Steigerungen verantwortlich sein.
Hier geht es darum, zu prüfen, ob von der Unterkunftsform bis zur sozialen Komponente und menschlichen Zuwendung – oft gilt es, die Isolation oder Einsamkeit bzw. die mangelnde Fähigkeit, von sich aus Kontakte zu knüpfen, zu überwinden – alles stimmt.

# MARKETING

Schon im Mittelalter begegnet uns der Fachausdruck „vermarkten“. Je besser sich Produkte vermarkten, also verkaufen ließen, umso lieber schaffte man sie, selbst unter Gefahren, herbei.
Heute sind Angebot und Nachfrage wesentlich umfangreicher, deren Zusammenführung damit auch komplizierter. Die Bedürfnisse sind vielfältiger, hängen gegenseitig voneinander ab. So wird das gesamte wirtschaftliche Leben durch spezialisierte Arbeitsteilung immer mehr verästelt, bietet zusätzliche Existenzmöglichkeiten, stellt aber andererseits auch bestehende Existenzen in Frage.
Diese Abläufe sind kaum noch bis in alle Einzelheiten überschaubar. Ein ausgewogenes Verhältnis zwischen Angebot und Nachfrage ist für alle Beteiligten, für die Anbieter, die Mittler, aber auch für die Konsumenten vorteilhaft.
Das Streben nach einer Stabilisierung des Verhältnisses zwischen Angebot und Nachfrage führt auf seiten der Wirtschaftsunternehmen nach einer anfänglichen Phase reiner Bedarfsdeckung zu einer Neuorientierung der Wirtschaftsstrategie und zur Anwendung anderer Methoden als jener, die in einer Zeit notwendig waren, als es nur darum ging, einfach zu produzieren, weil der Markt alles was produziert wurde aufgenommen hatte – so in einer Zeit des Nachholbedarfes wie z. B. in Europa nach dem 2. Weltkrieg. Diese Neuorientierung, die infolge einer wachsenden Produktion ein verstärktes Eingehen auf die Wünsche von Kundenzielgruppen und eine verstärkte Beachtung der Konkurrenzsituation erforderlich machte, bezeichnet man, ebenso wie die damit verbundene neue Methode der Marktbearbeitung, mit dem international gebräuchlichen Begriff Marketing.

Zu den grundlegenden Definitionen des Begriffes Marketing zählt jene des British Institute of Marketing:
*„Marketing is the management function which organises and directs all those business activities involved in assessing and converting customer purchasing power into effective demand for a specific product or service and in moving the product or service to the fi-*

*nal consumer or user so as to achieve the profit target or other objectives set by the company.*"
Analog zu dieser Erklärung verstehen wir unter Marketing eine bestimmte geistige Grundhaltung zu den der Wirtschaft (den Unternehmen) gestellten absatzpolitischen Aufgaben.
Im wesentlichen geht es darum, alle Handlungen und Funktionen nach den Erfordernissen, Bedürfnissen und Gegebenheiten des Marktes auszurichten.
Infolge der Vielfalt der notwendigen und möglichen Maßnahmen und auch wegen der Vielfalt der dafür verfügbaren Instrumente wird deren überlegter, gegenseitig abgestimmter Einsatz auch mit dem Begriff „Marketing mix" bezeichnet.

Die Marketing-Abläufe zwischen Angebot und Nachfrage lassen sich vereinfacht wie folgt darstellen:

a) Latente Bedürfnisse des Konsumenten werden aufgespürt, Marktlücken werden festgestellt.
b) Die Informationen aus Marktbeobachtung, Verbrauchergewohnheiten und Konsumentenforschung werden in den Produktionsvorgang bzw. Dienstleistungsablauf eingebracht.
c) Präsentation der neuen Leistungen mit allen Mitteln der absatzpolitischen Instrumente; Positionierung und Profilierung der Produkte und Angebote.
d) Vertrieb unter Berücksichtigung der unternehmerischen Zielsetzungen.

Der Entwicklung entsprechend sind diese vier Bereiche durch einen weiteren zu ergänzen. Einen Bereich, der gleichsam auf der Gegenseite liegt: Das Verhalten der Konsumenten, insbesondere Reaktionen und Forderungen der Konsumentenbewegungen (deren extremste Erscheinungsform: „Consumerism" in den USA und anderen Ländern). Es handelt sich dabei um einen starken geistigen Gegenpol, der in das Marketingdenken der Wirtschaft (der Unternehmen) neue Dimensionen einführt. (Siehe verschärfte Haftungsrichtlinien, Seite 59 und Seite 122 ff.)

Somit: Verhalten, speziell Forderungen einzelner Konsumenten sowie der Konsumentenvereinigungen müssen aufmerksam registriert werden.
Marketingüberlegungen betreffen also speziell die Aktivitäten der Unternehmerseite, nicht nur den Akt des Anbietens und gelten für

den gesamten betriebswirtschaftlichen Ablauf. Hier sind zu nennen:

Einkauf,
Produktion,
Angebotsgestaltung (Produktgestaltung),
Preis,
Werbung,
Vertrieb,
Kundendienst usw.

In diesem Sinne berücksichtigen wir alle in Frage kommenden Faktoren in ihrer Gesamtheit, sprechen daher auch von der Ganzheitsbetrachtung des wirtschaftlichen Ablaufs. Marketing muß auch die geistige Linie der Unternehmenspolitik überzeugend ausdrücken.

## BENÖTIGT DER FREMDENVERKEHR MARKETING?

Der Fremdenverkehr nimmt in der Gesamtwirtschaft einen so bedeutenden Rang ein (dies bestätigen auch die eingangs vermerkten Zahlen), daß eine Isolierung von anderen Sparten unmöglich ist. Marketingmethoden sind in praktisch allen Branchen üblich. Würden wir darauf verzichten, so entstünde ein krasser, daher äußerst schädlicher, ja untragbarer Niveauunterschied gegenüber den anderen Wirtschaftszweigen.

Unerträglich wäre ein solcher Niveauunterschied vor allem auch deshalb, weil Urlaubsreisen durch andere Güter und Leistungen ersetzbar sind und tatsächlich oft ersetzt werden. So steht die Urlaubsreise ständig in Konkurrenz mit größeren und großen Anschaffungen für den Haushalt, für Kleidung, für die Motorisierung (etwa das Zweitauto, das Ferienhaus). Vor Jahren – um nur ein solches Beispiel zu nennen – warb eine Gemeinschaftswerbung für Tapeten unter dem Motto „Im Urlaub die Tapeten wechseln".

Das über die direkten (physischen) Lebensbedürfnisse hinaus frei verfügbare Einkommen unserer Interessenten ist das Ziel von Angeboten aller Wirtschaftszweige! Das Fremdenverkehrsangebot steht also in schärfster Konkurrenz.

Marketing für den Fremdenverkehr muß daher eigenständig und von hoher Qualität sein, um die Stellung auf dem Markt zu halten und womöglich zu vergrößern.
Der weltweit intensivierte Wettbewerb der Anbieter touristischer Leistungen erzwingt geradezu fortlaufend ein immer umfassenderes Instrumentarium, sodaß Marketing für den Fremdenverkehr inzwischen eine sehr eigenständige und vorrangige Position einnimmt.

Noch um 1970 gliederte der amerikanische Marketing-Spezialist Ph. Kotler (Philip Kotler, Marketing Management, deutsche Übersetzung C. E. Poeschl-Verlag, Stuttgart 1974) die verschiedenen Anwendungsbereiche des Marketings in 5 Hauptgruppen, ohne den Fremdenverkehr selbständig zu nennen:

I. Produkt-Dienstleistungs-Marketing
   a) Gebrauchsgüter-Marketing
   b) Verbrauchsgüter-Marketing
   c) Dienstleistungs-Marketing
II. Organisations-Marketing
   a) Unternehmens-Marketing
   b) Behörden-Marketing
   c) Kulturorganisations-Marketing
   d) Marketing für Schutz- und Wohlfahrtsorganisationen
III. Person-Marketing
   a) Politiker-Marketing
   b) Ruhm- und Beifalls-Marketing
   c) Qualifikations-Marketing
   d) Eindrucks-Marketing
IV. Raum- bzw. Orts-Marketing
   a) Wohnungs-Marketing
   b) Standort-Marketing
   c) Grundstücksinvestitions-Marketing
   d) Touristen-Marketing
   e) Nationales Marketing
V. Sozial-Marketing
   a) Gemeinschaftsaufgaben-Marketing
   b) Sozialprogramm-Marketing

Danach hätte das Fremdenverkehrswesen lediglich ganz oder teilweise Anteil an den Untergruppen „Dienstleistungs-Marketing", „Unternehmens-Marketing", „Ruhm- u. Beifalls-Marketing" (den-

ken wir beispielsweise an Festspiele, sportliche Veranstaltungen und Erfolge, wobei diese Hinweise die breite Skala der Möglichkeiten bestenfalls andeuten können). Im vierten Hauptabschnitt ordnete Kotler dem Touristen-Marketing sogar eine eigenständige Unterposition, aber nicht mehr, zu.
Schließlich berühren auch die Angaben zum fünften Hauptbereich, „Sozial-Marketing", Belange heutiger Bemühungen für den Fremdenverkehr.
Marketing für den Fremdenverkehr ist unzweifelhaft inzwischen eine ebenso eigenständige wie bereits sehr große, kaum mehr überschaubare Disziplin geworden. Diese Verselbständigung ergibt sich sogar auch anhand der Schilderungen von Kotler. Er schreibt nämlich u. a. wörtlich:
„Vor 1933 bemühten sich lediglich zwölf Mitgliedsstaaten der USA, ein staatlich unterstütztes Programm zu entwickeln, das sie für Touristen attraktiv machen sollte. Heute betreibt jeder Staat unserer Nation Touristen-Werbung."
Die täglichen Bemühungen unserer Zeit – von Erdteilen, Staaten, Staatengruppen, Gebieten, Interessentengruppen, Unternehmen usw. – belegen hinlänglich die inzwischen vollzogene, aber noch immer sich verstärkende und profilierende Eigenständigkeit der Marketingarbeit für den Tourismus. Erdteile, Staaten, Gebiete, Interessentengruppen, einzelne Anbieter streben durch zeitgemäßes Marketing nach dem „Platz an der Sonne".

## ZUR BEDEUTUNG DES BEGRIFFES „MARKETING FÜR DEN FREMDENVERKEHR"

J. Krippendorf formuliert:

*„Marketing im Fremdenverkehr ist die systematische und koordinierte Ausrichtung der Unternehmenspolitik von Fremdenverkehrsbetrieben sowie der privaten und staatlichen Fremdenverkehrspolitik der lokalen, regionalen, nationalen und internationalen Ebene auf eine bestmögliche Befriedigung der Bedürfnisse bestimmter Konsumentengruppen unter Erzielung eines angemessenen Gewinnes."*

Wir folgen weiter den Gedankengängen von Krippendorf über Grundlagen des Marketings im Fremdenverkehr:

a) Beeinflussung der Bewertung durch Personen, die außerhalb des eigentlichen Leistungspaketes liegen, z. B. Mitreisende, Einwohner, andere Urlauber usw.
b) Hotels sind „kundenpräsenzbedingte Dienstleistungsbetriebe". Ohne persönliche Anwesenheit des Kunden kommen die angebotenen Dienstleistungen nicht zur Geltung.
c) Saisonabhängigkeit von im Bereich der Gäste liegenden Faktoren (Schulferien, Industrie, Urlaub, Feiertage usw.).
d) Der Kunde und nicht das Produkt überwindet die Distanz zwischen Produktion und Konsum.
e) Das Urlaubsangebot ist ein abstraktes, das heißt nichtstoffliches, weder sicht- noch greifbares Konsumgut. Es verbinden sich damit die vielfältigsten Vorstellungen.
f) Für die Bewertung der Dienstleistung stehen keine Meßgrößen, wie Maße, Gewichte, Volumen, Motorenleistung usw. zur Verfügung. Eine objektive Beurteilung kann nur für einzelne Leistungsteile möglich sein.
g) Externe, vor allem aber unbeeinflußbare Faktoren wie z. B. Wetterlage oder Auswirkungen von Naturereignissen, der Verkehrspolitik usw. sind zu berücksichtigen.
h) Der Kunde muß die Leistung oft schon Wochen vor der Konsumation zahlen (beangaben).
i) Kunden können die Leistung, die sie zu konsumieren wünschen, vorher nicht sehen. Dienstleistungen können nicht wie ein Warenmuster zur Ansicht oder zur Auswahl zugesandt oder in einem Verkaufsgeschäft ausgestellt werden.
j) Tourismusleistungen können nicht auf Vorrat produziert und mit Lieferfristen abgesetzt werden.
k) Die Leistungen einer Fremdenverkehrsunternehmung oder -organisation stehen in einem Komplementärverhältnis zu den Erzeugnissen anderer Fremdenverkehrsunternehmungen und weiterer Angebotsträger. Der Tourist fragt nicht nur Hotelleistungen, sondern auch Transportleistungen, andere Verpflegungsleistungen, die Leistungen von Sportlehrern, Reiseleitern, Sportanlagen, Souvenirs usw., das heißt ein *Leistungsbündel,* nach.

Aus diesem Komplementärverhältnis erkennt Krippendorf praktische Auswirkungen:

- Die einzelne Fremdenverkehrsunternehmung, z. B. ein Hotel, hat allein gar keine oder nur beschränkte Absatzmöglichkeiten.
- Die Absatzanstrengungen einer Fremdenverkehrsunternehmung können durch eine bewußte oder unbewußte gegenläufige Absatzpolitik der komplementären Unternehmungen in ihrer Wirkung verringert und durch gleichläufige Absatzpolitik in ihrer Wirkung vergrößert werden.

Prof. Dr. Paul Bernecker betonte mehrfach, daß das Fremdenverkehrswesen durch seine starke wirtschaftliche Verflechtung mit großteils kapitalintensiver Struktur angesichts der immer kürzer werdenden Amortisationsfristen zur Steuerung seiner wirtschaftlichen Umwelt gezwungen wird.

Diese Steuerung ist nach heutigem Stand des Wissens am ehesten mit Marketingmethoden und -instrumenten zu sichern. Wir müssen in diesem Zusammenhang aber gerade auch für den Tourismus nochmals die wichtige Rolle der Konsumentenbewegungen hervorheben. Für unsere Marketingarbeit ergeben sich daraus ganz allgemein zusätzliche Gesichtspunkte:

- Erweiterte und intensivierte Bestimmungen, um die Konsumenten zu schützen. Daher:
- erweiterte Haftungspflicht für Anbieter. Daher:
- Angebotswahrheit. Daher:
- der Prospekt beispielsweise bedeutet verbindliche Produkt-(Angebots-)Deklaration.

Diese und auch andere Forderungen gelten nicht nur für den nationalen, sondern auch für den internationalen (also den grenzüberschreitenden) Tourismus.

Besonders wichtig für die Praxis:

> Bei der Produktion der Urlaubsprospekte (aber auch bei allen anderen Werbemaßnahmen) sind nicht nur die Gesetze des eigenen Landes zu berücksichtigen, sondern auch alle einschlägigen gesetzlichen Regelungen und sonstigen Bestimmungen der Herkunftsländer der Gäste.

Es liegt auf der Hand, daß angesichts der vielfältigen Herkunftsländer mit deren oft nicht gleich erkennbaren, aber doch wesentlichen Unterschieden ihrer einschlägigen Gesetzgebung eine echte Gefahrenquelle für jeden touristischen Anbieter besteht. Deshalb bietet bereits eine einschlägige Unternehmung für solche Fälle Versicherungsschutz.

Siehe Tabelle Seite 122 ff.

Eindeutig formulierte Ziele sind eine entscheidende Voraussetzung sinnvoller Planung. Wir stimmen unsere Ziele grundsätzlich mit der Wettbewerbs- und Marktsituation und der eigenen Leistungskraft ab. Nur unter dieser Voraussetzung können Marketingziele realistisch, somit erfüllbar sein.

Beispiele für allgemeine touristische Marketingziele:
Gewinnung neuer Zielgruppen,
Ausweitung des Anteiles in bestimmten Zielgruppen,
Erhöhung der Nächtigungszahlen,
bessere Auslastung zu bestimmten Zeiten,
Steigerung der Aufenthaltsdauer unserer Gäste,
Gewinnung von Gästen bestimmter Altersstufen,
Verbesserung der Herkunftsstruktur,
bessere Auslastung einer speziellen Betriebskategorie,
Korrektur des entstandenen Images,
Verstärkung eines zu schwachen Imagefaktors,
Umsatz- und Gewinnmaximierung,
soziale Zielsetzung usw.

Die Bestimmung neuer (erweiterter) Marketingziele hängt oft vom derzeitigen Marktanteil in einer bestimmten Zielgruppe ab. In anderen Fällen geht es darum, spezielle Zielgruppen erstmals anzusprechen. Marketingziel kann auch sein, angesichts vermehrter Konkurrenz einen bestimmten Marktanteil zu halten.
Immer wieder bestätigt sich die Erkenntnis, *„Stillstand ist Rückschritt"*. Wenn sich der Markt nicht ausweitet, beginnt schon die Verdrängung.
Angesichts wachsender Märkte streben wir einen überproportionalen Zuwachs an.
Bei sinkendem Marktvolumen bemühen wir uns, den Marktanteil zu halten, zumindest weniger zu schrumpfen als die Mitbewerber.

Rückläufige Märkte sind für uns Anlaß, als Gegengewicht andere, neue Märkte zu erschließen. Es kann sich dabei um Märkte als Gesamtbegriff (etwa alle Interessenten eines bestimmten Gebietes) als auch um einzelne Zielgruppen (etwa betagte Interessenten aus einem bestimmten Gebiet oder auch eines Landes), also um Teilmärkte, handeln. In der Regel streben wir mehrere Marketingziele an. Diese sind meistens mehr oder weniger miteinander verbunden oder hängen gegenseitig voneinander ab. *Die Rangordnung der einzelnen Marketingziele bestimmen wir möglichst eindeutig, um dadurch Strategie und Taktik unseres Vorgehens zu ermöglichen bzw. zu unterstützen.*

Hansruedi Müller vom Forschungsinstitut für Freizeit und Tourismus an der Universität Bern sieht folgende Tendenzen, die sich für Marketing und Werbung aus der Sicht des Gastes des Jahres 2000 ergeben:
- *Hedonismus:* also verstärkte Ausrichtung auf den Genuß;
- *Extraversion:* zunehmende Neigung zu intensiveren zwischenmenschlichen Beziehungen;
- *Erotik:* allgemein, speziell aber bei jüngeren Menschen immer intensiver;
- *Aktivität:* der Wunsch, den Lebensablauf, speziell die Ferien, selbst zu bestimmen (dem steht nur scheinbar der steigende Bedarf an Urlaubs-Animatoren gegenüber);
- *bequemes Leben durch Technik:* markanter Anstieg der Neigung, sich das Leben mit technischen Mitteln angenehmer zu gestalten.

Müllers Schweizer Landsmann Werner Wyss nennt als spezielle Folgen der obgenannten fünf Entwicklungsrichtungen:
- zunehmende materialistische Einstellung, wobei eine Veredelung von „Was man hat“ auf „Wie man hat“ deutlich wird. Daraus können und müssen wir steigende Ansprüche an die Qualität der touristischen Angebote in allen Preisklassen ableiten;
- verstärktes Erfolgs- und Karrieredenken;
- erneute Popularität des Eigentums; aber nicht im Sinne von Pflicht und Verantwortung, sondern zur Freude und zum genußreichen Lebensstil;
- zunehmendes Modebewußtsein;
- ständiges Bildungsstreben wird mehr und mehr Teil des Lebens;
- neue Fitneßwelle zum Vorteil der äußeren Erscheinung;
- zunehmende Freude an gutem Essen und Trinken und damit verbunden auch höhere Ansprüche, z. B. an die Qualität des Weines.

## BEISPIEL EINER ZIELSTRUKTUR FÜR EIN TOURISTISCHES ANGEBOT

*Übergeordnete Ziele:*

- Beitrag zur Freizeitbefriedigung (Erholung/Bildung/Gesundheit),
- humanitäre Aspekte (bewußte Umweltgestaltung/Erholungsraum erhalten),
- Sicherung der Rentabilität (volks- und betriebswirtschaftliche Investitionen),
- Sicherung und Ausbau von Arbeitsplätzen,
- Ausbau der Infrastruktur (Einrichtungen stehen auch den Einheimischen zur Verfügung),
- allgemeiner Beitrag zur Wertschöpfung (Devisenbilanz).

*Langfristige Ziele:*

- Marktstellung und Bedeutung der Region (des Angebotes) verbessern,
- Pflege der Marktanteile in jetzigen und künftig aufzuschließenden Märkten,
- Profilierung des Angebotes in eine ganz bestimmte Richtung (z. B. Verjüngung, Qualitätskorrektur usw.).

*Mittelfristige Ziele:*

- Aufbau neuer Angebotsargumente, die außerhalb der bisherigen Hauptsaison liegen (z. B. Tagungswesen, Gesundheitsurlaub, Hobbyprogramme usw.),
- Ausbau der vorhandenen Angebotsschwerpunkte in qualitativer Hinsicht,
- engagierte Präsenz, wo sich vorhersehbare Marktchancen ergeben,
- Beeinflussung der bisherigen Gästestruktur (nach geografischen oder soziodemografischen Kriterien).

*Kurzfristige Ziele:*

- Nächtigungszahlen steigern,
- Anteil der Nächtigungen von bevorzugten Zielgruppen überproportional steigern,

- Belebung einer bestimmten Zwischensaison (z. B. Spätsommer durch Allwetter-Aktionen),
- besondere Forcierung der Angebotssegmente, die sich erschwerten Marktverhältnissen gegenübersehen (z. B. wegen verstärkter Konkurrenz oder Veränderungen in der Nachfrage),
- Erhöhung der Aufenthaltsdauer und damit der Auslastung (z. B. durch ein attraktives Veranstaltungsprogramm),
- „intellektuelle Qualitätsverbesserung": Der Tourismusmarkt muß als klassischer Käufermarkt betrachtet werden. Und wie immer, wenn es um Verdrängung anderer Angebote geht, ist eine klassische Möglichkeit im Wettbewerb die Verbesserung des eigenen Angebotes.

  Qualitätsverbesserung spielt sich aber längst nicht mehr ausschließlich auf der Seite substantieller Verbesserungen ab. Einen immer höheren Stellenwert nimmt die intellektuelle Komponente ein. Wenn es also beispielsweise zu einer gut ausgebauten Infrastruktur gehört, daß ein Hallenbad vorhanden ist, muß auch die Benützung des Hallenbades – also der Zugang zur Infrastruktur – erleichtert werden. Zum Beispiel: Angebot von Wassergymnastik oder Wettbewerben. Statt Verboten dürfen Kinder zu einer bestimmten Zeit (jeweils am Nachmittag eine Stunde) das Hallenbad benützen und springen oder Ball spielen etc.

  Die Idee, vergleichbar mit der „Software" bei Computern, gehört zur optimalen Nutzung von Angeboten heute einfach schon dazu.

## DER FAKTOR ZEIT

Ein wesentliches Kriterium ist außerdem der Faktor Zeit. Wir legen möglichst genau fest, zu welcher Zeit und mit welchem Aufwand die Ziele verwirklicht werden sollen. Im allgemeinen ist folgende Gliederung üblich:

- kurzfristig (etwa die kommende Saison, ein Kalender- oder Geschäftsjahr),

- mittelfristig (bis zu 5 Jahren),
- langfristig (mehr als 5 Jahre).

Manche Marketingziele erfordern bestimmte Mindestfristen; eine Imageänderung wird beispielsweise nur mittel- bzw. langfristig möglich sein usw.

*Faustregel: Je kurzfristiger (rascher) wir ein Ziel erreichen wollen, desto höher wird der Aufwand dafür sein müssen.*
Wichtig ist es, die Marketingziele klar zu formulieren und schriftlich genau festzuhalten. Notizen wie „stärkere Auslastung" genügen nicht. Wir müssen schriftlich festlegen, welche Kategorie zu welcher Zeit und in welcher Höhe bessere Auslastungen erreichen soll. Dadurch wird auch die unbedingt notwendige Kontrolle der Ergebnisse ermöglicht bzw. erleichtert.

Die Ziele sollen erreichbar sein. „Erreichbar" soll aber nicht bedeuten, daß das Ziel sehr leicht, sozusagen von selbst verwirklicht werden kann. Dies wäre Selbstbetrug.
Es handelt sich also um eine Zielsetzung, die zum Zeitpunkt der Festlegung realistisch erscheinen muß. Sollte das Ziel nicht erreicht werden, ist das durchaus kein Grund zur Panik. Wir erwähnten schon (Seite 46) die vielen Variablen, die einer Zielverwirklichung entgegenarbeiten können.
*Merke:* Besser einmal ein Ziel verfehlt, als ziellos gearbeitet!

## DIE KRITERIEN FÜR DAS TOURISTISCHE MARKETING IN DER PRAXIS

Das touristische Marketing betrifft eine sehr eigenständige Form der Dienstleistungen. Es handelt sich in der Praxis sogar um ein Dienstleistungsbündel, das ausschließlich an Ort und Stelle und nicht anderswo zu konsumieren ist.
Fast alle derzeit verfügbaren Marketinglehrbücher beziehen sich auf Konsumgüter und zum Teil auch auf Investitionsgüter. Sie sind daher für den Tourismus nur bedingt, eben nur im übertragenen Sinne, anwendbar.

Der entscheidende Unterschied:

Das touristische Angebot wird auf verschiedenen Ebenen in allen Einzelheiten geformt. Diese Einzelleistungen werden nicht nur zur Verfügung gestellt, sondern jeder Leistungsträger ist bemüht, seinen Teil auch zur Vermarktung beizutragen.

Die wichtigsten Ebenen bzw. Träger des touristischen Marketings:

| | |
|---|---|
| Gastronomie- und Beherbergungsbetriebe | Verkehrsträger |
| | Unterhaltungsbranche |
| Ort | Souvenirhandel |
| Region | Seilbahn-, Skiliftunternehmen |
| Land | Reisebüro |

Das touristische Marketing muß entschlossen, aber auch folgerichtig und behutsam vollzogen werden, weil es neben den rein sachlichen Aspekten vielfältig verästelte, für den Reiseentschluß aber sehr bestimmende geistig-seelische Belange zu beachten hat.

Eines steht allerdings fest: Trotz aller Diskussionen, ob das Urlaubsangebot im Sinne eines Markenartikels vermarktet werden soll, hat Marketing im vollen Umfang eines Unternehmens eingesetzt und das Angebot mit aller Konsequenz als Markenprodukt betrachtet zu werden.

Für ein möglichst „ungefährliches" Vorgehen ist Wissen im wahrsten Sinne des Wortes Macht. Wissen nämlich um das Eigenleben des Marktes, die Eigengesetzlichkeiten des Angebotes sowie die Anwendungs- und Wirkungsvarianten der *absatzpolitischen Instrumente.*

# DAS ANGEBOT

Das touristische Angebot (Produkt) unterliegt zwar durchaus den gleichen Gesetzen von Angebot und Nachfrage wie Konsum- und Investitionsgüter, unterscheidet sich jedoch davon in wesentlichen Punkten. Das touristische Angebot ist die Summe vielfältiger Dienstleistungen, wobei einzelne davon einander gegenseitig konkurrenzieren, zum Beispiel die Gaststätten, Geldinstitute, Vergnügungseinrichtungen des Ortes. Ferner sind viele Faktoren des Angebotes nicht direkt beeinflußbar (etwa die Lage und das Klima des Ortes).

Diese eigenartige Vielfalt macht sinnvolle gegenseitige Abstimmung der Dienstleistungen besonders notwendig.

Außerdem kommt es darauf an, das Angebot zu profilieren, also Schwerpunkte zu setzen.

Die Angebotsgestaltung orientiert sich nach dem Wandel der Gewohnheiten, der Ansprüche und der Wettbewerbssituation. Daher sind auch der Wille und die Kraft nötig, immer wieder zu verändern und zu ergänzen.

Eigenständige Angebote überzeugen umso wirkungsvoller, je deutlicher sie sich von denen der Wettbewerber unterscheiden. Wenn alle Anbieter von sich Gleiches, zum Teil längst Selbstverständliches behaupten, so genügt dies auch dann nicht, wenn solche Angaben durchaus eindrucksvoll sind (schöne Gegend, angenehme Aufenthaltsräume, günstige Preise usw.). Diese Angebotskriterien sind Voraussetzung, profilieren alleine aber noch nicht.

Eine gut geprägte Angebotsvielfalt ist wichtig und unterstreicht besonders professionelles Bemühen. Diese Überlegung wird allerdings dann zu einem Negativargument, wenn man glaubt, für *jeden* Gast *jede* Urlaubsform oder Urlaubsmöglichkeit zu bieten oder bieten zu müssen. Dann fühlt sich eigentlich kaum jemand „persönlich" angesprochen oder empfindet das Angebot als „sein" Angebot.

Profilieren heißt also, für das eigene Angebot Präferenzen zu schaffen. Bei zwei Betrieben am selben Standort mit dem gleichen

Angebot genügt bereits die unterschiedliche Öffnungszeit, um jedem Betrieb ein anderes Gepräge zu geben. In der Gastronomie beispielsweise ist es ein wesentlicher Unterschied, ob mittags gesperrt ist, oder ob abends bis 22 Uhr oder bis 2 Uhr warme Küche geboten wird.

Für die Durchsetzung eines wirklich eigenständigen Profils (Angebotscharakters) sind vor allem drei Kriterien ausschlaggebend:

1. Die spezielle Maßnahme (die darauf beruhende Argumentation) muß glaubhaft sein und mit dem gesamten Angebot übereinstimmen.
2. Das Angebot muß einem Bedürfnis des Publikums (jedenfalls von Zielgruppen) entsprechen und von den Umworbenen zumindest geistig anerkannt werden.
3. Die Argumentation muß umfassend und fortlaufend zur Geltung gebracht werden.

## TEILE DES TOURISTISCHEN ANGEBOTES

Für die Gestaltung eines touristischen Angebotes ist es sinnvoll, die wichtigsten Faktoren systematisch zu berücksichtigen:

*Materielle Faktoren:*

Transporteinrichtungen
(Flugwesen, Schiene und Straße, Seilbahnen, Schiffahrt)

Beherbergungswesen
(Hotels, Gasthöfe, Pensionen, Privatvermieter, Ferienwohnungen, Camping)

Gastronomie
(in ihren vielfältigen Erscheinungsformen vom I-A-Restaurant bis zur Milchbar)

Touristische Einrichtungen des Ortes
(Sportanlagen, Wanderwege, Klettersteige, Allwettereinrichtungen, Hobbymöglichkeiten)

Einzelhandel und Gewerbe
(die mit ihren typischen Leistungen und/oder Produkten das touristische Angebot mitbestimmen)

*Immaterielle Faktoren:*
Landschaft
Klima
Geschichte
Kultur
Kunst
natürliche Heilvorkommen
Formen des gesellschaftlichen Lebens
Dorfleben, urbane Einstellung der Bewohner
Atmosphäre (Gemütlichkeit, geistige Note usw.)

Immaterielle Faktoren sind nicht direkt und in keinem Fall kurzfristig beeinflußbar. Sie lassen sich auch nicht beliebig „produzieren" und „vermehren".
Diese Faktoren setzen der touristischen Expansion natürliche Grenzen, die gewaltsam zu überschreiten meistens bleibende, nicht mehr rückgängig zu machende Schäden verursacht.
Die genannten Faktoren (und auch ortsspezifisch andere) sind Bausteine für das Ferienerlebnis. Deren sinnvolle, dosierte Kombination durch den Gast kann ihm die von den Ferien erwartete Befriedigung geben.

In diesem Zusammenhang interessiert:

1. In zunehmendem Maße wird es für die Angebotsträger notwendig, durch eine unaufdringliche „Urlaubshilfe" (Teil einer „Lebenshilfe") dem präsumtiven Urlauber dabei an die Hand zu gehen, jenes Erwartungsniveau zu finden, das seinen Lebensumständen entspricht. Darüber hinaus ist der Gast dankbar für die Weckung in ihm schlummernder (vom Alltag verschütteter) Erlebnisbedürfnisse.
2. Urlaubshilfe besteht auch darin, jedem Gast praktische, individuell abgestimmte Anregungen zu geben, wie er seine Urlaubserwartungen bestens erfüllen kann.
3. In diesem Sinne bewährt es sich, dem Gast jede den Ansässigen noch so „selbstverständliche" Unterhaltungs- und Beschäftigungsmöglichkeit im Gebiet, am Ort oder im Betrieb nahezubringen.

So kann beispielsweise auch eine Holzversteigerung für viele Gäste äußerst attraktiv sein. Wettbewerbe der Freiwilligen Feuerwehren, der Wochen- oder Viehmarkt, örtliche Sportveranstaltungen mit Gästebeteiligung können auch für die Zukunft geradezu Magnetwirkung entfalten.

## ANIMATION

Diese neuartigen Aktivitäten haben für das Urlaubserlebnis immer entscheidendere Bedeutung. Sie laufen unter dem Begriff *„Animation"* (Beseelen, von lat. anima = Seele). Die Herleitung des Begriffes zeigt, daß es dabei um etwas sehr behutsam zu Handhabendes geht – Betreuung, Anleitung, Auflockerung und Aufmunterung in einem. Eine Aufgabe, die, von einigen Naturtalenten abgesehen, nur von gut ausgebildeten, körperlich und geistig durchtrainierten, extrovertierten und positiven Menschen erfüllt werden kann, ob sie nun gentils organisateurs wie im Club Méditerranée, Biotrainer im Gesundheitshotel oder schlicht Sepp und Annemarie heißen mögen. Um für die sinnvolle Beschäftigung der Urlaubsgäste entsprechend ausgerüstet zu sein, werden von Orten oder Betrieben immer öfter *„Animateure"* beschäftigt. Auch Schischulen und ähnliche Einrichtungen, in denen eigentlich Frühformen der Animation praktiziert wurden, werden auf Dauer nicht herumkommen, den Unterricht – schon das Wort allein erweckt nicht unbedingt positive Assoziationen – durch Einbau neuer animativer Elemente aufzulockern.
Übrigens: In Österreich gibt es einen *„Lehrgang für Animation und Freizeitbetreuung"* in Krems (Veranstalter: ITM, International Tourism Management). Nach insgesamt 840 Lehrstunden (Englisch, eine zweite lebende Fremdsprache, Darstellendes Spiel, Bildnerisches und handwerkliches Gestalten oder Freizeitpädagogik etc.) und dem positiven Abschluß in allen Fächern sowie einem zweiwöchigen Praktikum kann zur Diplomprüfung angetreten werden.
Ähnlich wie bei der Freizeitgestaltung ist es auch in anderen Bereichen. Es gilt nicht nur, die Qualität der Einrichtungen oder Produkte zu verbessern, auch die Präsentation und kundige Information des Gastes sind Schlüsselstellen für Erfolg oder Mißerfolg.
Um die Qualitätsverbesserung auf dem Getränkesektor auch kompetent und sympathisch zu vermarkten, liegt der spürbare Nachhol-

bedarf nunmehr beim gut geschulten *Sommelier* (Getränke-Kellner). Um diese Lücke zu schließen wird neuerdings vom „International College of Tourism and Management" ein *Sommelier-Lehrgang* in Krems und an der Weinbauschule Retz, Umfang 600 Stunden in 2 Blöcken, insgesamt 6 Wochen, abgehalten. Die Fachgebiete Ökonomie und Sprachen, Önologie (von griech. „önos" = Wein), Getränkekunde, Gastronomie und Präsentationstechnik werden unterrichtet. Ein anschließendes 16wöchiges Praktikum sowie eine Prüfung werden die künftigen „Staatlich geprüften Sommeliers" auszeichnen.

## ANGEBOTSBEREICHE

Das gesamte touristische Angebot unterteilt man – der systematischen Marketingarbeit und der gemeinsamen Sprachregelung wegen – generell in vier Angebotsbereiche, die jedoch übergreifend sind. Man spricht von:

- *Erholungstourismus* (Wandern, Skifahren, Baden, Faulenzen, klassischer Urlaub etc.);
- *Erlebnistourismus* (Sightseeing, kulturelle Angebote, urbaner Schwerpunkt) bzw. *Neigungstourismus;*
- *Gesundheitstourismus* (Kur für Kranke, aktive Gesundheit und Fitneß für Gesunde, Aufbauprogramme für Sportler);
- *Tagungs- und Kongreßtourismus* (nationale und internationale Konferenzen, Kongresse, Tagungen) bzw. *Incentive-Tourismus.*

Gute Entwicklungschancen werden überall erhofft. Fundierte Prognosen gibt es beispielsweise beim Tagungstourismus. Deshalb soll im folgenden auch auf diesen Angebotsbereich näher eingegangen werden.

Nach Angaben der U.I.A. (Union of International Associations) kann auch weiterhin mit einem Wachstum des internationalen Kongreßwesens gerechnet werden. Die Zahl der internationalen Kongresse in Europa soll bis zum Jahr 1993 auf über 6.000 steigen, weltweit wird dann die Zahl solcher Veranstaltungen bereits über 10.000 liegen. Die Teilnehmerzahl steigt bis 1993 auf über 3 Millionen.

**Die Entwicklung des internationalen Kongreßwesens von 1973 bis 1993**

Zahl der internationalen Kongresse in 1.000

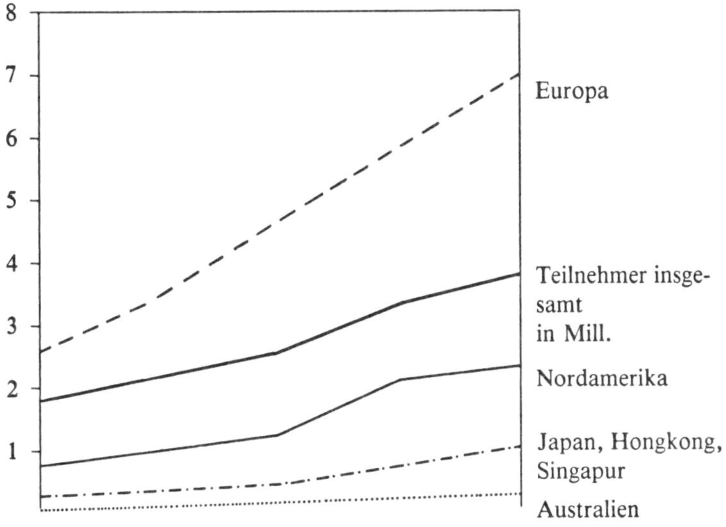


## TIPS FÜR KONGRESSANBIETER:

Kontinuierliche Öffentlichkeitsarbeit des „Österreichischen Kongreßverbandes“ für gezielten Image-Aufbau, Tips und praktische Lebenshilfe für Kongreßanbieter wurden gerade in letzter Zeit forciert. Darunter auch, für Unternehmer besonders interessant, *„Die 15 Gebote des Kongreßmarketings“:*

1. Ein Kongreß ist nicht nur eine Versammlung von Personen an einem bestimmten Ort, sondern ein wesentliches Mittel, Wissen zu transportieren und neue Erkenntnisse zu gewinnen. Je höher die Effizienz einer Tagung, desto zufriedener ist der Kunde.
2. Der Ausdruck „Kongreßveranstalter“ als Sammelbegriff kann zu falschen Schlüssen führen. Kongreßveranstalter im engeren Sinn ist ein Entscheidungsträger, der oft nur einmal in seiner Berufslaufbahn mit der Ausrichtung einer nationalen oder internationalen Tagung betraut wird.
3. Destinationswerbung beruht im wesentlichen auf Faktoren wie Attraktivität einer Stadt oder Region, Angebot und Professionalität der Angebotsträger sowie systematische Werbung und Akquisition. Die Bewerbung eines Kongreßhauses kann nur im Umfeld der Destinationswerbung erfolgreich sein.
4. Argumente zu Stabilität und Sicherheit dienen der Verstärkung traditioneller Vorteile. Gerade jetzt, zur Zeit einer gewissen internationalen Vertrauenskrise, muß immer wieder herausgearbeitet werden, daß Österreich ein politisch und wirtschaftlich stabiles Land ist, es hier keine sozialen Konflikte gibt sowie kaum Streiks und Demonstrationen.
5. Die erstklassige Infrastruktur der Kongreß(neben)-industrie, die zur Effizienz von Tagungen beiträgt, ist eine weitere wichtige Facette oder Destinationswerbung.
6. Akquisitorische Arbeitsschwerpunkte sind vor allem in jenen Ländern zu setzen, in denen viele Organisationen, Vereinigungen und Verbände ihre Präsidenten bzw. ihre Sekretariate haben. Werbung dortselbst, verbunden mit Workshops und Einladungen zu Inspektionsbesuchen, bildet das Rückgrat jeglicher Akquisition.
7. Die zu bearbeitenden Hauptherkunftsgebiete der Entscheidungsträger gliedern sich in jene, die wesentlichen Anteil am Gesamtaufkommen der Kongresse haben (Sitz der Sekretariate usw.) und daher durch ständige Aktionen erhalten und aufgebaut werden müssen, Erhaltungsmärkte, und für den Kongreß- und Incentive-Tourismus im wesentlichen zu entwickelnde Gebiete, Entwicklungsmärkte, sowie den Inlandsmarkt als Spezialfall.

8. Basis jeglicher Akquisition ist eine (nach Möglichkeit EDV-gesteuerte) Datei mit einer Grunddatenmenge, die im Laufe der Jahre durch permanente Bearbeitung auf reelle Schlüsselkontakte reduziert werden muß.
9. Die Mitgliedschaft bei internationalen und nationalen Verbänden ist ein wesentlicher Bestandteil der Akquisitionsarbeit. Sie ermöglicht nicht nur das Ergänzen und Austauschen von Daten über Kongreßveranstalter, sondern ist auch wichtig für die Beobachtung der Entwicklung des Kongreßgeschäftes und ermöglicht einen Lernprozeß im eigenen Haus.
10. Für die effiziente Vermarktung einer Destination müssen auch spezifische Daten zusammengetragen werden, mit deren Hilfe spezielle, oft am Rande des touristischen Geschehens angesiedelte Zielgruppen angesprochen werden können.
11. Kongresse kosten nicht nur dem Veranstalter, sondern auch der gastgebenden Stadt Geld. Kongreßveranstalter stellen Subventionen oft als Bedingung für die Auswahl des Tagungsortes. Es ist zu beachten, daß der Rückfluß dieser Subventionen durch die Umwegsrentabilität in vielen Fällen nicht mehr möglich ist. Kongreßgeschäft soll Geschäft bleiben.
12. Gute Öffentlichkeitsarbeit im Zusammenspiel aller Werbestellen einer Region ist unabdingbar für einen Tagungsort.
13. Kongreßakquisition ist auf Anbieter und Käuferseite personenbezogen und Vertrauenssache. Die Betreuung des Veranstalters durch ein und dieselbe Bezugsperson, von der ersten Kontaktaufnahme bis zum Geschäftsabschluß, ist notwendig. Diese Bezugsperson muß mehrsprachig sein und über kongreß-spezifisches Know-how verfügen.
14. Neben Akquisitionsreisen dienen Präsentationen bei Fachmessen, die Teilnahme an Fachkongressen und die Organisation von Workshops dazu, das Kongreßangebot eines Ortes oder einer Region Multiplikatoren und Entscheidungsträgern effizient zu präsentieren.
15. Publikationen müssen auf kongreß-spezifische Angebote und auf die anzusprechende Zielgruppe abgestimmt sein und dürfen sich keinesfalls in einer Zusammenstellung allgemeingültiger Ortsprospekte erschöpfen.

Wie wichtig neben der Vermarktung die Vorbereitung und die Durchführung sind, illustriert nachstehende Grafik.

## Kongreß-Marketing-Ablaufsplanung

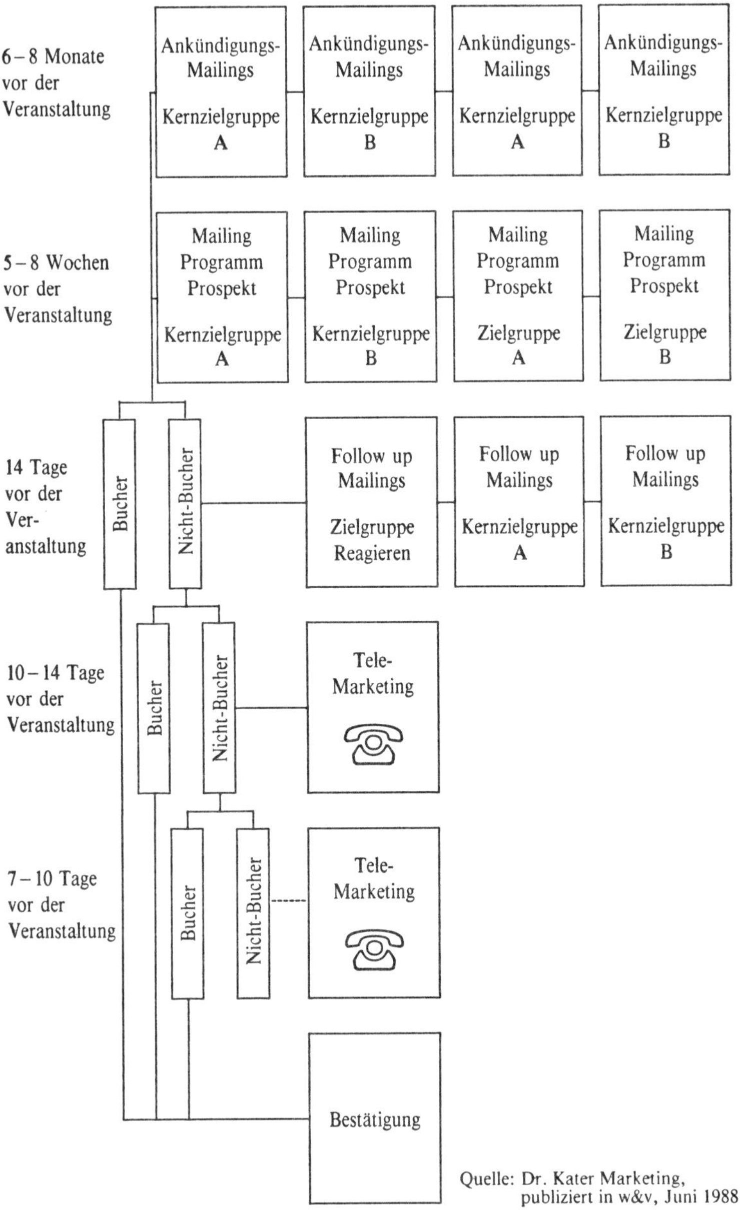


Quelle: Dr. Kater Marketing,
publiziert in w&v, Juni 1988

## ANFORDERUNGEN AN INTERNATIONALE KONGRESSORTE

(zitiert aus „Meeting 7–8/88")

Worauf ein PCO, ein „Professional Congress Organiser" in internationalen Kongreß-Städten achtet, welchen Anforderungen sich Städte, die internationale Kongresse an Land ziehen wollen, stellen müssen, was sie bieten müssen, faßt Charles Day, erfahrener Schweizer PCO, zusammen.

### 1. Verkehrsanbindung:

Ganz wichtig ist bei internationalen Kongressen die gute und schnelle Erreichbarkeit des Kongreßortes aus der ganzen Welt. Die Fachleute und Kongreßteilnehmer kommen aus allen Erdteilen und – time is money – ihre Zeitkomponente ist eine zumeist sehr beschränkte. Daher überprüft ein PCO in seiner Vorarbeit ganz genau die diesbezüglichen Facilitäten.
Das heißt: Wo ist der nächste internationale Flughafen? Wie weit ist dieser vom Kongreßzentrum entfernt? Wie groß sind die Distanzen zu Bahnhöfen und Hauptverkehrsstraßenrouten?
Wie werden die Distanzen zu Flughäfen und Bahnhöfen überwunden?

### 2. Meeting-Facilitäten:

Ein großes Auditorium mit guter Ausstattung ist an sich Selbstverständlichkeit. Ganz wichtig und vielerorts nicht mehr so selbstverständlich sind eine Vielzahl kleiner und kleinster Räumlichkeiten für Gruppen-Meetings und Arbeitskreise, ein gut funktionierendes Sekretariat, ein Presse-Zentrum, Druckerei- und Kopier-Möglichkeiten etc.
Und – last but not least – die herzliche und freundliche Aufnahme im Kongreßzentrum. Dies nicht nur in Worten, sondern auch in Gesten. Die Gastlichkeit und Freundlichkeit sollte in alles, in jede einzelne Serviceeinrichtung transponiert werden und zu spüren sein.

### 3. Fremdsprachen-Service:

Ausschlaggebend ist eine wirklich gute Ausstattung und Ausrüstung. Gute Dolmetscher sind ebenso wichtig wie kooperative Techniker.

**4. Hotel-Unterbringung:**

Wichtigster Grundsatz ist hier, den lokalen Transport so minimal wie möglich zu halten. Ganz hervorragend sind natürlich erstklassige Hotels in Gehdistanz zum Kongreßzentrum oder, wenn sich ein Kongreßzentrum und ein Hotel unter einem Dach oder in direkter Anbindung miteinander befinden. Sonderbarerweise sind bei einer Vielzahl von Kongressen die Kosten für die Unterbringung gar nicht ausschlaggebend. Für den Veranstalter eines Kongresses viel wichtiger ist die gute Atmosphäre im Haus, der reibungslose Ablauf, eine gute Zusammenarbeit mit dem Hotelpersonal und die gute Zusammenarbeit des Hotels mit dem Kongreßzentrum, etwa wenn es darum geht, Kongreßinformationen oder -dokumente im Hotel zu distribuieren usw.

**5. Die infrastrukturelle Ausstattung:**

Post, Bank und Wechselmöglichkeit, ein Reisebüro, medizinische und zahnmedizinische Versorgungsmöglichkeiten direkt am Tagungsort, im Kongreßzentrum sind ein großes Plus für dieses.

**6. Catering:**

Wichtig ist die Möglichkeit, daß alle Kongreßteilnehmer gemeinsam in einem Raum (oftmals ein großer Saal) die Mahlzeiten zu sich nehmen können. Das ist etwas, was von den Kongreßveranstaltern häufig gewünscht wird, weil es sonst immer wieder zu Schwierigkeiten in der gerechten, sinnvollen und rangmäßigen Aufteilung der Tagungsteilnehmer bei den Mahlzeiten kommen kann (wer sitzt im Raum des Präsidenten? etc.).
Darüber hinaus sollte es aber dennoch eine Vielzahl verschiedener Restaurants in Gehdistanz geben. Die Kongreßteilnehmer bekommen oft Gutscheine für die Verpflegung. Wichtig wäre es, daß die Möglichkeit besteht, diese Gutscheine alternierend in den verschiedenen Restaurants verwenden zu können.

**7. Social Programm:**

Gute und interessante Möglichkeiten für die Programmgestaltung der Begleitpersonen sind sehr wichtig.
Viele Kongreßteilnehmer wünschen sich Vor- und Nachkongreßveranstaltungen, -reisen oder -exkursionen. Diesbezügliche Programme sollen einen hohen Freizeitcharakter haben, man soll sich

dabei entspannen können. Auch während des Kongresses wird oftmals eine Auflockerung gewünscht, damit sind nicht etwa offizielle Abendveranstaltungen gemeint, sondern die Möglichkeit für Exkursionen, für gemeinsame und individuelle Freizeitgestaltung, Entspannungs- und Sportmöglichkeiten etc.
Der Kongreßort und seine unmittelbare und weitere Umgebung sollten dafür genügend Möglichkeiten anbieten können.

**8. Sicherheit:**

Bei den Überlegungen eines Kongreßveranstalters und eines PCO's, wo eine Veranstaltung stattfinden soll, ist die Sicherheitsfrage immer wichtiger. Ist die individuelle Sicherheit für jeden einzelnen Kongreßgast gewährleistet, und wie steht es mit der sozialen Sicherheit, dem sozialen Frieden des in Frage kommenden Landes (Streiks etc.)?

**9. Einreisebestimmungen und Empfang:**

Wird ein Visum gebraucht? Wie sehen die Zollbestimmungen aus und wie werden sie gehandhabt? Letzteres ist vor allem ganz besonders wichtig für Give-aways, kleine Geschenke, die auf jedem Kongreß den Teilnehmern, den Mitarbeitern, den Politikern oder offiziellen Funktionären usw. überreicht werden. Die Zollbestimmungen sind auch wichtig für den problemlosen Antransport der Exponate für kongreßbegleitende Ausstellungen.
Die reibungslose Abwicklung der Einreise ist ein ganz wichtiger Faktor dafür, daß sich der Kongreßgast wohl und willkommen fühlt.
Darüber hinaus achtet ein Kongreßveranstalter und ein PCO auch darauf, ob das „gesellschaftliche Bewußtsein" im Kongreßort stimmt. Das heißt, ob die Bevölkerung, der örtliche Handel, die zuständigen Behörden bei dem Kongreß „mitspielen". Also z. B. ob die Beschilderung von Zufahrtswegen, von Willkommens-Transparenten etc. stimmt, ob der örtliche Handel dazu bereit ist, Kongreßteilnehmern Sonderkonditionen einzuräumen, sie besonders aufmerksam zu bedienen, ob Fremdsprachen gesprochen werden, ob die Taxifahrer und das Personal der öffentlichen Verkehrsmittel informiert und gebrieft sind usw.

## ÖKONOMISCHE AUSWIRKUNGEN VON KONGRESSEN

Für das 1987 in Betrieb gegangene „Austria Center Wien" wurde eine weitreichende Studie (Österreichische Hotel Treuhand) erarbeitet. Unter anderem wurde auch die Frage nach den ökonomischen Auswirkungen auf andere Branchen beantwortet.
Die Tabellen auf den Seiten 79 und 80 illustrieren anhand dieses Projektes, mit welcher Wertschöpfung gerechnet werden kann, wie hoch die Beschäftigtenzahlen anzusetzen sind und welche Branchen in welchem Umfang zusätzlich von durchgeführten Kongressen profitieren können.

## ANGEBOTSSCHWERPUNKTE

Die eingangs erwähnten Angebotsbereiche und -schwerpunkte wirken einerseits, wie dargelegt, für die Gäste als Bausteine des Ferienerlebnisses. Sie müssen andererseits aber auch untereinander gegenseitig wohldosiert abgestimmt werden. Das klassische Wort „Viele Köpfe, viele Sinne" bestätigt sich nämlich auch im Bereich des touristischen Angebotes. Es bedarf zumindest einer grundsätzlichen Übereinstimmungsbereitschaft der so unterschiedlichen einzelnen Anbieter, um auch zukünftig wettbewerbsfähig zu sein.
In allen Bereichen kommt es darauf an, Angebotsakzente zu setzen. Wir beachten dabei die zunehmende Neigung nach möglichst großer Unabhängigkeit am Urlaubsort. Viele unserer Gäste wollen sich zum Beispiel vom herkömmlichen Hotelbetrieb mit seiner strengen Tageseinteilung lösen, wollen in ihrer Urlaubseinteilung möglichst frei sein. Es ist dabei kein Widerspruch, wenn sie sich in diesem Drange freiwillig und oft auch unbewußt anderen Einteilungszwängen unterwerfen.
Wir bemühen uns in jedem einzelnen Falle, das Typische (Eigenständige) für

das Land, das Gebiet, den Ort, den Betrieb

ins rechte Licht zu rücken.
Um sich aus der Vielzahl der Angebote herauszuheben, bewährt es sich, durch Akzente auf das Außerordentliche aufzufallen. Es kann

**Wertschöpfungs- und Beschäftigteneffekt** (in S 1.000, –)

| | Gesamteinnahmen | Wertschöpfung | Beschäftigte |
|---|---|---|---|
| Wien (touristische Nachfrage) | 866.780 | 459.394 | 1.214 |
| Wien (sonstige Nachfrage) | 187.242 | 99.238 | 262 |
| Wien insgesamt | 1.054.022 | 558.632 | 1.476 |
| Bundesländer (touristische Nachfrage) | – | 228.830 | 433 |
| Bundesländer (sonstige Nachfrage) | – | 49.432 | 94 |
| Bundesländer insgesamt | – | 278.262 | 527 |
| Österreich (touristische Nachfrage) | 866.780 | 688.224 | 1.647 |
| Österreich (sonstige Nachfrage) | 187.242 | 148.670 | 356 |
| Österreich insgesamt | 1.054.022 | 836.894 | 2.003 |

Quelle: Berechnung Österreichische Hotel Treuhand

## Aufteilung der Ausgaben auf Wirtschaftszweige (Angaben in TS)

| | | | HANDEL | | | | | | |
|---|---|---|---|---|---|---|---|---|---|
| | Summe | Gast-gewerbe | Souvenirs | Kleidung | Zeitungen | Kultur | Ver-kehrsm. | Dienst-leist. | Sonstiges |
| 1. An- und Abreise | 80.080 | – | – | – | – | – | 80.080 | – | – |
| 2. Hotelaufenthalt | 248.431 | 248.431 | – | – | – | – | – | – | – |
| 3. Tagesausgaben | 448.128 | 165.807 | 80.663 | 67.219 | 8.963 | 71.700 | 17.925 | 4.481 | 31.370 |
| 4. Kongreßgebühren und Mieten | 187.242 | 22.469 | – | – | – | – | – | 151.666 | 13.107 |
| 5. Pre- und Post-Convention Tour | | | | | | | | | |
| Tagesausgaben Wien | 56.031 | 20.731 | 10.086 | 8.405 | 1.121 | 8.965 | 2.241 | 560 | 3.922 |
| Nächtigungsausgaben Wien | 34.110 | 34.110 | – | – | – | – | – | – | – |
| Gesamtausgaben | 1.054.022 | 491.548 | 90.749 | 75.624 | 10.084 | 80.665 | 100.246 | 156.707 | 48.399 |
| Verteilung in % | 100 | 46,6 | 8,6 | 7,2 | 1,0 | 7,6 | 9,5[1]) | 14,9 | 4,6 |
| | | | | 16,8 | | | | | |
| Ausgaben ohne Pos. 4.[2]) | 866.780 | 469.079 | 90.749 | 75.624 | 10.084 | 80.665 | 100.246 | 5.041 | 35.292 |
| Verteilung in % | 100 | 54,1 | 10,4 | 8,7 | 1,2 | 9,3 | 11,6[3]) | 0,6 | 4,1 |

1) 1,91% ohne Anreise
2) Ausgaben der Kongreßgäste
3) 2,33% ohne Anreise

Quelle: Berechnung Österreichische Hotel Treuhand

sich dabei durchaus um besondere Angebote handeln, die zwar nur wenige Interessenten direkt tätig in Anspruch nehmen, aber das Gesamtangebot attraktiv machen.

*Einige Beispiele:*

| | |
|---|---|
| Goldwaschen | Traubenkur |
| Drachenfliegen | Urlaub beim Winzer |
| Meditieren im Kloster | Weinkostkur |
| Kletterschule | Pußtawagenfahrten |
| Töpfern | Hundeschlittenrennen |

Ähnliches gilt für profilierte Angebote in der Gastronomie durch Hervorhebung bodenständiger Speisen und Getränke. Sie müssen den Gästen allerdings genau erläutert werden. Und zwar so wirksam, daß diesen schon beim Lesen der Mund wäßrig wird. Trotzdem werden erfahrungsgemäß solche Spezialangebote nur von einem Teil der Gäste wirklich konsumiert. Viele andere begnügen sich damit, solche Attraktionen auf der Speisekarte zu entdecken, um sie nach dem Urlaub sogar umfassend zu schildern, ohne sie wirklich genossen zu haben.

Als neue Art der Vertriebspolitik von Angebotsschwerpunkten in Österreich werden derzeit unter der Patronanz der Österreichischen Fremdenverkehrswerbung gleichartige Angebote unter einer Marke zusammengefaßt und – gemeinsam ist man stärker – jeweils in einem Katalog mit Preisen und Magazincharakter vermarktet.
Nachfrageintensive Angebotsgruppen wie Tennis, Golf, Reiten, Wassersport oder Wein wurden abgefragt und zusammengefaßt. Umfassende Information auf breitester Basis – und durch die Vielfalt auch Motivation für die jeweilige Urlaubsform – war das Ergebnis. Bei „Aquatour Austria“ beispielsweise reicht der Bogen vom klassischen Wassersportangebot wie Segeln oder Surfen über Tauchen, Rafting bis zum Angebot der Linienschiffahrt oder der Strandhotels.
Solche Zielgruppen-Guides passen perfekt in aktuelle Urlaubermotivationen, denenzufolge die gewählte Beschäftigungsform im Vordergrund steht. Der Ort eines solchen Urlaubes tritt in seiner Bedeutung fast in den Hintergrund. Man fährt also nicht mehr nach x-Dorf, wo man auch Tennis spielen kann. Man fährt auf Tennisurlaub. – Und den verbringt man heuer in x-Dorf.

# DER MARKT

Geschichtlich gesehen bezeichnen wir einen Ort, an dem Produzenten und Händler ihre Waren anbieten und wo Interessenten einkaufen, als „Markt". Freilich, diese ursprüngliche Form des Zusammentreffens von Angebot und Nachfrage an bestimmten Orten zu bestimmten Zeiten ist heute nur noch ein Teilbereich des inzwischen äußerst vielfältigen Begriffes „Markt".

Einige Beispiele:

Wir sprechen von der „Marktwirtschaft", von „Planwirtschaft".

Die sogenannten „Nationalen Märkte" entsprechen in der Regel räumlich den Staatsgrenzen der einzelnen Länder und werden vor allem durch Zoll-, Handels- und Devisenbestimmungen sowie auch durch Reisevorschriften (Visumzwang usw.) gegenüber anderen Märkten abgegrenzt.

Im wirtschaftlichen Alltag sprechen wir sehr oft von branchenbezogenen Märkten, wobei diese nationalen oder internationalen Charakter haben können; etwa Kapitalmarkt, Holzmarkt, Lebensmittelmarkt, Energiemarkt, Freizeitmarkt, Urlaubsmarkt usw.

Eine generelle Einteilung der Herkunftsmärkte empfiehlt sich auch nach nationalen Merkmalen, z. B. Gleichsprachigkeit, gleiche geografische Distanzen, Zugehörigkeit zu bestimmten Kulturkreisen usw.

All diese Märkte unterscheiden sich nach „Käufermarkt" und „Verkäufermarkt". Ist das Angebot reichlich, so können die Interessenten souverän auswählen, der Käufer bestimmt (Käufermarkt). Übersteigt die Nachfrage das Angebot, so diktiert der Verkäufer (Verkäufermarkt).

Bezogen auf den Fremdenverkehr ergibt sich außerdem:

Gerade in jüngster Zeit spielt die sogenannte Touristikbörse für Fachkreise wie Reiseunternehmen eine sehr bedeutende Rolle. So treffen bekanntlich in Berlin, München, Brüssel, Wien usw. zu bestimmten Zeiten Anbieter und Interessenten (vom großen Reiseveranstalter bis zum kleinen Ausflugsunternehmen) im Sinne des überlieferten Marktes zusammen.

Ferner sind Touristik- und Freizeitmessen für Konsumenten zu nennen, die durchaus Züge des ursprünglichen „Marktes" tragen.

Auch der Tourismus kennt den Käufermarkt wie auch den Verkäufermarkt. Der Käufermarkt überwiegt infolge der in fast allen Urlaubsländern entstandenen Überkapazitäten. Kurzfristig und/oder regional (im Winter, Ostern, zur sommerlichen Hochsaison) kommt es aber auch zu Situationen des Verkäufermarktes.

Ebenso bei speziellen Veranstaltungen wie z. B. dem Münchner Oktoberfest, Formel-I-Rennen, Passionsspielen usw. Selbstverständlich wird der Anbieter aus solchen Marktsituationen entsprechende Konsequenzen ziehen. Es bedarf intensiven, oft kostspieligen Einsatzes am Markt, und sichtbarste Reaktion ist meist die geänderte Preisgestaltung. Bei der Situation eines Verkäufermarktes wird meistens der Preis angehoben oder der bisherige Leistungsumfang zurückgenommen.
Die Tatsache des harten Wettbewerbes im Fremdenverkehr macht sorgfältige Marktbearbeitung durch die Anbieter notwendig. Wir sind uns darüber im klaren, daß das Verhalten der Interessenten vielfältigen Einflüssen unterliegt, daher wandelbar ist. Unser wie schon erwähnt eher starres Angebot soll deshalb soweit als möglich diesen Veränderungen laufend angepaßt werden.

## DER MARKT EG

Überstaatliche (internationale) Zusammenarbeit, aber auch Hemmnisse kennzeichnen den Tourismus unserer Zeit, ja schon seit etwa Mitte des vergangenen Jahrhunderts. Unsere Gegenwart ist nun durch sehr konkrete überregionale Marktentwicklungen gekennzeichnet.

Beispielsweise:
- Europäische Gemeinschaften (EG),
- European Free Trade Association (EFTA),
- Rat für Gegenseitige Wirtschaftshilfe (RGW).

Inzwischen stehen die europäischen Gemeinschaften offenbar in einer entscheidenden Entwicklungsphase. Mit 1992 soll die schon auf zwölf Mitglieder angewachsene Vereinigung ein harmonisierter

Binnenmarkt von rund 320 Millionen Bürgern sein. Es liegt auf der Hand, daß damit auch aus touristischer Sicht ein entscheidender Wandel alle Beteiligten betrifft, unter Umständen auch trifft. Einerseits wird die EFTA sich gemäß umstellen und anpassen müssen, andererseits nahm auch der RGW Kontakt mit der großen neuen einheitlichen Gruppierung auf.

Es erscheint für alle Beteiligten von Interesse, die Situation Österreichs gegenüber dem großen Markt der EG kurz darzustellen.

Der Anteil der EG-Länder am touristischen Weltmarkt macht 60% aus (im Vergleich dazu Nordamerika: 20%).

Vorwiegend positiv sehen Experten die Auswirkungen eines möglichen EG-Beitrittes für Österreich. Denn, touristisch gesehen, würde das eine Reihe von Veränderungen mit sich bringen.

Wenn 1992 die beabsichtigte Öffnung der Grenzen im EG-Markt stattfindet und Österreich nicht mit dabei ist, wird eine Reihe von Nachteilen für die österreichische Wettbewerbssituation befürchtet.

Kurz zusammengefaßt, ist für den EG-Tourismus geplant:

- völlige Abschaffung aller Grenzkontrollen
- freier Waren- und Devisenverkehr
- EG-Bankomatkarte
- EG-Gesundheitskarte
- Harmonisierung der Verbrauchssteuern
- Niederlassungsfreiheit für alle Gewerbetreibenden
- Abschaffung von Arbeitsbewilligungen innerhalb der EG
- Förderungstopf zur Strukturverbesserung für Fremdenverkehrsgebiete
- Gemeinsame Werbekampagne „Urlaub in Europa“
- „Fünfte Freiheit“ im Luftverkehr

**Übernachtungen (Anteil der Gäste aus sieben EG-Ländern in Österreich)**

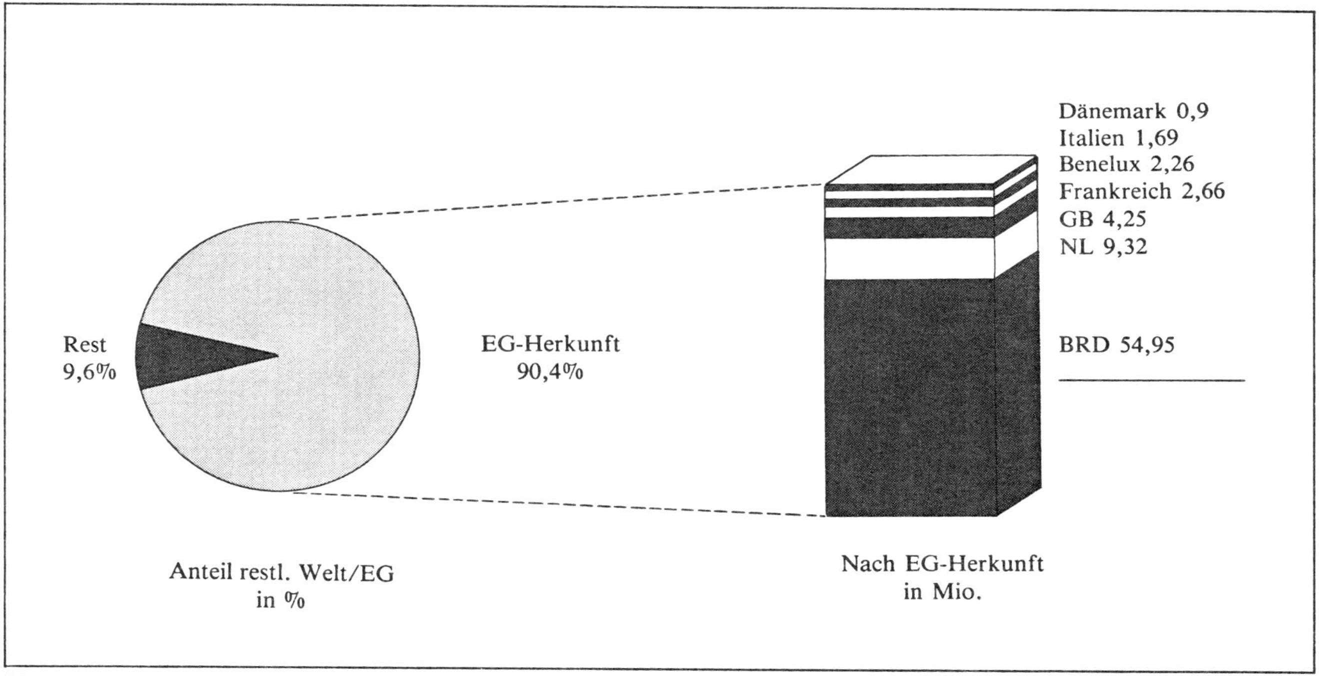


BSKFV-Graphik

**Zehn Forderungen für ein EG-reifes Tourismusland Österreich:**

1. Liberalisierung des Ladenschlusses, aber nicht so halbherzig wie bei der bisher getroffenen Regelung.
2. Erhaltung (!) der Kunstschätze wie Museen bei gleichzeitiger Einschaltung privater Ideenbringer und auch privater Manager (Pachtverträge) zur besseren Vermarktung.
3. Verstärkung des Sprachunterrichtes (auch im nichtschulischen Bereich).
4. Konsequente und aufrichtige Umweltpolitik zur Erhaltung des Tourismuskapitals „Landschaft" (im Vertrag von Rom fehlt dieser Bereich, der nationale Spielraum bleibt erhalten).
5. Mehr Mut zur Nationalität: Ein Tourismusland muß seine Identität erhalten, in 08/15-Quartiere und -Regionen lockt man langfristig keine Ferienreisenden.
6. Besondere Pflege der qualifizierten Mitarbeiter(innen) im Tourismus: Wer gute Leute nicht besonders gut behandelt, dem entfleuchen sie in den riesigen Binnenmarkt.
7. Stärkere Positionierung des österreichischen Angebotes innerhalb der EG: mehr Geld für Tourismuswerbung.
8. Rascher Einstieg in elektronische Reservierungssysteme: Die Buchung eines Urlaubes für Österreich muß – zumindest innerhalb der EG, besser weltweit – genauso rasch erledigt werden können wie heute eine internationale Flugreservierung.
9. Förderung österreichischer Hotelgruppen und Veranstalter, die in den absehbaren touristischen Subventionsregionen der EG – Portugal, Spanien, Türkei – Investitionen tätigen.
10. Förderung aller österreichischer Fluggesellschaften beim Aufbau von neuen Flugrouten zwischen dem derzeitigen EG-Raum und Österreich.

(Quelle: „A-3 Gast" 5/88)

Neben geforderten Änderungen und Neuerungen, die zur Erlangung einer EG-Reife in Österreich Platz greifen müßten, haben vor allem die Gegner eines Beitrittes eine Reihe von Befürchtungen:

- Die Grenzerleichterungen zu Ostblockstaaten müßten in Abstimmung zu EG-Ländern neu diskutiert werden. – Hier wären Einbußen für den ostösterreichischen Raum zu erwarten.

- Die Lockerung der Niederlassungsfreiheit für touristische Berufe und Zulieferfirmen könnte in der Bilanz zu Lasten der Österreicher ausgehen.
- Die Liberalisierung bei Grundstückskäufen könnte zu einer Verteuerung von Grund und Boden für die Einheimischen und zu Bodenausverkauf führen.
- Die Eigenständigkeit des österreichischen Angebotes könnte leiden.

## MARKTDATEN EINIGER AUSGEWÄHLTER HERKUNFTSLÄNDER

In der Folge werden die wichtigsten Marktdaten der Urlaubsmärkte Deutschland, Österreich, Niederlande und Spanien beschrieben (Quelle: Österreichische Fremdenverkehrswerbung). Bevor wir mit einem Markt „Beziehung“ aufnehmen, müssen ausreichende Informationen über Bevölkerung, Reisegewohnheiten, Struktur des Reisemarktes, Medialandschaft, wirtschaftliche Potenz, Einkommensstruktur etc. vorliegen. Nur wenn man so viel weiß, daß wie von einem „guten Bekannten“ die Rede ist, kann das Aktionsrisiko vermindert und damit die Treffsicherheit der Maßnahmen erhöht werden.
Beginnen wir mit dem österreichischen Markt.
3,2 Millionen Österreicher waren 1987 auf Urlaub. Rund 3,2 Millionen Österreicher und Österreicherinnen aller Altersstufen, das sind 42,2% der gesamten Bevölkerung, haben nach den Ergebnissen einer Mikrozensus-Erhebung des Statistischen Zentralamtes 1987 eine Urlaubsreise mit mindestens vier Nächtigungen unternommen. Der Anteil der Urlauber an der Bevölkerung ist somit deutlich höher als im Jahr 1984, in dem nur 38,5% der Befragten eine Urlaubsreise durchgeführt haben. Die Steigerung der Reiseintensität geht ausschließlich auf eine Zunahme der Auslandsreisen um mehr als ein Viertel zurück; von 4.137.100 Urlaubsreisen des Jahres 1987 (alle Reisen) führten 2.360.100 ins Ausland. Die Zahl der Inlandsreisen sank auf 1.777.000. Von diesem Rückgang waren vor allem Reisen zu Verwandten oder Bekannten bzw. in ein eigenes

Wochenendhaus betroffen; die Zahl der Reisen mit Nächtigung in Unterkünften gegen Entgelt (Hotel, Pension, Privatquartiere usw.) verringerte sich nur um etwa 2%. 1987 führten bereits 57% der Urlaubsreisen ins Ausland, und 43% blieben im Inland. Betrachtet man die Urlaubsreisen der österreichischen Bevölkerung nach dem Reiseziel, so liegt bei den Inlandszielen Kärnten (21%) an der Spitze, gefolgt von der Steiermark (18%), dem Land Salzburg (16%) und Tirol (14%). Unter den Auslandszielen ist Italien trotz Marktanteilsverlusten mit 28% weiterhin am beliebtesten, gefolgt von Jugoslawien (23%), Griechenland (11%) sowie Spanien und Portugal (6%).

**Übernachtungen und Ankünfte von Inländern in Österreich**
(in allen Unterkünften)

| | Übernachtungen | Ankünfte |
|---|---|---|
| 1975 | 25,453.708 | 4,417.957 |
| 1980 | 28,543.925 | 5,274.355 |
| 1981 | 28,619.147 | 5,289.356 |
| 1982 | 28,439.625 | 5,351.739 |
| 1983 | 28,349.064 | 5,432.244 |
| 1984 | 27,912.388 | 5,443.191 |
| 1985 | 27,510.383 | 5,450.509 |
| 1986 | 28,228.001 | 5,618.181 |
| 1987 | 27,993.212 | 5,688.071 |
| 1988 | 28,137.094 | 5,877.072 |

**Marktposition 1988** (in %)
Anteil an den Gesamtnächtigungen 24,2
Anteil an den Gesamtankünften 26,2

**Saisonverteilung nach Nächtigungen 1987/88**

| | |
|---|---|
| Winter 87/88: | 40,2% |
| Sommer 88: | 59,8% |

**Unterkunftswahl in Österreich 1988 nach Nächtigungen** (in %)

| | | | |
|---|---|---|---|
| 5- und 4-Stern-Betriebe | 13,1 | Camping | 4,2 |
| 3-Stern-Betriebe | 18,2 | Bauernhöfe | 4,0 |
| 2- und 1-Stern-Betriebe | 20,0 | Ferienwohnungen | 4,6 |
| Privatquartiere | 11,1 | Sonstiges | 24,8 |

**Bundesländer-Verteilung 1988 nach Nächtigungen** (in %)

| | | | |
|---|---|---|---|
| Burgenland | 4,3 | Steiermark | 19,3 |
| Kärnten | 15,0 | Tirol | 9,6 |
| Niederösterreich | 14,6 | Vorarlberg | 3,0 |
| Oberösterreich | 13,6 | Wien | 2,5 |
| Salzburg | 18,1 | | |

**Zeitliche Verteilung 1988 nach Nächtigungen** (in %)

| | | | |
|---|---|---|---|
| Jänner | 7,1 | Juli | 14,4 |
| Februar | 10,6 | August | 16,4 |
| März | 9,5 | September | 9,1 |
| April | 5,4 | Oktober | 5,3 |
| Mai | 6,4 | November | 3,4 |
| Juni | 8,2 | Dezember | 4,2 |

**Reihung von 10 Orten mit den meisten inländischen Nächtigungen**

| Winter 1987/88 | Nächtigungen |
|---|---|
| Saalbach | 355.000 |
| Bad Hofgastein | 330.000 |
| Wien | 327.000 |
| Badgastein | 223.000 |
| Bad Kleinkirchheim | 167.000 |
| Lech | 155.000 |
| Hermagor-Pressegger See | 154.000 |
| Baden | 151.000 |
| Altenmarkt im Pongau | 147.000 |
| Bad Tatzmannsdorf | 147.000 |

| Sommer 1988 | Nächtigungen |
|---|---|
| Sankt Kanzian am Klopeiner See | 379.000 |
| Wien | 352.000 |
| Bad Ischl | 252.000 |
| Villach | 242.000 |
| Baden | 216.000 |
| Bad Schallerbach | 213.000 |
| Bad Hofgastein | 206.000 |
| Salzburg | 202.000 |
| Keutschach am See | 193.000 |

**Ausgaben**
1988: ca. 25 Mrd. öS (ÖFVW-Schätzung)

## Das Profil der Inlands-Reisenden

### Herkunft nach Bundesländern

| | Inlandsreisen in % | Auslandsreisen in % |
|---|---|---|
| Burgenland | 2,0 | 2,0 |
| Kärnten | 2,9 | 6,4 |
| Niederösterreich | 19,9 | 16,0 |
| Oberösterreich | 14,1 | 15,5 |
| Salzburg | 4,0 | 7,6 |
| Steiermark | 10,9 | 12,7 |
| Tirol | 4,1 | 8,2 |
| Vorarlberg | 3,4 | 4,2 |
| Wien | 38,7 | 27,4 |

Inlandsreisen sind vor allem bei Gästen aus Wien (38,7%) gefragt. An zweiter Stelle stehen die Gäste aus Niederösterreich (19,9%), gefolgt von Oberösterreich (14,1%) und der Steiermark (10,9%).

### Altersstruktur

| | Inlandsreisen in % | Auslandsreisen in % |
|---|---|---|
| 0– 6 Jahre | 6,2 | 5,8 |
| 7–14 Jahre | 12,0 | 8,5 |
| 15–19 Jahre | 6,7 | 7,5 |
| 20–29 Jahre | 13,6 | 20,1 |
| 30–39 Jahre | 14,8 | 17,5 |
| 40–49 Jahre | 16,8 | 17,4 |
| 50–59 Jahre | 11,0 | 9,7 |
| 60–69 Jahre | 10,6 | 9,1 |
| 70 Jahre und älter | 8,3 | 4,4 |

Beobachtet man die Altersstruktur, so zeigt sich, daß bei den Inlandsreisen – mit Ausnahme der Kinder zwischen 0 und 14 Jahren – die Jahrgänge ab 50 Jahren überdurchschnittlich vertreten sind.

## BUNDESREPUBLIK DEUTSCHLAND

### Übernachtungen und Ankünfte von Gästen aus Deutschland in Österreich

(in allen Unterkünften)

| | Übernachtungen | Ankünfte |
|---|---|---|
| 1975 | 62,757.491 | 7,523.037 |
| 1980 | 65,578.646 | 8,517.509 |
| 1981 | 65,989.261 | 8,631.994 |
| 1982 | 62,726.773 | 8,437.218 |
| 1983 | 60,463.785 | 8,475.052 |
| 1984 | 57,406.928 | 8,274.471 |
| 1985 | 55,431.560 | 8,145.318 |
| 1986 | 56,055.408 | 8,393.619 |
| 1987 | 54,937.062 | 8,588.795 |

### Marktposition (1987)

Unter den Ausländernächtigungen in Österreich stand die BRD 1987 an 1. Stelle. Ihr Anteil an den gesamten Ausländernächtigungen: 64,1%.

### Saisonverteilung nach Nächtigungen 1986/87

| | |
|---|---|
| Winter 86/87: | 40,5% |
| Sommer 87: | 59,5% |

### Unterkunftswahl in Österreich 1987 nach Nächtigungen (in %)

| | |
|---|---|
| 5- und 4-Stern-Betriebe | 14,7 |
| 3-Stern-Betriebe | 20,4 |
| 2- und 1-Stern-Betriebe | 24,8 |
| Privatquartiere | 17,3 |
| Camping | 4,3 |
| Bauernhöfe | 5,5 |
| Ferienwohnungen | 9,0 |
| Sonstiges | 4,0 |

### Bundesländer-Verteilung 1987 nach Nächtigungen (in %)

| | | | |
|---|---|---|---|
| Burgenland | 1,2 | Steiermark | 4,0 |
| Kärnten | 17,2 | Tirol | 40,5 |
| Niederösterreich | 1,9 | Vorarlberg | 9,4 |
| Oberösterreich | 4,5 | Wien | 2,4 |
| Salzburg | 18,9 | | |

**Zeitliche Verteilung 1987 nach Nächtigungen** (in %)

| | | | |
|---|---|---|---|
| Jänner | 9,4 | Juli | 16,3 |
| Februar | 8,7 | August | 17,4 |
| März | 9,4 | September | 10,1 |
| April | 6,1 | Oktober | 3,8 |
| Mai | 3,6 | November | 1,0 |
| Juni | 8,7 | Dezember | 5,5 |

**Reihung von 10 Orten mit den meisten deutschen Nächtigungen**

| Winter 1986/87 | Nächtigungen in 1000 |
|---|---|
| Mittelberg (Kl. Walsertal) | 766 |
| Sölden | 712 |
| Saalbach | 543 |
| Lech | 440 |
| Neustift im Stubaital | 382 |
| Wien | 380 |
| Ischgl | 372 |
| Tux | 368 |
| Seefeld in Tirol | 343 |
| Leutasch | 296 |

| Sommer 1987 | Nächtigungen in 1000 |
|---|---|
| Wien | 943 |
| Mittelberg | 705 |
| Finkenstein | 583 |
| St. Kanzian am Klopeiner See | 573 |
| Villach | 510 |
| Millstatt | 467 |
| Seeboden | 415 |
| Velden am Wörthersee | 409 |
| Bad Hofgastein | 358 |
| Bad Kleinkirchheim | 358 |

**Reiseverhalten**

Um die wichtigsten Charakteristika des deutschen Österreich-Urlaubers zu skizzieren, wurden die Ergebnisse der deutschen Reiseanalyse 1987 (RA 87) des Studienkreises für Tourismus, Starnberg, herangezogen.

Die RA 87 ist die achtzehnte vom Studienkreis für Tourismus organisierte Erhebung dieser Art. Es handelt sich um eine sozial- und wirtschaftswissenschaftliche Grundlagenuntersuchung, die repräsentativ für die westdeutsche und Westberliner Bevölkerung über 14 Jahren das Urlaubsverhalten erfaßt. Sie stützt sich auf ca. 6.000 Interviews mit über 70 Reisefragen und 20 Statistikfragen.
Die Österreichische Fremdenverkehrswerbung ist seit Beginn (1970) Mitglied der Arbeitsgemeinschaft Reiseanalyse.

## Allgemeine Daten über die Reisetätigkeit der Bundesdeutschen

Sowohl die Reiseintensität als auch die Reisehäufigkeit zeigen seit 1987 eine Trendumkehr an. Deutschland liegt mit einer Reiseintensität von 64,4% nicht mehr im Mittelfeld europäischer Länder, sondern steigt langsam zu den reiseintensiven Nationen auf.
Nachstehende Angaben über die Entwicklung der Reiseintensität und Zahl der Reisen:

## Reiseintensität (RI)

| | in % | in Mio |
|---|---|---|
| 1975 | 55,9 | 25,1 |
| 1980 | 57,7 | 27,1 |
| 1981 | 55,9 | 26,6 |
| 1982 | 55,0 | 26,3 |
| 1983 | 54,4 | 26,2 |
| 1984 | 55,3 | 26,7 |
| 1985 | 57,1 | 27,6 |
| 1986 | 57,0 | 27,5 |
| 1987 | 64,6 | 31,1 |

RI: Anteil der Bevölkerung über 14 Jahren, der mindestens eine Urlaubsreise, die 5 Tage oder länger dauerte, unternommen hat. Die Wende der Reiseintensität kam 1984: seit drei Jahren steigt der Anteil der Urlaubsreisenden in der Bevölkerung kontinuierlich an; 1987 wurde ein absoluter Rekordwert verzeichnet. Die insgesamt stabile wirtschaftliche Lage und die Erhöhung der Freizeit (Arbeitszeitverkürzung) sind einige mögliche Ursachen für den sprunghaften Anstieg der Reiseintensität auf 64,6%.

**Anzahl der Reisen in Millionen** (erste, zweite, dritte Urlaubsreise von mindestens 5 Tagen Dauer, In- und Ausland)

| | Haupturlaubs-reise | Zweit- und Drittreisen | Alle Reisen insgesamt |
|---|---|---|---|
| 1975 | 25,1 | 4,1 | 29,2 |
| 1980 | 27,1 | 5,7 | 32,8 |
| 1981 | 26,6 | 5,0 | 31,6 |
| 1982 | 26,3 | 5,8 | 32,1 |
| 1983 | 26,2 | 5,8 | 32,0 |
| 1984 | 26,7 | 5,9 | 32,6 |
| 1985 | 27,6 | 4,7 | 32,3 |
| 1986 | 27,5 | 4,9 | 32,4 |
| 1987 | 31,1 | 6,6 | 37,7 |

Die Zunahme des Reisevolumens 1987 auf insgesamt 37,7 Millionen ist in erster Linie auf die Zunahme der Mehrfach-Reisenden und ihre größere Reiseaktivität zurückzuführen. Die Gesamtzahl der Urlaubsreisen hat mit 37,7 Millionen den bisher höchsten Wert in der Entwicklung des Reisegeschehens erreicht.

**Reiseziele 1987** (alle Reisen)

| | Reisen in Millionen | Anteil in % |
|---|---|---|
| Inland | 11,6 | 30,9 |
| DDR | 0,3 | 0,8 |
| Ausland | 25,8 | 68,3 |
| Reisen insgesamt | 37,7 | 100,0 |

**Auslandsreiseziele 1987**
(alle Reisen)

| | in Mio | in % |
|---|---|---|
| Auslandsreisen | 25,8 | 68,3 |
| Italien | 4,7 | 12,3 |
| Spanien | 4,6 | 12,3 |
| Österreich | 4,0 | 10,7 |
| Frankreich | 2,2 | 5,9 |
| Jugoslawien | 1,7 | 4,6 |
| Griechenland | 1,2 | 3,2 |

| | in Mio | in % |
|---|---|---|
| Osteuropäische Länder (ohne DDR) | 1,1 | 2,8 |
| Schweiz | 1,0 | 2,5 |
| Niederlande | 0,8 | 2,1 |
| Dänemark | 0,6 | 1,5 |
| Großbritannien/Irland | 0,4 | 1,1 |
| Skandinavien (ohne Dänemark) | 0,4 | 1,2 |
| DDR | 0,3 | 0,8 |
| Andere europäische Länder | 0,5 | 1,3 |
| Außereuropäische Länder | 0,4 | 1,1 |

1987 lagen 68,3% (=25,8 Millionen Reisen) der Fernziele im Ausland. Damit wurde ein neuer Spitzenwert an Auslandsreisen erzielt. Betrachtet man die einzelnen Reiseziele im Detail, so zeigt sich, daß Italien wiederum vor Spanien den ersten Platz erringen konnte. Österreich liegt mit einem Anteil von 10,7% (=4,0 Millionen Reisen) an dritter Stelle.
Die Gewinner 1987 waren Italien, Spanien, Österreich und Frankreich sowie außereuropäische Reiseziele.
Obige Aufstellung berücksichtigt nicht das nicht unerhebliche Segment „Kurzreisen (2–4 Tage)". Da Österreich unter den Auslandszielen aufgrund diverser Indikatoren überproportional am Kurzreiseverkehr, insbesondere aus dem süddeutschen Raum, partizipiert, kann angenommen werden, daß unser Land bei den gesamten Auslandsreisen der Bundesdeutschen weiterhin als Nummer 1 rangiert.

## Das Profil des deutschen (Österreich-)Reisenden

Aufgrund der Ergebnisse der Reiseanalyse 1987 (Studienkreis für Tourismus, Starnberg) wurden Struktur- und Verhaltensdaten errechnet, wobei die Werte der Österreich-Reisenden jenen der gesamten deutschen Reisenden gegenübergestellt wurden und so Abweichungen transparent werden. Nachstehende Daten beziehen sich nur auf die Haupturlaubsreise.

**Anzahl der Haupturlaubsreisen** (ab 5 Tagen Dauer)

| | Österreich-Reisende in % | Alle Reisenden in % |
|---|---|---|
| Eine Urlaubsreise | 83,9 | 83,3 |
| Zwei Urlaubsreisen | 11,8 | 12,3 |
| Drei und mehr Urlaubsreisen | 4,3 | 4,5 |

## Herkunft nach Bundesländern

| | Österreich-Reisende in % | Alle Reisenden in % |
|---|---|---|
| Schleswig-Holstein | 1,5 | 4,4 |
| Hamburg | 1,8 | 2,7 |
| Niedersachsen/Bremen | 10,9 | 13,3 |
| Nordrhein/Westfalen | 26,3 | 27,5 |
| Hessen | 10,2 | 9,0 |
| Rheinland/Pfalz, Saarland | 8,9 | 7,8 |
| Baden-Württemberg | 17,3 | 14,5 |
| Bayern | 21,3 | 17,8 |
| Westberlin | 1,8 | 3,0 |

## Altersstruktur

| | Österreich-Reisende in % | Alle Reisenden in % |
|---|---|---|
| 14 – 19 Jahre | 11,2 | 13,4 |
| 20 – 29 Jahre | 7,3 | 17,7 |
| 30 – 39 Jahre | 14,2 | 16,0 |
| 40 – 49 Jahre | 21,7 | 20,5 |
| 50 – 59 Jahre | 20,7 | 14,5 |
| 60 – 69 Jahre | 12,9 | 9,5 |
| über 70 Jahre | 12,0 | 8,4 |

## Bildungsgrad

| | Österreich-Reisende in % | Alle Reisenden in % |
|---|---|---|
| Hauptschule | 59,3 | 51,8 |
| Mittelschule | 27,2 | 30,2 |
| Abitur/Hochschule | 13,5 | 18,0 |

## Beruf des Haushaltsvorstandes

| | Österreich-Reisende in % | Alle Reisenden in % |
|---|---|---|
| Selbständige/freie Berufe | 6,5 | 8,8 |
| Landwirte | 1,3 | 0,9 |
| Leitende Angestellte/Beamte | 10,9 | 12,5 |
| Sonstige Angestellte/Beamte | 29,0 | 33,2 |
| Facharbeiter | 21,2 | 20,2 |
| Sonstige Arbeiter | 4,8 | 3,6 |
| Hausfrau | 3,2 | 3,0 |
| Rentner/Pensionisten | 22,1 | 15,5 |
| In Berufsausbildung | 1,0 | 2,3 |

## Haushaltsnettoeinkommen

| | Österreich-Reisende in % | Alle Reisenden in % |
|---|---|---|
| bis 1.500 DM | 7,3 | 6,6 |
| 1.500 bis 2.000 DM | 10,5 | 9,4 |
| 2.000 bis 2.500 DM | 14,8 | 13,4 |
| 2.500 bis 3.000 DM | 14,0 | 13,9 |
| 3.000 bis 3.500 DM | 17,9 | 14,0 |
| 3.500 bis 4.000 DM | 13,0 | 13,1 |
| 4.000 bis 5.000 DM | 15,8 | 18,0 |
| 5.000 DM und mehr | 6,7 | 11,6 |

## Kinder im Haushalt und PKW-Besitz

Bei den Österreich-Reisenden verfügen 84,3 Prozent der Haushalte über einen eigenen PKW, 79% der Haushalte haben keine Kinder und 21% der Haushalte haben Kinder.

## Genütztes Verkehrsmittel

| | Österreich-Reisende in % | Alle Reisenden in % |
|---|---|---|
| PKW | 74,8 | 55,1 |
| Bus | 13,8 | 9,8 |
| Bahn | 10,7 | 11,3 |
| Sonstiges | 0,7 | 23,8 |

## Unterkunft

| | Österreich-Reisende in % | Alle Reisenden in % |
|---|---|---|
| Hotel | 13,1 | 23,8 |
| Gasthof | 18,6 | 10,8 |
| Pension/Fremdenheim | 33,5 | 16,2 |
| Privatzimmer | 13,4 | 8,2 |
| Urlaub auf einem Bauernhof | 1,8 | 1,1 |
| Camping/Caravaning | 3,6 | 10,5 |
| Ferienwohnung/-häuser | 9,3 | 14,4 |
| Eigenheim | 1,0 | 2,2 |
| Zimmer bei Bekannten | 4,5 | 9,1 |
| Sonstiges | 1,2 | 3,7 |

## Reiseorganisation

| | Österreich-Reisende in % | Alle Reisenden in % |
|---|---|---|
| Vollpauschalreise | 16,2 | 31,0 |
| Teilpauschalreise | 8,0 | 9,4 |
| Teilleistung eines Reisebüros | 2,2 | 3,6 |
| Individualreise | 73,6 | 56,0 |

## Urlaubsart

| | Österreich-Reisende in % | Alle Reisenden in % |
|---|---|---|
| Erholungsreise | 37,1 | 23,6 |
| Vergnügungsreise | 30,1 | 24,5 |
| Sporturlaub | 13,7 | 4,7 |
| Badeurlaub | 5,4 | 23,5 |
| Verwandtenbesuch | 4,7 | 8,5 |
| Gesundheitsurlaub/Kur | 4,4 | 6,2 |
| Bildungsreise | 3,8 | 7,7 |
| Abenteuerurlaub | 0,4 | 0,9 |
| Kein Urlaub | 0,4 | 0,4 |

## Reiseausgaben

| | Österreich-Reisende in % | Alle Reisenden in % |
|---|---|---|
| Durchschnittliche Kosten für Fahrt, Unterkunft und Verpflegung für alle Personen | 1.544 DM | 1.834 DM |
| pro Person | 767 DM | 972 DM |
| Durchschnittliche Nebenausgaben für alle Personen | 468 DM | 538 DM |
| pro Person | 236 DM | 294 DM |
| Durchschnittliche Gesamtkosten für alle Personen | 2.160 DM | 2.537 DM |
| pro Person | 1.076 DM | 1.351 DM |

## Reisedauer

| | Österreich-Reisende in % | Alle Reisenden in % |
|---|---|---|
| Durchschnittliche Aufenthaltsdauer | 15,5 Tage | 17,0 Tage |

## Gestaltung der Urlaubsreise (Zielreise/Rundreise)

| | Österreich-Reisende in % | Alle Reisenden in % |
|---|---|---|
| Ganze Zeit an einem Ort verbracht | 28,4 | 31,6 |
| An einem Ort geblieben, aber auch Ausflüge gemacht | 64,3 | 56,2 |
| Rundreise gemacht | 5,4 | 10,0 |
| Kein Urlaub | 1,9 | 2,2 |

**Informationsquelle für die Urlaubsentscheidung** (Mehrfachnennungen)

| | Österreich-Reisende in % | Alle Reisenden in % |
|---|---|---|
| Bekannt aus eigener Anschauung | 48,5 | 37,2 |
| Berichte von Bekannten/ Verwandten | 27,8 | 37,7 |
| Orts-, Länder- und Gebietsprospekte | 15,8 | 13,5 |
| Auskunft und Beratung im Reisebüro, FV-Stelle | 13,9 | 19,0 |
| Kataloge/Prospekte vom Reiseveranstalter | 12,4 | 19,5 |
| Unterkunftsprospekte | 8,6 | 5,9 |
| Anzeigen | 4,9 | 3,6 |
| Reiseberichte | 4,7 | 6,3 |
| Reiseführer | 2,9 | 5,2 |
| Keine Informationsquelle genutzt | 10,4 | 8,5 |

**Reisemotive** (Mehrfachnennungen)

| | Österreich-Reisende in % | Alle Reisenden in % |
|---|---|---|
| Abschalten, ausspannen | 77,9 | 70,9 |
| Aus dem Alltag herauskommen | 66,3 | 59,4 |
| Natur erleben | 57,5 | 40,6 |
| Frische Kraft sammeln | 54,9 | 47,4 |
| Gut essen | 41,1 | 38,2 |
| Zeit füreinander haben | 39,6 | 39,0 |
| Sich verwöhnen lassen | 35,6 | 28,0 |
| Sich Bewegung verschaffen, reine Luft, sauberes Wasser, aus verschmutzter Umwelt herauskommen | 34,7 | 31,9 |
| Viel ruhen, nichts tun | 34,7 | 35,7 |
| Mit anderen Leuten zusammen sein, Geselligkeit | 33,1 | 34,2 |
| Viel Spaß und Unterhaltung haben, sich vergnügen | 32,3 | 39,7 |

| | Österreich-Reisende in % | Alle Reisenden in % |
|---|---|---|
| Frei sein, tun und lassen können was man will | 29,5 | 30,7 |
| Leichte sportliche/spielerische Aktivitäten | 27,3 | 27,0 |

**Informationsquellen am Urlaubsort für Aktivitäten**

| | Österreich-Reisende in % | Alle Reisenden in % |
|---|---|---|
| Bei Einheimischen | 31,7 | 23,2 |
| Im Verkehrsamt, Touristeninformation | 25,8 | 20,2 |
| Im Hotel/Unterkunft | 20,7 | 21,4 |
| Informiere mich nicht | 17,6 | 16,2 |
| Habe keine Informationen bekommen | 15,4 | 14,7 |
| Bei anderen Urlaubern | 10,8 | 18,2 |
| Im Reisebüro | 5,9 | 6,4 |
| Beim Reiseleiter | 4,9 | 10,0 |
| Sonstiges | 1,5 | 3,0 |

**Urlaubsbeschäftigungen** (Präferenzordnung)

| | Österreich-Reisende in % | Alle Reisenden in % |
|---|---|---|
| Spaziergänge machen | 86,3 | 80,6 |
| Gaststätten besuchen | 82,7 | 81,2 |
| Viel schlafen, ausruhen | 74,6 | 72,8 |
| Wanderungen machen | 74,4 | 52,7 |
| Lesen von Zeitschriften und Zeitungen | 74,0 | 67,6 |
| Ausflüge/Fahrten | 72,7 | 70,9 |
| Briefe/Karten schreiben | 71,3 | 67,6 |
| Gespräche mit anderen führen | 69,5 | 72,6 |
| Einkaufsbummel machen | 68,4 | 75,5 |

| | Österreich-Reisende in % | Alle Reisenden in % |
|---|---|---|
| Geschäfte ansehen, | | |
| Schwimmen/baden | 62,2 | 74,7 |
| Radio hören, Fernsehen | 59,5 | 53,5 |
| Fotografieren, filmen | 56,4 | 61,7 |
| Sonnen | 54,8 | 67,6 |
| Bücher lesen | 52,7 | 49,9 |

## Modische Reisearten 1986

| IN | | |
|---|---|---|
| Winterurlaub im Schnee (Wandern, Schifahren) | 62,1 | 58,9 |
| Bergurlaub | 52,2 | 43,5 |
| Gesundheitsurlaub | 51,1 | 48,1 |
| Strand-, Bade-, Sommerurlaub | 51,0 | 61,0 |
| Ausruhurlaub | 49,6 | 50,3 |
| Vergnügungsurlaub | 44,9 | 47,6 |

| OUT | | |
|---|---|---|
| FKK-Urlaub | 39,8 | 34,8 |
| Verwandten-/ Bekanntenbesuch | 35,7 | 39,4 |
| Hobbyurlaub (Töpfern, Malen) | 30,2 | 32,4 |
| Weiterbildungsurlaub | 30,4 | 30,8 |
| Campingurlaub | 29,4 | 28,1 |
| Studienreise | 28,1 | 24,3 |

Als besonders „in" gelten zur Zeit für die deutschen Österreich-Reisenden der Winterurlaub, der Bergurlaub, der Gesundheitsurlaub und der Sommer/Badeurlaub. „Out" wird bei FKK-Urlaub, Verwandten-/Bekanntenbesuch und dem Weiterbildungsurlaub am häufigsten genannt.

**Welche Aspekte spielen bei der Planung der letzten Urlaubsreise eine Rolle?**

| | Österreich-Reisende in % | Alle Reisende in % |
|---|---|---|
| Kein Nepp, angemessene Preise | 43,5 | 43,7 |
| Gastfreundliche Bevölkerung | 36,5 | 32,9 |
| Keine gesundheitlichen Risiken | 31,9 | 29,4 |
| Schön warm | 29,2 | 38,1 |
| Wenig Regen | 28,8 | 31,0 |
| Keine/geringe Umweltverschmutzung im Land | 24,5 | 24,9 |
| Nicht in Verkehrsstaus zu geraten | 22,2 | 20,3 |
| Wenig Kriminalität | 21,5 | 21,5 |

## Image Österreichs

*a) Allgemein*

Österreich, das Land, dem man nach Frankreich in Europa die höchste Kompetenz an Lebenskunst zuerkennt.

*b) Touristisch*

Positiv:

Reizvolle Landschaft, gleiche Sprache, Kulturkreis, sympathische Gemütlichkeit, gute Sportmöglichkeiten, interessante Kulturszene.

Negativ:

Regen, teuer.

**Medienüberblick Bundesrepublik Deutschland**

| | | |
|---|---|---|
| Allgemeine Informationen | Fläche in qkm<br>Einwohner<br>Einwohner je qkm<br>Private Haushalte<br>Durchschnittliche Haushaltsgröße<br>Amtssprache(n)<br>Währung<br>Bruttoinlandsprodukt<br>Brutto-Werbeaufwendungen | 248.708<br>61,1 Millionen<br>245<br>25,7 Millionen<br>2,4 Personen<br>Deutsch<br>1 Deutsche Mark (DM)<br>DM 1.839,9 Mrd.<br>DM 13.462 Millionen |
| Print-Medien | ● ca. 2.500 Publikumszeitschriften<br>– Zeitschriften mit kontrollierter Auflage: 411<br>– kontrollierte verkaufte Auflage: 102 Mio. Exemplare<br>– Angebot größer als Nachfrage<br>– Anteil an den Werbeaufwendungen: 20% | ● 437 Zeitungen mit kontrollierter Auflage<br>– 18 nationale<br>– 419 regionale<br>– Nachfrage geringer als Angebot<br>– Anteil an den Werbeaufwendungen: 49%<br>● 2.800 Fachzeitschriften<br>– Anteil an den Werbeaufwendungen: 11%<br>● Anteil Print gesamt an den Werbeaufwendungen: 80% |
| Fernsehen | ● Drei nationale Fernsehsender<br>– staatlich<br>– einer mit regionaler/nationaler Werbung<br>● Sechs private Fernsehsender mit Werbung<br>– zwei über normale Antenne und/oder Satelliten/Kabel<br>– drei über Satelliten/Kabel<br>– ein Lokalsender, über Kabel | ● Werbung in Blöcken<br>● Nachfrage größer als Angebot<br>● Haushaltsabdeckung: 98%<br>● Kabel-Haushalte: 15%<br>● Anteil an den Werbeaufwendungen: 11% |

| | | |
|---|---|---|
| Hörfunk | ● Ein nationaler Hörfunksender<br>– staatlich<br>– keine Werbung<br>● Neun regionale Hörfunksender, staatlich<br>– mit einem oder zwei Programmen für Werbung<br>● Radio Luxembourg (Deutsch)<br>– mit Werbung<br>– regionale Abdeckung | ● Anzahl der regionalen Sender nimmt zu<br>● Werbung in Blöcken<br>● Nachfrage größer als Angebot, vor allem während Spitzenmonaten<br>● Haushalts-Abdeckung: 95%<br>● Anteil an den Werbeaufwendungen: 4% |
| Filmtheater | ● 3.249 Filmtheater<br>– Medium für junge Zielgruppen<br>– Ergänzungsmedium | ● Nachfrage kleiner als Angebot<br>● Anteil an den Werbeaufwendungen: 1% |
| Außenwerbung | ● 278.971 Anschlagstellen<br>– in verschiedenen Größen<br>– in verschiedenen Städten<br>– vorwiegend Großflächen<br>– „Abribus“ (Bushaltestellen) erfolgreich | ● Nachfrage größer als Angebot, vor allem während Spitzenmonaten<br>– kürzeste Belegungszeit: 10 Tage<br>● Anteil an den Werbeaufwendungen: 4% |
| Neue Elektronische Medien | ● Video-Recorder: Haushaltsabdeckung: 26%<br>● Videotext: Werbung möglich; Abdeckung nimmt langsam zu: 57.300 Benutzer<br>● Bildschirmtext/Btx: keine Werbung<br>● Kabel-Fernsehen: Haushaltsabdeckung: 15% einige lokale, nationale sowie europäische Programme können empfangen werden | ● Satelliten-Fernsehen: verschiedene Projekte schon im Einsatz bzw. in Planung; für lokale und deutschsprachige Sendungen: Werbung möglich |

Quelle: Stern Marketing Series, Gruner & Jahr

## NIEDERLANDE

### Übernachtungen und Ankünfte von Gästen aus den Niederlanden
(in allen Unterkünften)

| | Übernachtungen | Ankünfte |
|---|---|---|
| 1975 | 5,790.273 | 805.757 |
| 1976 | 6,408.191 | 856.866 |
| 1977 | 7,033.020 | 940.445 |
| 1978 | 8,297.331 | 1,085.967 |
| 1979 | 9,120.101 | 1,178.016 |
| 1980 | 9,767.692 | 1,254.707 |
| 1981 | 10,338.094 | 1,344.649 |
| 1982 | 9,723.867 | 1,267.168 |
| 1983 | 9,047.356 | 1,203.495 |
| 1984 | 9,354.457 | 1,251.737 |
| 1985 | 9,176.892 | 1,247.378 |

### Marktposition
Unter den Ausländernächtigungen an 2. Stelle. Anteil an den gesamten Ausländernächtigungen 1985: 10,8%.

### Saisonverteilung nach Nächtigungen 1984/85

| | |
|---|---|
| Winter 84/85: | 46,8% |
| Sommer 85: | 53,2% |

### Unterkunftswahl in Österreich 1985 nach Nächtigungen (in %)

| | | | |
|---|---|---|---|
| 5- und 4-Stern-Betriebe | 12,0 | Camping | 18,3 |
| 3-Stern-Betriebe | 22,1 | Bauernhöfe | 3,4 |
| 2- und 1-Stern-Betriebe | 21,3 | Ferienwohnungen | 9,7 |
| Privatquartiere | 12,5 | Sonstiges | 0,7 |

### Bundesländer-Verteilung 1985 nach Nächtigungen (in %)

| | | | |
|---|---|---|---|
| Burgenland | 0,2 | Steiermark | 2,3 |
| Kärnten | 15,7 | Tirol | 52,6 |
| Niederösterreich | 2,6 | Vorarlberg | 6,9 |
| Oberösterreich | 2,0 | Wien | 1,4 |
| Salzburg | 16,3 | | |

**Zeitliche Verteilung 1985 nach Nächtigungen** (in %)

| | | | |
|---|---|---|---|
| Jänner | 10,9 | Juli | 26,4 |
| Februar | 20,6 | August | 14,1 |
| März | 6,5 | September | 3,9 |
| April | 1,7 | Oktober | 1,3 |
| Mai | 1,8 | November | 0,3 |
| Juni | 6,1 | Dezember | 6,4 |

**Reihung von 5 Orten mit den meisten niederländischen Nächtigungen**

| Winter 1984/85 | Nächtigungen |
|---|---|
| Kirchberg in Tirol | 201.000 |
| Saalbach | 152.000 |
| Eben am Achensee | 143.000 |
| Gerlos | 119.000 |
| Westendorf | 114.000 |

| Sommer 1985 | Nächtigungen |
|---|---|
| Radenthein | 105.000 |
| Wien | 99.800 |
| Zell am See | 85.900 |
| Seeboden | 79.600 |
| Ossiach | 79.400 |

Quelle: ÖSTZ

## Ausgaben

1985: ca. 7 Milliarden öS (ÖFVW-Schätzung).

## Reiseverhalten

Über die Reisetätigkeit der holländischen Bevölkerung gibt regelmäßig eine Haushaltsbefragung des CBS (Centraal Bureau voor de Statistiek) = Niederländisches Statistisches Zentralamt, Auskunft. Hierbei sind auch die Kinder erfaßt und getrennte Daten für Sommer und Winter (1. 10. bis 30. 4.) ausgewiesen. Behandelt werden nur Urlaubsreisen mit mindestens 4 Nächtigungen. Darüberhinaus gibt es noch seit 1980 jährliche Untersuchungen des „Nederlands Research Institut voor Recreatie en Toerisme" in Breda mit dem Namen „Continu Vakantie Onderzoek". Da jedoch nur die Ergebnisse des CBS Daten über das Reiseverhalten von Österreich-Reisenden ausweisen, werden nachstehend dessen Zahlen verwendet (Nettostichprobe jeweils etwa 4.000 Personen).

## Allgemeine Daten über die Reisetätigkeit der niederländischen Bevölkerung

| | 1970 | 1975 | 1980 | 1981 | 1982 | 1983 | 1984 |
|---|---|---|---|---|---|---|---|
| Nettoreise-intensität (%) | 45,9 | 53,8 | 61,2 | 62,6 | 60,6 | 59,0 | 58,6 |
| Reisende (Mio) | 5,8 | 7,1 | 8,3 | 8,6 | 8,3 | 8,4 | 8,1 |
| Reisen (Mio) | 7,3 | 9,2 | 11,4 | 11,7 | 11,9 | 11,4 | 11,8 |
| Reisehäufigkeit | 1,24 | 1,29 | 1,37 | 1,36 | 1,43 | 1,40 | 1,45 |

Die Gesamtbevölkerung betrug 1984 13,8 Mio. Personen.
Sowohl die Reiseintensität als auch die Reisehäufigkeit der Niederländer liegen etwas höher als jene der Bundesdeutschen. Die Reiseintensität erreichte analog zur Bundesrepublik im Jahr 1981 (mit 62,6%) ihren Höhepunkt und sinkt seit 1982 kontinuierlich. Die Zahl der Reisen nahm 1984 wieder zu, infolge einer gestiegenen Reisehäufigkeit. *6,7 Mio.* der Urlaubsreisen führen ins *Ausland* und *5,1 Mio.* der Urlaubsreisen entfallen auf das *Inland.*
Von den 11,8 Mio. Urlaubsreisen entfielen 8,9 Mio., also knapp *75%,* auf den *Sommer* und 3,9 Mio. *(25%)* auf den *Winter.* Auch in Holland sind die Urlaubsreisen in der Wintersaison wiederum angestiegen, dieser Anteil lag z. B. 1970 noch unter 10%.
Während im *Sommer* die Relation Inlandsziele : Auslandsziele bei *45 : 55* lag, entfallen im *Winter 62%* auf Auslandsziele und nur *38%* auf Inlandsziele, wobei Wintersportreisen immer beliebter werden.
Für die Wintersportdestinationen haben die einwöchigen Krokusferien (in der Karnevalswoche) eine große Bedeutung. Die durchschnittliche Aufenthaltsdauer bei Auslandsreisen belief sich im Befragungsjahr 1984 auf 16,6 Tage im Sommer und 11,9 Tage im Winter.

## Die Reiseziele der holländischen Urlaubsreisenden im Ausland (1984)

Anteil in %

| | Sommer | | Winter |
|---|---|---|---|
| Frankreich | 20 | Österreich | 29 |
| Deutschland | 17 | Deutschland | 12 |
| Spanien | 14 | Spanien | 12 |
| Belgien/Lux. | 11 | Frankreich | 11 |
| Österreich | 10 | Belgien/Lux. | 12 |
| Italien | 6 | Schweiz | 8 |

Österreich rangierte im Sommer 1981 mit einem Anteil von 14% noch an 3. Stelle, seither ist der Anteil zugunsten der Nachbarländer Hollands geschrumpft.

Österreich ist das beliebteste Winter-Urlaubsland der Holländer. Im Winter (1983/84) erreichte der Reiseverkehr nach Österreich mit einem Anteil von 32% einen Höchststand.

## Das Profil des holländischen Österreich-Reisenden (Sommer)

### Altersstruktur

| | Österreich-Reisende in % | Auslands-Reisende in % |
|---|---|---|
| 0 bis 14 Jahre | 8 | 17 |
| 15 bis 24 Jahre | 15 | 19 |
| 25 bis 39 Jahre | 20 | 27 |
| 40 bis 49 Jahre | 18 | 13 |
| 50 bis 64 Jahre | 28 | 18 |
| 65 Jahre und darüber | 11 | 6 |

Die Österreich-Urlauber gehören überdurchschnittlich mittleren und älteren Altersstufen an.

### Beruf

| | Österreich-Reisende in % | Auslands-Reisende in % |
|---|---|---|
| Selbständige inkl. Landwirte | 6 | 4 |
| Angestellte | 24 | 35 |
| Arbeiter | 10 | 11 |
| Hausfrauen | 37 | 24 |
| Schüler/Studenten | 12 | 17 |
| Pensionisten/Rentner | 8 | 6 |
| Sonstige ohne Arbeit | 3 | 3 |

Unter den Österreich-Reisenden finden sich über dem Durchschnitt Hausfrauen, Pensionisten/Rentner und Selbständige.

## Haushaltsnettoeinkommen

| | Österreich-Reisende in % | Auslands-Reisende in % |
|---|---|---|
| Bis 28.000 hfl | 39 | 33 |
| 28.000 bis 38.000 hfl | 25 | 27 |
| 38.000 bis 47.000 hfl | 16 | 17 |
| 47.000 hfl und darüber | 20 | 23 |

Bei ca. 41% der Österreich-Reisenden liegt das Haushaltseinkommen im mittleren Bereich.

## Herkunftsregion

| | Österreich-Reisende in % | Auslands-Reisende in % |
|---|---|---|
| Groningen, Friesland, Drenthe | 7 | 8 |
| Overijssel, Gelderland | 29 | 19 |
| Utrecht, Noord- und Zuidholland, Zeeland | 38 | 50 |
| Noord-Brabant, Limburg | 26 | 23 |

Generell stellen die Provinzen Utrecht, Nord- und Südholland sowie Zeeland die Hälfte der Auslandsreisenden. Der Österreich-Urlauber kommt dagegen nur zu 38% aus obgenannten Regionen, dafür überdurchschnittlich aus Overijssel und Gelderland sowie aus dem Süden des Landes.

## Unterkunftsform

| | Österreich-Reisende in % | Auslands-Reisende in % |
|---|---|---|
| Hotel, Pension | 58 | 31 |
| Sommerhaus, Bungalow | 4 | 13 |
| Camping, Caravan | 21 | 39 |
| Ferienwohnung, Zimmer mit Frühstück | 15 | 12 |
| Sonstiges | 2 | 5 |

## Verkehrsmittel

| | Österreich-Reisende in % | Auslands-Reisende in % |
|---|---|---|
| PKW | 72 | 70 |
| Bahn | 5 | 5 |
| Bus | 22 | 10 |
| Flugzeug | 1 | 12 |
| Anderes | – | 3 |

## Reisebegleitung

| | Österreich-Reisende in % | Auslands-Reisende in % |
|---|---|---|
| Allein | 2 | 3 |
| Mit Ehegatten | 27 | 25 |
| Eltern mit Kindern | 27 | 33 |
| Anderes | 44 | 39 |

Bei der Unterkunftsform dominiert bei den Österreich-Reisenden eindeutig das Hotel bzw. die Pension, gefolgt von Camping bzw. Caravan. Außerdem reisen die Holländer zu 72% mit dem eigenen PKW nach Österreich.

## Der niederländische Gast in Österreich aus der Sicht der GBÖ (Gästebefragung Österreich 1985/86)

Die erstmalig 1984/85 und 1985/86 in Österreich durchgeführte nationale Gästebefragung (GBÖ) schließt eine Lücke in der österreichischen Tourismusforschung.
Für die Ermittlung nachstehender Details über das Reiseverhalten niederländischer Gäste in Österreich wurden anläßlich der GBÖ 85/86 die Antworten von 386 niederländischen Sommerreisenden und von 225 niederländischen Winterreisenden herangezogen.
Da Detailergebnisse die Annahme untermauern, daß der österreichische Winter ein ganz anderes, vor allem kaufkräftigeres, holländisches Publikum anzieht als der Sommer (die Unterschiede sind z. B. wesentlich größer als beim deutschen Gast), müssen die nach Sommersaison und Wintersaison getrennt dargestellten Analyseergebnisse besonders beachtet werden.

## Der niederländische Sommergast

Analog zu den deutschen Gästen zählen die Niederländer zu den *treuesten Stammgästen* – 80% der befragten Holländer hatten bereits eine mehrfache Österreich-Erfahrung, 66% ließen sich als Stammgäste des besuchten Bundeslandes einstufen. 84% der befragten niederländischen Sommergäste bezeichneten den gegenständlichen Aufenthalt als die Hauptferienreise des Jahres – ein Spitzenprozentsatz im Verhältnis zu den anderen Gästen.

Zu den *Reise-Hauptmotiven* zählen überdurchschnittlich *„Erholung"* und *„Wandern"*.

Prospekte, Medienberichte, Werbung werden eher überdurchschnittlich in Anspruch genommen, um sich vor Antritt der Reise zu informieren.

In Anbetracht der Tatsache, daß *40%* der Befragten auf *Campingplätzen* logierten, ist es nicht verwunderlich, daß in sehr hohem Maße die *Selbstverpflegung* (10% teilweise und 38% voll) Vorrang hat.

Man reist selten allein (5%), meist mit dem Partner (57%); das *Auto* als Verkehrsmittel hat mit knapp 80% den *höchsten Stellenwert* unter allen Herkunftsnationen (11% waren Busfahrer, nur 5,5% reisten per Bahn an).

Durch die Unterkunftswahl erklärbar ist der Prozentsatz der Niederländer, die ihre Unterkunft nicht vorausbestellen sondern *„ins Blaue fahren"*, sehr hoch *(42%)*. Ein beachtlicher Teil (22%) benützt das Reisebüro für die Reservierung, der Niederländer stützt sich in stärkerem Maße als Inländer und Deutsche auf ein Reisebüro.

Nun zu den *Ausgaben* der Niederländer am Aufenthaltsort. Die Tagesausgaben pro Person liegen mit S 500,– bis S 600,– am *unteren Ende der Nationenskala,* wobei relativ wenig für Unterkunft und gastronomische Leistungen aufgewendet wird sowie für Einkäufe, während die Höhe der Nebenausgaben relativ durchschnittlich ist.

Was die Beurteilung des Urlaubsangebotes betrifft, so lassen sich potentielle Unzufriedenheitsfaktoren teilweise hinsichtlich Unterhaltungs- und Einkaufsmöglichkeiten sowie beim Preis/Leistungsverhältnis feststellen.

**Der niederländische Wintergast**

Auch im Winter erweisen sich die Holländer als vorbildliche *Stammgäste,* sie werden diesbezüglich nur von den deutschen Besuchern übertroffen.
Sie halten sich überwiegend in Wintererholungs- bzw. Wintersportorten auf, ganz selten nur in Städten. In den meisten Fällen war der Winteraufenthalt in Österreich eine *Zweit- oder Drittreise,* nur selten die Hauptferienreise. *Hauptmotive* im Winter sind auch *Erholung und Wandern,* dazu kommt *Sport* und weiters Vergnügen, wobei zu bemerken ist, daß letzteres Statement für die Holländer wesentlich mehr Bedeutung hat als z. B. für Österreicher und Deutsche.
Die Niederländer werden im Winter nicht nur mehr durch Reisebüroauskünfte über Österreich informiert als im Sommer; man kann auch ihre Vorliebe für die Reisebüroinformation als überdurchschnittlich im Verhältnis zu anderen Wintergästen bezeichnen.
Selbstverpflegung (22%) tritt im Winter deutlich zurück, dominierende Verpflegungsform stellt die *Halbpension* dar *(58%).* Man reist auch im Winter primär mit dem *Auto* nach Österreich, allerdings waren es nur 66% gegenüber 80% im Sommer. Der Bus transportierte ein Viertel der befragten Niederländer nach Österreich. Neben dem Parnter (der Partnerin), bei etwa 48% der Befragten, findet man die Reisebegleitung gerne in Form von *Freunden oder Bekannten* (38%).
Im Winter reist man selten „ins Blaue“ – nur 7% der Befragten taten dies –, noch höher als im Sommer steht das *Reisebüro* für die *Unterkunftsreservierung* in der Gunst der Holländer *(38%* gegenüber 22% im Sommer); eine knappe Mehrheit (52%) findet auch im Winter den direkten Reservierungsweg zum Vermieter. Nun kommen wir zu den *Ausgaben* und damit zum *signifikantesten Unterschied zwischen Sommer- und Wintergast aus Holland.* Man findet das durchschnittliche Ausgabenniveau (pro Tag und Person) nicht am unteren Ende wie im Sommer sondern *deutlich über dem Durchschnitt* der Gästenationalitäten (über S 900,–, Durchschnitt S 820,–). Hiebei sind besonders die Aufwendungen für Unterkunft und Verpflegung eindrucksvoll und wie im Sommer auch die Nebenausgaben, relativ bescheiden wiederum die Einkaufsausgaben. Innerhalb der Angebotpalette werden am ehesten kritisiert: Kulturangebot, Unterhaltungsmöglichkeiten, Preis/Leistungsverhältnis sowie die Wartezeiten an den Liften.

## Medienüberblick Niederlande

| | | |
|---|---|---|
| Allgemeine Informationen | Fläche in qkm | 41.160 |
| | Einwohner | 14,6 Millionen |
| | Einwohner je qkm | 357 |
| | Private Haushalte | 5,2 Millionen |
| | Durchschnittliche Haushaltsgröße | 2,6 Personen |
| | Amtssprache(n) | Holländisch |
| | Währung | 1 Florin/holl. Gulden (Hfl) |
| | Bruttoinlandsprodukt | Hfl. 415,1 Mrd. |
| | Brutto-Werbeaufwendungen | Hfl 2,533 Millionen |
| Print-Medien | ● 96 Publikumszeitschriften<br>– Zeitschriften mit kontrollierter Auflage: 86<br>– Angebot und Nachfrage gleich<br>– Anteil an den Werbeaufwendungen: 15%<br>● 54 Zeitungen (kontrolliert)<br>– 8 nationale<br>– 46 regionale<br>– Angebot und Nachfrage gleich<br>– Anteil an den Werbeaufwendungen: 48% | ● ca. 1.500 Fachzeitschriften |
| Fernsehen | ● Zwei nationale Fernsehsender<br>– staatlich<br>– mit Werbung<br>– keine regionalen Sender<br>– Werbung nur beim Buchen im voraus<br>– Werbung in Blöcken | ● Haushaltsabdeckung: 98%<br>● Nachfrage größer als Angebot<br>● Anteil an den Werbeaufwendungen: 11% |

| | | |
|---|---|---|
| Hörfunk | ● Fünf nationale Hörfunksender<br>– staatlich<br>– drei mit Werbung<br>● Sieben regionale Hörfunksender<br>– staatlich<br>– ohne Werbung | ● Werbung in Blöcken<br>● Nachfrage größer als Angebot<br>● Haushaltsabdeckung: 99%<br>● Anteil an den Werbeaufwendungen: 3% |
| Filmtheater | ● 486 Filmtheater<br>– Medium für junge Zielgruppen<br>– Ergänzendes Medium | ● Nachfrage und Angebot gleich<br>● Anteil an den Werbeaufwendungen: 0,4% |
| Außenwerbung | ● 10.500 Anschlagstellen<br>– innerhalb der Städte<br>– verschiedene Größen möglich<br>– Nachfrage größer als Angebot | ● Anteil an den Werbeaufwendungen: 2% |
| Neue Elektronische Medien | ● Video-Recorder: Haushaltsabdeckung: 30%<br>● Videotext: 19.000 Abonnenten<br>– vorwiegend Geschäfte<br>– mit Werbung | ● Bildschirmtext/Btx: keine Werbung<br>● Verkabelte Haushalte: 65%<br>● Satelliten-Fernsehen: noch kein holländisches Programm |

Quelle: Stern Marketing Series, Gruner & Jahr

Trotz kumulierter Unzufriedenheit sind 64% der befragten niederländischen Wintergäste ziemlich sicher, dieselbe Wintergemeinde in den nächsten zwei bis drei Jahren wieder aufsuchen zu wollen, das entspricht annähernd dem hohen Prozentsatz von Österreichern und Deutschen.

**Image Österreichs**

*a) Allgemein*
Positiv:
Österreich hat ein überwiegend touristisches Image. Die herrliche Natur (Kontrastlandschaft), die gemütliche Bevölkerung und das Kulturangebot von Wien und Salzburg stehen im Mittelpunkt. Im Winter sind wir DAS Wintersportland (1/3 Marktanteil).
Negativ:
Österreich wird oft als kleines Land gesehen, das allem Neuen ablehnend gegenübersteht. Holländer begeistern sich an Emanzipation von Frauen, Minderheiten, Unterdrückten; Solidarität mit der übrigen Welt. All das findet man in Österreich nicht.
*b) Touristisch*
Positiv:
Österreichs touristisches Image ist überwiegend positiv. Auch die an und für sich negativen Imagefaktoren (konservativ, traditionsbewußt) sind für den Tourismus positiv. Österreich ist eines der beliebtesten Urlaubsländer der Welt.
Ordnung und Sauberkeit der Unterkünfte, breites Angebot an Unterkunftsarten werden gelobt. Ideales Land zum Wandern und für Autoausflüge.
Negativ:
Österreich wird nicht mehr als billiges Reiseland gesehen (vor allem Kaffee und Getränke werden als sehr teuer eingestuft).
Hauptunzufriedenheitsfaktor ist das unsichere Wetter.

## SPANIEN

### Übernachtungen und Ankünfte von Gästen aus Spanien
(in allen Unterkünften)

| | Übernachtungen | Ankünfte |
|---|---|---|
| 1975 | 97.619 | 44.216 |
| 1980 | 158.306 | 74.655 |
| 1984 | 182.082 | 91.386 |
| 1985 | 210.646 | 101.399 |
| 1986 | 215.381 | 98.835 |
| 1987 | 285.931 | 138.434 |

### Marktposition (1987)
Unter den Ausländernächtigungen in Österreich stand Spanien 1987 an 14. Stelle. Der Anteil an den gesamten Ausländernächtigungen: 0,2%.

### Saisonverteilung nach Nächtigungen 1986/87

| | |
|---|---|
| Winter 86/87: | 22,6% |
| Sommer 87: | 77,4% |

### Unterkunftswahl in Österreich 1987 nach Nächtigungen (in %)

| | |
|---|---|
| 5- und 4-Stern-Betriebe | 51,3 |
| 3-Stern-Betriebe | 35,9 |
| 2- und 1-Stern-Betriebe | 12,8 |

### Bundesländer-Verteilung 1987 nach Nächtigungen (in %)

| | | | |
|---|---|---|---|
| Burgenland | 0,1 | Steiermark | 2,0 |
| Kärnten | 2,0 | Tirol | 18,2 |
| Niederösterreich | 1,8 | Vorarlberg | 2,5 |
| Oberösterreich | 1,4 | Wien | 57,0 |
| Salzburg | 15,0 | | |

### Zeitliche Verteilung 1987 nach Nächtigungen (in %)

| | | | |
|---|---|---|---|
| Jänner | 2,6 | Juli | 15,2 |
| Februar | 2,6 | August | 29,5 |
| März | 3,6 | September | 14,3 |
| April | 8,0 | Oktober | 6,3 |
| Mai | 5,2 | November | 3,0 |
| Juni | 6,1 | Dezember | 3,6 |

**Reihung von 5 Orten mit den meisten spanischen Nächtigungen**

| Winter 1986/73 | Nächtigungen |
|---|---|
| Wien | 38.100 |
| Salzburg | 5.250 |
| Innsbruck | 4.250 |
| Lech | 2.970 |
| Sankt Anton/Arlberg | 1.050 |

| Sommer 1987 | Nächtigungen |
|---|---|
| Wien | 123.000 |
| Innsbruck | 32.800 |
| Salzburg | 30.100 |
| Graz | 2.940 |
| Villach | 2.050 |

## Reiseverhalten

In Spanien tut sich einiges. Ein Land, jahrelang abseits fortschrittlicher Entwicklungen, politisch lange isoliert und als Herkunftsland touristisch unbedeutend, befindet sich in einer neuen Entwicklungsphase. Der Aufwärtstrend im Tourismus (im Outgoing) entspricht einem Nachholbedarf nach Jahren der Isolation, des niedrigen Einkommens, strenger Devisenkontrollen und sonstiger ungünstiger Rahmenbedingungen.
Österreich partizipiert voll an diesem Trend und hat in den letzten acht Jahren sein Aufkommen aus Spanien verdoppelt. Allein im letzten Jahr (1987) stiegen die Ankünfte um 40% und Übernachtungen um 33%.
Sollte sich am Zustand der Weltwirtschaft in den nächsten Jahren nichts Wesentliches ändern, so kann man Spanien getrost als Hoffnungsmarkt in Europa bezeichnen.

## Reiseintensität

| | |
|---|---|
| Nettoreiseintensität | 48% |
| Madrid | 63% |
| Barcelona | 58% |
| Baskenland | 64% |

Die Auslandsreiseintensität ist in Ballungsräumen mit 12% höher als der Durchschnitt.
Bei der höheren Bildungsschicht beträgt die Auslandsreiseintensität das Doppelte des Durchschnitts.

## Reiseziele

| | |
|---|---|
| Inlandsreisende | 92% |
| Auslandsreisende | 8% |

## Verkehrsmittel

| | |
|---|---|
| PKW | 42% |
| Bus | 19% |
| Flug | 28% |
| Bahn | 3% |
| Anderes | 8% |

## Österreich-Reisen (geschätzt)

| | |
|---|---|
| PKW | 25% |
| Bus | 40% |
| Flug | 25% |

## Reiseform

Der Spanier plant und organisiert seine Reise am liebsten allein, und zwar kurzfristig und spontan, vor allem bei Inlandsreisen. Bei Reisen ins Ausland buchen immerhin 27% über ein Reisebüro. Was Österreich betrifft, dürfte dieser Anteil weit höher liegen, was auf die Entfernung und Sprache zurückzuführen ist und auf die Tatsache, daß gut 70% aller Reisenden per Flugzeug oder Bus nach Österreich kommen.

## Reisemotive

| | |
|---|---|
| Unterhaltung, etwas erleben wollen | 41,6% |
| Familie/Freundesbesuche | 23,6% |
| Erholung und Ruhe | 16,1% |
| Neues entdecken | 13,6% |

## Unterkunftswahl

Im eigenen Land dominiert der Aufenthalt bei Freunden oder Familie, sowie in 1 – 3-Stern-Hotels und Camping.
Je weiter weg die Auslandsreise führt, desto eher steigt der Spanier in Hotels höherer Kategorie ab. Mit der Zunahme von Auslandsurlaubsreisen für breitere Bevölkerungskreise gibt es eine steigende Nachfrage nach Hotels mittlerer und unterer Kategorie.
Im allgemeinen wird in Hotels Unterbringung mit Frühstück bevorzugt.

**Medienüberblick Spanien**

| | | |
|---|---|---|
| Allgemeine Informationen | Fläche in qkm | 504.782 |
| | Einwohner | 38,7 Millionen |
| | Einwohner je qkm | 77 |
| | Private Haushalte | 10,3 Millionen |
| | Durchschnittliche Haushaltsgröße | 3,2 Personen |
| | Amtssprache(n) | Spanisch |
| | Währung | 1 peseta (Pts) |
| | Bruttoinlandsprodukt | Pts 27.929 Mrd. |
| | Brutto-Werbeaufwendungen | Pts 188.106 Millionen |
| Print-Medien | ● 900 Publikumszeitschriften<br>– 200 mit Auflagen über 10.000 Exemplare<br>– Zeitschriften mit kontrollierter Auflage: 90<br>– kontrolliert verkaufte Auflage: 8,5 Mio Exemplare<br>– Nachfrage kleiner als Angebot<br>– Anteil an den Werbeaufwendungen: 12% | ● 123 Zeitungen (kontrolliert)<br>– 1 national<br>– 122 regional<br>– Angebot größer als Nachfrage<br>– Anteil an den Werbeaufwendungen: 20%<br>● 1.100 Fachzeitschriften<br>● Anteil Print gesamt an den Werbeaufwendungen: 32% |
| Fernsehen | ● Zwei nationale Fernsehsender<br>– staatlich<br>– mit Werbung<br>● Fünf regionale Fernsehsender<br>– staatlich<br>– mit Werbung<br>● Werbung in Blöcken | ● Bedeutendstes Medium<br>● Haushaltsabdeckung: 96%<br>● Noch keine Verkabelung<br>● Nachfrage größer als Angebot in Spitzenmonaten<br>● Anteil an den Werbeaufwendungen: 52% |

| | | |
|---|---|---|
| Hörfunk | ● Neun nationale Hörfunksender<br>– mit nationaler/regionaler Werbung in sieben Sendern<br>– staatlich<br>● Einige private Sendergruppen<br>– private MW-Sender (lokal)<br>– private UKW-Sender (lokal)<br>– alle mit Werbung | ● Angebot größer als Nachfrage<br>● Einzelne Spots/Blöcke<br>● Gesponserte Sendungen möglich<br>● Haushaltsabdeckung: 94,8%<br>● Anteil an den Werbeaufwendungen: 7% |
| Filmtheater | ● 4.200 Filmtheater<br>– Medium für jüngere Zielgruppen<br>– Ergänzendes Medium<br>– sehr teuer | ● Angebot größer als Nachfrage<br>● Anteil an den Werbeaufwendungen: 1% |
| Außenwerbung | ● 25.000 Anschlagstellen (Stand 1984)<br>– innerhalb/außerhalb Städten<br>– neben Landstraßen<br>– drei gängige Größen<br>– kürzeste Belegungszeit 30 Tage | ● Angebot und Nachfrage gleich<br>● Anteil an den Werbeaufwendungen: 8% |
| Neue Elektronische Medien | ● Video-Recorder: Haushaltsabdeckung: 12%<br>● Videotext: noch keine Pläne<br>● Bildschirmtext/Btx: noch nicht angeboten | ● Kabel-Fernsehen: keines<br>● Satelliten-Fernsehen: noch keine Pläne |

Quelle: Stern Marketing Series, Gruner & Jahr

## Wichtige reiserechtliche Regelungen für ausgewählte Länder

| Land | Anspruchsdurchsetzung bei Nichterfüllung des Vertrages | Ersatzanspruch | Schadenersatz | Gericht | Gerichtskosten |
|---|---|---|---|---|---|
| Dänemark | Anspruch vor Gericht vertretbar, zuvor allerdings Einspruch bei der Klagezentrale im Dänischen Fremdenverkehrsrat Kopenhagen, Westerbrogade 6d | Steht das Objekt*) (Wohnung u. ä.) nicht wie vereinbart zur Verfügung, muß der Preis ganz oder teilweise zurückerstattet bzw. ein gleichwertiges Ersatzobjekt geboten werden | Für Nachteile, die der Kunde erleidet und nachweisen kann | Amtsgericht (Büretten) am Sitz des Beklagten | Ein Viertel des Streitwertes zuzüglich Anwaltskosten |
| Frankreich | Anspruch vor Gericht vertretbar | Völlige oder teilweise Preiserstattung, wenn das Objekt*) nicht wie vereinbart zur Verfügung steht | Nachweisbare, unvermeidbare Mehrkosten | Örtliches Tribunal d'Instance bis zu 10.000 Francs Streitwert | Streitwertunabhängig, niedrig, Anwaltskosten sind frei vereinbar |
| Griechenland | Anspruch vor Gericht vertretbar, bei Nichtverschulden des Leistungsträgers gelten die beiderseitigen Verpflichtungen als aufgehoben | Steht das Objekt*) durch Verschulden nicht wie vereinbart zur Verfügung, besteht Anspruch auf Vertragslösung und angemessenen Schadenersatz | Preisdifferenz bei teurerem Ersatzobjekt, wenn kein gleichwertiges zu finden war; Transportkosten, Konventionalstrafe | Örtliches Amtsgericht (Friedensgericht) bis zu 30.000 Drachmen Streitwert | Ein Fünftel des Streitwertes, zuzüglich Anwaltskosten |

| Land | Anspruchsdurchsetzung bei Nichterfüllung des Vertrages | Ersatzanspruch | Schadenersatz | Gericht | Gerichtskosten |
|---|---|---|---|---|---|
| Großbritannien | Anspruch ist vor Gericht vertretbar; Vertragsauflösung bei Nichtverschulden des Leistungsträgers | Völlige oder teilweise Preiserstattung, wenn das Objekt*) nicht wie vereinbart zur Verfügung steht | Abhängig vom nachweisbaren Schaden des Klägers | Örtliches Magistrat's Court bei Streitwert bis 2000 Pfund, örtliches Small Claims Court bei Streitwert bis 100 Pfund | Streitwertunabhängig, niedrig, Anwaltskosten hoch |
| Italien | Anspruch ist vor Gericht vertretbar | Völlige oder teilweise Preiserstattung, wenn das Objekt*) nicht wie vereinbart zur Verfügung steht, wenn kein gleichwertiger Ersatz gestellt wird, Schadenersatz nur bei Verschulden! | Preisdifferenz bei teurerem Ersatzobjekt, wenn kein gleichwertiges zu finden war; Kosten der An- und Rückreise, Ersatzauslagen sind gering zu halten! | Amtsgericht (Pretura) am Sitz des Beklagten bei Streitwert bis zu 750.000 Lire | Zirka ein Viertel des Streitwertes zuzüglich der Anwaltskosten |
| Jugoslawien | Anspruch ist vor Gericht vertretbar | Steht das Objekt*) durch Verschulden nicht wie vereinbart zur Verfügung, so muß die Einbuße an Komfort hingenommen werden. Steht das Objekt*) überhaupt nicht zur Verfügung, ist Ersatzanspruch gegeben | Preisdifferenz bei teurerem Ersatzobjekt, wenn kein gleichwertiges zu finden war; Schadenersatz für immateriellen Schaden ausgeschlossen! | In Slowenien das Basisgericht, sonst die örtlichen Kreis- oder Gemeindegerichte | – |

| Land | Anspruchsdurchsetzung bei Nichterfüllung des Vertrages | Ersatzanspruch | Schadenersatz | Gericht | Gerichtskosten |
|---|---|---|---|---|---|
| Österreich | Anspruch ist vor Gericht vertretbar | Steht das Objekt*) ohne Verschulden des Leistungsträgers nicht wie vereinbart zur Verfügung, völlige oder teilweise Preiserstattung; Fahrlässigkeit oder Verschulden des Leistungsträgers: Anspruch auf Schadenersatz | Kosten einer angemessenen Ersatzbuchung; Kosten der An- und Rückreise; sonstige nachweisbare Nebenkosten | Unteres Gericht am Sitz des Beklagten | Ein Fünftel des Streitwertes zuzüglich der Anwaltskosten |
| Spanien | Anspruch ist vor Gericht vertretbar | Steht das Objekt*) ohne Verschulden des Leistungsträgers nicht wie vereinbart zur Verfügung, ganze oder teilweise Preiserstattung | Für Nachteile, die der Kunde erleidet und nachweisen kann | Örtlicher Juez municipal de cognición bei Streitwert bis 50.000 Pesetas | Die Hälfte des Streitwertes zuzüglich der Anwaltskosten |

*) Hotelzimmer, Ferienwohnung u. ä.
Quelle: Capital

**Image Österreichs**

Die Spanier sehen Österreich überwiegend positiv. Österreichs Imagefaktoren liegen überwiegend im traditionellen Bereich, was sich in der Dominanz der Wienreisen widerspiegelt. Klassische Tradition und Kultur, vor allem in Verbindung mit Musik prägen das Österreich-Bild in Spanien. Vom modernen Österreich, seiner Wirtschaft und Kultur weiß der Durchschnittsspanier wenig oder nichts.

Allerdings ist das Schiland Österreich bei Schifahrern ein Begriff, und Bilderbuch-Berglandschaften werden ohne weiteres mit Tirol identifiziert.

## UNSERE MÄRKTE BESTEHEN AUS MENSCHEN

Jeder Markt bezieht sich auf Menschen. Keiner ist aber inniger auf sie ausgerichtet als der Urlaubsmarkt, weil eben der Mensch in besonderem Ausmaß Mittelpunkt einschlägiger Angebote ist. Geistig-seelische Belange sind vorrangig. Wohl ist der psychologische Faktor auch bei Konsum- und Investitionsgütern wie bei sonstigen Dienstleistungen wichtig. Im Tourismus übertrifft er aber überwiegend die rein materiellen Faktoren.

Deshalb ist es notwendig, unsere Märkte, also die Menschen, so genau wie nur möglich zu kennen, um in der Folge das Angebot entsprechend zu gestalten und zu präsentieren.

Marktforschung ist dafür unentbehrlich. Sie informiert uns über die Bedürfnisse, über Vorstellungen, Wünsche und Einstellungen der Konsumenten. Marktforschung ist daher für alle Ebenen des Fremdenverkehrs, vom kleinen Betrieb bis zu den übergeordneten Institutionen, unbedingt notwendig. Oder mit anderen Worten:

Wenn wir A sagen, vom Markt, den Märkten sprechen, wenn wir vom Marktsegment und den Zielgruppen reden, dann müssen wir auch B sagen und uns der Marktforschung bedienen. Sie ist mehr als nur eine Möglichkeit, sie ist die absolute Voraussetzung, wenn wir absatzwirtschaftliche Aufgaben ernsthaft lösen wollen.

# MARKTFORSCHUNG

Was versteht man eigentlich unter Marktforschung?
*„Systematisches Sammeln, Aufzeichnen, Verknüpfen und Beurteilen aller Tatsachen, die für die Erfüllung unserer wirtschaftlichen Aufgaben notwendig sind."*
„Forschung", also auch „Marktforschung", ist auch im Alltag des Fremdenverkehrswesens notwendig und leistet beste Dienste. Freilich kommt es auf systematische Arbeit an.
Also:

> Systematisch beobachten, fragen, registrieren und vergleichen, nicht lediglich nach Laune gelegentlich forschen, weil gerade wenig zu tun ist. Konsequenz hat Vorrang. Lieber nur im bescheidenen Ausmaß, aber systematisch forschen!

Marktforschung ist weder Spionage, noch darf sie lediglich der Neugierde dienen, also Selbstzweck sein. Wir setzen sie ein, um jene Tatsachen und Bedingungen zu erfassen, die für unsere praktische Arbeit maßgebend sind.

Wir unterscheiden:

- Primäre Marktforschung = Befragung von Personen, Zählung an Ort und Stelle usw., somit Daten aus erster Hand.
- Sekundäre Marktforschung = Nutzung (Auswertung) von statistischen Erhebungen, von Gästelisten, von Verbrauchsmeldungen usw. Der Vorteil der Sekundärmethoden liegt im wesentlich geringeren finanziellen Aufwand; außerdem ergeben die einschlägigen Daten oft aussagekräftigere Ergebnisse als direkte Befragungen.

Außerdem gliedern wir:

- Quantitative Marktforschung = zahlenmäßige Erfassung von Marktdaten, wobei die Erhebung womöglich auf repräsentativer Basis (größengerechtes Modell der Gesamtheit) erfolgen soll.
- Qualitative Marktforschung = psychologische Forschung, um Einstellungen, Meinungen, Vorstellungen über Angebote usw. zu erheben. Dafür sind spezielle psychologische Forschungsmethoden notwendig.

Diesen qualitativen Erhebungen ordnen wir auch sogenannte Polaritätenprofile zu, die insbesondere auch für den Tourismus bedeutsam sind (siehe Beispiele auf Seite 128 ff.).

Weitere Unterscheidungsmerkmale:

- Marktforschung übergeordneter Art: zum Beispiel im Auftrage des zuständigen Bundesministeriums, im Interesse der Notenbank, des Landes oder einer Region.
- Marktforschung der einzelnen Betriebe. Jeder einzelne Betrieb, ob groß oder klein, soll Marktforschung betreiben. (Sie beginnt mit dem Anlegen und der systematischen Auswertung der Anfrage- und Gästekartei.)

Die Marktforschung, ob übergeordnet oder betrieblich, umfaßt:

- Marktanalyse (Bestandsaufnahme, einmalige Strukturuntersuchung = Querschnitt),
- Marktbeobachtung (laufende Beobachtung des Touristenverkehrs = Längsschnitt).

Außerdem unterscheiden wir:
Marktforschung bezüglich der Angebote,
Marktforschung bezüglich der Nachfrage,
Marktforschung bezüglich der Wettbewerber.

Zur systematischen Untersuchung der Angebotsseite empfiehlt der deutsche Fachmann W. Voigt für die Ortsanalyse (analog auch für die Gebiets- bzw. Landesanalyse anzuwenden) folgende Gliederung:

- Übersicht über die landschaftliche Lage (Relief, Klima),
- die siedlungs- und wirtschaftsgeografische Lage,
- die kulturellen und gesellschaftlichen Einrichtungen und Veranstaltungen,
- die historische Entwicklung (historischer Vergleich),
- Eignung für bestimmte Arten des Fremdenverkehrs.

Die Erforschung des Nachfragemarktes erfaßt im allgemeinen:

- soziodemografische Kriterien (Alter, Beruf, Herkunft, Einkommen, Familie usw.),
- touristische Verhaltenskriterien (Reisegewohnheiten, Art der Reise, Reiseziele, Reisehäufigkeiten, Unterkunftswahl, Ausgaben usw.),
- psychologische Kriterien (Einstellungen, Motivationen usw.).

*Beispiele von Aufgaben der Marktforschung:*

- Die grundsätzlichen Marktverhältnisse erarbeiten;
- Erkennen kurzfristiger Veränderungen;
- Erfassen langfristiger Veränderungen;
- Hinweise für die Gestaltung der Angebote;
- Grundlagen für den wirkungsvollen Einsatz absatzwirtschaftlicher Instrumente.

## DAS POLARITÄTENPROFIL

Um diese oft detaillierten und differenzierten Kriterien zu veranschaulichen, bedienen wir uns unter anderem auch der sogenannten Polaritätenprofile. Unter dem Begriff „Polarität" wird ganz allgemein eine Beziehung zwischen zwei Extremen verstanden. Beispielsweise zwischen den Polaritäten „dick" und „dünn". Die dazwischenliegende Skala drückt die von den Idealwerten abweichenden Nuancen aus.
Das Polaritätenprofil stellt ein Meßverfahren dar. Es besteht aus einer Anzahl von polaren Eigenschaften, die als Extreme die Eckpositionen einer fünf- bis siebenstufigen Skala bilden.
Befragt man nun Versuchspersonen über ein Polaritätenprofil, beispielsweise eines touristischen Angebotes, um deren Bewertungen pro Polarität in die Skala einzutragen, so lassen sich bei folgender konsequenter Auswertung solcher Profile sehr wichtige Rückschlüsse gewinnen,

> Es bewährt sich, ein eigenes „Wunschprofil" (Eigenimage) festzulegen und mit dem erhobenen Fremdimage zu vergleichen. Die negativen Abweichungen zeigen, in welchen Bereichen intensiv gearbeitet (verbessert) werden muß. Nützlich werden diese Rückschlüsse nur dann, wenn unsere folgenden Handlungen darauf abgestellt sind, das erhobene Polaritätenprofil im Sinne unserer Marketingziele zu verbessern.

**Beispiel eines Polaritätenprofils für ein touristisches Angebot**

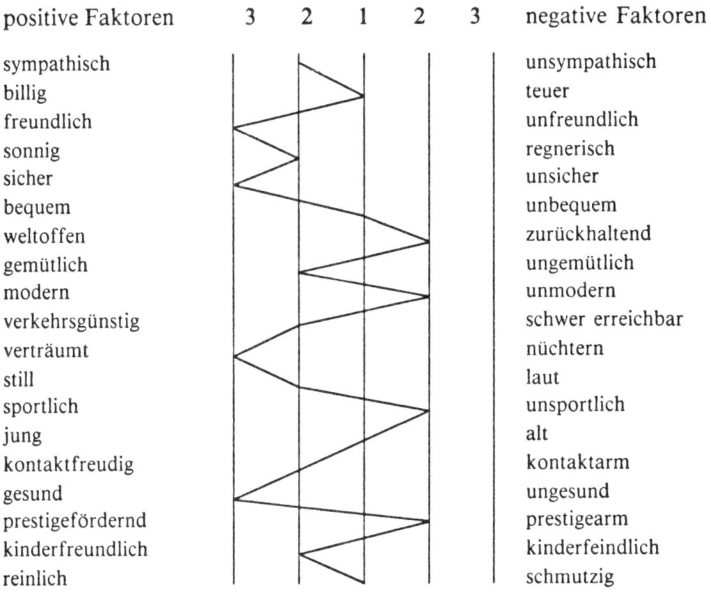


## MARKTFORSCHUNGSBEISPIEL: URLAUB AUF DEM BAUERNHOF

Eine der profiliertesten Untersuchungen zum Thema „Urlaubsverhalten" liefert jährlich die Arbeitsgemeinschaft „Reiseanalyse" über den Tourismusmarkt der Bundesrepublik Deutschland. Dieser Arbeitsgemeinschaft gehören Urlaubsländer, Reiseveranstalter und Verkehrsträger an. Seit 1970 werden jährlich ca. 6.000 Personen über ihr Urlaubsverhalten befragt. Es geht dabei vor allem um Reisegewohnheiten, Urlaubsfreudigkeit, Reisehäufigkeit, Urlaubsplanung, Buchungsgewohnheiten usw.
*Beispiel:* Untersuchung über die Einstellung zu verschiedenen Unterkunftsformen, insbesondere dem Bauernhof.

(Zu den nachstehenden Punkten wurden jeweils 6.000 Urlauber befragt.)

- Auf die Frage nach Reihung von 11 vorgegebenen Unterkunftsmöglichkeiten entsprechend des Sympathiegehaltes ergab sich für „Bauernhof" ein Durchschnittswert von 5.5; dabei war die beste Bewertung „Hotel" mit 4,0 und die schlechteste Bewertung „Sanatorium/Erholungsheim" mit 9,7. (Angaben in Prozenten).
- Der Typ des Urlaubers, der gerne auf dem Bauernhof wohnt, wird von den Befragten wie folgt charakterisiert:
  Jemand, der dem Streß entfliehen will, mit einem Hang „zurück zur Natur". Mit geringem Komfort einverstanden. Er haßt Perfektionismus. Schätzt Individualismus. Er hat Kinder. Meistens kinderreiche Familien und Stadtmenschen, die sich erholen möchten. Sind sparsam, vielleicht daran interessiert, den Tagesablauf auf einem Bauernhof zu erleben.
  Naturverbunden, wanderfreudig, Idealist.
  Wohl eine Familie mit Kindern, kinderreiches Ehepaar. Nicht so teuer, und viel Platz für die Kinder.
  Meistens mittleres Alter; kleines Einkommen; es kommt ihm auf die Ruhe an; gibt wenig Geld aus; er will nicht gestört werden.

Für den Urlaub auf dem Bauernhof können aus der REISEANALYSE daher folgende Erkenntnisse gesichert abgeleitet werden:
Der Aufenthalt auf dem Bauernhof scheint vor allem jenen attraktiv, die sich Kontakt mit Natur und Tieren, aber auch Familienanschluß wünschen.
Hinsichtlich Erholung bestehen hohe Erwartungen beim Urlaub auf dem Bauernhof.
Der Bauernhof gilt als besonders kinderfreundlich.
Die meistzugeordneten Aktivitäten sind Spaziergänge, Wanderungen und das Spiel mit den Kindern.
*Solche Erkenntnisse können unmittelbar in die Angebots- und Werbestrategie umgesetzt werden.*

# ORIENTIERUNGSHILFEN FÜR DIE BEWERTUNG VON MARKTFORSCHUNGSERGEBNISSEN

Es zählt zu unseren Grundsätzen, alle zugänglichen einschlägigen Unterlagen ausnahmslos zu studieren.
Wir übernehmen die Ergebnisse zwar interessiert, aber keineswegs kritiklos.
Vor allem versuchen wir zu erklären:

- Wer ist der Auftraggeber dieser Untersuchung?
- Welches Marktforschungsinstitut oder welche sonstige Institution führte die Forschung durch?
- Wie groß war die Zahl der Befragten? (Sogenannte qualitative Untersuchungen beziehen sich oft auf einen kleinen, ausgewählten Kreis bis zu etwa 100 Personen, während die quantitativen Forschungen sich auf mehrere tausend Interviews stützen.)
- Welche Altersgruppen wurden erfaßt?
- Auf welches Land oder welches Gebiet erstreckte sich die Marktuntersuchung?
- Zu welchem Termin fand die Untersuchung statt? Umfangreiche Erhebungen mit großer Zahl an befragten Personen erfolgen auch in mehreren Erhebungszeiträumen, weisen dann aber in der Regel aus den einzelnen Erhebungen gewonnene Durchschnittswerte aus.

Durch solche Feststellungen gelingt es uns besser, einschlägige Unterlagen richtig zu bewerten und zu nützen. Handelt es sich bei den Ergebnissen um Angaben, die nicht besonders von aktuellen Ereignissen abhängen, so sind sie auch nach einigen Jahren noch gut verwendbar, weil eben länger gültig.

Mit Hilfe zum Teil komplizierter Untersuchungsmethoden werden unter anderem erhoben:

- *Berührungserfolg:* Zahl der durch die Werbung Erreichten (etwa laut Media-Analyse).
- *Wiedererkennung* (Recognition): also die Fähigkeit, bereits Gesehenes wiederzuerkennen.

- *Wiedererinnerung* (Recall): Die Messung der Wiedererinnerung. Bekanntlich ist Wiedererkennen leichter als Wiedererinnern.

Im Bestreben, den Zufall möglichst auszuschalten, somit wirkungsvoll zu werben, wird die geplante Werbung oft noch vor dem Einsatz der Werbemittel verschiedenen Prüfungsmethoden *(Tests)* unterzogen. Vor einiger Zeit veranstaltete das Universitätsinstitut für Werbewissenschaft und Marktforschung an der Wirtschaftsuniversität Wien eine Diskussion über das Für und Wider von *Pre- und Posttests.* Die Beteiligten kamen zu dem Schluß, daß, gerade angesichts des immer intensiveren Marktgeschehens, Tests noch vor Einsatz der Werbemittel Aussagen darüber erlauben, ob kreative Leistungen, also die schöpferische Gestaltung von Werbemitteln, von den Zielgruppen voraussichtlich akzeptiert werden oder nicht. Ferner gäben Tests der neugeschaffenen Werbung auch Hinweise, wie weit Texte oder grafische Gestaltungen konzentriert, also vereinfacht werden können, um trotzdem noch voll verständlich bzw. wirksam zu sein.

Allerdings sollten Pretests nicht überschätzt werden! So manches Sujet wirke erst nach mehrmaligem „Sehen und Hören"; in solchen Fällen könne ein Pretest zu voreiligen Schlüssen führen. Außerdem, so ein Argument der Diskussionsrunde, seien Pretest-Methoden mitunter wissenschaftlich nicht untermauert. Es bestünde sogar eine gewisse Verwandtschaft zwischen Pretestmethoden und Kreativität.

Der Posttest, so ergab die Diskussionsrunde, stehe in mittelbarem Zusammenhang mit dem Pretest. Vom Standpunkt der Werbeagenturen aus gesehen, könne er den Kunden schon nach der ersten Phase des Werbeablaufes bestätigen, ob und in welchem Ausmaß die Maßnahmen sich bewähren. Mitunter seien gewisse Korrekturen in dieser Phase noch möglich.

Dr. Jörg Rehorn weist in seinem 1988 erschienenen Buch „Werbetests" (Luchterhand-Verlag) darauf hin, daß vorherige Prüfungen mitunter auch zu eher durchschnittlichen Gestaltungen führen können, die besser vermieden werden sollten. Wörtlich führt er in der Folge aus: „Bei Pretests können die traditionellen Verfahren Voraussetzungen des Werbeerfolgs ermitteln, sowie Aufmerksamkeitswirkung und Kommunikationsleistung, nicht jedoch den eigentlichen Werbeerfolg, die Einstellungs- und Verhaltensbeeinflussung."

## BEISPIEL EINER MARKTSEGMENTIERUNG

Die Herkunftsstruktur der Gäste eines Urlaubsortes zeigt im Vergleich zu ähnlichen Angeboten einen unterdurchschnittlichen Anteil von städtischen Besuchern aus dem Nachbarland.
Es wäre wirtschaftlich nicht vertretbar, die gesamte Bevölkerung dieser Städte anzusprechen. Man legt also einzelne Sektoren (Zielgruppen) fest:

- bestimmte Berufsgruppen;
- Familien mit Kindern;
- Pensionisten;
- Personen mit bestimmten sportlichen Interessen;
- Personen, die ein bestimmtes Hobby pflegen;
- Autobesitzer;
- die Bewohner einzelner Stadtbezirke;
- Belegschaften bestimmter Industrie- und Handelsbetriebe;
- Mitglieder von Vereinigungen aller Art usw.

*Es kommt darauf an, Märkte bzw. Marktsektoren anzusprechen, die an unserem speziellen Angebot Interesse haben oder haben könnten. Andererseits ist es notwendig, unser Angebot den Marktverhältnissen, der tatsächlichen oder noch schlummernden Nachfrage anzupassen. Es besteht somit auch aus dieser Sicht eine Wechselwirkung von Angebot und Nachfrage.*

### BEISPIEL: FLUGREISEN

Quelle: Verlagsbeispiel, BRD

#### 1. Einführung

*1.1. Marktgegebenheiten*

Zielsetzung der vorliegenden Ausarbeitung ist es, Flugreisende-Potentiale auf der Basis planerisch ausreichender Fallzahlen und ihre werbliche Erreichbarkeit über ausgewählte Printmedien darzustellen. Bevor wir auf das werbliche Potential der Fluggesellschaften in der Bundesrepublik Deutschland und seine Aufteilung auf die einzelnen Mediagattungen näher eingehen, seien noch ein paar Sätze über den Markt selbst vorgeschaltet. Der Luftverkehrsmarkt in der Bundesrepublik wird allgemein als Wachstumsmarkt gesehen.

Nach einer Prognose der Deutschen Forschungs- und Versuchsanstalt für Luft- und Raumfahrt wird bis 1995 ein Wachstum des Fluggastaufkommens auf deutschen Flughäfen um 27% auf ca. 67 Millionen Aus- und Zusteiger jährlich geschätzt. Beim Luftfrachtaufkommen wird bis 1995 sogar eine Wachstumsrate um 70% auf ca. 1,5 Millionen Tonnen jährlich erwartet.

## 2. Linienflieger-Potentiale

### *2.1. Urlaubsflieger per Linie*

2.1.1. Potential und demografisches Profil

Innerhalb der letzten drei Jahre haben 5,92 Millionen Bundesbürger und Westberliner mindestens einen Urlaubsflug mit einer Liniengesellschaft unternommen. Davon unternehmen 4,5 Millionen oder 76% eine bis zwei Reisen und 1,43 Millionen oder 24% drei und mehr Urlaubsreisen mit dem Linienflugzeug.

Schaut man sich diese drei Zielgruppen hinsichtlich der überdurchschnittlichen Ausprägung in bezug auf Urlaubsflüge mit einer Liniengesellschaft näher an, so läßt sich das Potential, aus dem sich dieser Personenkreis überwiegend rekrutiert, demografisch als Globalzielgruppe wie folgt beschreiben:

*4,21* Millionen Personen mit weiterführender Schule aufwärts und einem Haushaltsnettoeinkommen von DM 4.500,– und mehr

Offenbar korreliert das Globalpotential der Urlaubsreisenden mit dem Linienflugzeug stark mit den Merkmalen gehobenen oder höheren Bildungsniveaus als Indikator für Fremdsprachenkenntnisse und einer überdurchschnittlichen Kaufkraft.

### *2.2. Geschäftsflieger per Linie*

2.2.1. Potential und demografisches Profil

Innerhalb der letzten drei Jahre haben 2,58 Millionen Bundesbürger und Westberliner mindestens eine Geschäftsreise mit einem Linienflug unternommen. Davon unternahmen 0,92 Millionen oder 35,7% eine, 0,88 Millionen oder 34,1% zwei bis drei Reisen und 0,78 Millionen oder 30,2% vier und mehr Geschäftsreisen mit dem Linienflugzeug.

Schaut man sich diese insgesamt vier Zielgruppen hinsichtlich der überdurchschnittlichen Ausprägungen in bezug auf Geschäftsreisen mit einer Liniengesellschaft näher an, dann läßt sich das weiteste Potential, aus dem sich die Geschäftsreisenden überwiegend rekrutieren, demografisch als Globalzielgruppe wie folgt beschreiben:

*2,87* Millionen Personen in leitenden und qualifizierten Berufen mit einem Haushaltsnettoeinkommen von DM 4.000,– und mehr

Offenbar korreliert das Globalpotential der Geschäftsreisenden mit der beruflichen Funktion bzw. Position stärker als mit der Höhe des Einkommens. Das ist u. E. auch nicht weiter verwunderlich, da die Geschäftsreise in der Regel vom Unternehmen getragen wird, in dem man beschäftigt ist.

### 3. Charterflieger-Potential

*3.1. Potential und demografisches Profil*

Das Potential derjenigen, die innerhalb der letzten drei Jahre mindestens eine Urlaubsreise mit einer Chartergesellschaft unternommen haben, beträgt 7,79 Millionen Bundesbürger im Alter zwischen 14 und 64 Jahren. Davon haben 69,1% oder 5,38 Millionen Personen ein- bis zweimal und 30,9% oder immerhin 2,41 Millionen dreimal oder häufiger Urlaubsreisen per Charter in den letzten drei Jahren unternommen.

Analysiert man diese drei Charter-Zielgruppen näher hinsichtlich der überdurchschnittlichen Ausprägungen, so läßt sich das weiteste Potential, aus dem sich die Charterflieger überwiegend rekrutieren, demografisch als Globalzielgruppe wie folgt beschreiben:

*6,21* Millionen Personen mit weiterführender Schulbildung aufwärts und einem Haushaltsnettoeinkommen von DM 4.000,– und mehr

## ZUR PSYCHOLOGIE DES FREMDENVERKEHRS

Wir sagten schon, daß Menschen unsere Märkte bilden. Menschen unterliegen vielfältigen geistig-seelischen Einflüssen und Regungen. Unsere Marktforschung widmet sich daher auch diesen subtilen Bereichen. Das gesamte absatzwirtschaftliche System unserer Zeit nützt intensivst psychologische Erkenntnisse aller Art.

Freilich, vielfach wird auch übertrieben. Nicht nur übertrieben, weil man „das Gras wachsen hört", mitunter psychologischer als die Psychologen handeln will, sondern auch, weil allzuoft Selbsttäuschung betrieben wird. Mag beispielsweise unsere Werbung noch so gut psychologisch gestaltet und eingesetzt sein, auf die Dauer kann sie gravierende Schwächen des eigenen Angebotes nicht überdecken.

Andererseits ist es notwendig, durch wirkungsvolle psychologische Gestaltung die Interessenten für unser Angebot zu gewinnen.
Eine grundsätzliche Empfehlung:
*Psychologische Fachausdrücke, die wir nicht verstehen, lassen wir uns auf jeden Fall erklären! Ein anderes Verhalten wäre mit dem eines Autofahrers zu vergleichen, der bei dichtem Nebel unbeleuchtet fährt.*
Die Marktforschung liefert uns u. a. Erkenntnisse über Motive und bestimmte Arten (Typen) der Interessenten und Gäste.

## ÜBER DIE ALLGEMEINEN MOTIVE DES FREMDENVERKEHRS

Marktforschung widmet sich auch den allgemein verbreiteten geistig-seelischen Antriebskräften, also den Motiven der Konsumenten. In unserem Fall somit den Motiven für das Reisen. Wir berücksichtigen solche Erkenntnisse für Planung und Gestaltung unserer Angebote, der Öffentlichkeitspflege, der Werbung, Verkaufsförderung und des Vertriebes.

Der Studienkreis für Tourismus, Starnberg, gliedert die allgemeinen Urlaubsmotive wie folgt (von uns etwas ergänzt):
- Flucht aus dem Alltag: „Tapetenwechsel", weg von Gewohnheiten und Pflichten, Ausbrechen aus sozialen Ordnungen, Hinwendung zur Natur als Gegensatz zum Alltag und zur Zivilisation, Abwechslung, etwas Neues erleben, neue Eindrücke sammeln;
- Selbstverwirklichung: aktiv sein (körperlich, geistig, psychisch, kreativ, sozial); die Suche nach dem eigenen Ich;
- Kontaktsuche: Menschliche Neugierde, Überwindung sozialer Isolierung; Partnersuche; „Leben in der Sippe";

- Erholung: körperlich – ausruhen, schlafen; seelisch – entspannen, abschalten; äußerlich – Reizminderung, „Ruhe haben“;
- Bildung: Sehenswürdigkeiten kennenlernen, Interesse an fremden Menschen, Gesellschaften, Sprachen, Ländern, Lebensweisen; aber auch: stattgefundene (frühere) Bildung durch Augenschein bestätigen, aktivieren, mitunter präsentieren (etwa der eigenen Familie, den Mitreisenden usw.);
- Gesundheit: Wiederherstellung (Regenerationskur) und Erhaltung der Gesundheit; „Auftanken von Gesundheit“ für das kommende Jahr.

Bleiben wir z. B. bei dem Motiv „Gesundheit“. Die „Arbeitsgemeinschaft Reiseanalyse“ (AGRA) befaßte sich intensiv damit und stellte bei einer Befragung fest, daß dieses Motiv nur von einer kleinen Minderheit als Grund angegeben wird, in eine bestimmte Gegend zu reisen.
Auf die Frage:
„Wenn Sie einmal Ihre Urlaubserfahrungen zusammennehmen, was halten Sie dann für eine vernünftige Urlaubsgestaltung für wichtig? Was würden Sie anderen raten?“
antworteten spontan nur drei von 60 Befragten mit
„...etwas für die Gesundheit tun, auf die Gesundheit Rücksicht nehmen“, das sind genau 5 Prozent. Hingegen wurden viele andere Wünsche geäußert, wie „sich verjüngen“, „den Körper pflegen, schöner werden“ und „sich auf sich selbst besinnen, zu sich kommen“. Unter den Urlaubserwartungen rangieren bevorzugt die Wünsche „abschalten“, „ausspannen“, „Nerven schonen“, „Tapetenwechsel“, „frische Luft sammeln“, „wieder einmal draußen an der frischen Luft sein“, „mit netten Leuten zusammenkommen“, „Zeit für einander haben“. Weiters wurde festgestellt, daß das Geltungsbedürfnis des Reisenden mit der Motivation „im Urlaub Vorteile für die Gesundheit suchen“ im Einklang steht.
Einzelne Motive sind also in der Regel nicht allein ausschlaggebend. Meistens wirken Motivmischungen, ja Bündel von Motiven.
Die Lehre daraus:
Abgesehen von direkt an Heilung Interessierten werden auch die anderen Gäste (nicht zuletzt die Begleitpersonen) im allgemeinen durch „totale Information“ über einen Ort oder eine Region angesprochen; sie wollen über Lage und Verkehrswege, über das Unterkunftsangebot, über Heil- und Regenerationseinrichtungen, über

Klima und Ausflugsmöglichkeiten, über organisierte Aktivitäten, die immer gefragter werden, über Sehenswürdigkeiten, Folklore und Unterhaltung alles wissen, meist viel mehr, als in den Prospekten steht.

Doch Werbung im besten Sinne geht darüber hinaus. Sie versucht etwas von der Stimmung, dem Erleben und der Freude, die wir unserem Gast vermitteln wollen, vorwegzunehmen, sie geht auf seine ganz speziellen Wünsche ein, erweckt konzentriert sein Interesse und gibt ihm Gründe dafür, sich gerade für unser Angebot, das in Konkurrenz zu so vielen steht, zu entscheiden.

Somit: Ganzheitsbetrachtung, also Rücksicht auf das „Motivbündel" unserer Interessenten und Gäste!

Ähnlich wie für das Motiv „Gesundheit" ziehen wir auch für alle anderen Motive „Motivbündel" ins Kalkül, die sich aber unter den konjunkturellen und gesellschaftlichen Einflüssen oft sogar innerhalb kurzer Zeit wandeln.

## URLAUBERTYPOLOGIEN

Es zählt zu den vordringlichen Aufgaben unserer Marketingarbeit, immer wieder neue, den sich wandelnden Bedürfnissen und Erwartungen entsprechende Zielgruppen festzulegen.

Wir richten danach unsere Angebote, Werbung, Verkaufsförderung und Verkauf aus.

Die hochentwickelten und daher auch komplizierten Abläufe im Gefüge des öffentlichen und privaten Lebens, nicht zuletzt auch der Wirtschaft, der Industriestaaten erfordern immer wieder neu gegliederte Zielgruppen, um eben die mannigfaltigen fortlaufenden Veränderungen in der Nachfrage bestwirksam zu berücksichtigen.

Dabei können wir unsere Zielgruppen nach ihren zusammengefaßten Hauptmotiven als Typen beschreiben (Typologiebildung).

## BEISPIEL: URLAUBERTYPOLOGIEN NACH HAHN (STUDIENKREIS FÜR TOURISMUS)

Manche Touristentypologien basieren nur sekundär auf Urlaubsmotivationen. Bei diesen Ansätzen dominieren Verhaltensaspekte der Touristen, die wiederum auf bestimmte Bedürfnisstrukturen zurückführbar sind. Die Gruppierung nach Verhaltensmerkmalen erlaubt jedoch die Zusammenfassung verschiedener Urlaubserwartungen zu „typischen" Bedürfniskombinationen. Problematisch erscheint die Auswahl einzelner Verhaltensmerkmale. So kann das Verhalten bezüglich der im Urlaub ausgeübten Tätigkeiten vom Entscheidungsverhalten bezüglich des Urlaubszieles überlagert sein. Daher scheint es zweckmäßig, Urlaubertypologien mit mehr oder minder differenzierenden, persönlichkeitspsychologischen Klassifikationen zu verknüpfen.

*Der S-Typ*
Dieser „Sonne-, Sand- und See"-orientierte Erholungsurlauber ist durch passives Verhalten und den Wunsch nach Geruhsamkeit und Geborgenheit gekennzeichnet. Während touristischer Rummel als lästig empfunden wird, ist der Kontakt zu netten Menschen durchaus erwünscht. Das abendliche Sozialverhalten entspricht dem Sehen-und-gesehen-Werden.

*Der F-Typ*
Dieser „Ferne- und Flirt"-orientierte Erlebnisurlauber ist durch Unternehmungslust gekennzeichnet. Obwohl er Entspannung und Erholung sucht, will er da sein, wo etwas los ist. Sein Urlaubsstil läßt sich durch Vergnügen, Abwechslung, Geselligkeit und ein wenig Jet-set kennzeichnen.

*Der W-1-Typ*
Der wald- und wanderorientierte Bewegungsurlauber ist gesundheitsbewußt. Körperliche Bewegung ist ihm ein Bedürfnis, wobei die frische Luft einen hohen Stellenwert besitzt. Dieser Typ fühlt sich weitgehend witterungsunabhängig.

*Der W-2-Typ*
Bei diesem Typ handelt es sich um den wald- und wettkampforientierten Sporturlauber, der sich für zäh und ausdauernd hält. Die

Ausübung des sportlichen Hobbys dominiert anderweitige Urlaubsentscheidungen, z. B. in Hinblick auf Ort und Landschaft. Beispiele für diesen Typ sind der passionierte Alpinist, der sportive Schwimmer, der Flieger usw.

*Der A-Typ*
Abenteuer und Aufregung kennzeichnen diesen in der psychischen Struktur dem W-2-Typ ähnlichen Urlauber. Er sucht seine Bedürfnisbefriedigung jedoch nicht durch ein vorab festgelegtes Hobby zu erreichen. Er ist vielmehr offen und setzt sich Überraschungen aus. Er sucht den Reiz des Neuen und Fremden, die Gefahr und will sich in unerwarteten Situationen bewähren.

*Der B-Typ*
Mit den Begriffen Besichtigung und Bildung läßt sich die Grundausrichtung dieses Typs umschreiben, der in drei Untergruppen aufgespalten werden kann. Die erste Untergruppe B 1 beschreibt den Sightseeing-Experten, der in quantitativer Ausrichtung Orte und Sehenswürdigkeiten sammelt. Der B-2-Typ ist eher emotional bestimmt und überläßt sich gerne den Gefühlen, die durch Natur und Kultur in ihm geweckt werden. Der B-3-Typ ist bewußt und zielbezogen an Natur und/oder Kultur interessiert. Ihm dient der Urlaub zur Vertiefung von Kenntnissen auf bestimmten Gebieten. Nunmehr ist es wichtig, die Größe jeder Typengruppe in der Bevölkerung und die Zugangsmöglichkeiten (über welche Medien? – mit welchen Aussagen?) herauszufinden, um mit den Marketinginstrumenten anzusetzen.

## WEITERE URLAUBERTYPOLOGIE NACH GRUNER & JAHR

### Männer

*1. Der Nesthocker*
- geringe Motivation für Urlaubsreisen
- zu Hause ist es doch am schönsten
- Verreisen ist im übrigen viel zu teuer

*2. Der Urlaubs-„Casanova“*
- nimmt es angeblich mit der Treue im Urlaub nicht so genau
- weist Kontakte mit der einheimischen Bevölkerung von sich
- Verreisen ist für ihn auch eine Prestige-Frage

*3. Der Billigurlauber*
- zu Hause ist es nicht am schönsten
- subjektiv und objektiv kann man sich jedoch keine Urlaubsreise leisten
- positive Motivation für das Verreisen wird gar nicht erst aufgebaut bzw. verdrängt

*4. Der Individualist*
- sucht Kontakte zur einheimischen Bevölkerung
- findet es zu Hause auch ganz schön
- verzichtet jedoch nur ungern auf die Urlaubsreise
- finanzielle Aspekte der Urlaubsreise spielen nur eine untergeordnete Rolle
- Pauschalreisen werden eher negativ beurteilt

*5. Der Land- und Leute-Typ*
- wünscht sich Kontakte zur einheimischen Bevölkerung
- keine Abscheu vor Massentourismus
- Urlaubsreise ist keine unverzichtbare Notwendigkeit

*6. Der Ferien-Fürst*
- bucht seine Reise pauschal
- leistet sich im Urlaub generell mehr
- positive Motivation für Verreisen
- lebt im Urlaub endlich so, wie er es gerne möchte

*7. Der Reisefreudige*
- wie der Ferien-Fürst, jedoch ist die Tendenz, im Urlaub „richtig aufzuleben“ und sich auch etwas zu leisten, nicht so stark ausgeprägt.

**Frauen**

*1. Die Nesthockerin*
- zu Hause ist es eigentlich am schönsten
- Verreisen ist viel zu teuer (ist offenbar vorgeschobenes Argument)

- geringe Motivation zu verreisen
- verzichtet für die Urlaubsreise nicht auf andere Dinge

*2. Die Urlaubs-Braut*
- lehnt den Kontakt zu Einheimischen deutlich ab
- freut sich nicht auf die Rückkehr nach Hause
- könnte sich finanziell bei mehr Urlaub eine längere Reise leisten
- Verzicht auf die Urlaubsreise wird jedoch kaum schmerzlich empfunden

*3. Die Reisefreudige*
- Verzicht auf die Urlaubsreise wäre schmerzlich
- verzichtet für die Reise auf andere Dinge
- lebt im Urlaub richtig auf
- erlebt den Urlaub als wahre Selbstverwirklichung

*4. Der Land- und Leute-Typ*
- Ablehnung des Massentourismus
- überlaufene Reiseziele scheiden aus
- bevorzugt Gebiete möglichst ohne Tourismus
- erwartet Kontakte zur einheimischen Bevölkerung
- Urlaubsreise ist keine unverzichtbare Notwendigkeit

*5. Die Billig-Urlauberin*
- Motivation für Urlaubsreisen eher unterentwickelt
- Urlaubsreise ist eigentlich zu teuer
- lehnt Pauschalreisen ab, bucht trotzdem, vermutlich aus finanziellen Gründen, meist pauschal

*6. Die Pauschal-Reisende*
- sieht im Urlaub eine Möglichkeit zur Selbstverwirklichung
- leistet sich im Urlaub mehr als sonst
- keine Bedenken gegen überlaufene Reiseziele
- kaum Bedürfnisse nach Kontakten zur einheimischen Bevölkerung

**Typ: Reiseerfahrener Autourlauber/Deutschland**
(Basis: 3,77 Mio./14% der Urlaubsreisenden)

| Aktive, typenbildende Variable | | | Passive, typenbeschreibende Variable | |
|---|---|---|---|---|
| *Reisehäufigkeit* | unter Ø | | *Altersgruppen* | 40 Jahre und älter |
| *Reiseziele* (Anteile in %) | Inland | 51 | *Bildungsstand* | Hauptschule |
| | Italien | 14 | *Berufstätigkeit* | nicht/nicht mehr berufstätig |
| | Schweiz + Österr. | 8 | | |
| | Jugoslawien | 8 | | |
| | Skandinavien | 7 | *Konsumkraft* | Ø |
| | Spanien | 5 | | |
| | Frankreich | 5 | *Einkommen im Haushalt* | DM 1.500 – 3.000 |
| | Griechenland | 1 | | |
| *Reiseverkehrsmittel* (Anteile in %) | PKW | 99 | *Haushaltsgröße* | 2 Personen |
| | Flug | 1 | *Wohnortsgrößen* | 100.000 und größer |
| *Reiseorganisation* (Anteile in %) | Pauschal | 10 | *Einstellung zur Werbung* | eher negativ |
| | Individual | 90 | *Medianutzen* | TV |
| *Freizeitaktivitäten* | unter Ø | | *Freizeitaktivitäten* | passiv |
| | | | *Kurzreisehäufigkeit* | unter Ø |

Quelle: Zielgruppenbeispiele eines deutschen Zeitschriftenverlages

**Typ: Freizeitaktiver Jung-Globetrotter/Deutschland**
(Basis: 2,44 Mio./9% der Urlaubsreisenden)

| Aktive, typenbildende Variable | | | Passive, typenbeschreibende Variable | |
|---|---|---|---|---|
| *Reisehäufigkeit* | über Ø | | *Altersgruppen* | 14 – 19 Jahre |
| *Reiseziele* (Anteile in %) | Inland | 24 | *Bildungsstand* | Hauptschule ohne Lehre |
| | Schweiz + Österr. | 18 | | Realschule o. höher |
| | Italien | 17 | | |
| | Frankreich | 13 | *Berufstätigkeit* | Ausbildung |
| | Spanien | 10 | | |
| | Jugoslawien | 6 | *Konsumkraft* | unter Ø |
| | Griechenland | 5 | | |
| *Reiseverkehrsmittel* (Anteile in %) | Bahn | 40 | *Einkommen im Haushalt* | über Ø bis DM 1.000 |
| | Bus | 46 | | über Ø zwischen DM |
| | Sonstige | 14 | | 3.000 bis DM 4.000 |
| *Reiseorganisation* (Anteile in %) | Pauschal | 28 | *Haushaltsgröße* | 5 und mehr Personen |
| | Individual | 72 | | |
| *Freizeitaktivitäten* überdurchschn. Beliebtheit der jeweiligen Tätigkeit (Anteile in %) | Sport | 82 | *Wohnortsgrößen* | bis 100.000 |
| | Rad | 81 | | |
| | Bücher | 77 | *Einstellung zur Werbung* | eher positiv |
| | Ausgehen | 66 | | |
| | Foto/Film | 59 | *Medianutzung* | Print |
| | Camping | 57 | | |
| | Ski | 47 | *Freizeitaktivität* | sehr aktiv |
| | Wassersport | 45 | *Kurzreisehäufigkeit* | über Ø |
| | Tennis | 34 | | |

## ÜBERLEGUNGEN ZU DEN KOSTEN DER MARKTFORSCHUNG

Sicherlich unterbleibt oft Marktforschung, weil man die Kosten fürchtet. Marktforschung ist aber vielfach billiger als angenommen. Die dafür notwendigen Kosten sollten stets im Verhältnis zum gesamten Kostenaufwand (für die Gestaltung des Angebotes, für die Werbung usw.) beurteilt werden. Von Haus aus für Marktforschung Geld auszugeben, hilft Mißerfolge zu vermeiden.

Manche marktforscherische Arbeit erfordert zwar Mühe, kostet aber kaum Geld, nützen wir alle verfügbaren Unterlagen, wie Meldebuch, Statistiken, Geschäftsberichte. Mündliche Gästebefragungen liefern weitere brauchbare Angaben. Auch Zeitungsartikel und sonstige Nachrichten in den Massenmedien bereichern unsere Marktkenntnisse – falls wir sie wirklich nützen.

In diesem Zusammenhang kann man auch viel Wissenwertes aus den sogenannten „Special-Interest-Medien“ herauslesen. Für Segler/Surfer/Bastler/Autofahrer/Golfer/Eltern mit Kindern etc. gibt es speziell zugeschnittene Medien, die in Ansprache und Aufmachung oftmals so perfekt gemacht sind, daß jedes touristische Angebot, das sich in einem dieser Blätter wiederfindet, nur davon profitieren könnte (siehe Neigungstourismus/Erlebnistourismus, Seite 70).

Omnibusbefragungen werden in allen wichtigen Herkunftsländern laufend durchgeführt. Das sind „Mehrthemenbefragungen“ (Omnibus = für alle), was bedeutet, daß sich auch kleinere Auftraggeber mit einigen Fragen kostengünstig an einer Gesamtbefragung beteiligen können.

## KATALOGFLÄCHENANALYSE

Vom Institut für Grundlagenforschung (Salzburg) werden seit vielen Jahren kontinuierlich Kataloge bundesdeutscher Reiseveranstalter nach verschiedensten Kriterien analysiert. Zielländer, Veranstalter, Angebote zu Basispreisen werden – im Vergleich zu anderen Jahren – relativ zum Raum in den Katalogen dargestellt.

Grundsätzlich können derartige Beobachtungen – bei geeignetem Angebot – auch selbst gemacht werden. Man nimmt die in Frage

kommenden Veranstalterkataloge der wesentlichen Herkunftsländer und vergleicht den Raum, der dem eigenen Angebot, dem eigenen Ort oder der eigenen Region gewidmet wird, mit dem konkurrenzierender Angebote. Die Ergebnisse werden jährlich aufgelistet und verglichen.
Allerdings erfordert es einigen Arbeitsaufwand und außerdem ist es nur sinnvoll, wenn man – neben den tatsächlichen Beobachtungen – auch bereit ist, diese Erkenntnisse in seine Marketingarbeit einzubeziehen.

## WAS MARKTFORSCHUNG NICHT KANN UND NICHT SOLL

Angesichts zahlreicher zum Teil schon sehr verfeinerter Marktforschungsmethoden ist es notwendig, deren Grenzen klar zu bestimmen. Marktforschung kann uns die Last des Entschlusses nicht abnehmen. Sie vermag auch schöpferisches Denken und Handeln nicht zu ersetzen. Marktforschung ist lediglich Mittel zum Zweck, liefert objektivierte Entscheidungsgrundlagen, aber nicht mehr.

Die Ergebnisse der Marktforschung sollen auch nicht als Alibi für unterlassene und unzureichende Entscheidungen dienen. Insbesondere sei wiederholt: *Marktforschung kann den Entschluß zu handeln nicht ersetzen.*

# DIE PHASEN DER URLAUBSPLANUNG BIS ZUR URLAUBSENTSCHEIDUNG

Die Interessenten sind längst gewöhnt, aus einem umfangreichen Waren- und Leistungsangebot auszuwählen. In der Regel entscheiden sie sich erst nach längerer Erkundung, nach Überlegung, nach Diskussion innerhalb der Familie oder mit Freunden.
Sogar die „Impulskäufe" entspringen sehr oft nicht einer augenblicklichen Eingebung, sondern sind die Folge von Werbemaßnahmen und der überzeugenden Darbietung am Ort des Verkaufes.
Dies gilt auch für den Fremdenverkehr, in dem das Kaufverhalten mit jenem für langlebige Konsum- und Investitionsgüter bis zu einem gewissen Grade vergleichbar ist. Hier wie dort fällt die Entscheidung sehr oft in der Gruppe (Team), für Urlaub meistens in der Gruppe „Familie".

Tourismuspsychologen entwickelten ein sogenanntes „4-Phasen-Modell" des Entscheidungsablaufes, das auch von der Reiseanalyse des Studienkreises für Tourismus bestätigt wurde.

1. Die oft weit zurückgehende „erste Anmutung".
2. Das bewußte Suchen nach Information.
3. Die Entscheidung für ein Urlaubsziel.
4. Die Reisevorbereitung.

Dieser „4-Phasen-Prozeß" kann rasch ablaufen, sich aber auch über Monate, vielleicht sogar Jahre erstrecken. Naturgemäß ist ein solcher Ablauf sehr vielfältig.

Die Autoren dieses Buches gliederten den komplizierten Entscheidungsprozeß innerhalb dieser vier Phasen wie folgt:

*1.* *Eindruck* am Ende des letzten Urlaubes. Entscheidend wird hier eingeprägt, ob die eigene Erwartung weitgehendst eingetroffen ist oder möglicherweise noch übertroffen wurde.

*2.* *Meinungsbildung* unter Verarbeitung der positiven und negativen Kriterien, wobei die Erfahrung zeigt, daß die positiven Seiten stark überbetont und die negativen Seiten eher unterdrückt werden. „Wer gibt schon gerne zu, sich in seiner Urlaubswahl geirrt zu haben?“

*3.* *Vorsatz* nach Absprache mit Beteiligten bzw. Meinungsbildnern; unmittelbar nach dem Urlaub neigt man zu Extremformulierungen wie „nie wieder“ und läßt sich diesen Standpunkt gern von Gleichgesinnten bestätigen.

*4.* *Abbau* der negativen Eindrücke; das Angenehme bleibt stärker in Erinnerung, negative Erfahrungen werden mit der Zeit verdrängt, man erinnert sich gerne.

*5.* *Artikulierung* der Reiseabsicht.

*6.* *Anmutung* bzw. grobe Orientierung bezüglich Landschaft, Wetter, Preis und Erreichbarkeit – hier fällt die Entscheidung zwischen Berg- oder Meerurlaub, Fernreise oder Urlaub mit dem Auto.

*7.* *Suchphase* bzw. Informationseinholung bei Reisebüros, mit Kupons, Prospektanforderung usw.

*8.* *Informationslawine* bricht über den Interessenten herein. Er ist meist nicht in der Lage, Markttransparenz herzustellen; die Kataloge der Reiseveranstalter oder die Prospekte der verschiedenen Länder sind in ihrem Leistungsangebot zu unterschiedlich.

*9.* *Beratung* im kleinen Kreis (Familie, Arbeitsplatz bzw. Bekannte), man sucht möglichst Bestätigung für die „geplante“ Entscheidung.

*10.* *Informationsüberforderung* bzw. Entscheidungsnotstand führt zu neuem Beginn der Entscheidungsphase, das Info-Material und die Empfehlungen können letztlich die Entscheidung auch nicht abnehmen.

*11.* *Emotionelle Einflußfaktoren* werden verstärkt herangezogen (siehe Punkt 1–4), die subjektive Reihung der Urlaubswerte tritt wieder stark in den Vordergrund, rationale Kriterien werden kurzfristig verdrängt.

12. *Entscheidung* – Informationen über Preis und Unterkunft stehen im Vordergrund.
13. *Reisevorbereitung,* wobei hier die Erreichbarkeit durch das bevorzugte Verkehrsmittel in den Vordergrund tritt.
14. *Reiseerlebnis* und erster Eindruck am Urlaubsort.

Dieser Ablauf muß somit nicht nur ausgelöst, sondern auch in Gang gehalten werden. Wir betrachten daher die einzelnen Stufen stets in Verbindung mit dem Gesamtprozeß.

Vor allem interessiert das von den Interessenten gewünschte Informationsspektrum pro Entscheidungsphase, wobei wir der Einfachheit halber wieder auf das 4-Phasen-Modell zurückgreifen:

## GEWÜNSCHTE INFORMATIONEN PRO ENTSCHEIDUNGSPHASE

Die folgende Übersicht zeigt deutlich, daß einzelne anbietende Unternehmen, aber auch kleinere und mittlere Werbegemeinschaften sich auf die Phase „Entscheidung für ein Urlaubsziel“ und „Reisevorbereitung“ konzentrieren sollen. Hingegen richten sich überregionale und nationale Maßnahmen auf die Phasen „Erste Anmutung“ und „genauere Orientierung“.

> In allen vier Entscheidungsphasen wird der Preis vorrangig genannt. Wir müssen daher stets das „Preis-Leistungs-Verhältnis“ deutlich machen. Niedrige Preise allein genügen nicht immer. Es kommt auf den gerechten Preis, also auf den durch das Gebotene gerechtfertigten Preis an.

**Gewünschte Informationen pro Entscheidungsphase** (gereiht nach Zahl der Nennungen)

| *Phase I*<br>Erste Anmutungen | *Phase II*<br>Genauere Orientierung | *Phase III*<br>Entscheidung | *Phase IV*<br>Reisevorbereitung |
|---|---|---|---|
| 1. Landschaft | 1. Landschaft | 1. Preise | 1. Preise |
| 2. Wetter, Klima | 2. Wetter, Klima | 2. Unterkunftsmöglichkeiten, hygienische Bedingungen | 2. Erreichbarkeit durch das selbst bevorzugte Verkehrsmittel |
| 3. Preise | 3. Preise | 3. Wetter, Klima | 3. Wetter, Klima |
| 4. Erreichbarkeit durch das Verkehrsmittel, das man selbst bevorzugt | 4. Unterkunftsmöglichkeiten, hygienische Bedingungen | 4. Service, Verpflegung | 4. Service, Verpflegung |
| 5. Unterkunftsmöglichkeiten, hygienische Bedingungen | 5. Abwechslung am Ort, Ausflüge, Kultur, Sehenswürdigkeiten, Sport | 5. Landschaft | 5. Unterkunftsmöglichkeiten, hygienische Bedingungen |
| 6. Abwechslung am Ort, Ausflüge, Kultur, Sehenswürdigkeiten, Sport | 6. Service, Verpflegung | 6. Erreichbarkeit durch das selbst bevorzugte Verkehrsmittel | 6. Landschaft |
| 7. Lärm, Ruhe | 7. Erreichbarkeit durch das selbst bevorzugte Verkehrsmittel | 7. Abwechslung am Ort, Ausflüge, Kultur, Sehenswürdigkeiten, Sport | 7. Abwechslung am Ort, Ausflüge, Kultur, Sehenswürdigkeiten, Sport |

**Die Nutzung einzelner Informationsträger in den 4 Phasen der Reiseentscheidung**

| *Phase 1* | *Phase 2* | *Phase 3* | *Phase 4* |
|---|---|---|---|
| Berichte in Zeitungen, Zeitschriften, TV und Hörfunk 22% | Auskünfte durch Reisebüro, Verkehrsverein 21,4% | Auskünfte durch Reisebüro, Verkehrsverein, Automobilclub 23,5% | Gebiets-Ortsprospekte, Prospekte einzelner Unterkünfte 23% |
| Berichte von Verwandten und Bekannten 18,4% | Gebiets-Ortsprospekte, Prospekte einzelner Unterkünfte 15,1% | Gebiets-Ortsprospekte, Prospekte einzelner Unterkünfte 23,3% | Auskünfte durch Reisebüro, Verkehrsverein, Automobilclub 19,5% |
| Werbung in den klassischen Medien, Plakatwerbung 18,1% | Berichte in Zeitungen, Zeitschriften, TV und Hörfunk 13,8% | Berichte von Verwandten und Bekannten 12,2% | Berichte von Verwandten und Bekannten 13% |
| Auskünfte durch Reisebüro, Verkehrsverein, Automobilclub 10,3% | Berichte von Verwandten und Bekannten 13,7% | Kataloge der Reiseveranstalter 8,6% | Reiseführer, Reisebücher 7,8% |
| Kataloge der Reiseveranstalter 8,1% | Kataloge der Reiseveranstalter 11% | Berichte in Zeitungen, Zeitschriften, TV und Hörfunk 8,4% | Berichte in Zeitungen, Zeitschriften, TV und Hörfunk 7,5% |
| Gebiets-Ortsprospekte, Prospekte einzelner Unterkünfte 7,3% | Werbung in den klassischen Medien, Plakatwerbung 7,7% | Reiseführer, Reisebücher 5,9% | Kataloge der Reiseveranstalter 6,4% |
| Reiseführer, Reisebücher 4,4% | Reiseführer, Reisebücher 5,9% | Werbung in den klassischen Medien, Plakatwerbung 5,5% | Werbung in den klassischen Medien, Plakatwerbung 5,3% |

Die unbedingt notwendigen Bestandteile jedes Fremdenverkehrsangebotes eines Ortes, der allgemein (Landschaft, Klima usw.) gut dargestellt ist, sind daher immer:

- *Leistung (präzis beschrieben),*
- *Preis,*
- *dazugehöriger Zeitraum,*
- *Transport bzw. Erreichbarkeit.*

Neben dem Wissen, in welchem Umfang einzelne Informationsstellen in Anspruch genommen werden, ist es natürlich genauso interessant, wann, d. h. in welcher Phase der Urlaubsentscheidung, die einzelnen Informationsträger genützt werden. Die Ergebnisse aus dem 4-Phasen-Modell zeigen auch darüber interessante Punkte auf, obwohl wie bei allen Werbenutzungsuntersuchungen zur Vorsicht gemahnt werden muß. Die Tabelle ist aber für die Auswahl der Werbeträger eine interessante Entscheidungshilfe.

**Informationsquellen für den Urlaub 1987**

| | |
|---|---|
| Tageszeitungen | 25% |
| Zeitschriften/Illustrierte | 11% |
| Fernsehen | 4% |
| Radio | 1% |
| Prospekte von Reiseveranstaltern | 34% |
| Prospekte von Urlaubszielen und Hotels | 29% |
| Reisebüro, Prospekte vom Reisebüro | 36% |
| Freunde, Bekannte | 43% |
| Anderes | 23% |

(Mehrfachnennungen)
25% der Urlauber ließen sich bei der Wahl ihres Urlaubsziels von Reiseberichten und Angeboten ihrer Tageszeitung beeinflussen.
Quelle: „Wie war Ihr Urlaub 1987?“ – Ergebnisse einer Umfrage bei Lesern regionaler Tageszeitungen (REGIONALPRESSE, D-6000 Frankfurt 90)

# DER ZEITPUNKT DER REISEENTSCHEIDUNG

## BUNDESREPUBLIK DEUTSCHLAND (1986)

Quelle: Deutsche Reiseanalyse

Der Zeitpunkt der Reisezielentscheidung hängt natürlich primär von dem Zeitpunkt ab, zu dem man die Reise realisieren möchte. *68,2%* der Reisenden haben sich in dem Jahr für das Ziel der Haupturlaubsreise entschieden, in dem sie auch gereist sind – also 1986. Bei 22,7% fiel die Entscheidung 1985, bei 2,6% noch früher. 1,5% der Befragten konnten keine Angaben machen.
Im Vergleich zum Vorjahr hat es kaum Veränderungen gegeben. 3,2% Personen mehr haben sich bereits im Jahr vor dem Reiseantritt entschieden, 1,8% Personen weniger im Jahr des Reiseantritts. In der zweiten Tabelle haben wir den tatsächlichen Reisezeitpunkt mit dem Zeitpunkt der Entscheidung korreliert. Aus der Tabelle wird beispielsweise sichtbar, daß sich von den 2,4 Mio. Personen, die in den Monaten Januar bis April verreist sind, 67,9% im Jahre 1985 entschieden haben, 14,7% im Januar 1986 und 14,0% in der Zeit von Februar bis April 1986.
Vergleichsweise kurzfristig entschieden, d. h. innerhalb der beiden letzten Monate vor Reiseantritt, haben sich die Reisenden folgender Monate:

- Oktober (21,6%)
- November (20,0%)
- Juni (19,5%)
- September (16,6%).

Durchschnittlich entscheiden sich lediglich 10 – 15% innerhalb der letzten beiden Monate vor Reiseantritt für das jeweilige Ziel. Deutlich mehr als die Hälfte aller Reisenden entscheiden sich dazu mindestens 4 – 5 Monate vor Reiseantritt. Im Klartext heißt dies beispielsweise:

- Von denen, die im Juli verreist sind, haben sich 53,5% bis Februar entschieden.
- Von denen, die im August verreist sind, haben sich 47,3% bis Februar entschieden.
- Von den 15,1 Mio. Reisenden der Monate Juli und August haben sich 50,4% bis Februar für ihr Ziel entschieden.

Zieht man darüber hinaus in Betracht, daß bis einschließlich August 83,2% aller Haupturlaubsreisen bereits realisiert wurden, wird klar, daß der größte Teil der Werbung für ein Reiseziel bis einschließlich Februar abgeschlossen sein sollte. Denn die Zahl derjenigen, die sich danach noch für ein Reiseziel entscheiden, ist vergleichsweise gering.

**Zeitpunkt der Reiseentscheidung**
(in %)

| RA 86<br>Reisende insgesamt<br>n = 3.437 | 1984 | 1985 | 1986 |
|---|---|---|---|
| Im Reisejahr | 68,4 | 70,0 | 68,2 |
| Januar | 14,3 | 15,5 | 14,2 |
| Februar | 8,3 | 10,1 | 9,7 |
| März | 8,8 | 9,7 | 7,9 |
| April | 7,4 | 5,9 | 7,2 |
| Mai | 11,0 | 9,3 | 9,7 |
| Juni | 5,0 | 5,9 | 6,3 |
| Juli | 5,0 | 5,0 | 5,2 |
| August | 3,4 | 2,5 | 3,1 |
| September – Dezember | 1,9 | 2,5 | 1,8 |
| Im Jahr vorher | 26,2 | 24,5 | 27,7 |
| Dezember | 6,7 | 6,1 | 7,3 |
| November | 3,5 | 2,8 | 2,9 |
| Oktober – August | 8,5 | 7,5 | 8,5 |
| Juli – Januar | 6,5 | 5,1 | 6,5 |
| Früher | 4,2 | 3,6 | 2,6 |
| Keine Angaben | 1,1 | 1,9 | 1,5 |

Quelle: Deutsche Reiseanalyse

**Reisezeitpunkt 1986 im Vergleich zum Entscheidungszeitpunkt**

(in %)

| Zeitpunkt der Entscheidung | Monat des Reiseantritts Januar – April n = 299 | Mai n = 266 | Juni n = 412 | Juli n = 966 | August n = 916 | September n = 369 | Oktober – Dezember n = 209 |
|---|---|---|---|---|---|---|---|
| 1985 oder früher | 67,9 | 31,2 | 28,3 | 29,1 | 25,4 | 21,9 | 21,5 |
| 1986 und zwar: | 32,1 | 65,7 | 70,3 | 69,1 | 73,4 | 77,6 | 76,1 |
| Januar | 14,7 | 24,5 | 19,0 | 14,3 | 12,2 | 8,6 | 9,1 |
| Februar | 7,0 | 15,4 | 13,8 | 10,1 | 9,7 | 6,2 | 2,4 |
| März | 4,7 | 8,0 | 6,4 | 9,6 | 9,4 | 6,7 | 2,9 |
| April | 2,3 | 11,0 | 9,7 | 7,7 | 7,6 | 6,2 | 1,4 |
| Mai | – | 4,8 | 14,5 | 11,8 | 9,7 | 11,7 | 7,7 |
| Juni | – | – | 5,0 | 8,1 | 7,5 | 9,4 | 7,2 |
| Juli | – | – | – | 4,2 | 9,6 | 10,1 | 5,3 |
| August | – | – | – | – | 3,9 | 12,9 | 10,5 |
| September oder später | – | – | – | – | – | 3,7 | 24,4 |
| Keine Angaben bei 1986 | 3,3 | 2,0 | 1,9 | 3,2 | 3,9 | 1,9 | 5,2 |

Quelle: Deutsche Reiseanalyse

**Zyklus der Reiseentscheidung der Österreicher**
(in zwei aufeinanderfolgenden Jahren)

| | Reisende Urlaubsjahr II | | | | Reisende Urlaubsjahr I | | | |
|---|---|---|---|---|---|---|---|---|
| | *A* | *B* | *C* | *D* | *A* | *B* | *C* | *D* |
| Jänner | 73 | 11 | 5 | 11 | 79 | 12 | 5 | 4 |
| März | 70 | 15 | 6 | 9 | 70 | 16 | 7 | 7 |
| Mai | 75 | 11 | 9 | 5 | 74 | 11 | 13 | 2 |
| Juli | 70 | 6 | 20 | 4 | 68 | 7 | 21 | 4 |
| September | 75 | 2 | 15 | 8 | 71 | 3 | 20 | 6 |
| November | 81 | 0 | 14 | 5 | 76 | 1 | 19 | 4 |

A Urlaub sicher/absolviert
B Urlaub fraglich
C kein Urlaub geplant
D keine Angabe
Das Muster der Reiseentscheidung zeigt hohe Kompetenz.

Quelle: Tourismuspanel, Fessel-Institut

# DIE ABSATZWIRTSCHAFTLICHEN INSTRUMENTE

Es sind hier nur die wichtigsten bzw. jene Instrumente aufgezählt, auf die in der Folge näher eingegangen wird.

1. Angebotspolitik
2. Verkaufsförderung (Sales Promotion)
3. Vertriebsmethodik (Distribution)
4. Preispolitik
5. Öffentlichkeitsarbeit (Public Relations)
6. Werbung

Bei den heute normalen Marktverhältnissen eines Angebotsüberflusses (Käufermarkt) reicht in den seltensten Fällen ein Instrument allein aus. Obwohl branchenunterschiedlich das eine oder andere Instrument zur Durchsetzung der Marketingziele überwiegt, so sind es in der Regel mehrere Maßnahmen nebeneinander, die sich ergänzen und verstärken müssen, um wirksam zu sein.
Die absatzwirtschaftlichen Instrumente gestalten und setzen wir in Ganzheitsbetrachtung des allgemeinen wirtschaftlichen wie auch touristischen Ablaufes ein.
Uns schwebt dabei die Wirkung eines Orchesters vor. Wir stimmen daher die Instrumente aufeinander ab und gliedern sie in Gruppen, um beste Effekte zu erzielen.

Ähnlich wie auch große Orchester diverse Instrumente in gewissen Abwandlungen verwenden, variieren auch wir die einzelnen absatzwirtschaftlichen Instrumente: also die Werbung in Form mannigfaltiger Werbemittel (so wie es auch mannigfaltige Blasinstrumente gibt), die Öffentlichkeitsarbeit ebenso in verschiedenen Arten (so wie es auch unterschiedliche Streichinstrumente gibt) usw.

## UNSERE INSTRUMENTE ERGÄNZEN SICH

Unsere Instrumente hängen gegenseitig voneinander ab, wir verwenden und beurteilen sie daher nicht isoliert. Denn:

Die Werbung kann ein in den Augen der Gäste unzulängliches Preis-Leistungs-Verhältnis auf die Dauer nicht wettmachen. Und die bewußte Pflege der öffentlichen Meinung kann sogar Mißtrauen, ja Ablehnung auslösen, wenn die Werbung irreführt, die Verkaufsförderung mangelhaft ist.

Kurz und gut, die absatzwirtschaftlichen Instrumente sind miteinander eng zu verbinden, wie schon erwähnt, in Ganzheitsbetrachtung aller Faktoren zu beurteilen, und zur richtigen Zeit einzusetzen.
Diese Ganzheitsbetrachtung begründet auch die Einordnung der Öffentlichkeitsarbeit in das absatzwirtschaftliche Instrumentarium des Fremdenverkehrswesens, was vorerst noch nicht immer selbstverständlich ist.

# ANGEBOTSPOLITIK

Zahlreichen Wirtschaftszweigen ist es möglich, das Instrument der Angebotspolitik (Produktpolitik) zur Durchsetzung der Marktziele dominierend einzusetzen. Die Produktpolitik stellt eines der wichtigsten, weil wirksamsten absatzpolitischen Instrumente dar; Forschung, Kreativität und Ausdauer sind dafür notwendig. Produkte oder Angebote laufend zu verändern oder neu zu entwickeln ist außerdem sehr kapitalintensiv.

Die wesentlichen Bereiche der Angebotspolitik sind

- die Angebotsgestaltung (wie positioniere ich mein Angebot)
- die Programmpolitik (wie viele unterschiedliche Angebotsmerkmale bringe ich auf den Markt)
- die Angebotsdifferenzierung (bewußtes Absetzen gegenüber vergleichbaren Konkurrenzangeboten)
- die Produktobsoleszenz (ein geplanter Alterungsprozeß durch Neuauflage veränderter [gleicher] Produkte)

Das Instrument der Produktpolitik steht nicht nur dem produzierenden Unternehmen zur Verfügung, sondern gilt sinngemäß auch für den Handel. Hier kennen wir ähnliche Maßnahmen unter dem Begriff der Sortimentspolitik.

> Die Anwendung dieses Instruments ist natürlich auf das touristische Marketing umlegbar und wird in vielfältiger Form eingesetzt. Wie schon an anderer Stelle erwähnt, ist der Einsatz im übertragenen Sinn zu verstehen; auf die Unterschiede des Tourismusangebotes ist Rücksicht zu nehmen. Die häufigste Anwendung werden wir in der grundsätzlichen Angebotsgestaltung und der Angebotsdifferenzierung finden.

Es gilt: Zentrales Anliegen der Angebotspolitik muß es sein, die vielfältigsten Erwartungen, Einstellungen, Wünsche und Entwicklungen in die eigenen Angebotsüberlegungen einzubringen. Die Umsetzung, Zusammenfassung und Aufbereitung des Urlaubsangebotes muß immer marktbezogen sein und sich somit auf realistische Absatzchancen stützen können.

Oft ist es nicht möglich, das Angebot kurzfristig zu verändern. Auf jeden Fall ist es aber notwendig, die Form der Ankündigung und Präsentation – oft sagt man dazu auch „Verpackung" – wirksam zu gestalten. Dazu zwei Beispiele:

- Betagte Menschen zeigen sogenannten Seniorenangeboten oft die kalte Schulter (wer ist schon gerne „alt", will daran erinnert werden). Hingegen sprechen sie auf Angebote für einen „gemütlichen" Urlaub erstaunlich gut an. In diesem Fall lautet also die geeignete „Verpackung" auf Gemütlichkeit, in aller Ruhe genießen usw.
- Heilbäder und Kurorte befinden sich vielfach in einem Übergangsstadium zum gesundheitsbetonten Erholungsort. Dabei spielt das Kurangebot zwar eine zentrale Rolle, ist aber doch nur mehr ein Teil des Gesamtangebotes.

Der Begriff Heilbäder und Kurorte ist manchmal so sehr mit negativen Assoziationen besetzt (Krankheit, Siechtum, Krankenkassenurlaub), daß neue, mit besseren Assoziationen versehene Formulierungen notwendig erscheinen.
Es ist also erforderlich, den Begriff „Heilbäder und Kurorte" gleichzusetzen mit „Zentren des gesünderen Lebens", mit „Zentren neugewonnener Lebenskraft".

Eine Besonderheit des touristischen Marketings ist es auch, daß die eigentlichen Träger der Marketingarbeit meist gar keinen oder nur einen teilweisen Einfluß auf das Angebot haben.

Beispielsweise kann sich das Angebot eines bekannten Fremdenverkehrsortes immer wieder durch Einzelinitiativen und kommunale Initiativen verändern (etwa Ausbau bestehender Hotels, Hotelneubauten, zusätzliche Sporteinrichtungen usw., dadurch vielleicht aber auch Beeinträchtigung des Ortsbildes), ohne daß die übrigen Beteiligten darauf wesentlichen Einfluß nehmen können.

Außerdem beachten wir: Ein profilierter Betrieb kann auch in einem Ort, der keinen besonders ausgeprägten Ruf hat, florieren. Es kann aber ein Ort durch einen einzigen schlecht geführten Betrieb an Ansehen verlieren.

Und was für den Ort gilt, gilt auch für ein Gebiet!

Ein für den Tourismus profilierter und auch gesuchter Ort ist in einem Gebiet denkbar, das ansonsten nicht besonders anziehend wirkt. Es kann aber ein Gebiet durch einen einzigen Ort oder einen einzigen schlechtgeführten Betrieb Rufminderung erleiden.
Analog dazu gelten Überlegungen für ein Land, ja für Staaten. Die Praxis kennt solche Fälle.

Auf kürzesten Nenner gebracht: Alle sitzen im gleichen Boot, haben aber nur beschränkte Möglichkeiten, dessen Kurs zu bestimmen. Umso mehr muß allen Ebenen des Fremdenverkehrs die gegenseitige Abhängigkeit bewußt sein.

Kurzfristige Angebotspolitik: Unterschiedliche Zusammenfassung, Ergänzung oder „Verpackung“ von Leistungen.
Langfristige Angebotspolitik: Durch Investitionen in neue Freizeitmöglichkeiten.
Aus der Industrie kennen wir den Lebenszyklus eines Produktes. Danach durchläuft ein Produkt folgende Phasen:
Einführung – Wachstum – Reife – Sättigung – Abstieg.
Das Produkt wird nach einer gewissen Zeit wegen Überalterung, geänderter Wettbewerbsbedingungen oder neuen Verbraucherverhaltens wieder vom Markt verdrängt. Andererseits halten sich *zeitgerecht modernisierte Erzeugnisse* erfolgreich im Absatz; wir kennen heute bereits Markenartikel, die schon fast ein Jahrhundert am Markt existieren, und auch heute für junge Menschen aktuell sind!
Ein solcher Lebenszyklus ist ebenso auf touristische Angebote übertragbar. Um am Markt zu verbleiben, empfiehlt es sich immer, rechtzeitig neue Akzente (Erneuerung, Wiederauflage) zu setzen. Nur dadurch kann das Angebot „lebensfähig“ gehalten, das Image gepflegt werden.
Was die „Lebensdauer“ eines touristischen Angebotes betrifft, kennt die Branche spektakuläre Beispiele sowohl bei der Auslösung eines Reisebooms innerhalb kürzester Zeit als auch für das plötzliche Absinken einer bis dahin stabilen Nachfrage. Die Gründe für solche außergewöhnlichen Entwicklungen sind aber noch weitgehend unerforscht.
Jedenfalls gilt: Wie bei allen anderen Wirtschaftsbereichen wird auch im Tourismus *innovatives Denken* immer wichtiger. Das Angebot und die Leistungen laufend in Frage zu stellen, Veränderungen, Verbesserungen und Erneuerungen zu diskutieren, ist unbedingt notwendig.

Nehmen wir uns dazu ein Beispiel:

Ein Ort ist auf der Suche nach einem eigenen Gesicht. Er liegt in einer typischen Erholungslandschaft, in einer Urlaubsregion, wo eine Ortsstruktur der anderen gleicht. Es gibt weder vorhandene noch geplante Anlagen, aus denen eine eigene Aussage entwickelt werden kann.
Bei einer genauen Analyse wird im Vergleich zu den unmittelbaren Konkurrenzorten dieses Gebietes festgestellt, daß sich unser Ort lediglich durch drei großzügig angelegte Kastanienalleen unterscheidet. Mangels anderer eigenständiger Besonderheiten wird also die Kastanie als Alleinstellungsargument zwecks Profilierung verwendet und umfassend eingesetzt.

Folgende Maßnahmen dienen diesem Ziel:

1. Der Ort verwendet die Zusatzbezeichnung „das Kastaniendorf".
2. Ein eigenes, von Kastanien abgeleitetes Symbol (Zeichen) wird geschaffen und verbreitet eingesetzt.
3. Prospekttitelseite zeigt die Kastanienallee.
4. Plakat und Kleber mit dem neuen Symbol werden gedruckt.
5. Die drei Alleen erhalten als Spazierwege mit Rastplätzen (Bänke und Tische) urlauberfreundliche Bezeichnungen.
6. Ansichtskarten werden zu diesem Thema neu aufgelegt, und auf der Rückseite aller anderen Ortsmotive wird die Bezeichnung „Kastaniendorf" mitgedruckt.
7. Souvenirs aus Kastanien werden kreiert und angeboten.
8. Die Ortseinfahrten werden mit großen Zeichen versehen (wichtig auch wegen der Motivation der eigenen Bewohner).
9. Es werden in einem Kastanienhain alle geeigneten Sorten neu gepflanzt.
10. Für jeden Urlauber, der 10mal im Ort war, wird ein eigener Kastanienbaum mit Namensschild gepflanzt.
11. In allen Lokalen gibt es natürlich „Kastanienreis" als Nachtisch.
12. Ein Maronibrater steht am Dorfplatz – natürlich auch im Sommer.

13. Die Theatergruppe schreibt und spielt ein eigenes Bauernstück mit dem Titel „Der narrische Kastanienbaum“.
14. Natürlich gibt es die „Kastanienpauschale“, ein Wochenangebot mit allen Leistungen zum genannten Thema.
15. Im Herbst gibt es ein großes „Kastaniensammel-Fest“, wo sich vor allem die Tierfreunde treffen, die die eingebrachten Kastanien zur Wildfütterung verwenden.
16. Aus dem Kastanienargument ergeben sich selbstverständlich alle Gestaltungselemente eines Ausstellungsstandes.

Die Kastanie wurde für das geschilderte Beispiel bewußt gewählt, um zu demonstrieren, daß es tatsächlich erfunden (erdacht) ist. Es soll vor allem zeigen, daß es nicht immer eine Investition in Millionenhöhe sein muß, die eine Profilierung ermöglicht; oft sind es nämlich die vermeintlichen Kleinigkeiten, die dem Angebot Charakter geben. Wichtig erscheint auch der wiederholte Hinweis, ein eigenständiges Argument so vielseitig wie möglich zu verwenden; nur so entsteht die Überzeugung nach innen und die Durchsetzung nach außen.

## PROFILIERUNGSBEISPIEL (URLAUBSLAND)

Als das wohl interessanteste und vom Umfang her bedeutendste Profilierungsbeispiel der jüngsten Fremdenverkehrsgeschichte kann die Aktion „Bergerlebnis“ für Österreich bezeichnet werden. Jahrelang war man gegen die mächtige Konkurrenz der Mittelmeerländer mit denselben Argumenten angetreten: In Österreich gibt es auch Bademöglichkeiten, die Sonne scheint, es ist warm usw. Eine Zeitlang reichte es für alle, bis die Kapazitäten der Wettbewerber immer mehr und mehr ausgebaut wurden. Zudem kamen noch Schwierigkeiten mit dem eigenen Angebot durch Einführung der Mehrwertsteuer und den ersten Energieschock. Neben dem falschen oder nicht existenten Sommerprofil Österreichs Anfang der siebziger Jahre konnte auch trotz aller Bemühungen mit dem Hobby- und Sportargument und zuletzt mit der Angebotsphilosophie „Seelebaumeln“ kein entscheidender, eigenständiger Angebotscharakter für den Sommer durchgesetzt werden.

Die angespannte Wettbewerbssituation und die Stagnation sowie die Rückgänge vor allem in der Sommersaison der Jahre 1975 bis 1977 leiteten letztlich den Umdenkprozeß ein. Ein überzeugendes Angebotsprofil war nun notwendiger als je zuvor. Der Hinweis, im Sommer ebensolchen Urlaub wie die Meerländer zu bieten, genügte nicht mehr. Hier besann man sich, gestützt auf das aus der Marktforschung bekannte und offensichtlich elementare Urlaubsbedürfnis „Wandern“, auf die Angebotsstärke, die Österreich durch seine landschaftlichen Voraussetzungen besonders auszeichnet, nämlich die Berge.
Nach Absprache mit den Angebotsträgern wurde eine Analyse dieses Themas durchgeführt. Unter dem Arbeitstitel „Bergwerk“ sammelte sich auf 800 Seiten alles nur erdenkliche Grundlagenmaterial, von den beliebtesten Wanderliedern, dem Wunsch nach Auszeichnung nach einer Wanderung, den Eß-, Trink- und Unterkunftsgewohnheiten usw.
Gleichzeitig erfolgte die Auswertung von Primär- und Sekundärmaterial aus den wichtigsten Herkunftsländern.

Aus diesen Basisunterlagen entstand eine vollkommen neue Positionierung des Sommerangebotes:

- Mit dem Angebotsargument „Bergerlebnis“ wurde die unbestritten stärkste Attraktion herausgestellt, über die die österreichische Landschaft verfügt, nämlich die Berge.
- Mit dem Wandern war eine eigeninitiative Urlaubsbeschäftigung geboten, die einem latenten Bedürfnis der Gäste entspricht, den Gesundheits- und Erholungsaspekt beinhaltet, nach Bedarf auch die sportliche Note berücksichtigt, für jeden Urlauber ohne Voraussetzungen möglich ist und zudem nichts kostet.
- Mit den geführten Wanderungen kann die erfolgreiche Verbindung einzelner Angebotsfaktoren der Wintersaison (Schneelandschaft/Skilauf/Skischule/Skilehrer) auf die Erfordernisse des Sommers übernommen werden. Der Wanderführer übernimmt die Rolle des Skilehrers, die geführte Wanderung stellt im übertragenen Sinn den gesellschaftlichen Rahmen der Skischule dar. Bisher wurden dafür neben den Bergführern über 600 Wanderführer neu ausgebildet.
- Mit einem gesamtösterreichischen Wanderabzeichen wurde nicht nur einem bekannten Gästewunsch entsprochen, sondern symbolisch die Klammer für die Ortsebene geschaffen. 250 Ur-

laubsorte schlossen sich der Aktion „Österreichischer Wanderschuh“ an.
Anders als bei vergleichbaren Aktionen eines Ortes oder eines Betriebes, wo die Durchsetzung auf der Angebotsseite noch überschaubar ist, ist die Situation bei einem Urlaubsland. Durch planmäßige Information nach innen muß überzeugt und durch Beispiele gleichzeitig animiert werden, um möglichst viele Regionen, Orte und Betriebe für dasselbe Werbeargument zu gewinnen. Eine eigene Informationsserie für alle Orte Österreichs mit 15 Ausgaben löste, neben einer Unzahl von Präsentationen und Veranstaltungen, dieses Kommunikationsproblem.
Nach dem internen Aufbau des neuen Selbstverständnisses des Angebotes erfolgte die Publizierung und die eigentliche Werbearbeit. Dem Angebot und der Profilierung für ein ganzes Land entsprechend, mußte an eine möglichst breite Öffentlichkeit gedacht werden.

Die dazu gewonnenen Erfahrungen:

- Es ist notwendig, die eigenen Möglichkeiten ausschließlich auf dieses eine Thema zu konzentrieren.
- Alle geplanten Maßnahmen bedürfen einer konsequenten Umsetzung des neuen Argumentes in Wort, Schrift und Bild.
- Kooperationen sollten gezielt gesucht werden, da nicht nur die Werbekraft erhöht wird, sondern so auch Werbeträger eingebunden werden (z. B. Schaufensterwettbewerb mit dem Sport- oder Fotohandel), die sonst nicht erreicht würden.
- Spektakuläre PR-Maßnahmen können die Dauer des Kommunikationsprozesses wesentlich verkürzen.
- Symbole und Slogans erleichtern den Kommunikationsvorgang, bei der Aktion „Bergerlebnis“ z. B. das Wortspiel „wanderbar“.
- Ein planmäßiges Aktualisieren des gewählten Angebotsthemas ist erforderlich. Regelmäßige Impulse vertiefen den Profilierungsprozeß. Im vorliegenden Fall wurde eine Aktion „Radwandern“ eingebaut oder ein Wander-Fotowettbewerb veranstaltet.

Heute ist Österreich weg vom Argument „Naher Süden“. Die Urlauber schätzen ein Land mit ausgezeichneten Wandermöglichkeiten, das Wetter wird nicht mehr so in den Vordergrund gespielt wie früher, man kann ja auch bei bewölktem Himmel wandern, und kühle Witterung ist für den Wanderer oft angenehmer.

Tatsächlich konnten für die Sommersaisonen 1979 und 1980 erstmals wieder beachtliche Zuwächse erreicht werden, begünstigt zwar durch viele andere Einflüsse; die ausgelöste Wanderbewegung hat daran aber sicherlich gebührenden Anteil.
Die Profilierung des Angebotes sowie die Schaffung eines eigenständigen, unverwechselbaren Verkaufsarguments ist also nicht nur notwendig, sondern auch möglich. Gleichgültig nämlich, ob es sich um besondere Präferenzen für ein Hotel, das besondere Image für eine Region oder sogar die Profilierung für ein ganzes Urlaubsland handelt, diese Investitionen sind Voraussetzung für ein erfolgreiches touristisches Marketing.

## DAS IMAGE DES URLAUBSANGEBOTES

Unter „Image“ verstehen wir ein gefühlsbetontes Vorstellungsbild über Länder, Regionen, Firmen, Branchen, Hotels, Waren, Markenartikel, Personen, Institutionen aller Art und so weiter.
„Image“ kann „Selbstimage“, kann „Fremdimage“ bedeuten. „Selbstimage“ ist das Vorstellungsbild einer Person über sich selbst. Auch Personengruppen haben von sich selbst bzw. von der Institution, der sie angehören, ein Vorstellungsbild. Im allgemeinen verstehen wir hingegen unter „Image“ das Vorstellungsbild, das wir uns über andere Personen, Länder, Produkte bilden. Wir sprechen dann auch von „Fremdimage“.
Im wirtschaftlichen Ablauf zeigt sich bei angebotenen, objektiv gleichwertigen Leistungen und Waren, daß das vertrauenswürdige, sympathische, emotionell positive Image den Kaufentschluß beeinflußt.

## Immer wichtiger: Der Urlaub in der Gruppe

*Urlaub mit Partnern, Freunden, Cliquen und Clubs*

Von den über 14jährigen Urlaubern verreisten im letzten Urlaub...

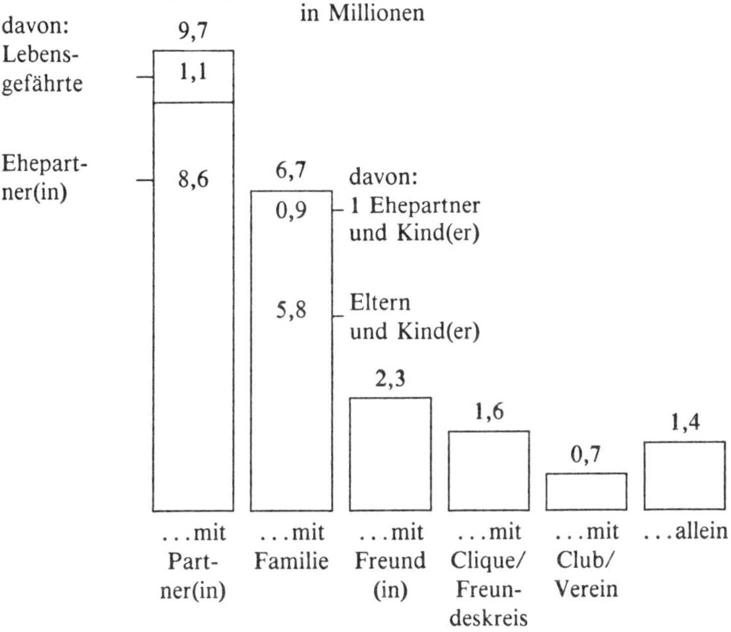


Kaum einer will mehr allein verreisen: Jeder sucht „seine“ Urlaubsgruppe, den Partner oder die Familie, den Freund oder die Freundin, die Clique oder den Club. 94 Prozent der Urlaubsreisenden waren nach neuester Repräsentativumfrage (2.000 Personen ab 14 Jahren) des B.A.T. Freizeit-Forschungsinstituts, Hamburg, gemeinsam mit anderen im Urlaub unterwegs.

**Das Urlauberimage einiger europäischer Reiseländer**

| Gegenstand | Österreich | Italien | Frankreich | Schweiz | Spanien | Jugoslawien | Holland |
|---|---|---|---|---|---|---|---|
| Anfahrtsweg, „erlebte“ Distanz | mittel | mittel | weit | mittel | weit | mittel | weit |
| Prestigezuwachs | gering | gering | sehr hoch | hoch | hoch | gering | gering |
| erwarteter Abstand zum Alltag | gering | mittel | sehr hoch | gering | hoch | hoch | gering |
| erwartete Konsequenz für das Selbstgefühl | hoch: Verwöhnung | teilweise hoch: „die Italiener brauchen uns“, teilweise negativ: „Sprache, Nepp“ | negativ: Verunsicherung durch Sprache und Gebräuche | negativ: Verunsicherung durch das hohe Preisniveau | unbestimmt | positiv: sie stehen unter uns | negativ: die Holländer haben Ressentiments gegen die Deutschen |
| gebotene Aktivitäten | Sehenswürdigkeiten, Spazierengehen, Baden | Baden, Nachtleben | Sehenswürdigkeiten, Paris | phantastische Hotels, Wandern, Spazierengehen | Baden | Baden | Essen |

| Gegenstand | Österreich | Italien | Frankreich | Schweiz | Spanien | Jugoslawien | Holland |
|---|---|---|---|---|---|---|---|
| erwartete Behandlung als Gast | freundlich, devot, liebenswürdig | gezwungen höflich | distanziert bis unfreundlich | steif bis unfreundlich | höflich | etwas nachlässig | steif bis unfreundlich |
| Hauptreiz | Landschaft, Mentalität der Bevölkerung | Meer | Sehenswürdigkeiten | Hotels | Meer, abenteuerliche Landschaft | Meer | unbestimmt |
| Hauptnachteil | „es ist nichts los", „Bergland" | Massentourismus, Bevölkerung | Sprache, Fremdheit, Preis | „es ist nichts los" | Entfernung | Ostblockstaat, mangelnder Komfort | Mentalität der Holländer, „es ist nichts los" |
| vorgestellter Typ des Reisenden; vorgestelltes Publikum, das man dort findet | älter, Ruhe suchend, gemütlich, kulinarisch und kulturell interessiert | Durchschnittsfamilie, Hausmeister, junge leichtsinnige Mädchen | Intellektueller, Snob | älteres, sehr reiches Ehepaar | gut verdienende, sozial mobile Mittelschicht | Durchschnittsfamilie, die wechseln will | unbestimmt |

Quelle: Karmasin: Das Image von Österreich

**Welche Werte sind von besonderer Bedeutung?**

(Nach Nationalitäten gereiht/Zielland Österreich)

| Staat/Stadt | Fälle Prozent | Umwelt, Landschaft | Klima, Wetter | Ortsbild | Ruhe im Ort | Verkehrslage | Verkehrsverhältnis | Ausstattung Unterkunft | Bedienung Unterkunft | Qualität Essen, Unterkunft | Bedienung Restaurant | Qualität Essen, Restaurant |
|---|---|---|---|---|---|---|---|---|---|---|---|---|
| Wien | 1 | 455 | 346 | 370 | 371 | 318 | 207 | 437 | 421 | 358 | 329 | 320 |
| | | 87,5 | 66,5 | 71,0 | 71,4 | 61,1 | 39,8 | 84,0 | 81,0 | 68,8 | 63,3 | 61,4 |
| Sonst. Österreich | 2 | 646 | 539 | 478 | 469 | 516 | 348 | 602 | 598 | 522 | 458 | 454 |
| | | 87,0 | 72,6 | 64,4 | 63,1 | 69,5 | 46,8 | 81,0 | 80,5 | 70,3 | 61,7 | 61,1 |
| BRD | 3 | 2.729 | 2.201 | 1.962 | 1.943 | 1.841 | 1.157 | 2.493 | 2.329 | 1.988 | 2.031 | 2.061 |
| | | 92,4 | 74,5 | 66,4 | 65,8 | 62,3 | 39,2 | 84,4 | 78,9 | 67,3 | 68,8 | 69,8 |
| Schweiz | 4 | 71 | 51 | 61 | 58 | 55 | 39 | 75 | 72 | 64 | 65 | 63 |
| | | 83,4 | 60,0 | 71,2 | 68,2 | 64,8 | 45,4 | 87,8 | 84,1 | 75,0 | 76,2 | 73,7 |
| Niederlande | 5 | 366 | 278 | 304 | 288 | 273 | 182 | 262 | 239 | 212 | 269 | 257 |
| | | 96,2 | 73,0 | 79,9 | 75,7 | 71,9 | 47,9 | 68,8 | 62,8 | 55,9 | 70,9 | 67,5 |
| Belgien, | 6 | 99 | 74 | 78 | 78 | 65 | 47 | 78 | 84 | 77 | 59 | 56 |
| Luxemburg | | 94,7 | 70,9 | 74,6 | 74,7 | 62,2 | 44,5 | 74,8 | 80,6 | 73,5 | 56,7 | 53,6 |

| Staat/Stadt | Fälle Prozent | Umwelt, Landschaft | Klima, Wetter | Ortsbild | Ruhe im Ort | Verkehrslage | Verkehrsverhältnis | Ausstattung Unterkunft | Bedienung Unterkunft | Qualität Essen, Unterkunft | Bedienung Restaurant | Qualität Essen, Restaurant |
|---|---|---|---|---|---|---|---|---|---|---|---|---|
| Frankreich | 7 | 88 | 63 | 73 | 73 | 51 | 36 | 77 | 64 | 57 | 50 | 52 |
| | | 93,0 | 66,3 | 76,9 | 77,7 | 54,5 | 38,6 | 81,7 | 67,7 | 60,3 | 53,1 | 55,1 |
| Italien | 8 | 47 | 26 | 37 | 36 | 29 | 25 | 35 | 32 | 25 | 28 | 27 |
| | | 92,6 | 51,3 | 72,2 | 70,2 | 56,6 | 49,0 | 68,2 | 62,9 | 50,0 | 56,2 | 53,3 |
| Großbritannien | 9 | 192 | 134 | 164 | 125 | 84 | 56 | 187 | 179 | 153 | 126 | 119 |
| | | 95,8 | 66,7 | 82,1 | 62,4 | 42,1 | 28,1 | 93,6 | 89,3 | 76,7 | 62,8 | 59,3 |
| Nord-Europa | 10 | 53 | 37 | 36 | 28 | 29 | 23 | 44 | 45 | 37 | 38 | 34 |
| | | 78,8 | 55,8 | 53,2 | 41,5 | 43,1 | 34,8 | 66,2 | 67,9 | 54,7 | 57,2 | 51,5 |
| USA | 12 | 80 | 61 | 76 | 52 | 53 | 31 | 81 | 72 | 50 | 57 | 45 |
| | | 86,2 | 65,9 | 82,1 | 55,8 | 57,1 | 33,1 | 86,5 | 77,8 | 53,4 | 61,2 | 48,4 |
| Sonstige | 19 | 136 | 108 | 115 | 99 | 92 | 62 | 135 | 123 | 101 | 95 | 94 |
| | | 79,7 | 63,2 | 67,4 | 57,9 | 53,7 | 36,5 | 79,2 | 72,1 | 59,1 | 55,6 | 55,1 |

Quelle: Gästebefragung Österreich, GBÖ, Sommer 1985 (Gesamtösterreich)
Achtung: Die Angaben stammen von Urlaubern am Urlaubsort, also von Personen, die Österreich kennen – sie erlauben keine generelle, herkunftsspezifische Aussage.

*Die neue Einstellung zum Reisen*

| | |
|---|---|
| Individuelle Urlaubsplanung<br>„Meine Urlaubsreise stelle ich mir gern ganz individuell zusammen. In der persönlichen Urlaubsgestaltung will ich frei und flexibel bleiben.“ | 75% |
| Mobiles Reiseverhalten<br>„Im Urlaub brauche ich Abwechslung. Drei Wochen an einem Urlaubsort – das ist mir einfach zu langweilig.“ | 36% |
| Öfter Kurzurlaub<br>„Ich verreise lieber kürzer, dafür öfter.“ | 35% |
| Spontane Reiseentscheidung<br>„Am liebsten verreise ich spontan, ohne Plan und Termindruck. Langfristige Urlaubsplanungen mag ich nicht.“ | 34% |

*Die neuen Anforderungen an Reiseziele*

| | |
|---|---|
| Reiseziele mit Umweltqualität<br>„Im Urlaub lege ich großen Wert auf schöne Natur und saubere Landschaft. Feriengebiete mit verschmutzten Stränden und verbauter Landschaft meide ich.“ | 84% |
| Reiseziele mit Wärmegarantie<br>„Im Urlaub brauche ich Wärme, um mich richtig wohlzufühlen.“ | 59% |
| Reiseziele mit Bademöglichkeit<br>„Im Sommerurlaub muß ich baden und schwimmen können. Ein Urlaubsort ohne Meer, See oder kombiniertes Frei- und Hallenbad kommt für mich nicht in Frage.“ | 52% |

| | |
|---|---|
| Reiseziele mit Sonnengarantie<br>„Ein Schlechtwetter-Risiko gehe ich ungern ein. Lieber eine Reise in den sonnigen Süden als zwei Reisen innerhalb Deutschlands.“ | 46% |

| | |
|---|---|
| Reiseziele mit Schneegarantie<br>„Im Winterurlaub muß ich Skifahren und im Schnee wandern können. Ein Urlaubsort ohne Schneegarantie kommt für mich nicht in Frage.“ | 37% |

| | |
|---|---|
| Reiseziele mit Erlebnisqualität<br>„Am Urlaubsort muß was los sein. Touristenrummel stört mich nicht.“ | 32% |

Quelle: B.A.T. Freizeit-Forschungsinstitut
Repräsentativbefragung „Urlaub 86/87“ – Hamburg.

Ein stark positives Vorstellungsbild löst mitunter trotz objektiver Unterlegenheit des Angebotes den Kaufentschluß aus, womit sich die große Wirkung des Images bestätigt.

Analogie zum Investbereich: Auch dort entscheidet bei weitgehend gleichwertigen Angeboten das Ansehen der Firma. In unserem Falle also das Ansehen des Landes, des Gebietes, Ortes und nicht zuletzt des einzelnen Betriebes. (Siehe auch: Öffentlichkeitsarbeit, Seite 215 ff.)

Dem Urlaub kommt nach wie vor ein gewisser „Statuscharakter“ zu. Gerade deshalb pflegen wir das Image sehr gewissenhaft, weil unsere Gäste sich weder vor, während, und schon gar nicht nach dem Urlaub wegen ihrer Wahl zurückgesetzt, gar beschämt (geniert) fühlen dürfen.

Die Vorstellungsbilder werden vielfach durch frühere Erlebnisinhalte mitbestimmt. Solche Erlebnisinhalte erweitern mitunter das Image eines Angebotes im Sinne einer Wunschvorstellung.

In der Praxis interessieren deshalb die Wunschvorstellungen der Umworbenen, speziell der Gäste. Durch persönliche Kontakte mit ihnen bemühen wir uns unablässig, ihre Meinungen und Wünsche zu erfassen.

Das Image kann sich durch verschiedene, meistens unkontrollierbare Einflüsse verändern. Daher versuchen auch wir, das Image unseres Angebotes aktiv zu korrigieren, indem wir unsere Leistungen verbessern, womöglich profilieren, aber auch bekanntmachen. Die von uns angestrebte Imageveränderung besteht vor allem aus einem qualitätsbezogenen Anreichern des Vorstellungsbildes über uns. Dazu gehören aber auch von Haus aus, abgesehen von klarer Preisgestaltung, die Preis- und Leistungstreue.

Wir wissen, daß jeder Mensch eine bestimmte soziale Rolle einnimmt, sie aber auch spielt. Er strebt eine für ihn nicht immer erreichbare soziale Rolle an, will sie zumindest während des Urlaubes ausüben!

Die ersehnte, ihm vielleicht nur während der Ferientage zugängliche soziale Rolle kann er ja vielfach nur spielen, erleben, wenn das Image seiner dortigen Umgebung (auch das der Kellner etwa) seiner Wunschrolle entgegenkommt.

Solche Vorgänge sind zwar ziemlich kompliziert, andererseits aber auch durch persönlichen Kontakt, durch betont gastfreundliches Verhalten gut zu beeinflussen. Ein Gast, der etwa sehr bescheiden leben muß, obwohl seine Sehnsucht dem „großen" Leben gilt, wird sich in einem Gasthof, Hotel, Restaurant umso wohler fühlen, je freundlicher er dort als „bedeutende" Person betreut wird.

Sollte er eine für ihn zu kostspielige Kategorie gewählt haben, dann aber in der Konsumation nicht so recht mitkommen, wäre es geradezu zerstörend, würde ihn das Personal dies fühlen lassen!

Die erwähnte „Rolle", die der einzelne innehat bzw. spielt, ist mit seinem Selbstimage eng verknüpft (siehe auch Seite 166 ff.). Vorbilder, speziell die Sehnsucht, es gewissen Vorbildern gleichzutun, wirken sich darauf besonders aus. Damit erklärt sich auch die oft sogartige Wirkung von Aufenthalten bekannter Persönlichkeiten in bestimmten Urlaubsorten. Viele Interessenten ahmen solche Leitpersonen nach und wählen den gleichen Ort, das gleiche Hotel usw. Das Image ganzer Gebiete kann sich dadurch sogar kurzfristig und nachhaltig verändern.

Es muß sich dabei durchaus nicht nur um Vorbilder handeln, denen man eher Hektik zuordnet. Es kann auch das Image im Sinne von „Erholungsgebiet" verändert bzw. verstärkt werden.

Wir sagten schon, daß sich auch Personengruppen ein Image bilden. Dieses entspricht dann aber oft einem sogenannten Stereotyp. Das sind Eigenschaftsgefüge, die von Personen, kleinen und auch sehr großen Personengruppen, ja Völkern, aber auch von Dingen mit einiger Sicherheit erwartet werden. Diese Eigenschaftsgefüge entsprechen aber oft vorgefaßten, keineswegs unbedingt richtigen

Meinungen und Vorstellungsbildern. Viele Einzelmeinungen und Vorstellungsbilder einzelner Personen sind daran beteiligt.
*Gerade im Tourismus kann durch solche irrigen, sich aber gegenseitig noch verstärkenden Einzelmeinungen ein ungenaues, ja falsches Stereotyp über Länder, Regionen, Orte und Hotels entstehen. Deshalb ist uns das Vorstellungsbild, das jeder einzelne Interessent und Gast sich von unserem Angebot bildet, sehr wichtig.*

Im Tourismus ist das Vorstellungsbild auch deshalb bedeutsam, weil die einschlägigen Angebote vielfach im vorhinein gebucht, somit gekauft werden müssen. Der dafür notwendige Vertrauensvorschuß wird umso eher erbracht, je besser fundiert das Image ist.

Es fällt auf, daß die Vorstellungen des Interessenten von einem Ort, den er noch nicht kennt, oft ziemlich genau den Aussagen entsprechen, die der Ort über sich selbst gibt. Es ist daher vom Standpunkt der Imagewirkung nicht gleichgültig, welche Informationen Gebiete, Orte und Hotels über sich selbst vermitteln. Die Information soll klar sagen, was an eigenständigen Leistungen speziell geboten wird. Bild und Text müssen überzeugend wirken.
Unsere gesamte Werbung muß daher auch im Sinne einer bewußten Bildung und Pflege des Images gestaltet werden.
Vor allem kommt es darauf an, durch Produkt-(Angebots-)Gestaltung und Argumentation deutliche Unterscheidungsmerkmale gegenüber anderen Wettbewerbern zu schaffen. Stilvolle Werbung im besten Sinne des Wortes (also auch bezüglich des geistigen Gehaltes) hilft verläßlich mit, das erstrebte Image zu bilden.
Die ausgeprägte Identität der eigenen Angebote und der eigenen Institution (Corporate Identity) wird durch bestmögliche gegenseitige Abstimmung aller absatzwirtschaftlichen Instrumente erreicht.

# CORPORATE IDENTITY

Dieser Fachausdruck beinhaltet Maßnahmen und Methoden, die tatsächlich auch für den kleinen und mittleren Betrieb des Fremdenverkehrs, ja überhaupt für alle touristischen Anbieter wesentlich sind.
Auf das einfachste ausgedrückt: Corporate Identity bedeutet den unverwechselbaren Ausdruck, die Eigenartigkeit des Anbieters im Markt. Und zwar ebenso geistig wie auch gegenständlich, also sichtbar. Man soll sofort erkennen können, um welches (wessen) Angebot es sich handelt und welche geistige Haltung diesem Angebot zugrunde liegt.
„Corporate Identity“ erfordert das geistige Zusammengehörigkeitsgefühl im einzelnen Unternehmen, aber auch in den einzelnen anbietenden Gemeinschaften, wie es etwa Orte und Gebiete, ja Länder sind.
Alle Forderungen zum Thema „Werbestil“ gelten in noch umfassenderer Weise für Corporate Identity, weil wir darunter eben über die Werbung hinaus das gesamte Erscheinungsbild des Anbieters verstehen.

## CORPORATE IDENTITY UND ÄUSSERES ERSCHEINUNGSBILD

Das äußere Erscheinungsbild (in der Fachsprache oft als *„Corporate Design“* bezeichnet) eines Anbieters ist deshalb so wichtig, weil ganz allgemein das „Schauen“ Vorrang hat.
Es begann mit dem Stummfilm, setzte sich über den Tonfilm bis zum Fernsehen fort: Bilddarstellungen werden bis in die privatesten Bereiche, also bis in die Wohnung vermittelt. Intimer geht es wirklich kaum mehr. Diese Vorrangigkeit und Allgegenwärtigkeit optischer Darbietungen wirkt sich auch im Wirtschaftsleben aus. Das äußere Erscheinungsbild eines Ortes, der Hotels und Gaststätten, der Reisebüros, Auskunftsstellen beeinflußt das Verhalten der Interessenten.
Der an unseren Leistungen Interessierte wendet sich zunehmend solchen Angeboten zu, die durch ein eindrucksvolles äußeres Erscheinungsbild, hochwertige innere Haltung und Leistung gekennzeichnet sind.

Das sorgfältig gestaltete äußere Erscheinungsbild erleichtert das Erkennen und Zuordnen von Werbemitteln (sei es ein Werbebrief, ein Inserat oder die Geschäftsfront eines Unternehmens), es vermittelt gleichzeitig einen Eindruck über die vom betreffenden Unternehmen gebotene Gastfreundschaft, über das Leistungsniveau usw. Corporate Identity bedeutet eben – wie schon ausgeführt – die Eigenartigkeit des Anbieters im Markt. Dazu zählt aber auch die geistige Haltung (etwa die Gastfreundschaft) wie auch das innere Leistungsniveau, das eben von außen nicht direkt erkennbar ist. Der Begriff „Corporate Identity" beinhaltet Maßnahmen und Methoden für alle touristischen Anbieter, unabhängig von ihrer Größe und jeweiligen Preiskategorie.
Das äußere Erscheinungsbild („Corporate Design") wird sogar auch vom Aussehen und von der Kleidung aller Mitarbeiter mitgeprägt. Vom Inhaber und Geschäftsführer bis zum jüngsten Lehrling kommt es auch auf ein vorteilhaftes, gewinnendes äußeres Erscheinungsbild an.
Und was für die persönlichen Bereiche gilt, gilt auch für die drucktechnischen Mittel. Die verwendeten Drucksorten, Briefpapiere, Rechnungen, Kassenblocks, Werbemittel ergeben in ihrer Summe das äußere Erscheinungsbild und prägen einschließlich der richtigen geistigen Einstellung der Beteiligten nachhaltig die „Corporate Identity".

## SINNVOLLE NEUERUNGEN FÖRDERN DIE „CORPORATE IDENTITY"

Aber auch „Innovationen" spielen dafür eine große Rolle. Was versteht man ganz allgemein darunter?
In erster Linie versteht man unter „Innovationen" neuartige Produkte, neue Arbeitsmethoden, neue Einrichtungen, Angebote usw. In der Volkskunde bedeuten Innovationen die Wiederbelebung alter Bräuche, aber auch die Erneuerung überlieferter Formen und Verhaltensweisen. Und in der Soziologie bedeutet dieser lateinische Ausdruck die Verbesserung bestehender Verhältnisse durch neue, wirksamere Systeme.
Insgesamt also erhofft man sich unter dem Begriff „Innovationen" Neuheiten aller Art, auch Verbesserungen des Bestehenden.
Mehr noch, der technische Fortschritt an sich erzwingt geradezu immer wieder Neuerungen. Eine Branche beispielsweise, die länge-

re Zeit hindurch ihre Produkte und Arbeitstechniken nicht erneuert, also verbessert, gerät in Gefahr, durch andere Branchen überholt und verdrängt zu werden.
Dies ist auch der Grund, weshalb in jüngster Zeit oft verbreitet sogar Wettbewerbe ausgeschrieben, Preise geboten werden, um Neuerungen zu fördern. Neuerungen im Sinne des umfassenden Ausdruckes „Innovationen“.
Aktive Werbe- und Verkaufstechnik kann auch „innovativ“ wirken. Innovationen sind naturgemäß auch im touristischen Bereich notwendig: Neu errichtete oder modernisierte Lokale, Hotels, neu angelegte Spazierwege, bequeme Transportgelegenheiten, Freizeiteinrichtungen aller Art. Aber auch neue Methoden der Werbung, des Verkaufs, neue Formen von Ferienreisen, neuartige Nutzung vorhandener Einrichtungen.
Diese Beispiele lassen sich beliebig vermehren.
Wir wissen, nicht jede Innovation bedeutet wirklichen Fortschritt! Es besteht heute aber ein so starker Wunsch nach Neuheiten, zumindest nach Abwechslung innerhalb des Gewohnten, daß wir mitunter sogar unentbehrliche althergebrachte Methoden, Ausdrucksformen usw. zumindest äußerlich verändern, also erneuern müssen, damit sie nicht als „veraltet“ gewertet werden.
Gerade im Zusammenhang mit Neuerungen aller Art ist aber auch „Innere Werbung“ notwendig. Es wäre mehr als schädlich, würde etwa ein Mitarbeiter im Betrieb, aber auch ein Ortsansässiger gegenüber Gästen Neuerungen anzweifeln oder gar herabsetzend darstellen.
Innovationen haben eben starken Einfluß auf Corporate Identity. Die erstrebte „Identität im Markt“ ist umso realisierbarer, je besser wir es verstehen, Bewährtes zur Geltung zu bringen, aber auch Neuheiten aller Art publik zu machen. Ein solches Verhalten bezieht naturgemäß die liebevolle Pflege historischer Werke und die Rücksicht auf unsere landschaftlichen Vorzüge folgerichtig in unsere Maßnahmen ein.

## CORPORATE IDENTITY UND MARKENPOLITIK

Die gefundene und bewußt herausgestellte Identität ist zusammen mit dem Versprechen gleichbleibender Qualität des Angebotes auch der Kernpunkt der Markenpolitik. – Und was für *eine* Firma gilt, kann auch von Angebotsgruppen genützt werden: Einheitliches Auftreten (gemeinsame Marke) bei Werbung und Verkaufsförderung trotz Bewahrung der Eigenständigkeit.

## IMAGEPROFILE

Die beste Möglichkeit einer Momentaufnahme über Image und Identität eines touristischen Angebotes bietet das *Polaritätenprofil.*

**Das Reiseimage ausgewählter Naherholungsgebiete bei der Bevölkerung der Stadt Bonn**

(Arbeiten zur rheinischen Landeskunde von Franz Josef Kemper)

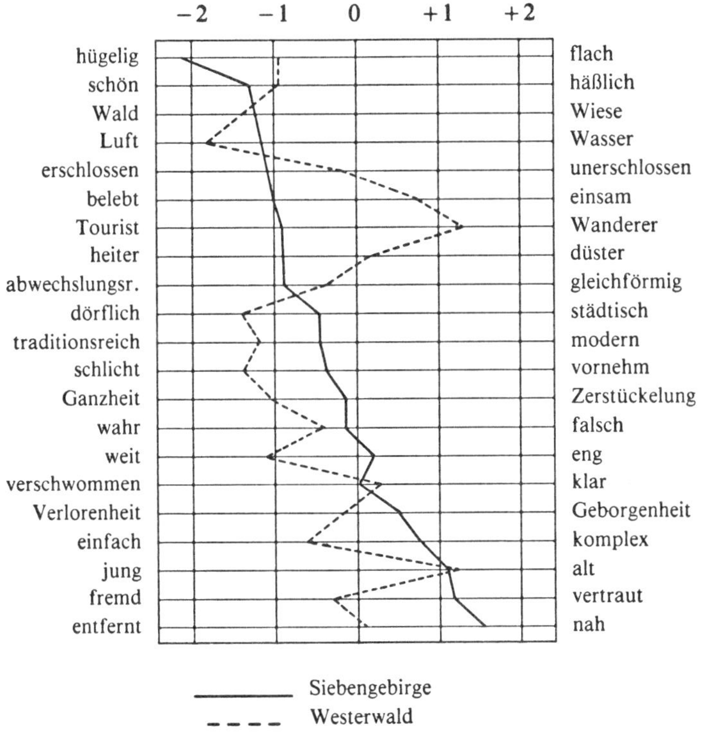

## Das Reiseländerimage der Karibik

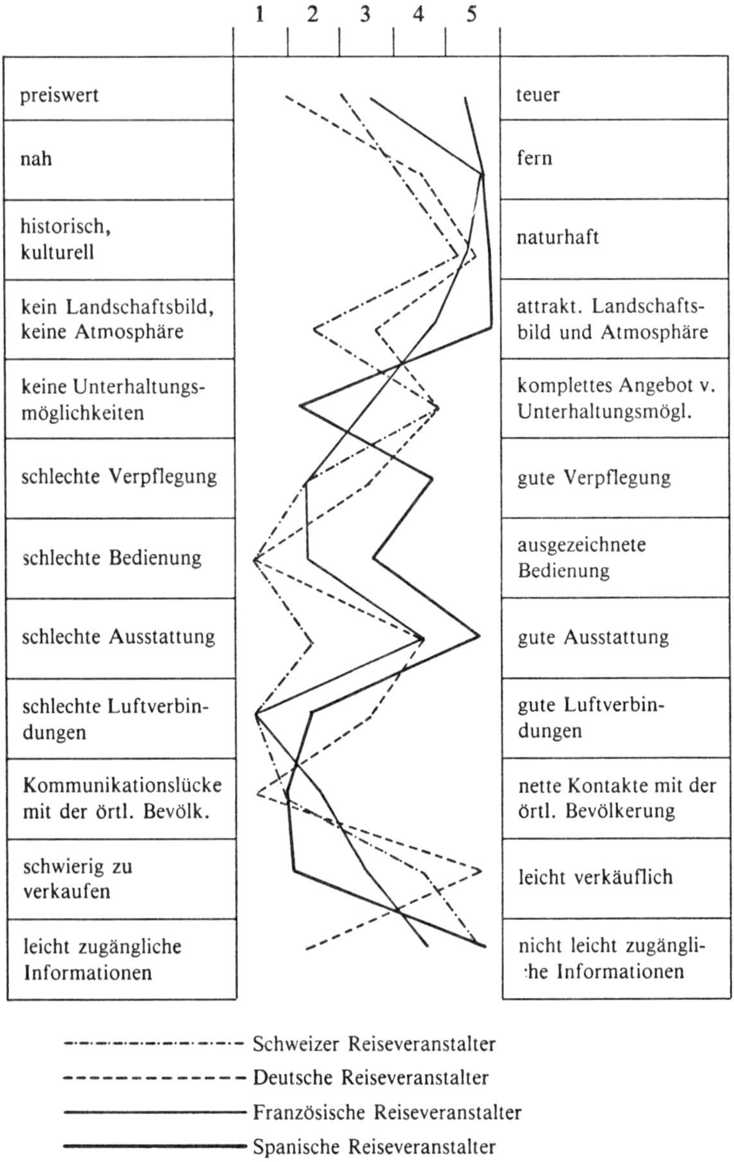


Quelle: World Tourism. Organization WTO

# VERKAUFSFÖRDERUNG (SALES PROMOTION)

Auch im Bereich des Fremdenverkehrs ergänzen sich Werbung und Verkaufsförderung, letztere leitet den Kaufakt ein. Verkaufsförderung (Sales Promotion) ist ein selbständiges Marketinginstrument, wenn auch enge Querverbindungen zu Werbung und Public Relations bestehen bzw. bestehen sollten. Verkaufsförderung kann am Ort des Verkaufs (Point of Sale – POS) oder anderswo eingesetzt werden.

In Anlehnung an Krippendorf verstehen wir unter Verkaufsförderung alle Maßnahmen zur Bestgestaltung der Kontakte zwischen Angebotsträger und kaufwichtigen Personen (persönliche Sales Promotion) sowie Optimierung der äußeren Bedingungen, unter welchen solche Kontakte stattfinden und die Leistungen der Angebotsträger präsentiert werden (sachliche Sales Promotion).

Verkaufsförderung zielt also auf Multiplikatoren und Vertriebsstellen (Distributionsstellen) sowie – womöglich gleichzeitig – auf Konsumenten.

Diese Bereiche lassen sich freilich nicht immer exakt voneinander abgrenzen.

Es zählt zu den vorrangigen Aufgaben der Marketingarbeit für den Fremdenverkehr, womöglich immer wieder neue Multiplikatoren zu finden und zu gewinnen. Zu den wichtigsten zählen:

Reiseveranstalter, Reisebüros,
Verkehrsträger,
Autoklubs,
Geldinstitute,
Industrie- und Handelsbetriebe (Firmenleitung und Betriebsräte),
Universitäten, Hochschulen,
Ärzte,
Reformhäuser,
Vereine und sonstige Vereinigungen,
Schulen, Pfarren usw.

Die Verkaufsförderung soll die Multiplikatorstellen und -organisationen bzw. deren Verteilungs-(Distributions-)Netz veranlassen,

- möglichst viele unserer Angebote in ihr Programm aufzunehmen;
- sie mit Nachdruck und Einsatz auf dem Markt anzubieten;
- möglichst viel davon zu verkaufen;
- in der Folge von uns immer neue Angebote zu übernehmen

(theoretisches Endziel: exklusiver Verkauf unseres Angebotes).
Die an das Publikum gerichtete Verkaufsförderung soll den Kauf (die Buchung, Bestellung) und damit die Nutzung unserer Angebote dem Kunden möglichst leichtmachen und in sympathischer, kaufanreizender Form dieses Angebot zeigen. Damit kann eine bevorzugte Einstellung (Präferenz) für unser Angebot auf Dauer geschaffen werden.

## MULTIPLIKATORENBEZOGENE VERKAUFSFÖRDERUNG

- Ständige Präsentation (Wachhaltung) des Angebotes beim Verkäufer
- Persönliche Kontaktpflege (durch Besuche)
- Brief-, Telefon-, Telex-, Telefax-, Bildschirmtext-, Mikrofiche-Kontakte
- Arbeitssitzungen (workshops) am Ort des Angebotes oder am Ort der Nachfrage (in letzter Zeit besteht allerdings mitunter ein Überangebot an solchen Veranstaltungen)
- Studienreisen: sie finden normalerweise in zwei Formen statt:
  a) Für leitende Persönlichkeiten (Manager) und Entscheidungsträger der verkaufenden Firmen und Institutionen.
  Zweck: Erste Präsentation neuer Angebote bzw. neuer Gebiete; Sympathie- und Beziehungsbildung; Public Relations.
  b) Für das Verkaufspersonal.
  Zweck: Das zum Verkauf aufliegende Angebot im Detail (Hotels, Verkehrsträger, sportliche Aktivitäten usw.) aktiv kennenzulernen, als wäre man selbst der Gast. Sympathiebildung beim

Verkäufer – was dieser genau kennt und sympathisch findet, wird er als erstes empfehlen und überzeugend verkaufen.

- Informationen und Trainingsarbeit für das Verkaufspersonal
- Wettbewerbe, Prämiierungen, kleine Aufmerksamkeiten
- Gemeinsame Öffentlichkeitsarbeit und Werbeaktionen: Insertion, Radio- und TV-Werbung, Plakatierung, Werbebriefe, Auslagengestaltung, Presse- und Publikumsveranstaltungen, Zurverfügungstellung von Blankovordrucken von Prospekten und Plakaten (Shells), von Fotos und Filmen.

  Diese Art der Zusammenarbeit ist in jedem Falle vorzuziehen den
- Barleistungen (z. B. für die Aufnahme in den Verkaufsprospekt). Solche Barleistungen kommen eigentlich nur in Frage, wenn sie für neue Publikumsaktivitäten des Multiplikators unbedingt notwendig sind bzw. ein neues Angebot im Markt plaziert werden soll. Auf jeden Fall empfiehlt sich dabei eine Beschränkung auf die Anlaufzeit. Es sollte in diesem Zusammenhang allerdings auch beachtet werden, daß die Präsenz unseres Angebotes in den Veranstaltungskatalogen eine nachhaltige Werbewirkung über den tatsächlichen Verkauf hinaus hat. Heute kommen bei verschiedenen Angebotsformen bereits bis zu 20 Katalogmitnahmen auf eine Buchung.

## PUBLIKUMSBEZOGENE VERKAUFSFÖRDERUNG

### MASSNAHMEN AM ORT DES VERKAUFS (POINT OF SALE)

Die heutige Verkaufsförderung stützt sich in starkem Ausmaß auf Maßnahmen am Verkaufsort selbst. Präsentation der Ware und der Leistung hat dabei Vorrang.

Auf die Erfordernisse des Fremdenverkehrs übertragen bedeutet dies verkaufsgerecht gestaltete Innenräume (und auch Schaufenster), um den Interessenten (Gästen) das Angebot zu präsentieren.

| Betrieb | Art der Innenräume |
|---|---|
| Reiseveranstalter, Reisebüros | Geschäftsräume |
| Informationsstellen | Auskunftslokale |
| Verkehrsträger aller Art | Kassenräume, Wartesäle, Fahrgastraum |
| Sportgeschäfte, Handel mit Freizeitwaren | Geschäftsräume, speziell auch Schaufenster |
| Geldinstitute, Wechselstuben | Geschäftsräume |
| Hotels, Gasthöfe und Pensionen | Rezeption, Aufenthaltsräume |
| Restaurants und Cafés | Speisesäle, Gastzimmer |

In solchen Innenräumen (und soweit als möglich auch in den Schaufenstern) präsentieren wir das Angebot zum Teil unterstützt in natura (Information durch den Angebotsträger [Hoteliers, örtliche Auskunftskräfte] selbst; Kostproben von typischen Spezialitäten, Folklore usw.) sowie durch Bildmaterial oder mit Hilfe von Plakaten, Schildern, Aufstellern. Auch audiovisuelle Mittel wie Tonbildschauen, Tonfilme kommen in Frage.
Kleine Aufmerksamkeiten für Buchende (Luftballons für Kinder, um das kinderfreundliche Angebot zu untermauern) ergänzen die Bemühungen am Ort des Verkaufes.
Sehr bewährt haben sich gleichzeitig durchgeführte Wettbewerbe, Preisausschreiben usw., die das Publikumsinteresse stimulieren und neue Kundenschichten anlocken.
Verkaufsfördernde Aktionen müssen in lokalen Medien (Lokalblätter, Stadtteilzeitungen, lokale Radio- und TV-Sender, Plakatstellen im Ort usw.) werblich und redaktionell angekündigt werden, um erfolgreich zu sein. Oft ist eine redaktionelle Berichterstattung im Lokalteil einer Zeitung wirksamer als im Reiseteil!

## NUTZUNG DER WERBUNG IN DEN MASSENMEDIEN

Gestaltende Elemente der Werbung in den Massenmedien (Bild, Slogan, Text, Kennmelodie usw.) übertragen wir auch auf den Ort des Verkaufs. Die Breitenwirkung dieser Medien kann dadurch ge-

rade in der Phase der unmittelbaren Kaufvorbereitung und des Kaufentschlusses wirksamer werden.
Die folgende Übersicht zeigt deutlich, daß sich fast alle in den Massenmedien verwendeten gestaltenden Werbeelemente für die Verkaufsförderung nützen und speziell auf den Ort des Verkaufs (Point of Sale) übertragen lassen.

| | Prospekt | Inserat | Film- u. Fernsehwerbung | Hörfunkwerbung | Plakatwesen | Darbietung am Verkaufsort |
|---|---|---|---|---|---|---|
| Text (geschrieben oder gedruckt) | ● | ● | ● | | ● | ● |
| gesprochenes Wort | | | ● | ● | | ● |
| Bild | ● | ● | ● | | ● | ● |
| Bildsequenzen (Bildfolgen) | ● | ● | ● | | ● | ● |
| Musik | | | ● | ● | | ● |
| Lichteffekte | | | ● | | | ● |
| farbige Darstellungen | ● | ● | ● | | ● | ● |
| sonstige akustische Effekte | | | ● | ● | | ● |

Seien wir uns stets bewußt, daß einzelne Elemente der üblichen Werbemittel (Prospekte, Inserate, Fernsehspots usw.) ohne weiteres am Verkaufsort selbst eingesetzt werden können. Beispielsweise also der Slogan des Plakats in einem Kassenraum, das Bildmotiv eines Inserats oder eines Werbespots im Schaufenster, in der Rezeption usw.
Für die Raumgestaltung gilt generell: Die Eintretenden sehen zuerst in die Tiefe des Raumes, um sich zu orientieren. Weithin sichtbare (lesbare) Schilder, Zeichen, Fotos, Symbole ziehen den Blick an. Handelsbetriebe berichten immer wieder, daß deutliche, auch aus der Entfernung gut lesbare Beschriftungen über den Regalen und den Warenstapeln den Umsatz fördern.
Diese Beispiele lassen sich beliebig vermehren. Vor allem kommt es darauf an, die Verkaufsförderung mit der Werbekonzeption gut abzustimmen, d. h. Farben, Symbole, Bilder und Slogans aus dem

Bereich der Werbung in der Verkaufsförderung konsequent weiterzuverwenden und mit verkaufsstimulierenden Anreizen zu kombinieren. In unseren Werbemitteln sollen auch immer deutliche Hinweise auf Verkaufsstellen und Buchungsmöglichkeiten sowie Preis- und Angebotsbeispiele enthalten sein.

## DIREKTE BETREUUNG DER INTERESSENTEN

Sehr bewährte sich, wie schon vorher beschrieben, die direkte Betreuung durch ortskundige Fachkräfte in den Verkaufsräumen der Multiplikatoren.
Empfehlenswert erscheint es auch, die (in der Mehrzahl der Fälle vorhandene bzw. anregbare) gute Nachrede in den Dienst direkter Betreuung der Interessenten zu stellen, z. B.:
Betriebe, aber auch Orte, übergeben Karten mit anhängenden Anfragekarten an zufriedene Gäste, deren Name darauf vermerkt ist. Im Sinne „guter Nachrede" sollen solche Karten vom zufriedenen Gast an Interessenten weitergegeben werden. Schreiben diese tatsächlich an die betreffende Stelle und schließen sie in der Folge einen Urlaubsaufenthalt ab, so nimmt der ursprüngliche sowie der durch ihn gewonnene Gast an einer Verlosung teil.
Somit ein in jeder Hinsicht verantwortbarer Anreiz mit dem Effekt, gute Nachrede zu fördern und zu nützen.
Die verkaufsorientierte, z. B. in Zusammenarbeit mit einem Reiseveranstalter, Verkehrsträger, Reisebüro durchgeführte Vortragstätigkeit bei genau abgestimmten Zielgruppen, wie Skiclubs, Pensionistenvereinen oder Vertretern seminarveranstaltender Firmen, zählt ebenfalls zur Verkaufsförderung.

## EXKURS: VERKAUFSFÖRDERUNG IM TAGUNGS- UND KONGRESSGESCHÄFT

Generell gelten auch im Marketing für Tagungen und Kongresse alle Gesichtspunkte des Fremdenverkehrsmarketings. Einige Besonderheiten sind jedoch in der Verkaufsförderungsarbeit zu beachten:

- Das Denken in „Umwegsrentabilitäten" ist unter den Anbietern von Kongreßhäusern sehr stark verbreitet. Die daraus resultierende Preisgestaltung führt dazu, daß die Kongreßveranstalter von den durchführenden Institutionen (Kongreßhäuser, Kongreßstädte usw.) Gratisleistungen erwarten, wie z. B. die Zurverfügungstellung von Tagungsräumen.

- Der Konkurrenzdruck ist besonders hoch und noch im Steigen begriffen, während die Nachfrage, vor allem auf dem Sektor von Großkongressen, nur bedingt ausbaufähig erscheint.
- Wesentlich längere Vorlaufzeiten als im normalen Fremdenverkehrsmarketing sind zu beachten – meist drei und mehr Jahre.
- Der Markt ist stark den legislativen Einflüssen unterworfen, z. B. der Steuergesetzgebung verschiedener Länder in Hinblick auf die Abschreibbarkeit von Kongreßreisen.
- Persönliche Kenntnisse und Beziehungen und persönlicher Einsatz spielen eine sehr starke Rolle. Die eingesetzten Personen müssen hochspezialisiert sein, und es erscheint vor allem kaum möglich, Verkaufsförderung im Kongreßwesen sozusagen „nebenbei“ durch einen ansonsten bereits ausgelasteten Verkehrsamtsleiter oder Kurdirektor betreiben zu lassen.
- Im eigentlichen Absatz zeigt sich, daß nur sehr beschränkt Mittler eingeschaltet werden und die meisten Abschlüsse zwischen den Anbietern von Kongreßfacilitäten und den Kongreßveranstaltern direkt zustande kommen. Die letzteren müssen daher bei Börsen, Workshops bzw. durch persönliche Einladung angesprochen und sodann in konsequenter Nachfaßarbeit (follow-up) weiterbetreut werden.

# VERTRIEBSPOLITIK (DISTRIBUTION)

Nach H. Paul beinhaltet die Distribution (der Vertrieb) alle Aktivitäten, die dazu dienen, den Kunden die Verfügbarkeit über die Unternehmensleistungen zu verschaffen. Sie ist neben der Kommunikationspolitik das Verbindungsglied zwischen dem Unternehmen und dem Abnehmerkreis und muß mit den Unternehmens- und Marketingzielen abgestimmt sein. Man unterscheidet *Absatzmethoden* und *Logistik* (abgeleitet von „logistique" = physische Distribution). Letztere spielt im Fremdenverkehrsmarketing praktisch keine Rolle, weil ja die Dienstleistung weder gelagert noch angeliefert werden kann, sondern der Nutzer selbst zum Ort der Inanspruchnahme der Dienstleistung kommen muß, also für die Lösung der eigentlichen logistischen Probleme selbst sorgen muß, meist mittels der Inanspruchnahme von Verkehrsleistungen.
Im Fremdenverkehr versteht man deshalb unter Distribution nur die Absatzmethode, die das Vertriebssystem, die Absatzform und die Absatzwege umfaßt.
Die *Vertriebssysteme* können betriebseigen, d. h. juristisch und wirtschaftlich unselbständig und personell, finanziell und organisatorisch vom Hersteller abhängig sein (Filialen, Verkaufs- und Buchungsstellen). Ferner bestehen Vertriebssysteme in Form von Vertriebsgesellschaften, die zwar juristisch selbständig sind, aber dem maßgeblichen wirtschaftlichen und personellen sowie organisatorischen Einfluß des Herstellers unterliegen. Außerdem läßt sich der Vertrieb durch selbständige Vertriebsfirmen durchführen, was im Fremdenverkehr bevorzugt wird.

Die Wahl der *Absatzform* ist abhängig von den absatzpolitischen Zielen, den vorhandenen oder aufzubauenden Absatzgebieten und ihren Strukturen (lokal, regional, national oder international), den Produkten, den potentiellen Abnehmern und den vorhandenen finanziellen und personellen Möglichkeiten. Danach wird man sich für den Absatz mit betriebseigenen (Unternehmensangehörige, Reisende, Verkaufsbüros, Buchungsstel-

len) oder betriebsfremden (Vertreter, Agenten, Mittler oder Makler) Verkaufsorganisationen entscheiden.
Die Wahl der Absatzwege ist eine wichtige Entscheidung im Bereich der Distributionspolitik. Damit wird festgehalten, ob der Absatz direkt vom Hersteller zum Abnehmer oder indirekt unter Einschaltung selbständiger Absatzmittler des „Groß- und/oder Einzelhandels“ ein- oder mehrstufig erfolgen soll.

Die Marktverhältnisse sind von Gebiet zu Gebiet, Land zu Land unterschiedlich und außerdem meist kompliziert geschichtet und verästelt. Unser Vertrieb muß sich den jeweiligen Verhältnissen anpassen, um das Angebot an die Interessenten bestmöglich heranzutragen.

## DIREKTE UND INDIREKTE DISTRIBUTION

*Direkter Vertrieb (Distribution)* liegt vor, wenn der Angebotsersteller sein Produkt direkt an den Letztabnehmer verkauft. Direkter Vertrieb stützt sich auf eine eigene Unterkunftvermittlung, eigene Bettenzentrale bzw. die Organisation und Abwicklung von Pauschalangeboten, welche im eigenen Wirkungskreis zusammengestellt und direkt an Gästegruppen verkauft werden.
Direkte Distribution kommt auch für Teile (Segmente) des Angebotes in Frage. Beispiele:

- die bäuerliche Bettenzentrale eines Tales,
- Betriebsringe (etwa Hotelgruppen) bieten Hotelbuchung und Transportleistungen an.

Für die eigenständige Abwicklung bzw. für den Verkauf sind die entsprechenden behördlichen Konzessionen notwendig (etwa für die Zimmervermittlung). Diese Frage läßt sich aber auch durch Zusammenarbeit mit Konzessionsträgern, wie örtlichen Reisebüros, lösen. Solche Maßnahmen haben Servicecharakter und verbessern die Marktreife des eigenen Angebotes.
*Ein indirekter Absatzweg* liegt vor, wenn sich eine oder mehrere wirtschaftlich selbständige Unternehmungen als Käufer und Wie-

derverkäufer zwischen Angebotsträger und Letztabnehmer schieben.
Ab einer gewissen Größe des dafür verfügbaren Bettenangebotes/Kontingentes bemühen wir uns im Sinne einer Verstärkung unserer Absatzbemühungen um die Marktkraft (Potenz) der Reiseveranstalter und Reisebüros, weil wir dadurch auf möglichst vielen Märkten gegenwärtig sind.
Die große Bedeutung der Multiplikatoren empfiehlt vertrauensvolle Zusammenarbeit auch auf dem heiklen Gebiet der Provisionen.
Wie verschieden schon in einem Land die Intensität der Zusammenarbeit ist, zeigt die folgende Tabelle, die angibt, welche Provisionsvereinbarungen österreichische Fremdenverkehrsbetriebe mit ihren Marktpartnern getroffen haben (Quelle: Institut für Grundlagenforschung in Salzburg im Auftrag des a3-Verlages).

**Bestehende Provisionsvereinbarungen mit Touristikfirmen**

| | | |
|---|---|---|
| Alle Gastronomiebetriebe | | 64% |
| Betriebsart | Hotel | 85% |
| | Gasthof | 60% |
| | Pension | 57% |
| | Restaurant | 21% |

| Betriebe mit Geschäftskontakt zu Touristikfirmen zahlen Provision· | | | | | |
|---|---|---|---|---|---|
| | Alle Gastronomiebetriebe | Hotel | Gasthof | Pension | Restaurant |
| | | | in Prozent | | |
| keine Provision | 13 | 9 | 13 | 12 | 33 |
| unter 10% | 19 | 21 | 15 | 16 | 57 |
| 10% | 28 | 24 | 36 | 29 | – |
| 11–15% | 19 | 27 | 12 | 18 | – |
| 16–20% | 13 | 14 | 10 | 11 | – |
| 21% und mehr | 2 | 4 | 2 | – | – |
| keine Angabe | 6 | 1 | 12 | 14 | 10 |

Modell eines Vertriebssystems

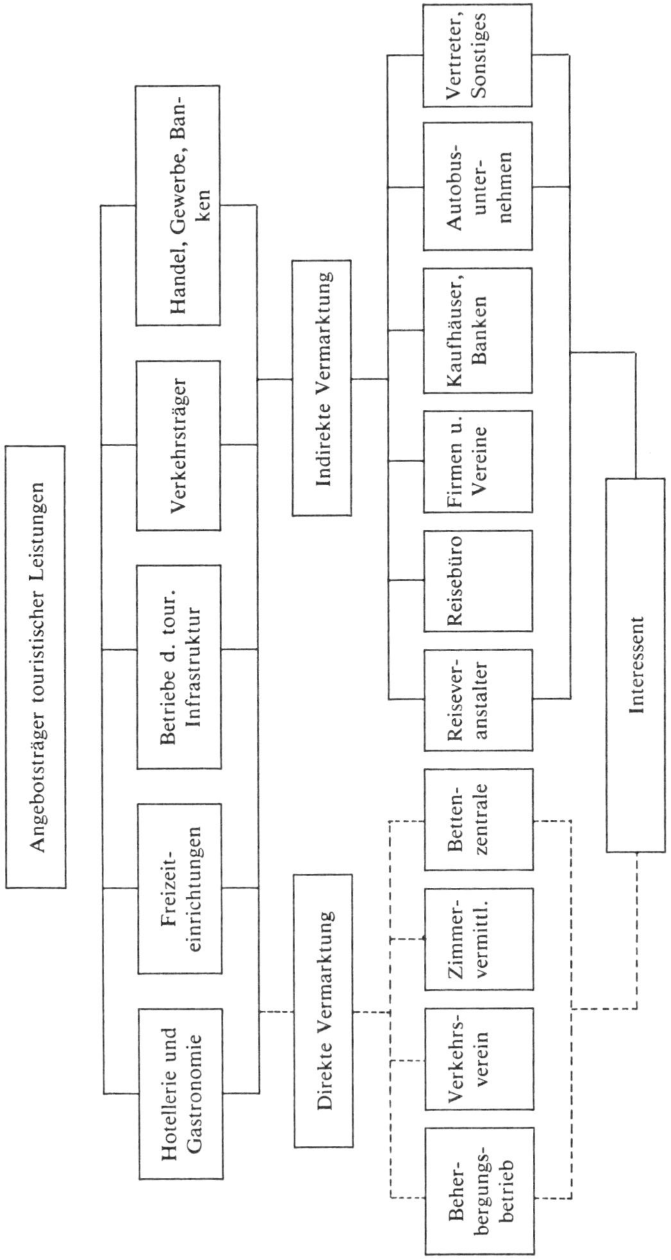

Unter Reisebüro im klassischen Sinn verstehen wir Unternehmungen, die sich auf den Verkauf von touristischen Leistungen spezialisiert haben. Diese Leistungen können von einem Reiseveranstalter oder Verkehrsträger produziert werden oder basieren auf einer Eigenveranstaltung des Büros. Eine besondere Rolle des Angebotes spielt beispielsweise die IATA-Lizenz, die zum Verkauf von Flugscheinen der IATA-Fluggesellschaften berechtigt. Ähnliche Lizenzverträge für den Vertrieb findet man auch bei den meisten Eisenbahngesellschaften.
Für die Angebotsstruktur eines Reisebüros sind weiters die Vertretungsverträge mit großen Veranstaltern von Bedeutung. Vielfach handelt es sich dabei um Exklusivverträge, die den Konkurrenzausschluß beinhalten und dafür höhere Provisionssätze bieten.
Neben den vorgefertigten Katalogpauschalen vermitteln viele Büros Individualreisen an Pkw-Fahrer, Hotelaufenthalte oder Schiffspassagen. Für spezielle Gruppen werden vielfach Sonderprogramme zusammengestellt; Studienreisen, Ausnutzung des GIT-Tarifes, Betriebsausflüge usw. spielen dabei die größte Rolle.
In vielen Ländern ist die Ausübung des Reisebürogewerbes völlig frei, zum Beispiel in der Bundesrepublik Deutschland. Spezielle Reisebürozulassungsgesetze gibt es z. B. in Belgien, Frankreich und auch in Österreich.
Die österreichische Gewerbeordnung kennt den Begriff des vollkonzessionierten Reisebüros und solche Betriebe, die über verschiedene Teilberechtigungen verfügen.

Folgende Teilberechtigungen können auch einzeln erteilt werden:
- Die Ausgabe, Vermittlung oder Besorgung von Fahrausweisen für Fahrten mit Kraftfahrzeugen im Inland, die Veranstaltung und Vermittlung von Gesellschaftsfahrten in Kraftfahrzeugen, mit dem Recht zur Vermittlung und Besorgung von Unterkunft oder Verpflegung für die Teilnehmer an Gesellschaftsfahrten mit höchstens zwei Nächtigungen im Ausland.
- Die Vermittlung und Besorgung von Unterkunft oder Verpflegung innerhalb der Standortgemeinde für bereits in der Standortgemeinde anwesende Reisende.

- Die Führung eines Fremdenzimmernachweises für das Gebiet der Standortgemeinde für bereits in der Standortgemeinde anwesende Reisende.

Wer die Berechtigung zur Ausübung eines Reisebürogewerbes erreichen möchte, hat eine Konzessionsprüfung abzulegen, die wiederum an die Erfüllung bestimmter Voraussetzungen gebunden ist. Die Reisebüros stellen nach wie vor den stärksten Vertriebspartner für die Reiseveranstalter dar. Durch eigene Verkaufsbüros der Veranstalter und Ausnützung verschiedenartigster Distributionswege (z. B. Banken) hat sich der Konkurrenzkampf der Reisebüros in den letzten Jahren verschärft. Zusätzlich machen die Konsumentenschützer den Reisebüros auf der Suche nach der Katalogwahrheit immer mehr zu schaffen.
Bei einer Untersuchung des Springer-Verlages hatten die befragten Reiseveranstalter die Möglichkeit, von 25 vorgegebenen absatzpolitischen Maßnahmen die für ihre Marketingarbeit bedeutendsten auszuwählen.

**Die Bewertung der Marketinginstrumente im Urteil der Veranstalter**

| *Marketinginstrumente* | *besonders geeignet* | *geeignet* | *ungeeignet* |
|---|---|---|---|
| | | *– in % –* | |
| Prospekte, Kataloge | 69 | 27 | 4 |
| Verbesserung der Reiseleitung | 58 | 38 | 4 |
| Einführung neuer Angebote | 50 | 38 | 12 |
| zusätzliche Serviceleistungen und Ausstattung der Angebote | 50 | 33 | 17 |
| Verkaufsförderungsaktionen und Promotions Richtung Reisemittler-Reisebüros | 43 | 38 | 19 |

Auch bei den Vertriebsbemühungen über das Reisebüro steht nicht das Angebot, sondern der potentielle Kundenkreis im Mittelpunkt des Geschehens. Es verwundert also nicht, wenn ebenso für diesen Absatzweg Typologien über die möglichen Käufer erarbeitet wurden.
Klaus D. Hartmann gab in einem Vortrag anläßlich der ITB in Berlin Antwort auf die wichtige Frage: Wer ist ein Reisebürokunde, und wer ist ein Nichtkunde?

| Reisebürokunden | Nichtkunden |
|---|---|
| ● Neigung zum geplanten, gut organisierten Reiseverhalten | ● Neigung zur Improvisation, nur grobe Planung<br>oder:<br>stärkere Festlegung der Urlaubsgewohnheiten, „Stammquartier“ |
| ● Neigung zur Bequemlichkeit, Faulheit | ● Freude an der Urlaubsplanung, mehr Eigenaktivität |
| ● Komfort steht im Vordergrund | ● weniger anspruchsvoll, vor allem bezüglich der Unterkunft |
| ● Großzügig | ● Sparsam |
| ● Gesellig | ● Weniger Neigung zum Anschluß an andere Menschen, auf Familie beschränkt |
| ● Mehr Reiseerfahrung (vor allem mit Auslandsreisen) | ● Weniger Reiseerfahrung |
| ● Evtl. mehrfach im Jahr Urlaubsreisen | ● Evtl. nicht jedes Jahr Urlaubsreise |

Es wurde festgestellt, daß als Reisebürokunden vor allem vier Typen zu erwarten sind:

1. Gesellige Menschen, die gern mit anderen zusammen reisen und gut mit ihnen auskommen, sich vielleicht sogar ohne Resonanz bei einer größeren Gruppe von Menschen nicht recht wohl fühlen. Man denkt dabei an heitere, bewegliche, betriebsame, doch etwas bequeme Leute. Diese Vorstellung beruht zweifellos auf der Meinung, daß das Reisebüro hauptsächlich Pauschalreisen vermittle.
2. Finanziell gutgestellte, reiselustige und reiseerfahrene Menschen, die mit dem Flugzeug weit reisen, vielleicht auch wenig Zeit für die Organisation der Reise haben. Es ist vor allem der moderne, sportliche Manager oder Geschäftsmann, der den befragten Personen hier vorschwebt.
3. Menschen, die sehr genau sind, auf Sicherheit gehen, kein Risiko eingehen wollen und alles bis aufs kleinste vorausplanen.

Man denkt hier an einen „Beamtentyp".

4. Unsichere Menschen, die Beratung brauchen. Man stellt sich diese auch als einfache, bescheidene Leute vor, die wenig Geld haben und nach billigen Pauschalreisen suchen, weil sie sich nicht mehr leisten können. Daneben kommen recht negative Kennzeichnungen dieses Menschentyps vor: unselbständig, einfältig, dümmlich, Herdenmensch, unbeweglich, unentschlossen, bequem. Man meint, diese Leute bräuchten die Anlehnung an eine größere Gruppe, sie seien die typischen „Mitläufer". Hier macht sich also wieder das negative Image der Pauschalreisen als „Massentourismus" bemerkbar.

Für die aktive Zusammenarbeit mit Reiseveranstaltern und Reisebüros sind erforderlich:

- zeitgerecht erstellte, möglichst vielfältige Angebote,
- organisierte Abwicklung am Ort (z. B. eigene, auch gegenüber den Veranstaltern federführende Reiseleitung).

Diese Leistungen erfordern einen verhältnismäßig hohen finanziellen Aufwand (für leistungsfähiges Personal, zeitgemäße Büroausstattung, Telex usw.), der sich aber bezahlt macht.
Faustregel: Für je 100.000 Nächtigungen oder 1000 Betten eine hauptberufliche Fachkraft, um den gesamten Ablauf ausreichend zu betreuen. Pro weitere 100.000 Nächtigungen oder 1000 Betten ist jeweils eine weitere hauptberufliche Fachperson notwendig.
Schon die für den guten Ruf unentbehrliche rasche Beantwortung aller Anfragen, Erfüllung der Buchungen sowie Planung und Durchführung von Veranstaltungen erfordern umfangreiche, daher auch zeitbeanspruchende personelle, technische und damit auch finanzielle Leistungen. Hier handelt es sich um den im Fremdenverkehr so notwendigen höheren Organisationsgrad des Angebotes an der Basis.
Beide Teile zufriedenstellende Zusammenarbeit mit Reiseveranstaltern und Reisebüros erfordert außerdem ausreichende Mindestkapazitäten (= Kontingente). Sind einzelne Orte oder Betriebe dafür nicht leistungsstark genug, so bietet sich der Zusammenschluß mit gleichwertigen Partnern an. Ein lokales Reisebüro kann dabei eine wichtige Rolle als Konsolidierungsstelle für das lokale Angebot und als Partner für den Reiseveranstalter im In- oder Ausland spielen, indem es starre Kontingentverträge, die normalerweise der örtlichen Hotellerie kaum Spielraum lassen, durch flexiblen Spitzenaus-

gleich je nach Nachfragesituation auflockert. Ein erfolgreiches Beispiel dafür gibt es im österreichischen Ötztal (siehe unten).
Letztlich geht es für den einzelnen Betrieb und Ort darum, Marktmacht zu erlangen, um Treibender und nicht Getriebener im Marketinggeschehen zu werden, der die Entscheidungen der im Markt Stärkeren hinnehmen muß. Dazu ist die Verfügungsgewalt über zumindest einen wesentlichen Teil des Fremdenverkehrsangebotes notwendig. Dieses Angebot setzt sich in der Regel aus den Anziehungsfaktoren eines Zielgebietes, der Bettenkapazität und aus den Leistungen der Verkehrsträger zusammen. Erst diese drei Bereiche zusammen ergeben ein komplettes touristisches Mindestangebot.

Das Bestreben jedes Marktpartners ist es, durch Einfluß auf alle oder zumindest einen dieser drei Faktoren Marktmacht und damit die Möglichkeit zum Einsatz des Marketinginstrumentariums zu gewinnen. Sehr oft findet dies z. B. in der Form statt, daß Verkehrsträger, wie Fluglinien, eigene Hotelketten aufbauen, oder solche kaufen. Für den einzelnen Ort oder ein einzelnes Hotel bietet sich eher die Verfügungsgewalt über das touristische Unterkunftsangebot an, um entsprechend stark gegenüber Reiseveranstaltern und anderen Marktpartnern auftreten zu können.

Diese Verfügung über touristische Unterkunft, sei es in Form von Angebotsringen von Hotels, sei es in Form von Basisorganisationen von Orten, Regionen und ganzen Ländern, ist für das kraftvolle Agieren am Markt notwendig.

## BEISPIEL: DATENVERBUND TUI – HANNOVER ÖTZTALER REISEBÜRO

### 1. Ausgangssituation

Die Ötztaler Reisebüro Gesellschaft m.b.H. fungiert in der Region Ötztal vorwiegend als Incoming-Agentur für Einzelkunden, Gruppenreisen und Turnusveranstalter. Bei weitem größter Partner ist die TOURISTIK UNION INTERNATIONAL mit den Veranstaltern Hummel, Touropa und Twentours.
Wie bei allen Incoming-Zweigen kristallisierte sich auch bei der TUI in den letzten Jahren ein ausgeprägter Trend zur Kurzfristbuchung heraus. Seitens des Verkaufsapparates wurde darauf mit

dem START-Reservierungssystem reagiert, wodurch an die 2.000 Buchungsbüros der Bundesrepublik online mit der EDV-Bettenvakanz der Zentrale Hannover kommunizieren und reservieren können.
Die Bettenaufbringung im Zielgebiet blieb dagegen vorerst im starren Schema: Bis zu einem Jahr vor dem Urlaubstermin wurden fixe Kontingente eingekauft, die dem Veranstalter im Schnitt bis 3 Wochen vor dem Reisetermin zur Verfügung standen. Unter Berücksichtigung der Mailing-Frist konnte man innerhalb etwa 4 Wochen vor Anreise nur mehr gegen Rückfrage im Zielgebiet buchen. Dieser Weg wird jedoch von den Reisebüros aus Zeit- und Kostengründen kaum gegangen, weshalb der Kunde für das Ötztal, meist aber auch für den Veranstalter verloren war.

## 2. Technische Lösung des Problems durch Pilotprojekt

Durch eine im Ötztaler Reisebüro installierte Mittlere Datenverarbeitungsanlage wurde es nach komplizierten und umfangreichen Tests möglich, daß dieser Rechner per Telefonleitung mit dem Großrechner der TUI in Hannover kommunizieren und im Dialog Kontingente verändern konnte. Gleichzeitig wurde die Möglichkeit geschaffen, die in Hannover getätigten Reservierungen jederzeit direkt in den Rechner in Sölden zu überspielen.

## 3. Praktischer Einsatz des Dialogbetriebes

Mit diesen neuen technischen Möglichkeiten werden nunmehr täglich die aktuellen Belegungsstände in Hannover abgefragt und gezielt darauf reagiert: Dort, wo sich die Kontingente der 100%-Auslastung nähern, werden weitere Betten rekrutiert und dem Rechner in Hannover „gefüttert". Zeigt sich der Verkauf schleppend, werden sofort Kontingente zurückgenommen und in anderen Märkten angeboten. Somit können Angebot und Nachfrage täglich bestens abgestimmt werden.
Dadurch, daß der jeweilige Vermieter die Möglichkeit hat, innerhalb der bisherigen Verfallsfristen über den Rechner in Sölden Eigenbelegungen vorzunehmen, können freie Betten bis zum letzten Tag vor Anreise direkt und ohne Rückfrage gebucht werden. Umgekehrt hat der Hotelier auch die Möglichkeit, die beispielsweise durch private Stornierungen freigewordenen Betten einzuspeisen, worauf diese Kontingente zur selben Sekunde wiederum in 2.000 Büros buchbar sind.

## 4. Ersterfahrungen

Die Sommersaison 1985 wurde im Probebetrieb abgewickelt, die Wintersaison 1985/86 bereits im Echtbetrieb. Der Ablauf funktionierte nach einer kurzen „Gewöhnungszeit“ der Vertragspartner überraschend gut und relativ einfach. Obwohl mit der Saison 1984/85 aus technischen Gründen keine Vergleiche möglich sind, läßt folgende Statistik der WS 1985/86 auf eine starke Intensivierung des Kurzfristgeschäftes schließen:

| Tage zwischen Buchung und Anreise | % der insgesamt gebuchten Teilnehmer | % kumuliert |
|---|---|---|
| 0– 3 | 10,61 | 10,61 |
| 4– 7 | 3,33 | 13,94 |
| 8– 14 | 6,17 | 20,12 |
| 15– 21 | 7,50 | 27,62 |
| 22– 28 | 6,17 | 33,79 |
| 29– 56 | 23,33 | 57,12 |
| 57–356 | 42,88 | 100,00 |

## 5. Resümee und Weiterentwicklung

Die erste Wintersaison hat gezeigt, daß im Bereich der kurzfristigen Angebotsoptimierung noch große Reserven steckten. Die gesetzten Maßnahmen führen jedoch selbstverständlich nur zum Erfolg, wenn vom Markt bereits entsprechender Druck vorhanden ist. Das eingesetzte System kann Nachfrage zum gewünschten Ziel führen, jedoch keinerlei Nachfrage schaffen. Dies zeigte sich im abgelaufenen Sommer 1986, wo sich der Einsatz des Systems kaum auswirkte.

Die Planungen gehen dahin, künftig weitere potente Partner anderer Märkte in das System einzubinden und das sensible Spiel von Angebot und Nachfrage über einen Bettenpool möglichst zu optimieren.

# ORGANISATION EINES RESERVIERUNGSSYSTEMS

Wie eine solche Basisorganisation auf den verschiedenen Ebenen gestaltet und betrieben werden soll, darüber gibt eine Empfehlung des Kuratoriums für den österreichischen Fremdenverkehr Auskunft:

## AUF EBENE DER ORTE/REGIONEN:

- Der Einzugsbereich einer lokalen bzw. regionalen Basisorganisation für die Vermittlung oder Besorgung von Unterkünften für Gäste und Reisebüros ergibt sich aus der Fremdenverkehrsintensität des Gebietes – je größer die Angebotsdichte, desto kleiner wird in der Regel der geografische Einzugsbereich der Organisation sein.
- Wenn ein leistungsfähiges Reisebüro am Ort/in der Region vorhanden und willens ist, die Aufgabe der Buchung von Unterkünften zu übernehmen, so hat der Ort/die Region einen Zusammenarbeitsvertrag mit diesem Reisebüro anzustreben.
- Ist dies nicht der Fall, sollte die örtliche/regionale Fremdenverkehrsstelle diese Aufgabe übernehmen, wobei für die erste Stufe eine nichtgewerbliche Vermittlung (auf fremden Namen und für fremde Rechnung) empfohlen wird, für die zweite, bereits ausgebaute Stufe, die Besorgung (im eigenen Namen und für fremde Rechnung) von Unterkünften in gewerblicher Form (Reisebürokonzession).
- Örtliche Reservierungsstellen scheitern oft am Mißtrauen der örtlichen Fremdenverkehrswirtschaft in bezug auf eine objektive Zimmervermittlung. Dieses Problem kann durch Transparenz entschärft werden, indem den Beteiligten die Anfragebeantwortungs- und Reservierungsvorgänge auf Wunsch offen dargelegt werden. Andererseits muß dem Verantwortlichen der Reservierungsstelle ein Entscheidungsspielraum bei den Reservierungen eingeräumt werden, wobei die Gästewünsche und deren bestmögliche Befriedigung Maxime des Handelns sein sollen. Es ist daher für eine solche Tätigkeit eine personelle Qualifikation erforderlich.

- Generelle technische Grundsätze für die Arbeit der örtlichen Basisorganisationen:
  Grundsätzlich besteht ein offenes Kontingent (die Unterkünfte können von beiden Vertragspartnern – Vermietern und Reservierungsstellen – abgerufen werden), das sich aus einigen Angebots- und Preiskategorien zusammensetzt.

Es braucht nicht das gesamte Angebot erfaßt sein, sondern ein kundengerecht aufbereitetes Angebot für alle in Frage kommenden Zielgruppen, das in geografischer und betrieblicher Hinsicht repräsentativ für den Ort und die Region ist.

Die Preisangabe erfolgt immer in Bruttopreisen, welche die Provision für Reisemittler und eventuelle Kosten für die Reservierungsstelle enthalten. Abschlüsse mit Reiseveranstaltern werden in der Regel gesondert vereinbart.
Innerhalb einer Werberegion sollen kleine Orte eine gemeinsame Reservierungsstelle gründen.

## AUF EBENE VON GROSSREGIONEN (Z. B. BUNDESLÄNDERN)

- Vorzugsweise sollte der Vertrieb eines repräsentativen und umfassenden Landesangebotes durch ein oder mehrere leistungsfähige Reisebüros im Lande erfolgen.
- Wenn dies nicht möglich ist, so sollten die Landesfremdenverkehrsstellen Landesreservierungsstellen gründen und betreiben, soweit und solange der Entwicklungsstand des Landes dies erfordert.
  Diese Landesreservierungsstellen sollen die beste *Zusammenarbeit mit in- und ausländischen Reisebüros* pflegen und selbst immer eine *Reisebürokonzession* haben.
- Die Aufgaben solcher Landesstellen sollten sein:
  - Erstellung und Vertrieb eines umfassenden und repräsentativen Landesangebotes, solange dieses nicht durch die örtlichen Reservierungsstellen angeboten wird.
  - Bearbeitung direkter Reservierungsanfragen an die Landesstellen.
  - Spitzenausgleich zwischen Orten und Regionen.
  - Erarbeitung und Vertrieb landesweiter, zielgruppenspezifi-

scher Angebote (z. B. Angebote für verschiedene Sportarten, für Kur-, Städtebesuche, Kongresse usw.).
  - Funktion als Anlaufstelle für Reiseveranstalter und andere Akteure des organisierten Reisens.
- Die *Arbeitsweise* einer Landesvertriebsstelle sollte nach folgenden Gesichtspunkten ausgerichtet sein:
  - Marktorientiert, möglichst kommerziell.
  - In engster Zusammenarbeit mit der offiziellen Werbestelle des Landes.
  - Sie greift grundsätzlich auf Kontingente der örtlichen Reservierungsstellen zurück und arbeitet über diese; wenn dies nicht möglich ist, unterhält sie eigene Kontingente.
  - Ständiger Erfahrungsaustausch mit anderen Landesreservierungsstellen.

## AUF NATIONALER EBENE

Angebotsgruppenspezifische Reservierungssysteme, die in Hinblick auf einen effizienten Verkauf des Fremdenverkehrsangebotes eines ganzen Staates aufgebaut wurden, sollten folgende Bedingungen erfüllen:

- Den wirtschaftlichen Erfordernissen der Hotellerie und des Vertriebsnetzes (Reiseveranstalter, Reisebüros) entsprechen.
- Abstimmung mit den Aktivitäten der werblichen Stellen.
- Überregionale oder nationale Reservierungssysteme, von denen es in Zukunft sicher nicht nur eines geben wird, sollten so ausgerichtet sein, daß ein technischer Zusammenschluß (interfacing) grundsätzlich möglich ist.
- Die Systeme sollten so gewählt sein, daß sie der gewerblichen Struktur der Fremdenverkehrsbereiche Rechnung tragen. (Dominieren große oder mittlere Betriebe, Familienbetriebe oder anonyme Anlagen? usw.)

Jene Systeme haben absoluten Vorrang, die an ein leistungsfähiges Vertriebsnetz angeschlossen sind.

## GRUNDSÄTZLICHES ZUR DISTRIBUTIONSPOLITIK

Wenn auch die Distribution in jeder Situation und auf jedem Markt immer neu durchdacht werden muß, da die unterschiedlichen Verhältnisse gewisse Änderungen und Modifikationen der Grundkonzeption bedingen, gilt doch stets die Grundregel: Distribution kostet Geld, und zwar umso mehr Geld, je größer der Konkurrenzdruck und je mächtiger und wählerischer der Gast wird. Diese finanziellen Mittel müssen entweder in eine eigene Distributionsorganisation investiert oder anderen für den Betrieb einer solchen Organisation gezahlt werden. Die Summen bleiben ziemlich konstant, die Einflußmöglichkeit ist jedoch verschieden und sollte im Sinne eines Einflußzuwachses für uns selbst verändert werden.

# PREISPOLITIK

Unter Preispolitik werden alle Maßnahmen verstanden, die im Bereich der Preisbildung ergriffen werden, um das gesetzte Marketingziel zu erreichen.
Für die Wirksamkeit der Preispolitik bedarf es einiger Voraussetzungen, wie z. B. Markttransparenz (der Preis besitzt erst dann Aussagewert, wenn er mit Wettbewerbspreisen vergleichbar ist) oder Preisempfindlichkeit des Marktes (Güter des täglichen Bedarfes sind preisempfindlicher gegenüber Anschaffungen mit Investitionscharakter). Weitgehende Preisunempfindlichkeit finden wir ebenso bei Käuferschichten mit hoher Kaufkraft oder in der Situation eines Verkäufermarktes.

Die preispolitische Maßnahme wird einerseits durch die Festlegung des Preises gesetzt, wirkungsvoller allerdings durch die Preisdifferenzierung. Preisdifferenzierung liegt vor, wenn die gleiche Leistung zu unterschiedlichen Preisen verkauft wird, oder aber auch dann, wenn unterschiedliche Leistungen zum gleichen Preis angeboten werden.

Für das touristische Angebot kommt der Preispolitik eine sehr große Bedeutung zu. Der ausgeprägte Wunsch nach Preisinformationen ist auch der Tabelle des 4-Phasen-Modells (siehe Seite 147) zu entnehmen.
Zur Bedeutung des Preises wurde von der Studentischen Arbeitsgemeinschaft für Tourismus an der Fachhochschule München eine Untersuchung vorgenommen. Danach führen 75% der Befragten einen Preisvergleich durch.

**Ergebnisse einer Untersuchung zur Bedeutung des Preises bei Flugpauschalreisen**

| | |
|---|---|
| *1. Vorgehen beim Preisvergleich*<br>(Befragte in %; n = 198) | |
| Vergleich der Preise verschiedener Hotels | 39% |
| Angebots- und Grundpreisvergleich ohne Zuschläge | 22% |
| Richtiges Konzept beim horizontalen Vergleich (Zielort, Termin, Hotel, Dauer, Zuschläge) | 7% |
| Annähernd richtiger Vergleich, jedoch ohne Zuschläge | 6% |
| Vergleich von Hotelpreisen und Reiseterminen | 5% |
| Grundpreis und Zuschläge bei der Buchungsentscheidung berücksichtigt | 4% |
| Angebotsvergleich nach RB-Auskunft | 3% |
| Buchungsentscheidungen nach Vergleich von Hotel und Preisen für Extras (Exkursionen, Rundreisen usw.) | 4% |
| Sonstige Vergleichstechniken<br>z. B. billigstes Angebot, Preisvergleich zum Vorjahr (vertikal), Vor- und Nachsaisonpreisvergleich | 10% |
| *2. Warum wurde kein Preisvergleich gemacht?*<br>(n = 67) | |
| Zu großer Zeitaufwand | 22% |
| Preistabellen zu unübersichtlich | 9% |
| Kein Interesse | 24% |
| Keine Angaben | 10% |
| Sonstiges<br>wie z. B. • Preis im Reisebüro ausrechnen lassen<br>• kurzfristiges Buchen<br>• Angebot war extrem günstig<br>• Veranstalter stand bereits fest<br>• keine Erfahrung<br>• weil besserer Service mehr kostet | 35% |
| *3. Schwierigkeiten bei der Preisberechnung*<br>(n = 47; Mehrfachnennungen möglich) | |
| Anwendung der Zuschläge | 70% |
| Unübersichtliche Preistabellen | 60% |
| Anwendung der Ermäßigungen | 34% |
| Farbabstufungen in den Tabellen | 13% |
| Auffinden der entsprechenden Leistungen im Preisteil | 9% |
| Sonstiges (z. B. Verlängerungswochen) | 2% |

# DIE PREISBILDUNG

Der Preis zählt bekanntlich zu den wichtigsten Faktoren der Absatzpolitik: ein marktgerechter, stabiler Preis ist die wesentliche Voraussetzung für den dauernden Erfolg eines Fremdenverkehrsangebotes.

Die Preisbildung erfolgt immer unter Kosten- und Markterwägungen (Situation von Angebot und Nachfrage, Konkurrenzverhältnisse).

Die Kostensituation nämlich sagt etwas über die langfristige Untergrenze des Verkaufspreises aus, die Marktsituation über die erreichbare Höchstgrenze. Zur Ermittlung des Preises muß in einer dynamischen Wirtschaft die Deckungsbeitragsrechnung herangezogen werden.

Bei ihr geht man von der Differenz zwischen den Erlösen und den variablen, produktabhängigen Einzelkosten aus und stellt diese Differenz als Deckungsbeitrag den Fixkosten gegenüber. Der die Fixkosten übersteigende Betrag des Deckungsbeitrags ist dann der Gewinn (vor Steuern). Durch diese Art der Teilkostenrechnung ist das Unternehmen in der Gestaltung seiner Preispolitik wesentlich flexibler und kann auf veränderte Situationen am Markt oder im Unternehmen selbst besser und schneller reagieren. Zudem ermöglicht die Deckungsbeitragsrechnung eine Erfolgsverbesserung auch ohne generelle Umsatzzunahme durch bewußt und geplant gesteigerten Absatz von Produkten mit höheren Deckungsbeiträgen.

Bei der Preisbildung müssen auch die Provisionen und Prämien berücksichtigt werden, die an die Absatzmittler, den Außendienst oder an Dritte gezahlt werden. Meist ist es üblich, Provisionen und Prämien bei den produktbezogenen Absatzkosten in der Kalkulation zu berücksichtigen. Wichtig ist nur, daß sie – wo auch immer sie eingeordnet sind – die Preisbildung beeinflussen.

Wenn auch langfristig immer Vollkostendeckung als Untergrenze der Erträge angestrebt werden muß, gibt doch erst eine aussagekräftige Deckungsbeitragsrechnung die Möglichkeit, das Instrument der Preisdifferenzierung anzuwenden, das im Fremdenverkehrsmarketing infolge der Unmöglichkeit der Lagerhaltung des Angebotes von größter Wichtigkeit ist: Besser ein bereites, d. h. ausgabenwirksames Angebot zum Teilkostenpreis noch, als zum Vollkostenpreis nicht mehr absetzen!

Im Streben nach möglichst gleichmäßiger Auslastung kann als Mittel der Preispolitik die Preisdifferenzierung nach Gästegruppen bzw. nach Saisonen eingesetzt werden. Die Differenzierung kann sich entweder so ausdrücken, daß stark merkbare Unterschiede zwischen den Preisen für die gleiche Leistung bestehen oder auch zum gleichen Preis ein verschieden umfangreiches Angebotspaket offeriert wird. Die zweite Methode ist bei Angeboten, welche auf einkommensstarke Zielgruppen ausgerichtet sind, durchaus empfehlenswert. Zuschläge zum Grundpreis sind im allgemeinen psychologisch nicht empfehlenswert. Eher sollte die Preisdifferenzierung durch Abschläge kenntlichgemacht werden.

Nach Krippendorf sind folgende Preisdifferenzierungen möglich:

- *Preisdifferenzierung nach zeitlichen Kriterien.* Je nach Zeitpunkt des Kaufes gelangen verschiedene Preise zur Anwendung. Diese Art der Preisdifferenzierung kommt im Tourismus am häufigsten vor. Nach Jahreszeiten (Hauptsaison, Zwischensaison und sogar nach Wochentagen, z. B. Sonntagsverbilligungen in Stadthotels) werden die Preise differenziert. Zahlreiche Fremdenverkehrsträger haben jedoch noch nicht erkannt, daß sich insbesondere mit der Gewährung noch größerer Preisnachlässe in flauen Zeiten oftmals ein wesentlich höherer Absatzeffekt erzielen ließe.

  Die vorläufig höchst entwickelte Form zeitlicher Preisdifferenzierung ist die sogenannte „Bettenbörse“, wie sie 1985 im Tiroler Stubaital eingeführt wurde: Die Preise der Zimmer für die einzelnen Tage variieren je nach Nachfrage, Gäste können auch Termingeschäfte tätigen, also Zimmer für eine bestimmte Zeit zu einem bestimmten Höchstpreis suchen. Der Gast/das Reisebüro braucht erst dann zu kaufen, wenn der Preis auf die von ihm gewünschte Höhe fällt, sonst kommt keine Reservierung zustande. Der Hotelier seinerseits bestimmt sein von ihm eingegebenes Kontingent und die Mindestpreise, unter welchen er nicht verkaufen möchte. Totale Markttransparenz und der Appell an den Spiel- und Spartrieb der Gäste ergeben hier eine völlig neuartige Kombination. Das System wird mittlerweile für ganz Österreich angeboten.

- *Preisdifferenzierung nach verschiedenen Käuferschichten,* z. B. Preisnachlässe für Familien, Kinder, Studenten, Kurkartenbesitzer, IT-Reisende usw.

- *Preisdifferenzierung nach Umsatz,* z. B. Rabatte für Reisegruppen, Preisreduktion nach einer bestimmten Dauer der Inanspruchnahme (reduzierter Pensionspreis in Hotels nach 3 Tagen), Abonnements in Restaurants usw.
- *Preisdifferenzierung nach Qualitätskriterien,* z. B. Lage des Zimmers, Ausstattung der Unterkunft.
- *Preisdifferenzierung quantitativer Art,* z. B. Preisstaffel für Stammgäste, nach 5 Jahren 5% Rabatt usw.
- *Preisdifferenzierung nach der Stufe des Absatzweges,* z. B. Gewährung von Reisebüro-Kommissionen.
- *Preisdifferenzierung nach dem Zeitpunkt der Bezahlung,* z. B. Skonti, Rabatte für Vorauszahlung. Diese Art der Preisdifferenzierung kommt im Tourismus sehr selten vor.
- *Preisdifferenzierung nach dem Verwendungszweck.* Bezahlung unterschiedlicher Preise je nachdem, für welchen Zweck eine Leistung verwendet wird. Diese Art ist ebenfalls im Tourismus praktisch bedeutungslos.
- *Preisdifferenzierung nach räumlichen Kriterien.* Die Leistung wird auf verschiedenen räumlich voneinander abgegrenzten Märkten zu unterschiedlichen Preisen verkauft. Diese Variante erweist sich im Fremdenverkehr im allgemeinen als unzweckmäßig, da die Angehörigen der verschiedenen Teilmärkte gleichzeitig am Reiseziel auftreten können und eine unterschiedliche Behandlung eine Quelle für Friktionen bleibt. Der gleiche Einwand gilt ebenfalls für gewisse andere Arten der Preisdifferenzierung, insbesondere jener nach verschiedenen Käuferschichten, obschon sich hierfür eine plausiblere Begründung abgeben läßt.

Es ist daher auf jeden Fall notwendig, weder den Einzelgast, noch den in der Gruppe Reisenden durch den an Ort und Stelle erkennbaren differenzierten Preis zu brüskieren.
Dies gilt auch für alle Pauschalangebote. Wenn Großveranstalter bei speziellen Arrangements eine stark ermäßigende Gruppenstaffelung zuerkannt erhalten, sollen solche Preisunterschiede nicht generell erkennbar (transparent) sein, sondern von der Gesamtheit des Leistungspaketes verdeckt werden.

## Modell Preisbildungsprozeß

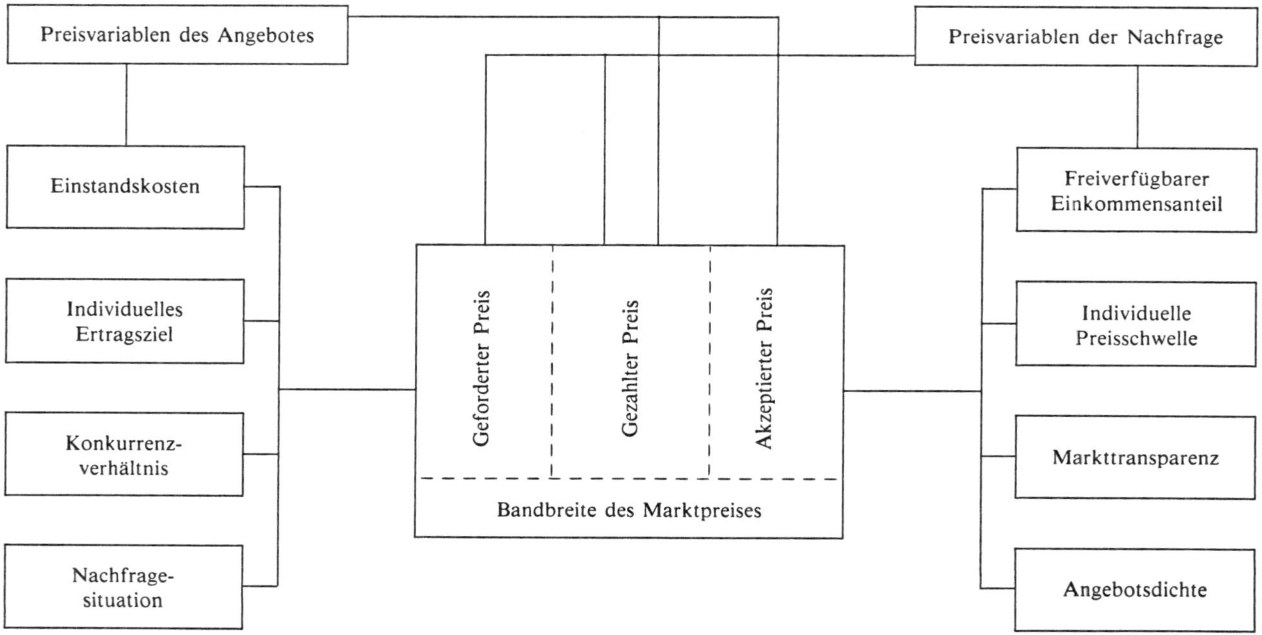

## GESETZLICHE REGELUNGEN FÜR DIE PREISGESTALTUNG

Bei der Preisgestaltung bzw. bei Angebotsangaben sind jeweils die Gesetze und Verordnungen jenes Landes zu beachten, in dem das Angebot mit Preis beworben wird. Das gilt auch bei allen Werbemitteln, Katalogpreisen etc.
Beispielsweise stellte das Bundesamt für Industrie, Gewerbe und Arbeit in Zürich folgende Richtlinien auf:
Laut Verordnung über die Bekanntgabe von Preisen sind für die Reiseangebote folgende Spezifizierungsangaben notwendig:

1. *Reiseziel* (Gegend, Ort usw.)
2. *Dauer des Arrangements* (in Tagen oder Wochen zu 7 Tagen)
3. *Zeitliche Begrenzung des Angebotes* (bestimmte Jahreszeiten, Wochen usw.; Angabe der Reisedaten, wenn diese auf einzelne Daten oder Wochentage beschränkt sind)
4. *Transportmittel* (Flugzeug – Angabe ob Linien- oder Charterflug, Schiff, Bahn, Bus usw.)
5. *Art der Unterkunft* (Hotel – Angabe ob 2er-, 3er-Zimmer bzw. bei Schiffsreisen ob 3- oder 4-Bettkabine –, Hotelklasse, Apartment, organisierte Privatunterkunft usw.)
6. *Verpflegung* (mit oder ohne Frühstück, Halbpension, Vollpension usw.)
7. *Obligatorische Zuschläge* (z. B. Flughafentaxe, Kurtaxe usw.)

Inserate und Kataloge sind selbständige Werbemittel; die Angebote müssen daher in jedem einzelnen Werbemittel spezifiziert werden. Sind keine Preise angegeben, entfällt die Pflicht zur Spezifizierung.

## PSYCHOLOGIE DES PREISES

Der Preis der Ware bzw. der Leistung ist für Anbieter wie für Interessenten gewiß in erster Linie ein ökonomisches Problem. Es zeigt sich aber auch ein starker psychologischer Einfluß; denn nicht zuletzt ist der Preis auch eine Vertrauensangelegenheit.

Die Preisgestaltung soll deshalb auch psychologisch abgestimmt sein:
In letzter Zeit zeigt sich immer deutlicher, daß die Mehrzahl unserer Gäste sehr konkrete Vorstellungen vom Preis hat. Die Gäste wissen ziemlich genau, was sie für einen Tag in einer bestimmten Unterkunftskategorie ausgeben wollen bzw. müssen. Innerhalb dieser Schwelle wird das attraktivste Angebot ausgesucht. Sogar sehr verlockende, jedoch oberhalb der Schwelle liegende Angebote werden nicht in Anspruch genommen. Diese Schwellenwerte variieren nach sozialer Schicht, Alter und sonstigen demografischen Merkmalen sowie Herkunftsländern (Mit größerer Entfernung des Urlauberwohnsitzes zum beabsichtigten Ferienziel steigt die Toleranz gegenüber dem Preisangebot. Je näher hingegen der ständige Wohnsitz zum Feriengebiet liegt, umso enger ist auch das Preisband). Wir besitzen darüber zur Zeit nur ansatzweise Untersuchungen, doch ist dies ein für die Angebotsgestaltung sehr wichtiges Thema, das in der Marktforschung jeder Ebene, also des Betriebes, des Ortes, eines Landes usw. in Zukunft eine wichtige Rolle spielen muß.

Vielerorts wird im Tourismus mit Eckpreisen gearbeitet, das sind Niedrigstpreise für das Angebot in seiner untersten Qualitätsstufe mit einem Mindestumfang an Leistungen. Zusätzliche Qualität und zusätzliche Leistungen werden durch Aufschläge ausgedrückt. Diese Methode, die insbesondere auch von Reiseveranstaltern verwendet wird, ist sicher geeignet, jene Zielgruppen anzusprechen, die sich fast ausschließlich durch den Preis motivieren lassen und weniger das Preis-Leistungs-Verhältnis in Rechnung stellen. Es sind dies vor allem einkommensschwächere Schichten. Diese Art der Preisgestaltung birgt aber eine gewisse Problematik, da sie offenkundig nicht dem Bedürfnis nach möglichst kompletten, zu einem einzigen festgelegten Preis buchbaren Inklusiv- und Pauschalangeboten entspricht, einem Bedürfnis, das offensichtlich in preissensiblen Zeiten stark zunimmt. Eckpreise können außerdem bei den Gästen durch einen nicht vorhergesehenen Umfang der Aufwendungen für Zusatzleistungen unliebsame Überraschungen verursachen. Dieses Mittel der Preispolitik ist daher eher mit Vorsicht anzuwenden. Wenn dies jedoch trotzdem geschieht, dann sollte der Eckpreis deutlich und klar als solcher gekennzeichnet und die angebotenen Leistungen genau umschrieben werden.

Pauschalangebote sollen keine simple Addition verschiedener Leistungen und Preise (eines Ortes oder Betriebes) darstellen, sondern

ein Paket sinnvoll integrierter, im entsprechenden Urlaubszeitraum leicht konsumierbarer und preislich günstiger Leistungen offerieren.
Das Pauschalangebot ist umso wertvoller, je bequemer es den praktischen Ansprüchen des Gastes entsprechend konsumiert werden kann. Die enthaltenen Zusatzleistungen sollen daher womöglich gegenseitig austauschbar sein, um den einzelnen Gast nicht zu zwingen, unerwünschte Leistungen in Anspruch zu nehmen bzw. trotz Bezahlung darauf zu verzichten.

## DAS PREIS-LEISTUNGS-VERHÄLTNIS

Im Zeitalter des Konsumerismus entwickeln unsere Gäste ein gutes Gespür für leistungsgerechte Preise bzw. preisgerechte Leistung. Stimmt dieses Verhältnis, braucht uns um den dauernden Erfolg nicht bange zu sein. Stimmt es nicht, ist eine rasche Korrektur entweder der Preise oder der Leistung oder beider überlebensnotwendig.

Grundlage jeder Preisgestaltung ist, wie schon erwähnt, die korrekte, professionell erstellte Kalkulation von Voll- und Teilkosten. Für die endgültige Preisgestaltung muß aber doch noch eine unternehmenspolitische Entscheidung getroffen werden, die zwischen den beiden folgenden Alternativen eingegliedert ist:

- niedriger Umsatz, aber hoher Einzelpreis,
- hoher Umsatz, aber niedriger Einzelpreis.

Die derzeit absehbare Entwicklung tendiert auch im Fremdenverkehr, von Ausnahmen abgesehen, eher in die zweite Richtung. Das Prinzip des Fremdenverkehrs von heute könnte auch als „hart und konkurrenzbezogen kalkulierte Großzügigkeit" bezeichnet werden, das heißt, ein großzügig wirkendes Angebot gemäß den sorgfältig studierten Bedürfnissen des Gastes, welches bei knapp kalkulierten, marktbezogenen Preisen zu möglichst ständigem, vielfältigem Konsum der angebotenen touristischen Leistungen anregt.

Also auch hier:

Vollkostendeckung und Gewinn nicht unbedingt bei jedem Einzelgeschäft, selbstverständlich aber insgesamt pro Zeitabschnitt.

## AUSWIRKUNGEN VON PREISSTEIGERUNGEN

Im Zusammenhang mit den Überlegungen zum Preis-Leistungs-Verhältnis steht immer wieder die Frage nach den Auswirkungen extremer Preissteigerungen im Vordergrund. Diese marketingtheoretische Frage bekam anläßlich der Energieverteuerung einen durchaus realen Bezug und wurde deshalb im Rahmen der deutschen Reiseanalyse untersucht. Für uns ist dabei die Frage besonders interessant, wo im privaten Haushalt Einsparungen vorgenommen werden, wo Verzicht geleistet wird. Für den Tourismus hat die Energieverteuerung einen Zangeneffekt, nämlich die Verknappung des Haushaltsbudgets durch höhere Preise für den eigenen Energieverbrauch, und die erhöhten Preise der Urlaubsangebote durch Überwälzung der gestiegenen Energiekosten.
Die Befragung ergab, daß bei geringerem Urlaubsbudget 60 Prozent ihre Urlaubsgewohnheiten nicht ändern würden, 38 Prozent hingegen schon. Bei erheblichen Verteuerungen der Urlaubsangebote würden immerhin 22 Prozent auf eine Urlaubsreise vollkommen verzichten.

*Frage 1:* Angenommen, die Energiepreise steigen in nächster Zeit so stark, daß Ihnen *weniger Geld für einen Urlaub* zur Verfügung steht, was werden Sie dann am ehesten tun?

*Frage 2:* Angenommen, die *Urlaubsreisen* werden in nächster Zeit erheblich *teurer,* was werden Sie dann am ehesten tun?
Auf nachstehender Liste mußten die Punkte genannt werden, die auf das eigene Verhalten zutreffen.

| | Frage 1 | Frage 2 |
|---|---|---|
| | % | % |
| Werde meine Urlaubs- und Reisegewohnheiten *nicht* ändern | | |
| ● werde wie gewohnt verreisen | 25,5 | 16,4 |
| ● werde wie gewohnt zu Hause bleiben | 21,5 | 18,7 |
| ● werde durch zusätzliche Arbeit/Einnahmen die Verteuerung ausgleichen | 3,1 | 1,8 |
| ● werde durch andere Einsparungen, z. B. für Essen und Vergnügen die Verteuerung ausgleichen | 10,0 | 5,3 |
| Werde meine Urlaubs- und Reisegewohnheiten ändern | | |
| ● werde deshalb im Urlaub einige Tage weniger verreisen | 7,9 | 7,7 |
| ● werde deshalb im Urlaub nicht so weit reisen | 7,2 | 7,1 |
| ● werde deshalb billigere Reiseländer wählen | 4,9 | 5,9 |
| ● werde deshalb die Reise selbst organisieren | 2,7 | 2,1 |
| ● werde deshalb Pauschalreise buchen | 1,0 | 1,1 |
| ● werde deshalb Sonderangebote/verbilligte Reisen nutzen | 3,1 | 3,4 |
| ● werde deshalb im Urlaub billigere, preisgünstigere Unterkunft nehmen | 3,5 | 4,1 |
| ● werde mich deshalb selbst verpflegen | 2,5 | 2,9 |
| ● werde deshalb am Urlaubsort weniger ausgeben | 4,7 | 6,2 |
| ● werde deshalb im Urlaub günstigeres Verkehrsmittel wählen | 2,0 | 2,4 |
| ● werde deshalb weniger Urlaubsreisen machen | 4,0 | 4,7 |
| ● werde deshalb auf eine Urlaubsreise verzichten | 18,6 | 22,1 |
| Weiß nicht bzw. keine Angabe | 1,8 | 6,7 |

Quelle: Deutsche Reiseanalyse

Die notwendigerweise oft sehr knappe, nur bei guter Auslastung für den Anbieter noch rentable Preisgestaltung kann durch Preise im Verbund ausschlaggebend abgesichert werden:
Beispielsweise durch Angebot von Sport- und Freizeiteinrichtungen (Hotel mit Tennisplatz), Fotowaren, Souvenirs, kleinem Imbiß außerhalb des Restaurants, durch den Fremdenverkehrsbetrieb selbst. Wir vervielfältigen und verteilen damit Einkunftsquellen, bieten dem Gast im besten Sinne des Wortes Vielfalt und passen uns allgemeinen Neigungen an (zum Beispiel: Kurzimbiß zur Mittagszeit am Badestrand, an einem bestimmten Ausflugsziel).

Es wäre außerdem irrig, den Gast ausschließlich an den eigenen Betrieb, den engeren Ort „ketten“ zu wollen. Er strebt nach Ungebundenheit, er fühlt sich darin unterstützt, wenn wir durch angemessene Verbundangebote auch außerhalb des eigenen Wirkungsbereiches zusätzliche Möglichkeiten schaffen (z. B. Essensbons, die innerhalb einer Gruppe von Hotels oder Restaurants angenommen werden).

Zusammenfassend muß abschließend noch einmal betont werden: Die Preisgestaltung ist eines der strategischen Instrumente des Marketings. Betriebswirtschaftlich präzise Kostenrechnung auf dem letzten Stand der Entwicklung und genaue Beobachtung des Marktes, insbesondere der Angebots- und Nachfragetrends und der Konkurrenz sind ihre Basis.

# ÖFFENTLICHKEITSARBEIT (PUBLIC RELATIONS)

Die Gewinnung der öffentlichen Meinung ist speziell für Politik, Wirtschaft, Kultur und Sport außerordentlich wichtig. Die längst zur Gewohnheit gewordene internationale Verflechtung erfordert Meinungspflege auch von Staat zu Staat, ja von Kontinent zu Kontinent. Ob Institution oder Einzelpersönlichkeit, guter Widerhall in der Öffentlichkeit ist notwendig. Auf einfachsten Nenner gebracht: Wir erstreben gute Nachrede, um dadurch für die Zukunft auch vertrauensvolle Erwartung zu gewinnen.
Mit anderen Worten: „Gutes tun und darüber reden."
Bewußte Pflege (Gewinnung) der öffentlichen Meinung wird auch mit „Public Relations" bezeichnet. Wir verstehen darunter: „Planmäßige Unterrichtung der Öffentlichkeit über uns selbst, mit dem Ziele, Vertrauen und Übereinstimmung zu erringen."
Kontakte mit der Öffentlichkeit ergeben sich zwangsläufig. Werden sie nicht bewußt gestaltet und gepflegt, können negative Auswirkungen entstehen. Und solche unerwünschten Effekte sind nur mit großer Mühe und nach längerer Zeit wieder auszugleichen. Hingegen sichern uns psychologisches Einfühlungsvermögen und planmäßige Pflege der öffentlichen Meinung bei in der Regel bescheidenem (tragbarem) finanziellen Aufwand einen guten Widerhall.

Mit „Öffentlichkeit" bezeichnen wir größere und große Gesamtheiten, zum Beispiel:

die Bevölkerung Zentraleuropas;
die Bewohner eines Staates;
die Bevölkerung eines Bundeslandes;
die Belegschaft eines Betriebes usw.

Dieser Ausdruck gilt somit jeweils für bestimmte Gesamtheiten. Diese unterteilen wir nach Berufsgruppen, Altersschichten, nach Zugehörigkeit zu Organisationen, Vereinen usw., naturgemäß auch nach sozialer Stellung und sonstigen Gesichtspunkten.

Wir gewinnen die öffentliche Meinung (das Vertrauen), indem wir unsere Leistung und unsere geistige Haltung überzeugend darlegen. Am besten durch planmäßige, ständige Information der einzelnen Gruppen, die miteinander die Gesamtheit bilden.
Jede Gruppe hat naturgemäß die für sie typischen Interessen, ist daher auch an Leistung und Haltung der Anbieter unterschiedlich interessiert.
Die Public-Relations-Arbeit spricht die einzelnen Gruppen unter Berücksichtigung ihres Informations- und Interessenstandes möglichst gezielt an, um dadurch die öffentliche Meinung in ihrer Gesamtheit zu gewinnen.

Dadurch entsteht dann auch die Meinungsübereinstimmung zwischen Anbieter und Interessenten. Stets fördert die gegenseitige Kenntnis die Verständnisbereitschaft. Im Extremfall sagen dann die zufriedenen Gäste sogar angesichts von Preiserhöhungen: „Das verstehe ich durchaus, hier wird ja auch viel geboten." Fehlt die Übereinstimmung, so wird über die neuen Preise geklagt, Bestellungen werden zurückgenommen usw.
Unser Ziel ist daher: psychologische Vorbereitung und Hinstimmung auf Wandlungen aller Art.

## FREMDENVERKEHR UND ÖFFENTLICHE MEINUNG

Tourismus beruht auf dem Vertrauen der Interessenten! Auch Individualisten entscheiden sich vielfach aufgrund der allgemeinen Einstellung zu einem Land, zu einer Region, zu einem Ort, zu einem Hotel. Sie handeln als Einzelpersonen vielfach so, wie die Öffentlichkeit in ihrer Gesamtheit reagiert.
Aber auch dann, wenn Einzelpersonen ihre Entschlüsse ganz individuell fassen, stellen sie sich vorher immer wieder die Frage, wie das Angebot tatsächlich sei, ob sie das Gewünschte vorfinden werden. Unsere Werbung um Vertrauen muß daher alle zeitgemäßen Erkenntnisse der Meinungsbildung berücksichtigen und nützen.

## MULTIPLIKATOREN DER MEINUNGSPFLEGE

Als treibende Kraft der schon erwähnten Öffentlichkeitsgruppen kristallisieren sich weitere wichtige Segmente heraus, die als Multiplikatoren wirken. Wir versuchen sie daher für unsere Anliegen zu interessieren und zu gewinnen. Zum Beispiel:

- Reiseveranstalter und deren Personal;
- Reisebüros und deren Personal;
- Konsumentenvereinigungen;
- die Publikumspresse (Tages-, Wochenblätter und Publikumszeitschriften) und deren Mitarbeiter;
- Hörfunk, Fernsehen und deren Mitarbeiter;
- andere Einrichtungen des Nachrichtenwesens;
- Fachmedien der Tourismusbranche;
- Vereine, Klubs, Schulen, Pfarren;
- sonstige Institutionen;
- Meinungsbildner und Meinungsführer (Personalchefs, Betriebsräte, Vorbilder wie Künstler, Politiker usw.);
- Stammgäste, überhaupt zufriedene Gäste, die „gute Nachrede" verbreiten, dadurch zu Meinungsbildnern und Meinungsführern werden.

Sehr wichtig sind auch die eigenen Mitarbeiter, von deren Verhalten (ob im Dienst oder privat) viel abhängt. Bewußte Pflege der öffentlichen Meinung ist eine rein menschliche Angelegenheit, daher kommt es auch auf das gewinnende Verhalten aller im Tourismus Tätigen, auch der eigenen Mitarbeiter, an. Mancher spricht gegenüber Dritten unüberlegt und setzt dadurch trotz eigentlich bester Absicht das eigene Angebot herab.

## FREUNDLICHKEIT ALS PR-INSTRUMENT

Freundlichkeit ist sehr wertvoll! Denken wir daran, daß viele Gäste aus Großstädten, also Ballungszentren kommen, wo einer dem anderen mitunter ausweicht, um ihn nicht grüßen zu müssen. Bewoh-

ner mittlerer und großer Wohnanlagen gehen aneinander achtlos vorbei, kennen einander nicht, wollen einander oft gar nicht kennen.
Solche Gäste beeindruckt zutiefst die Grußbereitschaft, ja Grußfreudigkeit der Bevölkerung. Sie sind in jedem Fall erfreut, mitunter überrascht und denken: ein freundliches Land, hier fühle ich mich wohl!
Diese Grußfreudigkeit (das freundliche Lächeln schlechthin) muß erhalten bleiben! Auch in den Hotels, Restaurants, Gasthöfen, Cafés, den Auskunftsstellen, kurz und gut: überall. Sichtbar freundliche Grundhaltung ist die „Initialzündung" der Freundlichkeit, diese wieder wirkt als „Vitamin" unserer Werbung um Vertrauen (Public-Relations-Arbeit).

## WANN TUT FREUNDLICHKEIT BESONDERS NOT?

Wenn die Interessenten, Kunden und Gäste nervös, besorgt, mißtrauisch, aufgeregt, ermüdet, unsicher, unfreundlich sind.
Schon das Ansprechen der Gäste mit ihrem Namen (ihrem Titel) verleiht dem Gespräch persönlichen und daher auch als freundlich empfundenen Charakter.
■ *Aus der Praxis des Reisebüros, der touristischen Auskunftsstelle usw.:*
Hochsaison, Termine knapp vor allgemeinen Reiseanlässen (Ostern usw.) belasten die Mitarbeiter. Gerade in solchen Situationen sollen wir uns nicht selbst bemitleiden, sondern hilfsbereit sein. Daher den verlangten Prospekt nicht herablassend oder gar mit der Miene „schon wieder so ein Prospektjäger" übergeben. Freundliche Worte wie: „Wir hörten viel Gutes von dort", „Einige der angeführten Hotels, Unterkünfte sind vor allem für Familien mit Kindern geeignet", „Bitte, sehen Sie die Prospekte durch. Wir geben gerne detaillierte Auskunft" wirken oft Wunder.
■ *Aus der Praxis des Hotels, aber auch des Vermieters von Privatzimmern:*
Der neu eingelangte Gast fühlt sich noch fremd, er ist von der Reise ermüdet, er ist unsicher, daher besonders reizbar. Nun muß ihn eine Atmosphäre heiterer Fürsorge umgeben. Ein bescheidener Willkommensgruß in Form einer ganz kleinen Aufmerksamkeit kann

besonders wirksam sein. Vergessen wir auch nicht, „Willkommen" zu sagen. Oder „Wir freuen uns, daß Sie gekommen sind." – „Hoffentlich war die Reise nicht zu beschwerlich."
Nun redet der Gast, vielleicht klagt er, aber der Bann ist schon gebrochen. Stammgäste wollen begrüßt werden, wie es einem Stammgast wohl gebührt. Auch der zum zweiten Male Kommende fühlt sich als Stammgast! Sogar der von einem Stammgast empfohlene Neuling will gemäß empfangen sein. Achten wir darauf, denn das macht sich bezahlt. Umso mehr, wenn wir sagen können: „Wir bereiteten wieder Ihr Zimmer vor!" Ja sogar, wenn dieses nicht frei ist, hilft: „Ihr Stammzimmer ist in Kürze wieder frei. Bis dahin haben wir Ihnen ein ähnliches vorbereitet."

■ *Aus der Praxis der Gastronomie:*

Den eintretenden Gast frühzeitig begrüßen, je eher, desto besser. Nun fühlt er sich geborgen. Hilfeleistung beim Ablegen der Überkleidung, rasch die Speisekarte vorlegen. Kinder mit Zeichenblocks und ähnlichem versorgen. Nun ist der Gast gut (in unserem Sinne) beschäftigt. Es bewährt sich auch, dem Eingetretenen bei Hochbetrieb gleich nach dem Gruß zu sagen, wo sich noch ein freier Tisch befindet. Ist aber das Lokal ganz schwach besetzt, den noch freien „schönsten" Tisch empfehlen.

■ *Sonderfall: Ausverkauft, alle Plätze belegt usw.*

Es ist wünschenswert, „ausgebucht" zu sein, gerade zu solchen Zeiten schwindet aber gelegentlich das mühsam errungene Vertrauen der Gäste. Ob im Reisebüro oder in der Hotellerie, wir sagen nicht schmissig: „Alles besetzt." Wir vermeiden ärgernde Redewendungen wie: „Warum kommen Sie erst jetzt?", „Warum haben Sie nicht geschrieben?", „Hätten Sie doch bestellt!" und ähnliches. Vielmehr fragen wir, im Beisein des Gastes (des Kunden), anderswo telefonisch an, um ihm zu helfen. Oft findet sich nun doch eine Lösung, ist er bereit, eine andere Reise zu buchen, vorübergehend anderswo zu nächtigen usw. Und auch im vollbesetzten Restaurant ist der neu eintretende Gast an der Überfüllung schuldlos. Es ist daher besser, ihn um einige Minuten Wartezeit (etwa an der Bar) zu bitten, bis Platz wird.

Kurz und gut: Freundlichkeit schafft Vertrauen, der Tourismus braucht das Vertrauen der Interessenten und Gäste. Je schwieriger die Situation, umso nachhaltiger die Wirkung. Gerade angesichts glänzender Verkaufserfolge sollte die weitere Kundenpflege nicht vergessen werden.

## MITTEL DER PUBLIC RELATIONS

Was Vertrauen schaffen soll, muß vertrauenerweckend gestaltet sein. Zu den bekanntesten Mitteln der PR-Arbeit zählen:

Briefe,
Broschüren,
Bücher,
Filme,
Führungen aller Art,
Presseinformationen aller Art,
Pressekonferenzen,
Reportagen,
Tag der offenen Tür,
Veranstaltungen mit Publicityeffekt,
Zeitungsartikel,
Zeitungen für die Gäste.

Diese Übersicht ist von Fall zu Fall durch viele andere Mittel der Public Relations zu ergänzen. Vor allem ist die glänzende Wirkung der „guten Nachrede" tatsächlich unbestritten.

Die Öffentlichkeitsarbeit muß wendig sein, um den oft unvorhersehbaren Entwicklungen zu entsprechen. Mittel der Öffentlichkeitsarbeit müssen daher oft kurzfristig geplant, gestaltet und eingesetzt werden.

## ÜBER DEN UMGANG MIT REDAKTEUREN UND REISEJOURNALISTEN

Die steigende wirtschaftliche Bedeutung des Fremdenverkehrs verstärkt das Interesse an einschlägigen Nachrichten, Abhandlungen und Reisebeschreibungen.

Die kontinuierliche Betreuung von Redakteuren, Reisejournalisten und sonstigen Autoren ist daher notwendig.

Welche Institutionen bemühen sich um Öffentlichkeitspflege für den Tourismus?

Aufgezählt ohne Wertung:
Freizeitanlagen, Liftgesellschaften, Sport- und Hobbyeinrichtungen, Klubs verschiedener Art; Fluggesellschaften; Großhotels, Hotelgruppen, Hotelkonzerne; Immobilienfirmen; offizielle übergeordnete Werbestellen; örtliche Fremdenverkehrseinrichtungen; Public-Relations-Agenturen im Auftrag ihrer Kunden; Werbestellen von Orten und Regionen; Werbestellen nationalen und internationalen Charakters, Reiseveranstalter, Reisebüros.

## GRUNDSÄTZLICHES ZUR PRESSEKONFERENZ

*Sorgfältig vorbereiten!* Hat der gewählte Anlaß für diese Veranstaltung genügend Gewicht? Die Pressekonferenz ist ein so wichtiges Instrument, daß wir ihre Wirksamkeit nicht durch zu zahlreichen Einsatz gefährden sollten.
Außerdem: Was im eigenen Betrieb, Ort, in der Region interessant ist, muß keineswegs für andere Öffentlichkeiten wesentlich sein. Daher empfiehlt sich *kritische Selbstprüfung.*
*Der Termin* muß den Interessen der zu ladenden Redakteure und Journalisten, speziell dem Redaktionsschluß der Organe, angepaßt sein.
Die einzelnen Redaktionen werden schriftlich eingeladen, doch sind auch persönliche und telefonische Kontakte notwendig, damit kompetente Mitarbeiter erscheinen, deren Berichte tatsächlich gebracht werden.
Journalisten stehen unter Zeitdruck – daher: *Parkplätze sichern!* In Städten ist es oft besser, Taxis einzusetzen. Erfahrungsgemäß erscheinen manche Journalisten nicht, wenn sie im näheren Umkreis durch Parkplatzsuche zuviel Zeit verlieren.
Weiters gilt: *Keine langatmigen Reden,* Journalisten wollen (sind es gewohnt) Fragen stellen.
Jeder Teilnehmer erhält außerdem eine Mappe mit Informationen und wirkungsvollem Fotomaterial usw. Es erweist sich als günstig, die Unterlagen in verschiedener Art beizugeben: Kurzfassungen, mittellange Fassungen, aber auch detaillierte Fachberichte.
Ferner sollte die *Pressemappe* Karten, Übersichten des betreffenden Ortes oder Gebietes sowie immer (auch bei der 20. Pressekonferenz, um den Journalisten zeitraubende Recherchen und Rückfragen zu ersparen) Grunddaten bieten:

Investitionsaufwendungen,
Übernachtungs- und Umsatzzahlen,
Bettenkapazität,
Gliederung des Unterkunftsgewerbes,
gewerbliche und private Betten,
Hotels,
Pensionen,
Apartments,
Preise,
Pauschalangebote,
Reiseveranstalter, die den Ort anfahren,
Vor- und Nachsaisonermäßigungen,
örtliche Attraktionen,
Lifte,
Seilbahnen,
Skischulen,
zukünftige Vorhaben.

All diese und andere Angaben erläutern wir durch Darlegung der bisherigen Entwicklung und durch Vergleichsdaten.
Bei der Erfolgskontrolle solcher Konferenzen zeigt sich oft, daß die Unterlagen nachhaltig auch von führenden Organen verwendet wurden. Und manche kleinere Zeitung oder Zeitschrift bringt gerne einen von uns gebotenen Fachartikel, falls er informativ und nicht aufdringlich gestaltet wurde.

Eine Pressekonferenz ist nur dann sinnvoll, wenn Tatsachen von öffentlichem Interesse mitzuteilen sind. Die gesamte Pressebetreuung, speziell die Pressekonferenz, darf nicht im Sinne von Absatzwerbung gestaltet sein.

Das Pressematerial muß außerdem von geschulten Kräften verfaßt sein und ausreichend zur Verfügung stehen.
H. L. Zankl empfiehlt in seinem bereits klassischen Lehrbuch der Fremdenverkehrswerbung außerdem wörtlich:

„Der Veranstalter sollte auch zur Beantwortung ausgefallener Fragen immer bereit sein. Es ist gute journalistische Art, manchmal von sehr überraschenden Standpunkten aus eine Angelegenheit zu betrachten. Keinesfalls sollte man aber damit rechnen, daß die Journalisten während der Pressekonferenz alles fragen, was sie wissen wollen. Erfahrene Pressemänner lieben es nicht, durch ihre Fragen die ‚Konkurrenten' auf besonders interessante Sachverhalte aufmerksam zu machen. Man muß sich immer darauf einstellen, auch noch nach der Konferenz spezielle Informationen zu geben. Vermeiden muß man es aber, vor der Pressekonferenz Einzelauskünfte zu erteilen."

## DIE EINZELBETREUUNG

Wie schon erwähnt, sollen Pressekonferenzen nicht zu oft angesetzt werden, wenn aber, dann sorgfältig vorbereitet sein. Die mitunter längeren Pausen zwischen solchen Veranstaltungen überbrücken wir durch aktive und passive Einzelbetreuung.

■ *Aktive Einzelbetreuung:*

Redaktionen und Journalisten erhalten im Sinne ihrer speziellen Leserkreise und Terminplanungen (etwa für besondere Ausgaben, Schwerpunkte in der Blattgestaltung) zeitgerechte individuelle Informationen. Diese Methodik setzt eine gut geführte Redaktions- und Journalistenkartei voraus. Wir vermerken darin pro Redaktion oder pro Journalisten deren Mitarbeiter, speziell Sekretärin, um bei Bedarf auch den vielleicht gerade Abwesenden über seine Sekretärin verläßlich zu informieren. Ferner sind das Datum und die Art (in Stichworten) des jeweiligen Kontaktes einzutragen. Vor dem nächsten Kontakt genügt dann ein Blick darauf, und die Anknüpfung fällt wesentlich leichter.

■ *Passive Einzelbetreuung:*

Jede Anfrage rasch und gewissenhaft erfüllen. Ist dies nicht sofort möglich, bestätigen wir den Empfang und nennen den Termin der endgültigen Antwort. Außerdem tragen wir diesen Vorgang in die Redaktionskartei ein. Bei Erstkontakt neues Blatt anlegen.

## DER PRESSEDIENST (PRESSEAUSSENDUNGEN)

Viele Unternehmen und Institutionen, Werbeagenturen, Public-Relations-Agenturen senden regelmäßig an Redaktionen und Journalisten aktuelle Informationen. Auch für den Tourismus bewährt

sich diese Methodik, doch ist eine übertriebene Zahl an Presseaussendungen sicherlich nicht vorteilhaft.
Für die Einrichtung des Pressedienstes empfiehlt sich:

- Sorgfältige Auswahl der Empfänger (Verteilerliste).
- Den Inhalt der Aussendungen aus der Sicht des Marktes, nicht aus eigener Sicht bestimmen.

## MUSTER EINER PRESSENOTIZ

PRESSEDIENST

Wir bitten um Abdruck (honorarfrei) und um Zusendung von Belegexemplaren.

Vom Perchtenlauf zum Weltcup-Finale
-----------------------------------

Skifahrer und Winterurlauber, die sich die Alpenregion als Ferienziel ausgesucht haben, können sich mit mehreren Pfund Informationsmaterial eindecken. Alle Wintergebiete haben ihre aktuellen Angebote in übersichtlichen Prospekten und Preislisten zusammengefaßt. Allein das Rinkental stellt seine Ferienorte auf 64 Seiten vor, wobei in Tabellen und Rubriken auf sämtliche Sportmöglichkeiten hingewiesen wird. Informationen über 111 Skistationen enthält die Broschüre des Oberlandes; in einem Extraheft ist der gesamte Veranstaltungskalender der nächsten Monate, vom Perchtenlauf bis zum Weltcup-Finale in Moosleiten, abgedruckt. Eine große Panoramakarte vervollständigt das Informationsangebot.

Die Wulztaler schließlich unterbreiten ihre Winterneuheiten in illustrierter Form: "Winter-Journal" heißt das Heft und präsentiert alle Skigebiete und Ferienregionen der südlichsten Winterregion.

Alle genannten Broschüren sind über den Fremdenverkehrsverband xy kostenlos erhältlich.

________________________________________________

5o Anschläge

- Das äußere Bild des Pressedienstes soll dem Werbestil des Unternehmens oder der Institution entsprechen.
- Überschrift (Schlagzeilen) und Zwischentitel profilieren den Inhalt.
- Den Text zweizeilig schreiben, um Einfügungen zu erleichtern.
- Nach jedem Abschnitt die Anzahl der Anschläge und Zeilen angeben.
- Pressedienste nur auf einer Seite beschreiben.
- Die Aussendungen müssen den Charakter schnell gegebener Informationen haben, sollen daher nicht gedruckt sein.
- Zur Klischierung geeignete Fotos fördern die tatsächliche Nutzung des Pressedienstes durch die Redaktionen.
- Für sogenannte „heiße" Meldungen kommen Telex und Telefax in Frage (aber die Kosten beachten).
- Stets daran denken: „In der Beschränkung zeigt sich erst der Meister." Daher nicht zu viele Aussendungen.
- Der Inhalt der Pressedienste soll Gewicht haben; wir verzichten auf Belangloses.

## KONTROLLISTE FÜR DIE ORGANISATION VON PRESSEREISEN

### WAS BERÜCKSICHTIGEN WIR BEI DER AUSWAHL DER EINZULADENDEN JOURNALISTEN?

1. Wir laden schriftlich, womöglich auch telefonisch Redaktionen für uns wichtiger Blätter, Sendestationen usw. ein.
2. Die Reisejournalisten werden persönlich eingeladen, doch sollte dies im Kontakt mit den Redaktionen geschehen, die wir nicht brüskieren dürfen.
3. Mitgliedschaft zu Berufsorganisationen, wie etwa zur Vereinigung Deutscher oder Österreichischer Reisejournalisten (VDRJ, VÖRJ) gewährleistet fachliche Qualifikation.
4. Zu beachten ist nicht nur die Auswahl bestimmter Persönlichkeiten oder Medien, auch die Zusammensetzung derartiger Reisegruppen muß gut überlegt werden.

5. Eine weitsichtige Öffentlichkeitsarbeit wählt auch immer den einen oder anderen Journalisten aus, der nur mittelbar mit der Reiseredaktion zu tun hat. Angesichts der steigenden Bedeutung des Fremdenverkehrs kommt es darauf an, auch andere Ressorts mit unseren Aufgaben, Problemen usw. schrittweise vertraut zu machen.

## WAS ERWARTET SICH EIN JOURNALIST VON EINER INFORMATIONSFAHRT?

6. Der Reisejournalist will seine Leser informieren, in keinem Fall als publizistischer Werber gelten.
7. Er benötigt daher möglichst viele für seine Leser wesentliche Angaben. Dazu gehört auch für die Drucktechnik geeignetes, nicht alltägliches Fotomaterial.
8. Die offizielle Einladung soll enthalten:
8. Anlaß und Termin der Informationsreise.
9. Den genauen Reiseplan.
10. Angaben über etwaige, von den Teilnehmern (Redaktionen) zu bestreitende Kosten.
11. Wir begründen die Besichtigungsreise freundlich, weisen auf einzelne „Rosinen“ hin, vermeiden aber sogenannte „Gags“ („Holen Sie sich Sonnenbräune während der Arbeit“, „Ein guter Tropfen zu Berichterstattung“). Qualifizierte Fachleute schätzen solche Ankündigungen wenig.
12. Falls wir den Reiseplan bei der Einladung nicht in allen Einzelheiten bekanntgeben können, muß jeder Teilnehmer, zumindest vor Antritt der Reise, Ort, Namen, Adresse und Telefonnummer der jeweiligen Tagesunterkunft erfahren. Ebenso Ankunfts- und Abfahrtszeiten.
13. Sehr wichtig ist es auch, Funktion und Namen der vorgesehenen Gesprächsteilnehmer der Angebotsseite und der Eingeladenen mittels kompletter Teilnehmerliste im voraus bekanntzugeben.
14. Es bewährt sich, allgemein gehaltenes Grundlagenmaterial zum geplanten Thema vorauszuschicken. Qualifizierte Journalisten bereiten sich nach Möglichkeit noch bei der Anreise etwas vor.

## ZUR DURCHFÜHRUNG DER BESICHTIGUNGSREISE

15. Kleine Gruppen sind vorteilhafter. Läßt sich eine Großgruppe nicht vermeiden, so gliedern wir sie an Ort und Stelle je nach Interessen in kleine Teilgruppen.
16. Das Reiseprogramm muß den Teilnehmern hinlänglich Zeit zum Ausruhen, aber auch für die Schreibarbeit lassen. Daher – von Sonderfällen abgesehen – ein nicht zu früher Tagesbeginn, da Journalisten berufsbedingt eher Nachtarbeiter sind.
17. Für das jeweilige Mittagessen kommt durchaus ein dem Anlaß entsprechendes Einheitsmenü zwecks rascher Abwicklung in Frage. Überhaupt: keine quantitativen Übertreibungen!
18. Während der Reise zeigen wir ganz bewußt nicht nur die besten Häuser, sondern vermitteln einen brauchbaren Querschnitt.
19. Wir setzen immer wieder Fragestunden an, um den Meinungsaustausch zu fördern. Zum Schluß bitten wir um wohlwollende, aber doch offenherzige Kritik.

## SPEZIELLE ÜBERLEGUNGEN

20. Wir bieten den Teilnehmern bewußt möglichst umfassende, auch individuelle Informationen. Je großzügiger wir diese vorlegen, umso eher können wir mit guten Ergebnissen rechnen.
21. Der Journalist will nicht nur „anschauen", wie andere Gäste Urlaub machen. Geben wir auch Gelegenheit zur persönlichen Probe. Gerade die selbst ausgeübte Freizeitbeschäftigung oder versuchte Urlaubsart hinterlassen einen bleibenden Eindruck.
22. Geschenke und Souvenirs unter dem Motto „kleine Geschenke erhalten die Freundschaft" beeindrucken, wenn sie, weil typisch für das Gebiet, tatsächlich Erinnerungen darstellen. Geschenke höheren Wertes wirken eher peinlich und werden kaum den erhofften Erfolg bringen. Aufmerksamkeiten sollten immer einen Bezug zur Veranstaltung haben.
23. Ungelöste eigene Probleme legen wir freimütig dar, beziehen Stellung und nehmen damit Kritik vorweg. Wir steigern dadurch die Glaubwürdigkeit insgesamt.
24. Um die Gesamtbeurteilung zu erleichtern, geben wir auch Background-Informationen, bitten aber, diese nicht zu veröffentlichen.

25. Das Reiseprogramm soll vielfältig sein! Kleinliches Konkurrenzdenken könnte zur Präsentation von überwiegend Gleichartigem verleiten. Die Einzelpräsentation ist hingegen jeweils stellvertretend für viele, weitgehend ähnliche Einrichtungen.
26. Möglichst wenig, und wenn schon, kurze offizielle Empfangsreden! Ein Zuviel an „Offiziösem“ kann schaden!

### ZUR TERMINBESTIMMUNG GILT ES ZU BERÜCKSICHTIGEN

27. Erscheinungstermin der Veranstalterkataloge auf dem Reisemarkt, Termin wichtiger Reisemessen.
28. Schwerpunktplanungen einzelner, für uns wichtiger Blätter (Reisebeilagen, Gebietsübersichten, Bäderbeilagen usw.).
30. Themen für die sommerliche Reisesaison werden oft schon im Winter bestimmt, während die Wintersaison schon im Spätsommer betreut werden muß.

### DIE NACHBEARBEITUNG

31. Wie immer die Besichtigungsreise verlief, sinnvolle Nachbearbeitung ist notwendig. Sie verdrängt weniger gute und verstärkt und bewahrt positive Eindrücke. Wir informieren deshalb unter freundlichem Hinweis auf die vollzogene Reise die einzelnen Teilnehmer auch noch nach längerer Zeit über aktuelle Neuerungen und Weiterentwicklungen.

## ZEHN FEHLER BEI DER PRESSEARBEIT

(Quelle: „Öffentlichkeitsarbeit“, Dr. Tony Schwaegerl (Chefredakteur der Spezialreiseredaktion RSN in Ottobrunn, BRD)

1. Es war in einer kleinen Gemeinde im Schwarzwald. Ein Omnibus karrte zwei Dutzend Reisejournalisten heran. Es war kurz vor 19.00 Uhr. Ein ehrenamtlicher Tourismusfunktionär witterte seine Chance. Er hatte eine 23 Seiten umfassende Rede

vorbereitet. Seine altersbedingte extrem gemütlich-bedächtige Vortragsweise schaffte es, daß die Rede kurz nach 21.00 Uhr zu Ende war. Den nach langer Fahrt von mittelschweren Hungerödemen geplagten Journalisten jagte der emsige Gastgeber den Blutdruck in unerahnte Höhen, als er nach Ende seines Mammutsolos erklärte: „Bevor wir dann eine Kleinigkeit essen, wollen wir erst einmal miteinander über mein Referat diskutieren."
Merke: Auch Journalisten sind gewissen Tagesrhythmen unterworfen, hören mit knurrenden Mägen nicht allzu aufmerksam zu – und länger als eine Stunde schon gar nicht.

2. Pressekonferenz in einem Ort an der Nordsee. Statt Info-Mappen lagen Prospekte, Landkarten und einige Schwarz-Weiß-Fotos auf einem Tisch rechts neben dem Eingang in das Nebenzimmer eines Restaurants. Der erste Journalist, der zugreifen wollte, bekam von einem weiblichen Zerberus einen Riesenrüffel: „Warten Sie, bis Sie aufgerufen werden." Und so geschah es dann auch. Name für Name der Journalistenliste wurde aufgerufen, dann der Reporter akribisch gefragt, für wen er arbeite und ob er denn wirklich ein Foto brauche. Schließlich vermerkte die resolute Frau am Informationstisch sehr genau, wer welche Schriften mitgenommen hatte.
Merke: Journalisten sind keine Messe-Schrecks, die in Plastiktüten zentnerweise Prospekte davonschleppen. Wer als Veranstalter einer Pressekonferenz schon zu geizig oder zu träge ist, eine Informationsmappe vorzubereiten, darf wenigstens bei der Ausgabe von Schriften und Fotos nicht kleinlich sein.

3. Eine österreichische Fremdenverkehrsgemeinde hielt Hof. Fünfzehn Reisejournalisten waren angereist. Der Verkehrsdirektor drehte auf: „Ein besonderes Zuckerl haben wir vorbereitet." Wer in seiner Zeitung mehr als eine halbe Seite über uns berichtet, den laden wir für ein verlängertes Wochenende – natürlich mit der verehrten gnädigen Frau – hierher ein.
Merke: Journalisten sind im Regelfalle nicht käuflich. Sind sie es, sollte sich der Veranstalter von Pressekonferenzen Gedanken darüber machen, ob er auch wirklich einen Journalisten eingeladen hat. Schließlich: wer ein solches Angebot annimmt, akzeptiert morgen die zweite Offerte. Was diese Art von Berichterstattung wert ist, kann sich jeder ausmalen.

4. Pressekonferenz in der Schweiz. Der Verkehrsdirektor gibt sich große Mühe, die Journalisten zu betreuen. Der Vorsitzende des

Verkehrsvereins macht alles zunichte. Mit einem Heft bewaffnet, geht er von Tisch zu Tisch und fragt: „Wann, bitte, erscheint Ihr Beitrag? Auf welcher Seite, wie groß, mit einem Foto oder mit zwei?"
Merke: Wer einen bestimmten Text in bestimmter Größe an einem bestimmten Tag auf einer bestimmten Seite einer bestimmten Zeitung lancieren möchte, der wähle die Telefonnummer der betroffenen Anzeigenabteilung.

5. Aufwendig gemachte Karte, Einladung in einen bekannten bayerischen Fremdenverkehrsort, eine neue touristische Attraktion wird eingeweiht. Festakt um 9.30 Uhr, um 8.30 Uhr Pressekonferenz. Weder Reise- noch Übernachtungskosten werden übernommen, nachher äußerte der Tourismusmanager Kritik an den Journalisten – die nicht kamen. Warum wohl?
Merke: Reisejournalisten haben kaum Verwendung für aktuelle Ereignisse, die am nächsten Tag in allen Zeitungen stehen. Warum, außerdem, soll jemand ein paar hundert Kilometer auf eigene Kosten anreisen, wenn er von vornherein weiß, daß sich kein Beitrag ergibt? Pressekonferenzen um 9.00 Uhr zum Beispiel sind nur in Pressezentren wie München oder Hamburg möglich. Wird eine Anreise notwendig, sollte keine Pressekonferenz vor 11.00 Uhr beginnen.

6. Eine italienische Region lädt in ein italienisches Restaurant einer großen deutschen Stadt ein. Am „Vorstandstisch" sitzen sieben Vertreter der italienischen Region, nicht einer spricht deutsch. Die Pressetexte sind italienisch. Eine angemietete Dolmetscherin übersetzt die Statements, Fragen werden zur Qual. Nach dem offiziellen Teil ein vielgängiges Menü. Die Italiener sitzen alle an einem Tisch, rauchen, reden. Die Journalisten verkrümeln sich. Beim vierten Gang sitzen noch sieben von 23 im Lokal.
Merke: Wer etwas verkaufen will – und was ist die Präsentation einer touristischen Region im Rahmen einer Pressekonferenz anderes? – muß sich um den Kunden (die Journalisten) bemühen. Achtzig Prozent aller Reporter und Redakteure verdienen so gut, daß sie sich ihr Abendessen selbst bezahlen können. Aus diesem Grund geht ein Journalist nur in den seltensten Fällen zu einem Termin. Er will Infos und Kontakte – und um die haben sich in allererster Linie die Gastgeber zu bemühen.

7. Pressetreff von Reisejournalisten auf einer großen Reisemesse in Westdeutschland. Zehn Uhr, gleicher Wochentag wie schon seit Jahren, ein Fremdenverkehrsdirektor redet fünf Minuten, dann bereits sein Schlußwort: „Wie gesagt – Neues haben wir in diesem Jahr nicht zu berichten. Wir wollten mit der Tradition nicht brechen, deshalb blieb es bei dieser Zusammenkunft."
Merke: Kein Journalist ist böse, wenn man ihm sagt, daß in diesem Jahr die übliche Pressekonferenz mal ausfällt. Er fühlt sich aber verraten und verkauft, wenn man ihm – mit Fahrt zum Lokal und zurück – drei oder vier Stunden, also einen halben Arbeitstag, klaut für nichts. Wer einen Arzt ins Haus kommen läßt, obwohl weit und breit kein Patient zu sehen ist, der zahlt. Der Installateur, der gerufen wird, obwohl der Wasserhahn längst nicht mehr tropft, stellt seine Rechnung: Ist die Arbeitszeit eines Journalisten weniger wert?

8. Ein deutscher Kurdirektor bereiste die Bundesrepublik. Er rief Journalisten an und sagte: „Ich habe Neuigkeiten mitgebracht. Ich wohne im Hotel X. Morgen von 15.00 bis 15.30 Uhr habe ich einen Termin für Sie frei. Kommen Sie doch in die Hotelhalle." Von zwölf Angerufenen kamen – gottlob – nur vier. Vier zu viel.
Merke: Den Termin für ein Journalistengespräch, vor allem aber den Ort des Treffens, bestimmt der Journalist, nicht der Interessent, der seine Ware unterbringen will. Hier gilt, was unter Punkt sieben vermerkt ist: Ein guter Journalist muß mit seiner Zeit geizen. Er wird in der Redaktion oder in seiner Wohnung (bei freien Journalisten) gerne zu einem Gespräch zur Verfügung stehen, vielleicht kommt er sogar gerne auf einen Drink ins Hotel. Aber: der Tourismusmanager muß sich den Terminen der Journalisten anpassen, wenn er auf Inforeise ist, nicht umgekehrt.

9. Am Ende der Pressekonferenz kam der Knalleffekt: Jeder Journalist erhielt eine Kiste mit zwölf Flaschen Wein und ein überdimensionales Windlicht. Viele waren mit dem Flugzeug angereist, andere mit dem Zug; Bordcase, Aktenkoffer, Fototasche, Weinkiste, Windlicht. Ein mittlerer Umzug. Statt Fahrt mit dem Flughafenbus jetzt Transport im Taxi – am Zielort das gleiche. Das Präsent wurde zum Alptraum.
Merke: Ein kleines, persönliches, sinnvolles Geschenk gerne.

Aber nichts Aufwendiges, das mehr belastet als freut. Aber auch keine Werbegaben mit riesiger Werbeaufschrift in Werbeplastiktüten. Journalisten haben es im allgemeinen nicht nötig, Reklame zu laufen. Plastikpräsente für 90 Pfennige mit gigantischen Firmenlogos sollten als „Journalistengeschenke“ ebenfalls nicht in Frage kommen. Dann lieber gar nichts. Weniger ist in solchen Fällen oft mehr.

10. „Wir haben vor Ort ein Werbebüro beauftragt, die Pressekonferenz vorzubereiten“, sagt stolz der Bürgermeister einer Fremdenverkehrsgemeinde in den Bergen. Was dann kam, war optisch eindrucksvoll – journalistisch ein Fiasko.
Merke: Pressetexte sind keine Prospekte. Journalisten wollen Zahlen statt Phrasen. Fakten, Fakten, Fakten. Auch Handwerkliches muß stimmen: Jeder, der im Text mit Namen erwähnt wird, hat sicher auch einen Vornamen. Warum fehlt er so oft? Er (oder sie) hat eine Funktion: welche? Warum fehlt auf der Rückseite von Bildern ein Aufkleber (nicht mit hartem Stift direkt auf das Foto schreiben) mit genauen Angaben darüber, was das Bild zeigt? Und warum wissen immer noch so viele Tourismusmanager nicht, daß wenigstens einige der Bilder wichtiger touristischer Einrichtungen honorarfrei zur Verfügung stehen müssen?

# WERBUNG

Einige grundsätzliche Vorbemerkungen:

- Glauben wir nicht, irgend jemand würde auf unsere Werbung warten!
- Die Umworbenen interessieren sich bestenfalls dafür nur mittelbar (passiv), das heißt, das unmittelbare (aktive) Interesse muß erst durch überzeugende Argumentation geweckt werden.
- Wir werben daher womöglich unkonventionell, um uns aus der Masse herauszuheben.
- Es gibt werbliche Modetrends. Vorteilhafter ist es, statt nachzuahmen selbst Neuartiges zu schaffen.
- Schließlich noch ein heikler Punkt: Unsere Werbung ist nicht dazu da, etwaigen Eitelkeiten und persönlichen Vorlieben der Auftraggeber zu dienen. Allerdings sind oft begleitende Überlegungen zwecks „Werbung nach innen" (siehe auch Seite 236) notwendig. Der potentielle Gast muß aber immer Hauptziel unserer Maßnahmen sein.
- Selbst der bereits überzeugte Konsument gibt im Nachhinein selten zu, durch Werbung zu seiner Entscheidung ermutigt oder angeregt worden zu sein.

Trotz dieser Schwierigkeiten sollte der Werbungtreibende eine offene und vor allem positive Einstellung zur Werbung mitbringen. Nur in einer aufgeschlossenen und bejahenden Haltung kann die Atmosphäre entstehen, die für kreatives Denken notwendig ist.

## ABLAUF UND WERBEWIRKUNG

Wenn wir unter den eben genannten Bedingungen erfolgreiche Werbung betreiben wollen, müssen wir uns ganz bestimmter, bereits bewährter und abgesicherter Methoden bedienen.

Die wohl älteste und verbreitetste Formel des werblichen Vorganges beschreibt der Ablauf wie folgt:

A – Attention: Die Werbung soll die Aufmerksamkeit des Umworbenen auf sich ziehen.

I – Interest: Die spezielle Werbebotschaft soll Interesse erwecken.

D – Desire: Das ausgelöste Interesse in der Folge zu einem Wunsch verdichten.

A – Action: Der Wunsch soll im Sinne des Werbungtreibenden realisiert werden.

Sehr viele Anregungen und Erkenntnisse für die Werbewissenschaft kommen aus der Lernpsychologie, die uns Erkenntnisse vermittelt, in welchem zeitlichen Wiederholungsablauf und wie der Mensch am besten Informationen aufnimmt und Bewegungsvorgänge erlernt. Wir berücksichtigen dieses Wissen in vereinfachter Form durch die nachstehend dargestellten Begriffe.

## DIE 4-K-METHODIK

*Kontraste* setzen (gegenüber den Wettbewerbern), um sich zu unterscheiden. Das Besondere des Angebotes hervorheben.
*Konzentration* der Werbemaßnahmen nach Zeit und Raum (Einsatzgebiet, Wahl der Medien und Argumente). Je kleiner das Budget, desto konzentrierter der Einsatz!
*Kontinuität* beim Einsatz der Maßnahmen und Aktionen, aber Stetigkeit auch bei der Argumentation.
*Kumulation* erwirkt die wechselseitige Unterstützung der Werbemaßnahmen. Die Werbekraft und Werbewirkung werden dadurch potenziert.

Sogenannte „selbstgestrickte", oft aus Eingebung des Augenblickes eingesetzte Werbung ist nicht zielführend. Auch das eher zufällige Aneinanderreihen von Werbemaßnahmen kann kaum wirkungsvoll sein. Werbung ist, wie das gesamte Marketing, im Sinne einer Ganzheitsbetrachtung des wirtschaftlichen Ablaufes zu sehen. Längst sprechen wir von einem ganzen Werbeorchester, in dem die aufeinander sorgfältig abgestimmten Werbemittel den bestmöglichen Klang (Werbewirkung) sicherstellen.
Es liegt auf der Hand, daß die erstrebte Rückkopplung (also Registrierung von einzelnen Reaktionen bis zur Wirkungskontrolle) uns geradezu automatisch dazu veranlassen muß, die einzelnen Werbe-

## Werblicher Regelkreis im Sinne der allgemeinen Kommunikationslehre in vereinfachter Darstellung

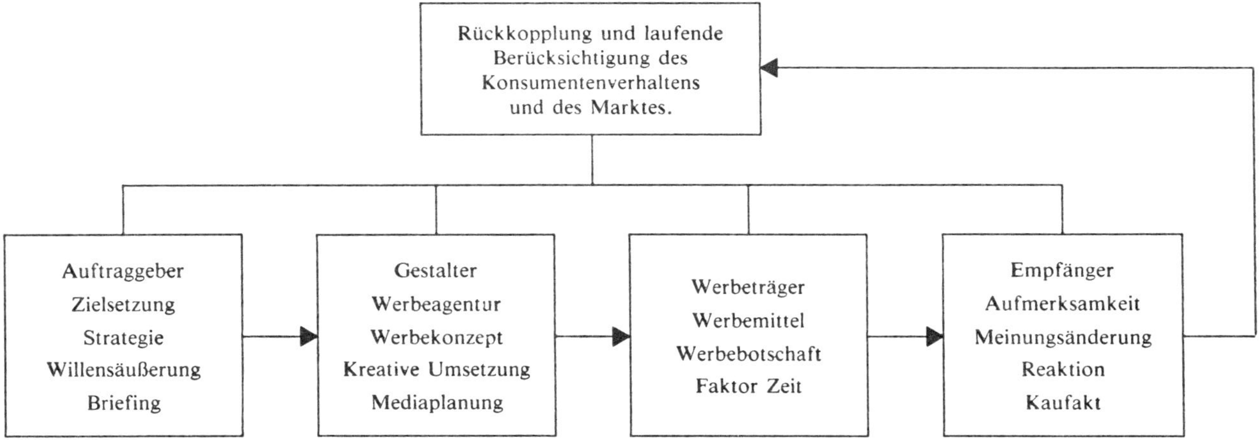

botschaften (Informationen) für die Empfänger möglichst passend, also vor allem verständlich und interessant zu gestalten. Oft ist die werbliche Ausformung des Anliegens zu intellektuell oder anspruchsvoll und kann von der ausgewählten Zielgruppe nicht verstanden werden.

Wirkungsvolle Werbung setzt klare Ziele voraus. Diese richten sich nach den Marketingzielen. Um die Werbeziele zu verwirklichen, setzen wir Werbemittel mit Hilfe der Werbeträger ein.

Wir unterscheiden grundsätzlich:

- Werbung nach außen, das sind Maßnahmen, die sich entweder an unsere Käufer (Gäste) direkt richten oder solche, die unsere Mittler (Reisebüros), Verkehrsträger oder meinungsbildende Fachleute ansprechen sollen.
- Werbung nach innen, hier sind die Maßnahmen beinhaltet, die sich mit dem „Angebotsbewußtsein“ aller Verantwortlichen befassen. Es ist ganz entscheidend, mit welcher Einstellung die touristische Leistung im Ort präsentiert wird, das Fremdenverkehrsbewußtsein der heimischen Bevölkerung ist enorm wichtig.

Die innerbetriebliche Werbung kann folgende Ziele verfolgen:

- Positive Einstellung zur Fremdenverkehrswirtschaft.
- Überdurchschnittlichen Service für die Gäste.
- Schonung bzw. richtige Benützung aller Einrichtungen.
- Weitergabe von Erfahrungswerten von allen und an alle Mitarbeiter.
- Umgehung absehbarer Schwierigkeiten und Unfallverhütung.

## DER WERBESTIL

Jede Werbung soll das Angebot bestwirksam ankündigen, von anderen Angeboten gut unterscheiden, nicht zuletzt den Kaufwunsch fördern und auslösen.
Stilvolle Werbung sichert uns diese Effekte. An und für sich wird unter dem Begriff „Stil“ auch „Inbegriff des Vollendeten“ verstanden. Fast jede Tätigkeit kann man stilvoll gestalten.

Durch den ständigen Einsatz äußerer stilbildender Elemente und durch stetige, bewußte Pflege des geistigen Gehaltes unserer Maßnahmen prägen wir den erstrebten Werbestil. Stilvolle Werbung ist wirtschaftlich, weil das dadurch geschaffene einheitliche Aussehen es den Umworbenen erleichtert, sich auf unsere Maßnahmen einzustellen und unsere Mitteilungen zur Kenntnis zu nehmen.

## VORAUSSETZUNGEN FÜR STILVOLLE WERBUNG

*Der geistige (innere) Gehalt*
Wir verstehen darunter vor allem den Wert unserer Werbung, ihren Informationsgrad für die Umworbenen. Dabei sind auch die Kaufmotive der Zielgruppen zu berücksichtigen. Der künstlerische Ausdruck spielt gleichfalls eine ausschlaggebende Rolle. Jeder ausgeprägte Stil wurzelt im Geistigen. Wir sehen, es wäre irrig, die grafische Gestaltung als etwas lediglich „Äußerliches" zu bewerten. Sie drückt in erster Linie geistige Inhalte aus.

*Der Faktor Zeit*
Der bewußt gepflegte innere Gehalt und das Anwenden spezieller äußerer Merkmale bilden erst nach und nach den werblichen Stil eines Unternehmens, einer Firmengruppe, einer Gemeinschaftswerbung usw. Die Wirkung kann daher erst nach einiger Zeit eintreten.

*Äußere Merkmale der Werbung*
Darunter verstehen wir Elemente, die den Maßnahmen rein äußerlich ein einheitliches, zur Ware, zur Dienstleistung, zum Standort passendes, aktualisiertes Aussehen geben. Dadurch entsteht für die Umworbenen im Laufe der Zeit ein immer vertrauteres Bild unserer Werbung.
Solche äußeren Merkmale sind:

### Markenzeichen (Gütezeichen)

Mittel der Kennzeichnung, Heraushebung und Einprägung;
Garantiezeichen für gleichbleibend gute Qualität;
Ausdruck der Leistungsfähigkeit, Verläßlichkeit und ethischen Haltung.
Das Markenzeichen kann nur dann wirksam sein, wenn es durch das geschäftliche Ansehen und den guten Ruf seines Inhabers untermauert wird.

Österreich

**Fritz-Karl Ferner**
Leiter der Abteilung Planung und Werbung
Österreichische Fremdenverkehrswerbung

Margaretenstraße 1, A-1040 Wien, Österreich
Telefon (0222) 588 66-250
Fax (0222) 588 66 20, Ttx 3222306 oevie a

Viele Marktdaten über Österreichs wichtigstes Herkunftsland verdanken wir dem G+J-Marketing Service.

Wer soviel über das Reiseverhalten weiß, beweist auch Zuständigkeit für die Werbung dieser Branche.

Ein kollegiales Servus an G+J.

Fritz Karl Ferner

Um im deutschen Markt erfolgreich zu sein, braucht man die besten Partner, braucht man Gruner + Jahr, Deutschlands führendes Zeitschriftenhaus. Und seinen Marketing-Service, der Märkte und Zielgruppen transparenter macht.

Die verlegerische Qualität von Gruner + Jahr wird in seinen mehr als 20 Zeitschriften deutlich: Der Stern, Capital und Brigitte, Essen & Trinken, Eltern und Geo, Frau im Spiegel, Viva, Sports und Saison sind nur einige der G + J-Zeitschriften, die maßgeschneidert sind für Tourismuswerbung in unterschiedlichen Zielgruppen.

Wenn Sie mehr erfahren wollen, wenden Sie sich bitte an das G + J-Verlagsbüro in Wien, Hans Vokurka oder Erwin Luthwig, Tel. 0222/52 56 470.

## Farbe

Bekanntlich sprechen Farben das Gefühl unmittelbar und stark an. Sie haben Aufmerksamkeits- und Gedächtniswirkung, gefühlsbetonten Symbolgehalt.
Die gewählten Farben sollen daher dem Charakter des Angebotes, unseren psychologischen Absichten entsprechen.
Wir wählen Farbnuancen, die sich leicht drucken lassen.

## Schrift

Vor allem soll sie gut leserlich sein. Es stehen unzählige Schriftarten zur Verfügung; jede einzelne drückt eine bestimmte Eigenschaft (Gesinnung) aus. Zum Beispiel Tradition, Dynamik, Bewegung, Extravaganz usw. Manche Schriftarten werden ausschließlich für spezielle Belange geschaffen. Denken wir an Schriften, die technische Produkte zur Geltung bringen, während andere für extreme modische Aussagen benötigt werden.
Jede Druckerei verfügt über ein Schriftmusterbuch. Wir vermeiden es aber, „ausgefallene“ Schriftarten zu wählen, die nur vereinzelt in Druckereien vorrätig sind.

## Form

Darunter verstehen wir einerseits den graphischen Ausdruck, das Layout, die typographische Anordnung, die exakte äußerliche Form, andererseits aber auch alle übrigen gestaltenden Elemente, die das Aussehen unserer Maßnahmen prägen. Schließlich spielt auch die Formgebung der Ware, also das Design, eine ausschlaggebende Rolle. Design im Fremdenverkehr? Jawohl! Ob es sich um die formschöne Inneneinrichtung eines Hotels, Restaurants handelt oder um die gepflegten Fassaden eines Ortes, die Begrüßungstafel am Ortseingang, Wegemarkierungen usw. Denken wir auch an die „Souvenirs“!

## Slogan

Er ist umso wirksamer, je besser er den geistigen Grundgedanken der Werbung einprägsam ausdrückt. Der Slogan soll in einer Art Kurzformel die Eigenständigkeit oder Besonderheit des Angebotes vermitteln. Meist in einem Wortspiel, Doppelsinn oder in Reimform gefaßt.

### Symbole

Symbole erlangen in der Werbung immer größere Bedeutung, weil sie bis zu einem gewissen Grad personifizieren, Stimmung vermitteln, nicht zuletzt in unserer schnellebigen Zeit das Erkennen und Erfassen der Werbemaßnahmen erleichtern. Die ursprünglich vom Film ausgehende Anregung und Hinstimmung zum Visuellen wurde durch das Fernsehen in einem von uns heute vielfach gar nicht mehr ausreichend berücksichtigten Ausmaß verstärkt. Außerdem gilt nach wie vor: Ein Bild sagt mehr als tausend Worte.
Gerade im Fremdenverkehr bestätigt sich immer wieder die suggestive Wirkung von Symbolen.

## DAS BILD IN DER WERBUNG

Neueste Forschungsarbeiten von Prof. Dr. Kroeber-Riel, Saarbrücken, und Prof. Dr. Günter Schweiger, Wien, führen die immer größere Bedeutung geeigneter Bilddarstellungen in der Werbung vor Augen. Erkenntnisse, die in Anbetracht der weiten Verbreitung von Fernsehen und Videosystemen und der immer leistungsstärkeren drucktechnischen Wiedergaben bildlicher Darstellungen nicht überraschen können.
Wir wissen durchaus, daß Wort und Schrift sowie Bild und Typographie (soviel wie Setzkunst, bestwirksame Anordnung drucktechnischer Gestaltung) in ihrer Gesamtheit zu höchsten Wirkungsstufen führen. Sie sind eben die wichtigsten Bauteile der Werbung, zu denen wir allerdings auch Farbe und Licht hinzuzufügen haben. Dennoch ist auf den dominierenden Rang von Bilddarstellungen aller Art ausdrücklich hinzuweisen. Das Bild ist in der touristischen Werbung grundsätzlich unentbehrlich. Gerade deshalb kommt aber der Einsatz (die Verwendung) eines nur bedingt geeigneten Fotos oder einer Zeichnung nicht in Frage. Nur dann, wenn die Aussage einer Illustration unseren Absichten voll entspricht, ist sie für uns geeignet. Im anderen Fall ist es besser, auf eine solche Darstellung zu verzichten.

## DER WERBETEXT

Wort und Bild sind unentbehrliche Bauteile erfolgreicher Werbung. Das Bild allein, so packend und auch überzeugend es durch überlegte Auswahl sein kann, genügt nicht. Der Text erst gibt die meistens notwendigen ergänzenden Informationen. Es ist dabei richtig, daß sich die große Mehrzahl der Umworbenen schon seit dem Stummfilm Zug um Zug zunehmend an visuelle Darbietungen gewöhnte, bis schließlich das Fernsehen bis in die privatesten Lebensbereiche eindrang.
Aber: Würden uns Fernsehsendungen ohne gesprochenen oder geschriebenen Text genügen? Ganz gewiß nicht.
Das Bild braucht eben in der Regel den geschriebenen und/oder gesprochenen Text, um voll zur Geltung zu kommen.
Wirksame Werbung kann daher auch zukünftig auf den Text nicht verzichten.

## WIE GESTALTEN WIR UNSERE TEXTE?

Werbung hat die Funktion, die Menschen anzusprechen, d. h. wir müssen Aufmerksamkeit erregen, die Werbeaussage leicht verständlich formulieren. Schon daraus ergibt sich eine Spannung zwischen dem reinen Informationsgehalt unserer Angebotsaussage und der werblichen Aufbereitung. Treten wir ausschließlich sachlich und informativ auf, erzielen wir beim Verbraucher nicht genügend Reaktion. Unsere Formulierungen dürfen also nicht als langweilig empfunden werden, wir suchen deshalb unkonventionelle Wege.
Trotz der Suche nach spektakulärer Argumentation wird vor Übertreibungen gewarnt. Hier ist das Konsumentenverhalten sehr sensibel! „Halbwahrheiten“ schaden mehr als sie nützen. Andererseits ist „Duden-Pflege“ nicht unbedingt Angelegenheit der Werbung. Gerade touristische Angebote müssen in jeder Situation vertrauenserweckend wirken. Dem Wahrheitsgehalt unserer Aussagen kommt also besondere Bedeutung zu.

## GRUNDLAGEN WIRKSAMER WERBETEXTE

Man gestalte eine Nachricht im Sinne einer informativen Mitteilung und richte sie mit klarer Zielsetzung an bestimmte Zielgruppen, wobei die Bedürfnisse dieser Zielgruppen vorrangig sind. Es kann sich dabei sehr oft um Bedürfnisse handeln, die diesen Zielgruppen noch gar nicht voll zum Bewußtsein gekommen sind.
Aufgrund der überwiegend visuellen Ausrichtung des gesamten wirtschaftlichen, ja öffentlichen Lebens ist es auch notwendig, den Text immer wieder mit Illustrationen kombiniert einzusetzen. Grundsätzlich ist hervorzuheben:
Unsere Epoche ist schnellebig, viele Abläufe haben eiligen, ja flüchtigen Charakter. Unsere Werbemittel müssen deshalb mühelos leserlich, ihre Inhalte leicht verständlich sein. Übersichtliche Gliederung von Bild und Text ist dafür unentbehrlich. Dazu verhelfen uns auffallende Überschriften (Schlagzeilen – Headlines), Untertitel (auch Zwischentitel oder Sublines genannt), die Zusammenfassung des Textes zu Textblöcken, wodurch wir unbedruckten Raum, Leerraum, gewinnen. Naturgemäß spielen oft Illustrationen eine ausschlaggebende Rolle. Für den Inhalt der Werbeaussage gilt: jede Werbebotschaft muß sich mit dem geistigen Inhalt, dem gewählten Angebotsschwerpunkt bzw. dem werblichen Ziel auseinandersetzen. Konzentration in der Aussage ist beim Text ebenso wichtig wie bei den Illustrationen.

## GRUNDGEDANKEN ZUR TEXTGESTALTUNG

Der Werbetext ist nicht Selbstzweck. Er ist Mittel zum Zweck, soll den Entschluß der Kunden, sich für unser Angebot zu entscheiden, fördern und auslösen. Wie erreichen wir dieses Ziel?

- Die für unser Angebot (Leistung) geltenden Argumente von Haus aus registrieren und zumindest in Stichworten notieren. (Sonst vergessen wir sie bald wieder.)
- Wirksame Worte wählen, um die Argumente deutlich zu machen!
- Wir denken stets an die Interessenten (Zielpersonen, Zielgruppen), an ihre Vorstellungen, Bedürfnisse und Erwartungen! Aber auch an ihre Motive!
- Unsere Texte sollen solchen Überlegungen entsprechen.

## DIE SCHLAGZEILE

Jeder Werbetext benötigt irgendeinen Blickfang. Oft in Form einer packenden Schlagzeile.
Die Überschrift (Schlagzeile) soll auffallen, gleichzeitig aber auch anregen, den übrigen Text zu lesen. Sie soll aber nicht enttäuschen, also mehr versprechen, als der folgende Text halten kann.
Wir erkennen: Je präziser die Schlagzeile den tatsächlichen Verhältnissen entspricht, umso besser ist sie für den kleinen und mittleren Ort oder Betrieb geeignet.
Je größer das Unternehmen, die werbende Gemeinschaft, umso eher können sie die Schlagzeile allgemeiner, auch mit mehr Sensationscharakter gestalten.
Ferner gilt:
Negativformen vermeiden!
Dies belegt das folgende Beispiel: Besser als „Kein Ruhetag" ist „Täglich geöffnet" geeignet.
Worte wie „kein", „nicht", „niemals" sprechen den Leser oft „negativ" an. Wir vermeiden sie womöglich in Überschriften und am Anfang von Texten.
Für den Erfolg von Werbetexten ist der möglichst enge geistige Zusammenhang zwischen Schlagzeile und Aussagekraft des folgenden Textes bedeutsam. Es genügt nicht, lediglich gewisse Leistungen aufzuzählen. Es kommt vor allem in Inseraten und Werbebriefen, naturgemäß auch in Prospekten darauf an, womöglich einen durchgehenden Gedanken (wir sprechen auch vom sogenannten „roten Faden", insbesondere der „Leitidee") auszudrücken.

Dazu einige Beispiele, um diese Aussagen zu untermauern. Sie sollten in *keiner* Weise als rezepthafte Vorbilder wirken:

- Wir legen unsere Aussage jemandem in den Mund. Eine bekannte Persönlichkeit aus Geschichte, Sport usw. wird ausgewählt und sozusagen als „objektiver Meinungsträger" eingesetzt. Franz Xaver Y. hat einmal gesagt: „Erholen ist etwas zum Herholen." Dieser Meinung sind wir auch. Die Frage ist nur, wo man die richtige Erholung herholen soll usw.

- Wir schildern offensichtliche Nachteile, die unser Angebot verhütet oder „wiedergutmacht". Beispielsweise: Was nützt es, wenn Sie den Urlaub zum Bau eines Zweitwohnsitzes verwenden, wenn Sie ihn nicht mehr gesund und zufrieden ausnützen können? Erholung ist eine Voraussetzung erfolgreicher Arbeit.

Oder: Außen braun und doch innen nicht erholt. Die Alternative zu lediglich dunkelbrauner Haut heißt: ruhige Wälder, saftige Wiesen und zu sich selbst finden. Überlegen Sie einmal usw.

- Die Schlagzeile wird im Haupttext weiter erklärt und wiederholt:
  Gehören Sie zu den Reisenden mit Kindern?
  Jährlich suchen viele tausend Familien ein geeignetes Quartier für ihre Kinder. Wo gibt es ein kinderfreundliches Urlaubsangebot, das gleichzeitig auch noch elterngerecht ist? Stellen Sie die Suche ein. Wir bieten Ihnen das Gesuchte.
- Nutzenstiftung herausstellen. Wir sprechen ein bekanntes Problem des Lesers an und bieten gleichzeitig Abhilfe.
  Beispiel:
  Eine Information für alle Wetterfühligen!
  Viele Menschen leiden unter Abnützungsbeschwerden ihrer Gelenke. Mit einem angenehmen Dreiwochenaufenthalt in unserem Thermalbad schaffen Sie eine spürbare Erleichterung. Resignieren Sie nicht, sondern nützen Sie die natürlichen Heilmöglichkeiten usw.
- Um unsere Werbeaussage sympathisch zu verpacken, erzählen wir eine kleine Geschichte.
  Beispiel:
  Weil ihm seine Frau mit ihren Schiern auf und davon lief...
  Evelyn hatte schon in der Schule Schifahren gelernt, ihr Mann, Frank, stammt aus Kalifornien und war nie auf Brettln gestanden. Fortan fehlte für einen zünftigen Winterurlaub die Harmonie. Bis es ihm zu dumm wurde. Zwei Intensivkurse in einer Saison machten ihn wieder „gleichwertig“; heute fährt Frank seiner Evelyn bereits davon. Falls auch Sie usw.

## WERBEMITTEL UND WERBETRÄGER

Für den Einsatz der Werbemittel (Plakate, Inserate usw.) sind die sogenannten Werbeträger (sie transportieren die Werbebotschaft) notwendig. Das sind Medien der Streuung, durch die ein Werbemittel an die Umworbenen herangeführt wird.
Die Gestaltung der Werbemittel, insbesondere Art und Formulierung der Werbebotschaft, nehmen wir unter Bedachtnahme auf den jeweiligen Werbeträger vor. Dies gilt insbesondere für die Insertion. Die einzelnen Presseorgane als Werbeträger unserer Werbemittel (Inserate) haben spezielle Leserkreise, auf die wir die Werbebotschaft abstimmen. Im Hörfunk oder Fernsehen wiederum verändert sich der Seher- und Hörerkreis mit der Sendezeit. Schon diese wenigen Beispiele zeigen, daß wir somit die Werbeträger ins Kalkül ziehen müssen. Es interessieren uns aber auch die grundsätzlichen Erwartungen der Konsumenten von den einzelnen Werbeträgern.

### ERWARTUNGEN AN DIE WERBETRÄGER

Die sorgfältige Auswahl der Werbeträger berücksichtigt auch die Erwartungen der Konsumenten. Mehrfache Forschungen beweisen nämlich unterschiedliche Einstellungen und Erwartungen gegenüber den verschiedenen Gattungen von Werbeträgern.

Die unterschiedliche Erwartung bzw. Nutzenstiftung eines Mediums bedingt meist auch die unterschiedliche Bewertung durch die Benützer. Diese teilweise unterbewußten Assoziationen, die von den einzelnen Medien ausgehen, werden im weitesten Sinn auch auf die dort eingesetzte Werbung übertragen, d. h. der Effekt der Werbung wird vom Image eines Mediums mitbestimmt. Das wohl simpelste Beispiel: „Wer im Fernsehen wirbt, muß (weil kostspielig) eine große Firma sein."

Nach Aussage von Prof. Dr. Günter Schweiger werden den Mediengattungen (Werbeträgern) im allgemeinen folgende Funktionen zugeschrieben:
*Zeitschriften:* Unterhaltung, Orientierungshilfe, Vermittlung von Atmosphäre.

*Tageszeitungen:* Aktuelle Information, Neuigkeiten.
*Fernsehen:* Überwiegend Unterhaltung, teilweise auch Information und Bildung.
*Film/Kino:* Fast ausschließlich Unterhaltung.
*Hörfunk:* Vorwiegend musikalische Unterhaltung, aktuelle Information und Bildung.
*Außenplakat:* Nur Werbefunktion.
Die ursächlichen Funktionen wie „Orientierungshilfe“ oder „Information und Bildung“ räumen der Werbung wertvolle Wirkungschancen ein. Das entsprechende Umfeld gibt jeweils auch etwas vom Eigenimage an die Werbebotschaft ab; es kommt freilich darauf an, diese Situation durch geeignete Werbebotschaften zu nützen.
Naturgemäß haben wir innerhalb der einzelnen Mediengruppen noch weitere Unterteilungen zu berücksichtigen, da die leserspezifische Situation einer Tageszeitung anders liegt als bei einer Wochen- oder Wirtschaftszeitung. Bei Festlegung der Argumentation und Gestaltung nehmen wir darauf Rücksicht.

## DIE VIELFALT DER WERBEMITTEL

Die Möglichkeiten des Werbemitteleinsatzes sind vielfältig. Je besser wir die ausgewählte Zielgruppe kennen, desto eindeutiger ist ein bestimmtes und dafür geeignetes Werbemittel zu bestimmen. Meist ist diese Zielgruppeneingrenzung nicht so klar möglich, und es entspricht der Praxis, verschiedene Werbemittel nebeneinander einzusetzen. Dies erhöht die Chance der Treffsicherheit und vermindert somit das Risiko.

- Die gedruckte Mediawerbung (Anzeigen).
- Die elektronische Werbung, unter dem Begriff „FFF“, also Film, Funk, Fernsehen, zusammengefaßt; audiovisuelle Mittel wie Tonbildschau, Multivision und Bildschirmtext.
- Werbedrucksachen (Prospekte, Kataloge, Flugblätter).
- Die Außenwerbung in Form von Plakatanschlag, Verkehrsmittelwerbung oder Leuchtreklame.
- Direktwerbung durch Versendung über die Post oder Verteilung an den Haushalt; auch Werbung per Telefon zählt dazu.
- Die Schauwerbung als Präsentation auf Messen und Ausstellungen sowie im Schaufenster.

- Persönliche Werbung als die gewinnendste und überzeugendste Möglichkeit. Die „gute Nachrede“ zufriedener Gäste!
- Werbung außerhalb der klassischen Form, darunter verstehen wir vielfältige, vielfach nur indirekt beeinflußbare Mittel und Methoden, die den Fremdenverkehr fördern können.

Zum Beispiel: Spielfilme, die die Landschaft, aber auch die Lebensart ihrer Bewohner vorteilhaft (mitunter leider auch unvorteilhaft) zeigen; künstlerische Leistungen aller Art; Sportereignisse in Fremdenverkehrsregionen oder außerordentliche Leistungen der dortigen Bewohner.

Bei der Produktion der Werbemittel achten wir stets darauf, daß ein konkreter Einsatzplan dafür vorliegt. Es erscheint uns selbstverständlich, daß wir kein Inserat produzieren, ohne zu wissen, wo es eingeschaltet werden soll. Genauso selbstverständlich sollte dies sein, wenn wir einen Fremdenverkehrsfilm, Prospekte oder Plakate produzieren.

Leider wird oft noch immer impulsiv und nach den Möglichkeiten der Stunde oder in der Gruppeneuphorie entschieden. Nach den Produktionskosten für einen Film gibt es sehr oft kein Budget, um diesen Film dann auch einzusetzen. Plakate werden produziert ohne konkrete Bedarfsfeststellung oder Einsatzstrategie. Merken wir uns also vor, daß wir für den Einsatz (Streuung) aller Werbemittel einen Budgetposten in zumindest derselben Höhe wie der Produktionskosten vorzusehen haben.

## FREQUENZ UND EINSATZZEIT DER WERBEMITTEL

Wir unterscheiden nach kurzfristig, mittelfristig und langfristig wirksamen Werbemitteln:

- Einsatz zum richtigen Zeitpunkt und am richtigen Ort.
- Kurzfristiges, mittelfristiges und langfristiges Ansprechen der Umworbenen (je nach Zielsetzung: etwa kurzfristig Buchungserfolge oder langfristig Imageverbesserung oder -korrektur).
- Zeitliche Wiederholung der Maßnahmen (insbesondere die so wichtige dauernde Einprägung bedarf der zeitlichen Wiederholung der Werbemaßnahmen), mehrdimensionales Zeitdenken.

Je nach der Art der Leistung, für die geworben wird, überwiegen gelegentlich langfristige, gelegentlich mittel- oder kurzfristige

Medien. Im Extremfall ist es denkbar, nur langfristig wirkende Medien einzusetzen, wir vermeiden es aber, ausschließlich kurzfristige Mittel zu verwenden. Es kommt eben auf die richtige Mischung an, um die maximale Werbekraft zu erreichen. Die Vielfalt der verfügbaren Werbemedien sichert jedenfalls auch werbliche Vielfalt.

- Langfristig wirksam: Daueranschlag, Anzeige in Nachschlagewerken, Kataloge, Prospekte, Geschäftsportale. (Werbestil besonders wichtig!)
- Mittelfristig wirksam: Anzeigen in Zeitschriften oder Wochenblättern, Prospekte, Plakate.
- Kurzfristig wirksam: Flugblätter, Rundfunkspots, Anzeigen in Tageszeitungen.

Die besondere Rolle des Prospektes für den Fremdenverkehr zeigt sich eindeutig: Seiner zeitlichen Wirkungsdauer stehen viele Möglichkeiten offen.
Ein bekanntes Sprichwort sagt: „Steter Tropfen höhlt den Stein." Auf die Werbung übertragen: die Umworbenen immer wieder informieren und erinnern.
Der Werbeerfolg beruht eben, wie schon erwähnt, auch auf der Zahl der Wiederholungen einzelner Maßnahmen. Auch deshalb setzen wir kurzfristig, mittel- und langfristig wirksame Werbemittel ein.
Auch die Psychologie des Lernens empfiehlt zeitliche Wiederholungen. Die sogenannte Lernkurve sagt für unsere Aufgaben aus:
An Zahl zu geringe Werbekontakte werden nicht oder nur kaum gemerkt. Setzen wir unsere Bemühungen fort, so führt jeder weitere Werbekontakt zu einem Wirkungszuwachs. Später erreichen wir dann den sogenannten Sättigungsbereich. Das heißt, daß bei Fortsetzung intensiver Maßnahmen der Aufwand keine ökonomisch vertretbaren Effekte mehr auslöst, ja sogar eine Übersättigung mit Abwehrreaktionen einsetzen könnte.
Im allgemeinen sind aber die verfügbaren Beträge für die touristische Werbung nicht so groß, um Sättigungen dieser Art auszulösen.

Wesentlich wird es hingegen sein, sie von Zeit zu Zeit wieder in Erinnerung zu rufen. Gerade bei guter Auslastung kommt der Erinnerungswerbung große Bedeutung zu; wir investieren damit auch in zukünftige Erfolge.

## Die Merkmale der Werbemedien für Tourismusleistungen

| *Merkmal* | *Zeitungen* | *Publikumszeitschriften* | *Fachzeitschriften* | *Fernsehen* | *Rundfunk* | *Kino* | *Plakate* |
|---|---|---|---|---|---|---|---|
| Streuung, Reichweite | täglich, wöchentlich oder sonntags, regionale oder nationale Reichweite bis zu 80% | wöchentlich oder monatlich, nationale Reichweite bei hoher Mehrfachbenutzung | wöchentlich oder monatlich, nationale Reichweite bei geringer Mehrfachbenutzung | hohe Reichweite und Streuung, national und regional | weit verbreitet, lokale oder regionale Reichweite | vor allem in städtischen Gebieten, Reichweite etwa 15% | an verkehrsreichen Plätzen und Straßen, Reichweite bis zu 50% |
| Nutzerschaft Segmentierung | begrenzte Segmentierungsmöglichkeiten | gute Segmentierungsmöglichkeiten nach Alter, Geschlecht, Einkommen usw. | spezielle Interessentengruppen | geringe Segmentierung | geringe Segmentierung | vor allem Personen unter 30 Jahren | große Zahl von Kontakten, keine Segmentierung |
| Allgemeine Kommunikationsfunktion | Nachrichten und Information | Unterhaltung und Information | spezielle Informationen, hohe Leseintensität | Unterhaltung, Nachrichten, Gruppenfernsehen abends zu Hause | Unterhaltung, Nachrichten, individuelles Zuhören tagsüber | Unterhaltung | |

| *Merkmal* | *Zeitungen* | *Publikumszeitschriften* | *Fachzeitschriften* | *Fernsehen* | *Rundfunk* | *Kino* | *Plakate* |
|---|---|---|---|---|---|---|---|
| Werbemöglichkeiten | S/w- oder Farbdruck | S/w- oder Farbdruck von hoher Qualität | S/w- oder Farbdruck, häufig von geringer Qualität | Spots in S/w oder Farbe (20 – 60 Sek.) | Spots (10 – 60 Sek.) | Filme, Dias (1 – 3 Min.) | Poster, Leuchtschriften |
| Planungskriterien | kurze lokale oder regionale Aktionen | langfristig angelegte Aktionen, Imagewerbung | Ansprache spezieller Interessensgruppen | Hauptmedium für eine langfristig angelegte Werbung | unterstützende Funktion, geeignet für häufige Wiederholungen | geeignet für Erinnerungswerbung, geringe Wirkung | geringe Wirksamkeit, geeignet für Erinnerungswerbung |
| Kosten | geringe Kosten pro Exemplar und Kontakt, mittlere technische Kosten | hohe Kosten pro Exemplar, geringe Kosten pro Kontakt, hohe technische Kosten | geringe Kosten je Exemplar, mittlere Kosten pro Kontakt, mittlere technische Kosten | mittlere Kosten pro Einheit, geringe Kosten pro Kontakt, mittlere technische Kosten | mittlere Kosten pro Einheit, geringe Kosten pro Kontakt, mittlere technische Kosten | geringe Kosten pro Einheit und pro Kontakt, geringe technische Kosten | geringe Kosten pro Einheit, hohe Kontakt- und technische Kosten |

Quelle: WTO World Tourism Organization

## NUTZUNG DER WERBEMITTEL

Wie schon an anderer Stelle erwähnt (siehe Seite 146), berücksichtigen wir zwar alle uns zugänglichen Untersuchungsergebnisse, übernehmen diese aber nicht kritiklos. Dies bedeutet jedoch keineswegs Ablehnung! Wir müssen aber kritisch sein und solche Unterlagen (insbesondere über die Nutzung von Werbemitteln) auch mit der eigenen Zielsetzung und den eigenen Verhältnissen abstimmen.
Grundsätzlich gilt in solchen Fällen:

- Die eigene Zielsetzung (nicht jede notwendige werbliche Aussage ist für jedes Werbemittel geeignet) zwingt uns oft, auch verhältnismäßig selten genützte Werbemittel einzusetzen.
- Berücksichtigen wir bei der Beurteilung von Ergebnissen über die Nutzung der Werbemittel auch das 4-Phasen-Modell der Urlaubsentscheidung (siehe Seite 147).
- Nicht immer geben Befragte an, durch Werbung informiert worden zu sein. Sie nennen lieber „Gespräche mit Bekannten“. Solche und auch andere Angaben sind daher sicherlich zahlreicher, als dies der Wirklichkeit entspricht.
- Sorgfältige Analysen bestätigen: Befragte Personen sind ziemlich oft nicht in der Lage, den Ablauf ihres Entscheidungsprozesses richtig wiederzugeben. Einerseits, weil sie einzelne Stationen dieses Vorganges vergessen oder vergessen wollen, andererseits, weil auch unbewußte Einflüsse wirksam sein können.
- Der letzte Kontakt deckt die vorgelagerten Informationsquellen zu oder verdrängt diese, das heißt, die letzte Informationsquelle wird überproportional genannt.

Unter diesen Einschränkungen geben die folgenden, gewiß für einen längeren Zeitraum brauchbaren Ziffern ein unsere Entschlüsse unterstützendes, wenn auch nur bedingt aussagekräftiges Bild.

**Nutzung von Werbemitteln innerhalb eines Zeitraumes zwischen zwei Wochen und sechs Monaten**

Befragt wurden 464 nach statistischen Grundsätzen ausgewählte Personen.

| *Die Nutzung betrug* | in Prozenten (Mehrfach-nennungen) |
|---|---|
| Gespräche mit Freunden, Bekannten oder Verwandten über Urlaubsziele (innerhalb der letzten 14 Tage) | 52 |
| Reisebeilage oder Reiseseite einer Tageszeitung gelesen (innerhalb der letzten 14 Tage) | 27 |
| Katalog oder Prospekt eines Reisebüros gelesen (innerhalb der letzten 6 Monate) | 26 |
| Reiseinserate in einer Tages- oder Wochenzeitung gelesen (innerhalb der letzten 14 Tage) | 22 |
| In einem Reisebüro eine Auskunft eingeholt (innerhalb der letzten 6 Monate) | 17 |
| Einen Prospekt eines Ortes oder eines Landes angeschaut (innerhalb der letzten 6 Monate) | 17 |
| Ein Reiseplakat gesehen (innerhalb der letzten 4 Wochen) | 10 |
| Eine Folkloreveranstaltung besucht (innerhalb der letzten 6 Monate) | 2 |
| Eine Reiseausstellung besucht (innerhalb der letzten 6 Monate) | 1 |
| Nichts davon | 22 |
| *Als häufig benützt genannt:* | |
| Rat von Freunden, Bekannten, Verwandten | 30 |
| Eigene Erfahrung von früheren Urlaubsreisen | 11 |
| Reisebeilagen oder Reiseseiten von Zeitungen oder Zeitschriften | 31 |
| Inserate in Zeitungen oder Zeitschriften | 20 |
| Plakate | 5 |
| Empfehlung eines Reisebüros | 12 |
| Katalog eines Reisebüros | 24 |
| Prospekte eines Urlaubsortes oder Landes | 12 |
| Ausstellungen | 1 |
| Folkloreveranstaltungen | 1 |
| Anderes | 5 |

Die Differenzen der Angaben des gleichen Personenkreises zeigen die vielfältigen individuellen Einflüsse. Sie belegen aber auch, wie wichtig die sorgfältige Auswertung, nicht zuletzt der Vergleich der einzelnen Ziffern ist, um ein brauchbares Bild des Marktes zu erhalten.
Im Zuge der deutschen Reiseanalyse wurden 3.209 Reisende darüber befragt, welche Informationsquellen sie herangezogen haben, um sich für ihr Reiseziel zu entscheiden. Angabe in Prozenten. Mehrfachnennungen waren möglich!

| *Informationsquelle* | 3.209 Reisende | 1.818 Auslandsreisende |
|---|---|---|
| Berichte von Bekannten und Verwandten | 46,2 | 50,3 |
| Auskunft durch Reisebüro | 16,4 | 22,8 |
| Auskunft durch ein Fremdenverkehrsamt | 6 | 6,1 |
| Auskunft durch einen Automobilclub | 3,1 | 4,7 |
| Auskünfte auf Messen und Ausstellungen | 0,5 | 0,7 |
| Kataloge von Reiseveranstaltern | 13,6 | 18,0 |
| Ortsprospekte | 9,5 | 9,6 |
| Landes- und Gebietsprospekte | 5,9 | 8,3 |
| Prospekte von Unterkünften | 4,1 | 4,2 |
| Reiseseiten und Reisebeilagen in Zeitungen | 4,6 | 5,7 |
| Reiseberichte in Zeitschriften | 5,6 | 7,7 |
| Reportagen im Fernsehen | 3,5 | 4,6 |
| Berichte im Rundfunk | 1,4 | 2,1 |
| Reiseführer | 5,9 | 8,6 |
| Allgem. Bücher, Romane und Reisebücher | 1,9 | 2,9 |
| Anzeigenwerbung in Zeitschriften | 3,1 | 3,1 |
| Anzeigenwerbung in Zeitungen | 3,8 | 4,0 |
| Plakate | 0,5 | 0,7 |
| Rundfunkwerbung | 0,1 | 0,0 |
| Fernsehwerbung | 0,7 | 0,8 |
| Vorträge und Filme | 1,4 | 1,9 |
| Aus eigener Anschauung | 40,8 | 33,1 |

Fachleute bewerten die Anzeige nach wie vor als Königin der Werbemittel. Ganz gewiß ist sie für das touristische Angebot unentbehrlich. Viele Interessenten nützen die Inserate der Fremdenverkehrswirtschaft als Reisekatalog. Sie suchen sich aus den einschlägigen Anzeigenseiten etwas Passendes heraus, schreiben an das Wunschziel und buchen, wenn sie dann ein geeignetes Offert erhalten haben.
Die Wahl der Werbeträger, also der Zeitungen und Zeitschriften, in denen wir Anzeigen einschalten, leitet sich von der jeweiligen Zielgruppe ab. (Welche Presseorgane werden von der Zielgruppe gelesen?)
Für den materiellen Aufwand gilt:

> Je größer die einzelne Anzeige ist, umso mehr Aufmerksamkeitswirkung kommt ihr zu. Andererseits ist aber eine möglichst große Zahl von Einschaltungen notwendig, um die Einprägung der Werbebotschaft bei möglichst vielen Umworbenen zu erreichen. Serien von Anzeigen sind deshalb vereinzelten Einschaltungen vorzuziehen.

*Aber:* Die notwendige Größe der Anzeige hängt auch von dem Image ab, das wir dem Angebot geben wollen. Eine Mindestgröße soll unbedingt eingehalten werden, um überhaupt bemerkt zu werden.
Nun zur Wiederholung der Anzeigen (zwecks Seriencharakter): Die Wirkung, besonders von Kleinanzeigen, wird im Normalfall durch Wiederholung vertieft. Das eingangs erwähnte Prinzip der Konzentration gilt für die Auswahl der Werbeträger (Werbemedien) ganz besonders. Es ist vorteilhafter, in wenigen durchdacht ausgesuchten Zeitungen und Zeitschriften öfter zu inserieren, als in vielen Presseorganen nur je ein- oder zweimal.
Die Ziffern der Media- und Leserschafts-Analysen bieten uns für die Auswahl meßbare Kriterien. Doch daneben gibt es sicher auch interessante, nicht meßbare qualitative Kriterien für ein Medium; zum Beispiel das Umfeld. Was steht eigentlich rundherum um die Anzeige? Handelt es sich um Reisen oder um Waschpulver? Die gute, seriöse Reiseredaktion hebt den Wert der Reiseanzeigen entscheidend (Leser-Blatt-Bindung).
Hervorzuheben ist auch das sogenannte Kollektivinserat. Durch Zusammenfassung nach Regionen oder nach Themen (zum Beispiel

Badeorte), werden auch kleinere Anzeigen wirkungsvoll eingesetzt, weil sie durch die fachliche Geschlossenheit auch gegenüber großflächigen Inseraten einen hohen Aufmerksamkeitswert sichern.

Zu den oft auch für Touristikanzeigen verwendeten *Kupons* muß festgestellt werden, daß es bisher nicht möglich war, für die Rücklaufquote generelle Bewertungskriterien zu erarbeiten.

Durch den Kupon in einer Anzeige wird der Leser zur Aktivität aufgefordert, möglichst rasch und unkompliziert vom Werbetreibenden zusätzliches Informationsmaterial anzufordern.

Die Geschichte der Werbung mit Kuponanzeigen bietet Beispiele für spektakuläre Ergebnisse, aber auch für weniger erfolgreiche Aktionen. Die Kuponrücklaufquote kann schon deshalb kein unbedingter Gradmesser für die erstrebte Qualität der eingesetzten Medien sein, weil sie von zahlreichen Faktoren wie zum Beispiel Gestaltung, Größe, Placierung, Zeitpunkt des Lesens, Einsendebereitschaft, Schichtung der Leserschaft usw. abhängt.

Von den Lesern wird die Kuponanzeige aber auf jeden Fall als zusätzliche Serviceeinrichtung für die Informationseinholung empfunden. Außerdem gilt: besser eine unvollkommene Wirkungskontrolle (die immerhin Vergleichswerte bietet) als keine Kontrolle.
In jüngerer Zeit werden Kupons durch eingeklebte *Antwortkarten* ersetzt. Es zeigt sich nämlich, vor allem bei Kuponanzeigen in Magazinen und Publikumszeitschriften, bei manchen Lesern eine gewisse Scheu, „einen Kuponabschnitt herauszuschneiden“, weil damit auch die andere Seite des betreffenden Blattes beeinträchtigt wird.
Solche eingeklebten Anforderungskarten sind auf beiden Seiten bedruckt, wobei die dem Leser zugewandte Seite ein positives Bild des betreffenden Angebotes vermitteln soll. Wird nun die eingeklebte Karte herausgelöst, so bietet die darunterliegende, nun freiwerdende Fläche dasselbe Bild. Das Inserat repräsentiert somit eine unverändert gebliebene illustrative Darstellung.
Ausschlaggebende Faktoren der Anzeigengestaltung:

- Schlagzeile (Überschrift),
- Untertitel (bei großflächigen Anzeigen),
- Bild (Foto oder Grafik),
- Text,
- Leerraum (also nicht nur der bedruckte Raum; wir pfropfen deshalb in das Werbemittel nicht zuviel hinein).

*Schlagzeile, Illustration, Text und unbedruckter Raum sollen zueinander in einem ausgewogenen Verhältnis stehen.*

Es ist erwiesen, daß die Schlagzeilen wesentlich öfter als der folgende Text gelesen werden. Der Markenname (der Name des Ortes, Betriebes oder Landes) soll in ihr daher womöglich enthalten sein.

Bildunterschriften werden ebenfalls wesentlich öfter gelesen als der Haupttext. Sie sind daher empfehlenswert, sollen aber wohlüberlegt gestaltet werden.
Zur Textlänge: Gute Texte haben, auch wenn sie lang sind, die Chance, gelesen zu werden. Die Überzeugungskraft längerer Texte ist jener kurzer Texte sogar überlegen. Kurze Texte finden freilich zahlreichere Leser.
Grundsätzlich unterscheiden wir Inserate für Tagesblätter sowie für Wochen- und Monatsorgane.
Tageszeitungen haben einen verhältnismäßig günstigen *„Tausendleserpreis“* (Kosten der Einschaltung bezogen auf 1.000 Leser des Organes). Sie sind vor allem für die aktuelle Information geeignet. Wochen- und Monatsblätter, vor allem Zeitschriften, haben eine wesentlich längere „Lebensdauer“ als Tageszeitungen, werden oft langfristig aufbewahrt und immer wieder gelesen. Solche Blätter erleichtern uns die Ansprache spezieller Zielgruppen. In der Regel werden sie auf besserem Papier gedruckt als Tageszeitungen, was für Bilddarstellungen oft ausschlaggebend ist, ganz abgesehen von Farbinseraten in den Publikumszeitschriften (Illustrierten).

## KONTROLLISTE FÜR DIE MEDIENPLANUNG BZW. AUSARBEITUNG EINES INTERNATIONALEN MEDIAPLANES

Ist der Werbungtreibende selbst Mediennutzer (Zeitungen, TV, Rundfunk), sammelt er automatisch auch Wissen über die Medienlandschaft und die Qualifikation einzelner Werbeträger an.
Diese Erfahrungen „am Objekt“ fehlen meist, wenn es sich um

Werbemedien des Auslandes handelt. Vor allem inländische Verlagsvertreter können hier Informationen geben.

Welche Grunddaten für die Planung überhaupt notwendig sind, zeigt diese *Kontrolliste:*

- Wie viele Jahre erscheint die ausgewählte Zeitung/Zeitschrift schon?
  *Faustregel:* Ein Printmedium sollte zumindest drei- bis viermal erscheinen, bevor wir unsere ersten Anzeigen placieren; Anzeigenwerbung ist keine Geburtshilfe!
- Welches Image hat das ausgewählte Medium in der Werbebranche und bei den Lesern? Hat der redaktionelle Inhalt einen hohen Stellenwert, wie umfangreich wird die Zeitung/Zeitschrift für Werbung in Anspruch genommen? Wie teilt sich das Verhältnis der redaktionellen Seiten zu den Anzeigenseiten?
- Wie wird die Zeitung/Zeitschrift vertrieben? Handelt es sich um Gratisausgaben, Distribution über den Kiosk bzw. wie hoch ist der Anteil der Abonnements?
- Wird die angegebene Auflagenhöhe durch eine neutrale Institution kontrolliert?
  Wie ist das Verhältnis zwischen gedruckter Auflage und verkaufter Auflage?
- Mit welcher Auflagenbasis wurden die Anzeigenpreise festgelegt bzw. wie haben sich in der letzten Zeit die Anzeigenpreise im Verhältnis zur Auflagenhöhe entwickelt?
- Welche Daten liegen über die Leser vor, insbesondere sozio-demografische Besonderheiten und regionale Schwerpunkte?
- Wie ist der Erscheinungsrhythmus einer Zeitung/Zeitschrift (Tageszeitung, Wochenzeitung, Monatsmagazin usw.) bzw. gibt es Sonderausgaben oder regelmäßige Supplements und zu welchen redaktionellen Themen?
- Hat man ein Exemplar der ausgewählten Zeitung/Zeitschrift schon einmal gesehen? Überprüfung, welche Branchen schalten in diesem Medium, wie ist der optische Eindruck, welches Druckniveau wird geboten?
- Werden durch den Verlag zusätzliche Leistungen angeboten? (Hilfe bei der Datenbeschaffung, Anfragenabwicklung etc.)
- Wie günstig liegt der Tausendleserpreis im Vergleich zu anderen möglichen Werbeträgern für die ausgewählte Zielgruppe? Mit welchen zusätzlichen Kosten muß noch gerechnet werden? (Mehrwertsteuer, eventuelle Produktionskosten des Verlages,

Anzeigenabgabe oder Werbesteuer usw.) In welcher Währung und aus welchem Land (Verlagssitz oder Niederlassung) werden die Anzeigen fakturiert?

- Für den Anzeigeninhalt ist zu überprüfen, welche eventuellen Werbeverbote im betreffenden Land eingehalten werden müssen.
- Sind diese Angaben einer regulären Media-Analyse zu entnehmen?
  Wenn ja, wer hat sie zu welchem Zeitpunkt erhoben?

**Langzeitvergleich der Media-Kosten 1975–1986, BRD**
(Basis: Index 1975 = 100%)

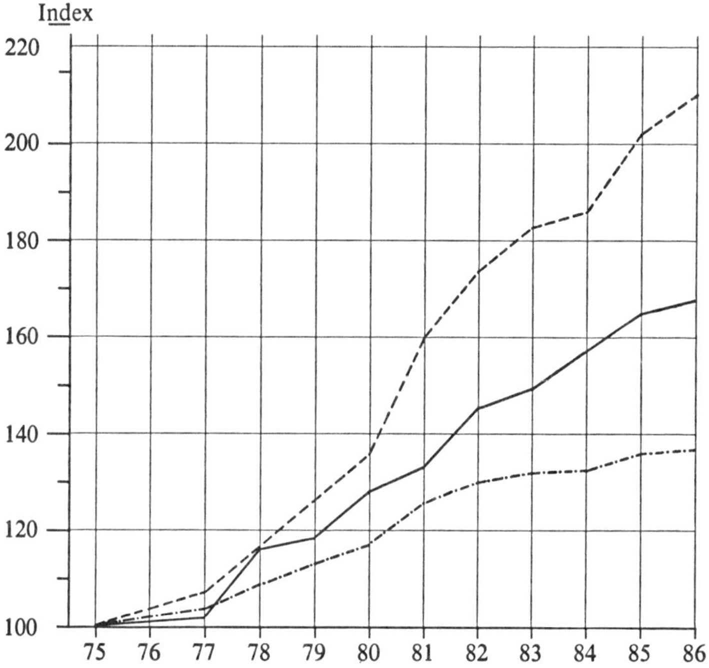


Brutto-Preise für 30-Sekunden-Spot und 1/1 Vierfarb-Seite
- - - - - Funk
——— ARD + ZDF
-·-·-·-· MA-Zeitschriften

**Streuplan**

Jänner bis Dezember

| Werbeträger | Auflage in 1000 | LpN in 1000 | 1000-L-Preis | Seitenpreis 1/1, s/w | Jänner | | | | Februar | | | | März | | | | | April | | | | Mai | | | | Juni | | | | | Juli | | | | August | | | | September | | | | | Oktober | | | | November | | | | Dezember | | | | |
|---|---|---|---|---|---|---|---|---|---|---|---|---|---|---|---|---|---|---|---|---|---|---|---|---|---|---|---|---|---|---|---|---|---|---|---|---|---|---|---|---|---|---|---|---|---|---|---|---|---|---|---|---|---|---|---|---|
| | | | | | 1 | 2 | 3 | 4 | 5 | 6 | 7 | 8 | 9 | 10 | 11 | 12 | 13 | 14 | 15 | 16 | 17 | 18 | 19 | 20 | 21 | 22 | 23 | 24 | 25 | 26 | 27 | 28 | 29 | 30 | 31 | 32 | 33 | 34 | 35 | 36 | 37 | 38 | 39 | 40 | 41 | 42 | 43 | 44 | 45 | 46 | 47 | 48 | 49 | 50 | 51 | 52 |
| Tageszeitungen | | | | | | | | | | | | | | | | | | | | | | | | | | | | | | | | | | | | | | | | | | | | | | | | | | | | | | | | |
| Das tägliche Blatt | 815 | 1.869 | 61,5 | 115.000 | | | | | | X | X | X | X | | | | X | X | | | X | X | X | | | | | | | | | | | | | | | | | | | X | X | X | | | | | | | | X | | | | |
| Morgenpost | 411 | 778 | 193 | 150.000 | | | | | | X | X | | | | | | | X | | | | X | X | | | | | | | | | | | | | | | | | | | X | | | | | | | | | | X | | | | |
| Spätausgabe | 56 | 132 | 681 | 90.000 | | | | | | | | | X | | | | X | | | | X | | X | | | | | | | | | | | | | | | | | | | | | X | | | | | | | | | | | | |
| Zeitschriften, wöchentl. | | | | | | | | | | | | | | | | | | | | | | | | | | | | | | | | | | | | | | | | | | | | | | | | | | | | | | | |
| 7-Tage-Zeitgeschehen | 64 | 239 | 158 | 38.000 | | | | | | X | | | X | | | | | | | | | | X | | | | | | | | | | | | | | | | | | | | | X | | | | | | | | | | | | |
| Spiegel der Zeit, 14-tg. | 75 | 366 | 109 | 40.000 | | | | | | | X | | | | | | | | | | X | | | | | | | | | | | | | | | | | | | | | X | | | | | | | | | | | | | | |
| Management, 14-tg. | 75 | 449 | 981 | 44.000 | | | | | | | | | X | | | | | | | | | | | | | | | | | | | | | | | | | | | | | | | | | | | | | | | | X | | | |
| Hallo, 14-tg. | 80 | 400 | 187,5 | 75.000 | | | | | X | | | | | | X | | | | | | | | | | | | | | | | | | | | | | | | | | | X | | | | | | | | | | | X | | | |
| Streiflichter, 14-tg. | 20 | 260 | 98 | 25.500 | | | | | | | X | | | | | | | | | | | | | | | | | | | | | | | | | | | | | | | | | X | | | | | | | | | | | | |
| Zeitschriften, monatl. | | | | | | | | | | | | | | | | | | | | | | | | | | | | | | | | | | | | | | | | | | | | | | | | | | | | | | | |
| Das Magazin | 48 | 257 | 175 | 45.000 | | | | | | | X | | | | | | | | | | X | | | | | | | | | | | | | | | | | | | | | | X | | | | | | | | | | | | | |
| Applaus | 200 | 658 | 121 | 80.000 | | | | | | | | | | | | X | | | | | | | X | | | | | | | | | | | | | | | | | | | | X | | | | | | | | | | | | | |
| Bei uns daheim | 30 | 244 | 163 | 40.000 | | | | | | | X | | | | | | | | | | | | | | | | | | | | | | | | | | | | | | | | X | | | | | | | | | | | | | X |
| Die Frau | 78 | 247 | 103 | 25.500 | | | X | | | | | | | | | X | | | | | | | | | | | | | | | | | | | | | | | | | | | X | | | | | | | | | | | | | |
| PS mit Motorrad | 56 | 248 | 161 | 40.000 | | | | | | | | | | | | | | | | | | | X | | | | | | | | | | | | | | | | | | | | | | | | | | | | | | | | | X |
| Aktiv | 115 | 621 | 48 | 30.000 | | | X | | | | | | | | | | | | | | | | | | | | | | | | | | | | | | | | | | | | X | | | | | | | | | | | | | |

**Einstellung der Nutzer zu den tagesaktuellen Medien Hörfunk, Fernsehen und Tageszeitungen**

| Von 100 Personen gaben an: Die Aussage trifft auf das Medium ... zu | Rundfunk | Fernsehen | Tageszeitungen |
|---|---|---|---|
| bringt die neuesten Nachrichten besonders schnell | 80 | 72 | 31 |
| sorgt für Entspannung und Ablenkung | 69 | 65 | 37 |
| gibt einen vollständigen Überblick über alle wichtigen Entwicklungen in Politik und Zeitgeschehen | 57 | 67 | 55 |
| berichtet klar und verständlich über politische Ereignisse | 55 | 59 | 44 |
| bringt viele Dinge, über die man sich mit Freunden unterhalten kann | 46 | 63 | 53 |
| hilft manchmal die Sorgen und Probleme des Alltags zu vergessen | 43 | 51 | 20 |
| hat für fast alle Gebiete hervorragende Fachleute | 40 | 42 | 29 |
| berichtet wahrheitsgetreu und gibt die Dinge immer so wieder, wie sie wirklich sind | 38 | 43 | 22 |
| gibt Anregungen und Stoff zum Nachdenken | 37 | 48 | 37 |
| trägt dazu bei, daß man die Sorgen und Probleme anderer Menschen kennenlernt | 34 | 51 | 39 |
| ist oft eine wertvolle Hilfe, wenn man sich eine eigene Meinung bilden will | 33 | 38 | 36 |
| bringt viele interessante Dinge, über die man anderswo kaum etwas erfahren kann | 33 | 50 | 32 |
| hilft vielen Menschen, sich in der heutigen Welt zurechtzufinden | 29 | 36 | 28 |
| berichtet ausführlich über alle Ereignisse aus meiner näheren Umgebung | 25 | 20 | 72 |
| Summe der positiven Nennungen | 619 | 695 | 535 |

Quelle: ARD-Untersuchung Massen-Kommunikation

**Einstellung der Nutzer zur Werbung in den Mediagattungen Hörfunk, Fernsehen, Tageszeitungen und Zeitschriften**

| Von 100 Personen gaben an: Die Aussage trifft auf das Medium ... zu | Rundfunk | Fernsehen | Tageszeitungen | Zeitschriften |
|---|---|---|---|---|
| *Positive Aussagen* | | | | |
| erinnert immer wieder an bekannte Produkte und Namen | 74 | 80 | 63 | 68 |
| gibt wichtige Hinweise auf Produkte, die neu auf den Markt gekommen sind | 65 | 72 | 60 | 58 |
| ist so gemacht, daß man darauf aufmerksam wird, ob man will oder nicht | 61 | 73 | 43 | 53 |
| informiert schnell und aktuell über interessante Angebote | 52 | 56 | 56 | 34 |
| hilft den Verbrauchern unter mehreren Angeboten auszuwählen | 45 | 49 | 54 | 44 |
| ist meist unterhaltend | 43 | 52 | 16 | 24 |
| gibt nützliche Hinweise über die Arbeitserleichterung im Haushalt | 37 | 41 | 30 | 33 |
| geht einem nicht mehr aus dem Kopf | 33 | 40 | 14 | 15 |
| *Negative Aussagen* | | | | |
| übertreibt und verspricht etwas, was dann nicht gehalten wird | 55 | 63 | 48 | 55 |
| ist meist primitiv und geschmacklos | 30 | 36 | 26 | 31 |
| verleitet zum Kauf von Dingen, die unnütz oder sogar schädlich sind | 28 | 39 | 26 | 29 |

Quelle: RTL-Programmstudie

# DAS PLAKAT

Die Hauptfunktion eines Plakates besteht im raschen Vermitteln seiner Botschaft. Es soll motivieren, erinnern, ankündigen und auffordern.
Bei der Gestaltung muß den Grundsätzen plakativer Wirkungsweise Rechnung getragen werden; kurze, einprägsame Aussage (wenig Text), klare grafische oder fotografische Konzeption, geeignet für alle nicht erklärungsbedürftigen Angebote.

Grundsatz: Jede Einsatzform der Plakate bedarf der dafür geeigneten Gestaltung. So sind für den Großflächenanschlag speziell gestaltete Plakate nötig. Es genügt nicht, auf einer Großfläche mehrere Innenplakate nebeneinander zu affichieren. Es gilt: je größer ein Plakatanschlag, desto kleiner der Ausschnitt!

Die Zielgruppe besteht meistens aus Autofahrern, die beim raschen Vorbeifahren beeindruckt werden sollen (wichtig für Größe und Gestaltung des Außenplakates). Für den Einsatz in Reisebüros, Auskunftsstellen, Wartesälen usw. bestimmte Innenplakate sind mit Aufhängeschlaufen und sonstigen Befestigungshilfen auszustatten.
Die Plakate müssen aber auch eingesetzt werden. Plakatanschlag kostet Geld. Die Druckauflage setzen wir daher erst nach sorgfältiger Prüfung des Umfanges des Plakatanschlages und nach Abschätzung des absehbaren Bedarfes fest.

## DER POSTER

Seit einiger Zeit eröffnen sich dem Fremdenverkehrsplakat in steigendem Ausmaß zusätzliche Verwendungsgewohnheiten und damit Einsatzbereiche, die bei Planung, Gestaltung und Produktion beachtet werden sollten.
Diese neue Richtung beruht zum Teil auch auf größeren künstlerischen Freiheiten der Schöpfer solcher Affichen.

- Fremdenverkehrsplakate mit dominierend künstlerischem Charakter werden ziemlich verbreitet gesammelt.
- Künstlerisch (grafisch) profilierte und/oder dokumentarhaft erlebnisreiche Plakate auf der Basis der Farbfotografie dienen

zunehmend als Raumschmuck. Es wäre unzutreffend, dies mit dem Hinweis abzutun, es handle sich dabei um einen Ersatz herkömmlichen Bildschmuckes. Es liegt vielmehr eine neue Verwendungsgewohnheit vor.

Heute werden Plakate bekanntlich unter der Bezeichnung „Poster" regulär in Geschäften angeboten. Ein geschichtlich erklärbarer Vorgang. Immerhin gab es schon 1896 im deutschen Sprachraum die ersten Ausstellungen künstlerischer Plakate. Die Pariser Librairie Sagot veröffentlichte sogar bereits fünf Jahre früher, 1891, einen Katalog künstlerischer Plakate. Und im Rahmen dieser geschichtlich nachweisbaren Entwicklung spielt das Fremdenverkehrsplakat mit künstlerischem Charakter eine durchaus eigenständige Rolle; immerhin zählten Gemälde anerkannter Maler zu den ersten Fremdenverkehrsplakaten; denken wir etwa an den Gebirgsmaler Gustav Jahn, der sich bis zu seinem frühen Tod (Absturz aus einer Felswand 1919 als Vierzigjähriger) auch im Fremdenverkehr schon einen Namen gemacht hatte. Für die jüngere Zeit sind in diesem Zusammenhang Künstler wie Dali, Leherb, Hutter, Fuchs, Ebmer-Kirchlehner und andere zu nennen.

Solche zusätzlichen Anwendungsbereiche unserer Plakate dokumentieren sich übrigens auch auf Publikumsmessen, wo Poster bekanntlich sehr gefragt sind.

## DER PROSPEKT

Wie für alle Bereiche der Werbung gibt es auch für die Produktion der Werbemittel kein allgemeingültiges Rezept. Immerhin kennen wir aber im Produktionsbereich verschiedene Systeme und genügend Erfahrungswerte, die bei richtiger Beobachtung und Anwendung das „Unfallrisiko" weitgehend mindern können. Eine Kontrolliste für die Prospektproduktion möge also ebenfalls in diesem Sinne nicht als Gestaltungsanleitung mißverstanden werden. Sie bereitet vielmehr anhand praktischer Erfahrungen einzelne Entscheidungsstationen auf und versucht auf immer wiederkehrende Fragen geeignete Antworten zu geben.

## FORMAT

1. Es bestehen generell verwendete, standardisierte Formate, DIN A4, 20×21 cm und 10×21 cm. Außergewöhnliche Formate beschränken die Einsatzmöglichkeiten.
2. Auch das Format hat Aussagekraft. Ein repräsentatives Spitzenangebot darf nicht zu bescheiden gezeigt werden, die Hotelprospekte sollen wiederum nicht die übliche Größe der Regionalprospekte überbieten wollen.
3. Auch bei besonderen Stanzformen überwiegt meist der Nachteil bei der Handhabung im täglichen Gebrauch.
4. Prospektbeilagen (Preislisten) müssen im Format etwas kleiner sein, sie dürfen nicht herausragen.
5. Das gewählte Format ist auch eine Frage der Versandkosten, da die Postgebühren nicht nur nach Gewicht, sondern auch nach Format festgelegt werden.

## TITELSEITE

6. Bei der Titelseitengestaltung für Prospekte im Format 20×21 cm sollte die Orts- oder Regionsbezeichnung oben und nur auf einer Hälfte der Seite gezeigt werden, da dieses Format sehr oft auf 10×21 cm gefaltet wird, der Prospekttitel auch dann noch leicht lesbar bleiben soll.
7. Der Gestaltungsstil der Titelseite ist keine Frage zwischen grafisch oder fotografisch. Beides hat dann seine Berechtigung, wenn es dem Inhalt des Prospektes und der gewählten Aussage für das Angebot entspricht.
8. Die Titelseite soll plakativen Charakter haben; zu viele Details vermeiden, großzügige Darstellung bevorzugen.
9. Die plakativen Kriterien für die Titelseiten beziehen sich auch auf die Schrift. Auf jeden Fall vorhandenen Schriftzug oder Symbol verwenden, eventuell auch Slogan. Zuviel Text und verschiedene Schriften vermeiden! Ausgewogenheit anstreben.

## BILDAUSWAHL

10. Nur Motive des betreffenden Betriebes, Ortes, der Region verwenden!

11. Gestellte „Modeaufnahmen“ vermeiden; die Fotos sollten die tatsächliche Urlaubssituation wiedergeben.
12. Jede Darstellung überprüfen, ob sie für den Urlaub von Informationswert ist.
13. Aufnahmen, denen man den „Jahrgang“ anmerkt, möglichst vermeiden (Achtung auf Kleidung, Frisur, Autotypen usw.).
14. Einkopierungen nur mit kontrastreichen Sujets vornehmen, um beim Beschauer nicht den Effekt einer Manipulation auszulösen.
15. Bei Personenaufnahmen auf Natürlichkeit achten, Trachtenkleidung, Bikinischönheiten usw. nur zeigen, wenn sie der üblichen Situation entsprechen. Grundsätzlich sollen abgebildete Personen geeignet und glaubhaft (wirklichkeitsnah) gekleidet sein.

## INFORMATION

16. Die Panoramakarte bietet eine konzentrierte Informationsart; wichtig sind Maßstab, Himmelsrichtung und Entfernungsangaben, die wichtigsten Fremdenverkehrseinrichtungen müssen ersichtlich sein.
17. Ein guter Ortsplan, naturgetreu gezeichnet, erspart lange Beschriftungen und zeigt gleichfalls die wichtigsten Möglichkeiten auf einen Blick.
18. Ein wichtiger Informationsteil ist die Verkehrsspinne, sie zeigt die Lage des Ortes, Entfernung und Richtung zur nächsten größeren Stadt, zum nächsten Verkehrsknotenpunkt bzw. Flugplatz.
19. Viele Einrichtungen sind leicht mit bekannten Symbolen erklärbar. So kann auf langatmige Erklärungen verzichtet werden.

## TEXT

20. Der Prospekttext soll informativ, verständlich und wahrheitsgetreu sein. Vollständige, womöglich aber kurze Sätze erleichtern das Lesen.
21. Nutzlose Aussagen, wie „Ein Ort, der alles bietet“ oder „Schöne

Kirche im Ort" vermeiden; Konzentration auf die wichtigsten Aussagen, die für eine Urlaubsmotivation geeignet sind.

22. Der Text soll in der Sprache der Umworbenen abgefaßt sein. Übersetzungen nur durch zuständige Fachkräfte vornehmen lassen. In den letzten 10 Jahren ist der Anteil der fremdsprachigen Urlaubsgäste in Österreich um 30,5% gestiegen (Rückgang aus der BRD um 9,1%, aus der Schweiz um 1,9% im Vergleichszeitraum 1978 bis 1987).
23. Mehrsprachigkeit in Prospekten kann nur ein Kompromiß sein, da jeder Urlauber mit Recht darauf Wert legt, daß die Werbemittel speziell für ihn angefertigt werden. Bei Mehrsprachigkeit geeignete Sprachpaarungen bevorzugen, z. B. deutsch/englisch oder italienisch/spanisch, schwedisch/dänisch usw.
24. Bildtexte nur dann ansetzen, wenn sie die Darstellung ergänzen bzw. erklären können. Die Bezeichnung „Sauna" unter ein Saunafoto oder „Langläufer" unter eine Langlaufloipe bringt nichts und sollte vermieden werden.

## EINSATZ

25. Die Erfahrungswerte zeigen eine durchschnittlich zweijährige (maximal dreijährige) Laufzeit. Bei längerem Einsatz entsteht leicht eine Überalterung durch den Gestaltungsstil, die Aufnahmen bzw. die Weiterentwicklung des Angebotes.
26. Im allgemeinen empfiehlt es sich, die Prospekte eindeutig nach Saison auszurichten. Produktionen („Gesamtprospekte") im Verhältnis 1:1 für Winter/Sommer sind bestenfalls Notlösungen. Die Untersuchungen über die Urlaubsentscheidung bestätigen, daß sich der Sommerurlauber im Entscheidungszeitraum nicht für den Winter interessiert und umgekehrt.
27. Jeder umfangreichere Prospekt sollte aber auf lediglich einer Seite die Präsentation der jeweils anderen Saison enthalten.
28. Zur Festlegung der Auflagenhöhe ist für die geplante Laufzeit (2 bis 3 Jahre) der Bedarf festzustellen.

Dieser teilt sich in einen ungestützten (Prospekte werden angefordert ohne eigene Maßnahmen dafür) und einen gestützten Bedarf (der gestützte Bedarf ist der Prospektbedarf, der durch eigene Aktivitäten verursacht wird).

## ANFRAGENBEANTWORTUNG

Jeder Kuponrücklauf bzw. jede Anfrage bedeutet Kapital. Wenn wir bedenken, wie hoch der finanzielle Werbeeinsatz ist, um aus unserer potentiellen Zielgruppe eine Anfrage zu produzieren, so sollten wir bei der Beantwortung von Anfragen wirklich sorgfältig vorgehen. Die schriftliche Anfragenbeantwortung muß das persönliche Informationsgespräch ersetzen!

- Antwort so rasch wie möglich!
- Ist eine sofortige Auskunft nicht möglich, so ist eine Zwischenerledigung empfehlenswert, damit der Interessent weiß, daß seine Anfrage angekommen ist und die endgültige Erledigung in Aussicht steht.
- Häufig werden Auskünfte von mehreren Stellen gleichzeitig eingeholt; unsere Antwort steht im Wettbewerb mit anderen Angeboten (Antworten); vor allem: Schnelligkeit ist Trumpf!
- Auch die äußere Form des Kuverts beachten, da der erste Eindruck tatsächlich oft „beeindruckend“ sein kann.
- Individuelle Fragen sollten auch individuell beantwortet werden!
- Ist eine befriedigende Erledigung nicht möglich (gewünschtes Angebot nicht verfügbar), beantworten wir die Anfrage trotzdem; nur so kann die Chance auf fortbestehendes, also zukünftiges Interesse gewahrt werden.
- Nur jene Informationen abfertigen, die tatsächlich gefragt werden; das Prospektmaterial ist zu teuer, um es beliebig verteilen zu können.
- Bei der Beantwortung von Anfragen hat *Qualität* Vorrang vor *Quantität!*

### JEDE PROSPEKTVERSENDUNG MIT BEGLEITBRIEF

- Der Begleitbrief bietet eine gute Möglichkeit, Sympathie für das Angebot zu gewinnen.
- Der Begleitbrief gibt eine weitere Chance, den Interessenten zu animieren, das Prospektmaterial auch tatsächlich zu lesen (z. B. durch Hinweis auf „die Panoramakarte mit allen Liftanlagen auf Seite 4“).

- Die beste Anrede ist natürlich die persönliche (mit Textautomaten auch bei größerer Anfragenfrequenz möglich); sonst ist es besser, die Anrede zu umgehen (z. B. „Ihr Steinberg-Prospekt zum Vorfreuen").
- Der Briefinhalt muß sich in der Optik und im Inhalt harmonisch in das Gesamtbild des allgemeinen werblichen Auftritts einfügen.
- Die Briefchance sollte nicht vertan werden, indem wir nur von „Anfrage bedanken" und „Prospekt überreichen" schreiben, sondern der Inhalt sollte auf die Situation des Informationssuchenden möglichst direkt und konkret eingehen. Den Beginn so formulieren, daß er zum Weiterlesen einlädt. Der kurze Textteil sollte sich vor allem mit den Vorteilen für den Interessenten befassen und das Ende des Briefes zu einer gewünschten Reaktion hinführen.
- Einladend muß auch der Schluß des Begleitbriefes sein (z. B. „Wir freuen uns schon, wenn Sie nach Steinberg kommen"). Wichtig: Empfänger zur Aktivität auffordern!
- Wenn möglich, den Begleitbrief persönlich unterschreiben, bei normaler Anfragenfrequenz eines Ortes oder einer Region ist dies durchaus noch möglich und verstärkt beim Empfänger den Eindruck der individuellen Beratung.

## DIE FERNSEHWERBUNG

Im allgemeinen kommen solche Einschaltungen nur für größere und für große Werbegemeinschaften in Frage. Die Einschaltungskosten spielen dabei gegenüber den Produktionskosten eine besondere Rolle.
Werbung im Fernsehen ist insbesondere geeignet, Neues rasch und allgemein zu vermitteln, den Bekanntheitsgrad von Produkten und Leistungsangeboten zu heben.

Außerdem: Das Fernsehen bietet infolge großer Reichweiten breiteste Streuung, ist aber kein Zielgruppenmedium, weil eben alle Bevölkerungsschichten es konsumieren. Die Werbung im

Fernsehen kommt daher am ehesten für übergeordnete Institutionen (Werbung eines Bundeslandes, Staates) oder Reiseveranstalter in Frage. Vor allem dann, wenn eben die Werbebotschaft bewußt allgemein vermittelt werden soll.

Wir verstehen dabei den Begriff „allgemein" sehr umfassend und denken auch an die in der Fremdenverkehrswirtschaft Tätigen, die ja vielfach persönlich die Programme verfolgen und dadurch Anregungen erhalten für eigene Aktivitäten im Ort, Betrieb usw.
Ein interessantes Beispiel ist in diesem Zusammenhang die Fremdenverkehrswerbung Niederösterreichs, die mehrere Jahre hindurch mittels aufeinander abgestimmter Spots unter dem Motto „Niederösterreich, wo Ferien noch Ferien sind" ganz bewußt das Image des Bundeslandes für den Fremdenverkehr nach innen und nach außen profilierte.
Werbung im Fernsehen kann unserer gesamten Werbung Impulse verleihen, wenn wir den Einsatz der übrigen Werbemittel damit abstimmen; bei guter Gesamtgestaltung kanalisieren wir dadurch die Breitenwirkung der Television auf einzelne Zielgruppen.
Daraus folgt:

Fernsehwerbung muß noch *frühzeitiger und sorgfältiger geplant* und mit anderen Werbemitteln abgestimmt werden als andere Maßnahmen. Vorgezogene Planung ist auch wegen der Buchungstermine im Fernsehen notwendig.

In einigen europäischen Ländern besteht ein allgemeines Werbeverbot im Fernsehen. Zu beachten sind auch die relativ strengen Produktionsvorschriften: z. B. keine Kinder als Konsumenten, Alkohol und Nikotin, die Rolle der Frau usw.

## DIE HÖRFUNKWERBUNG

Auch über dieses Medium – mit seinem hohen Kommunikationswert – sprechen wir viele Teilnehmer an (Massenansprache). Durch Wahl geeigneter Sendezeiten und Programme erreichen wir außerdem spezielle Interessenten (Zielgruppen). (Zum Beispiel Jugendliche über Pop-Sendungen oder Sportberichterstattung.)

Werbung im Hörfunk kann auch regional und kurzfristig eingeschaltet werden, ist daher für Bekanntgabe und Hinweise auf aktuelle Ereignisse empfehlenswert (zum Beispiel Schneemeldungen).

Im Hörfunk wie im Fernsehen kommen sogenannte Spots, das sind gestaltete Werbebotschaften mit genau festgelegter Sendezeit, sowie Patronanzsendungen in Frage. In diesen Fällen hat der Werbeauftraggeber auf die Gestaltung des Sendeprogramms keinen Einfluß, wird aber am Beginn und Ende genannt.
Für die gestalteten Werbesendungen im Hörfunk beachten wir:
Auch für kurze Spots ist für die Produktion ein Drehbuch notwendig, das den Inhalt genau festlegt:

- Handlung
- Dialog
- Reportage
- zusätzlicher Text
- Musik
- Zusatzgeräusche

Die zentrale Werbebotschaft eines solchen Spots soll im allgemeinen weder am Anfang noch am Ende der Sendung, sondern in der Mitte bzw. im zweiten Drittel gebracht werden. Dem emotionellen Charakter kommt besondere Bedeutung zu.
Im Gegensatz zum Verhalten beim Fernsehen (gerichtete Aufmerksamkeit) ist die Empfangssituation beim Rundfunk eine sogenannte „ungerichtete“ Aufmerksamkeit. Der Hörer geht meist einer bestimmten Beschäftigung nach und hat das Radiogerät lediglich als Geräuschkulisse eingeschaltet.

Für die Werbung heißt das, daß wir bei der Funkwerbung (dies gilt bedingt übrigens auch für TV) besondere Aufmerksamkeit erregen müssen. Jeder ungewöhnliche Auftritt – natürlich unter Einhaltung des eigenen Werbestils – macht sich bezahlt. Der Einstieg (Anfang) in den Spot muß die Konzentration der Hörer auf sich ziehen.

Was zur Einschaltfrequenz bei den Anzeigen gesagt wurde, gilt natürlich auch hier. Eine Mindestanzahl von Einschaltungen ist erforderlich, um dieses Medium sinnvoll zu nützen.

Die Direktwerbung entwickelte sich in den letzten Jahren außerordentlich dynamisch. Allem Anschein nach wird sie zukünftig weiter an Bedeutung gewinnen, weil sie persönliche Kontakte ermöglicht.

Für Planung, Gestaltung und Durchführung solcher Maßnahmen werden inzwischen alle Faktoren heutiger Marketingarbeit berücksichtigt. Aus diesem Grunde wird zunehmend von *Direkt-Marketing* gesprochen, obwohl nach wie vor auch die Bezeichnung „Direktwerbung“ an und für sich richtig ist.

Die Versendung eines Werbebriefes ohne Beilagen bedeutet naturgemäß nach wie vor Direktwerbung, doch ist, von Ausnahmefällen abgesehen, so etwas nicht mehr zeitgemäß. Es empfiehlt sich ein kombinierter Inhalt, der in der Fachsprache mit *„Package“* bezeichnet wird (etwa Brief plus Antwortkarten und sonstigen Beifügungen). Ehe wir darauf näher eingehen, ist auf Aussendungen in Form von Serien hinzuweisen.

In wohlüberlegten Abständen erhalten die Empfänger aufeinander abgestimmte Sendungen, so daß sich mitunter sogar Serien ergeben. Die Empfänger werden naturgemäß sehr sorgfältig ausgewählt. Zielgruppenbildung hat somit Vorrang; sie erfolgt vielfach unter Nützung elektronischer Einrichtungen, wie sie etwa großen Adreßverlagen zur Verfügung stehen. Daß unter solchen Ansprüchen die Pflege selbsterarbeiteter Daten erhöhte Bedeutung hat, liegt auf der Hand.

Voraussetzung für den Erfolg ist also geeignetes Adressenmaterial. Quellen solcher Anschriften sind:

- exakt geführte Gästekartei;
- ständiges Erfassen schriftlicher Anfragen von Interessenten;
- zufriedene Kunden (Gäste). Bekannte, aber auch eigene Mitarbeiter werden eingeladen, Adressen in Frage kommender Personen zu nennen;
- Kauf bei einschlägigen Adressenunternehmen (Adreßverlage); diese bieten Adressen nach vielfältigen Zielgruppen geordnet;
- Kauf von Rechenzentren;
- DATENSCHUTZ beachten!

## DER WERBEBRIEF

Gerade bei Werbebriefen sollten wir uns stets vor Augen halten, daß im Grunde jedes Schreiben werbend wirken soll und kann.
In Hinblick auf die Herstellung dieser Briefe, die ausnahmslos sehr gut aussehen, also sauber auf gutem Papier geschrieben, vervielfältigt oder gedruckt sein sollen, kommen in Frage:
- einzeln geschriebene Briefe;
- mit Schreibautomaten hergestellte Briefe;
- gedruckte Werbebriefe;
- gedruckte Werbebriefe mit eingesetzter Adresse;
- Computerbriefe;
- Herstellung mit Laserdruck.

Solche Maßnahmen sind zeitgerecht zu planen, um sie zum passenden Termin durchführen zu können. Auch Geburtstagsgrüße für Gäste, Neujahrswünsche und Mitteilungen über Neuerungen sind eine Form der Direktwerbung.

Die folgenden Empfehlungen können daher auch für den durchschnittlichen Geschäftsbrief eine kleine Hilfe sein.

- ■ Welchen Zweck (Zielsetzung) verfolgt der Brief?
  Wollen wir lediglich auf uns aufmerksam machen?
  Unsere Dienste für einen bestimmten Anlaß anbieten?
  Wollen wir Stammgäste ansprechen?
  Wollen wir neue Gäste gewinnen?
  Wollen wir auf neue Einrichtungen hinweisen?
  Soll das Image gepflegt werden?
- ■ Der Brief soll nicht zu lang sein.
  Erfahrungsgemäß wirken lange Briefe mitunter unübersichtlich und werden oft nur unvollständig gelesen.
- ■ Der Brief soll gut gegliedert sein, umso eher wird er gelesen und auch verstanden.
- ■ Der Brief soll nicht unruhig wirken.
  Wer in einem Brief zuviel unterstreicht, allzuoft Worte mit Großbuchstaben schreibt, verwirrt den Leser.
  Vereinzelte Hervorhebungen können verdeutlichen.
- ■ Die äußere Form des Schreibens muß einwandfrei sein.
  Saubere Schrift, keine sichtbaren Radierungen.
  Links und rechts einen breiten Rand freilassen.
  Zwischen Anschrift und Anrede angemessen Platz lassen. Wir vermeiden es auch, bis knapp zum unteren Rand des Briefbo-

gens zu schreiben. Leerraum und beschrifteter Raum müssen zueinander in einem ausgewogenen Verhältnis stehen. Schreiben wir in kurzen Sätzen.

- Den Empfänger direkt ansprechen. Im Brief verwenden wir das „ich“ oder „wir“ möglichst selten; das „Sie“ regiert.
- Argumente vorbringen, die für unser Angebot sprechen und auf die Erwartungen, Bedürfnisse oder Sorgen und Probleme des Empfängers eingehen.
- Das Schreiben mit der höflichen Einladung beenden, unsere Dienste in Anspruch zu nehmen, sich an uns zu wenden, uns anzurufen, zu besuchen usw.

Der Fachmann C. Ingram empfiehlt, jeden Brief auf folgende sieben Punkte zu überprüfen:

- Ist der Inhalt meines Briefes verständlich?
- Erklärt er die Hauptsache gleich zu Beginn?
- Ist sein Ton freundlich?
- Entspricht der Inhalt genau dem, was ich sagen will, und ist er vollständig?
- Zeigt er lebhaftes Interesse für den Empfänger und seine Angelegenheiten?
- Schließt er herzlich und positiv?
- Würde ich diesen Brief günstig beantworten, wenn ich der Empfänger wäre?

## ZUM PACKAGE-INHALT

Zeitgemäßes Direkt-Marketing wird per Package verwirklicht. Abgesehen von dem in der Regel notwendigen *Werbebrief* kommen *Prospekte,* kleine, für den Anbieter typische *Erinnerungen* wie gepreßte Berg- und Wiesenblumen, Souvenirs, informierende *Bilder,* auch *Aufkleber* und ergänzende gedruckte *Informationen* in Frage. Es bewähren sich als Beilage auch Fotokopien von für uns günstigen *Presseberichten* oder anderen erläuternden Belegen.

Wesentlich sind auch *Antwortkarten* etwa als Buchungs- oder Anforderungskarten für nähere Informationen. Auch *Gutscheine* bewähren sich zweifach:

a) Gutschein für Übermittlung aufwendiger Informationen (etwa Kataloge).

b) Gutscheinhefte zwecks Rabattgewährung in diversen Restaurants, Cafés, Geschäften, Bade- und Sportanstalten, Liftbetrieben

des werbenden Gebietes oder Ortes. Gültig sind solche Hefte durch den Stempel des Gemeinde- oder sonstigen Amtes. Damit entsteht automatisch auch eine spezielle Gästekartei.
Es kann sich auch bewähren, dem Package Abbildungen von zukünftig eingeschalteten Inseraten beizugeben, wobei, wenn möglich, die Einschalttermine genannt werden. Es empfiehlt sich auch, eine Liste der Informationsstellen im Einzugsbereich der Empfänger der Werbesendung beizugeben.
Schließlich dienen durch Direkt-Marketing übermittelte *Gewinnspiele* aller Art zukunftsgerichteter Gästebetreuung. Diese und auch die oben angeführten Methoden sollten aber unter Beiziehung erfahrener Spezialisten verwirklicht werden.

*Wichtig:* Ob Direkt-Marketing oder andere Formen der Rückkoppelung (Response) – einlangende Anfragen und speziell Antwortkarten sollten längstens innerhalb von 14 Tagen konkret beantwortet werden. Verspätete Stellungnahmen verärgern. Auf Fachtagungen wird immer wieder darüber berichtet! Ein besonders schwerer Fehler unterlief nach solchen Mitteilungen mehrfach: Unter der Last der einlangenden Anfragen und Wünsche wurde innerhalb der 14-Tage-Frist ein beschwichtigender, aber nichtssagender Brief übermittelt, in dem die endgültige Antwort ohne Terminangabe für die Zukunft versprochen wurde. Die Briefempfänger waren daraufhin extrem verärgert.
Abschließend sei für zukunftsgerichtetes Direktwerben auf die *Ansichtskarte* als spezielles Medium verwiesen. Sie kann Glied einer Versendungsserie sein, erzielt aber auch eigenständig eingesetzt gute Wirkung.

> Mit der Ansichtskarte verfügt die Fremdenverkehrswirtschaft über ein eigenes, hervorragendes Mittel der Direktwerbung. Obwohl sehr kostengünstig, wird diese Möglichkeit nicht immer ausreichend genützt. Die Ansichtskarte als Informationsträger für Tourismusnachrichten ist signifikant und hat gegenüber herkömmlichen Werbebriefen usw. einen sehr hohen Aufmerksamkeitswert.

*Die Werbesendung soll Aufmerksamkeit erregen.* Ob in geringer oder großer Zahl versendet, bei Empfang soll auch ein wenig umfangreiches Package (etwa weil es lediglich aus einem Werbebrief, einer Antwortkarte und einer bescheidenen Beilage besteht) auffallen. Zum Beispiel durch:

- speziellen Briefumschlag (für den Absender typische Farbe; am Briefumschlag *außen* angebrachte informierende Hinweise; außen aufgedruckte Hinweise, für welche Abteilung des Empfängers die Sendung bestimmt ist; Aufkleber; Briefverschlußmarken; *Innendruck* (darunter verstehen wir Fensterkuverts, die nach Entnahme des Inhaltes im Bereich des Fensters auf der Hinterseite angebrachte Informationen zur Geltung bringen); schließlich sind auch Briefumschläge üblich geworden, die insgesamt auch innen bedruckt sind);
- Gestaltung des Packages in Sondergrößen, aber unter Beachtung der Postordnung und der Tarife;
- Beilagen (Prospekte, Anforderungskarten, Fotos);
- Spezialbeigaben (Beilagen gepreßter Blumen, kleine Abbildungen, Fotokopien von Reiseberichten über den Anbieter usw.);
- Sonderfälle für langjährige Stammkunden (etwa Sendung von frischen Blumen, Sendung von Treueabzeichen usw.).

## DIALOGMETHODE FÜR WERBEBRIEFE NACH SIEGFRIED VÖGELE*

Vögele entwickelte neue Gestaltungsformen für das Direkt-Marketing. Seine Dialogmethode leitet sich vom persönlichen Verkaufsgespräch ab. Entsprechend gestaltete Werbebriefe sollen im Empfänger Antworten auf im Brief zur Geltung gebrachte Sachverhalte auslösen.
Vögele empfiehlt, die Gewichtsgrenzen bei der Gestaltung eines Packages stets zu beachten, um die Portospesen ökonomisch zu halten. Er wertet den Brief als sehr wichtigen Teil eines Package-Inhaltes! Nur in jenen Fällen, in denen solche Zusendungen in kurzen Abständen und oft erfolgen, hält er den Verzicht auf einen beiliegenden Werbebrief für möglich.
*Die Lesekurve:*
Vögele studierte das Leseverhalten der Empfänger mit Hilfe neuer Forschungsmethoden und empfiehlt, im Schreiben spezielle Blickfänge anzubringen, die geradezu Haltepunkten entsprechen. Solche können sein: der Briefkopf (wer schreibt mir?), die Anschrift und Anrede (wie spricht er mich an?), aber auch die Unterschrift.

---
*) Literaturhinweis: „Das Verkaufsgespräch per Brief", S. Vögele.

Daher empfiehlt er, selbst in anderer Farbe zu unterschreiben.
Weitere Haltepunkte können sein: Unterstreichungen im Text (aber: in der Beschränkung zeigt sich erst der Meister, also eher wenige Hervorhebungen dieser Art!), selbstverständlich wirken auch Untertitel als Haltepunkte.
Und von besonderer Bedeutung kann die Nachschrift, also das PS unterhalb der Unterschrift sein. Wir drücken an dieser Stelle den Nutzen überzeugend aus, den der Empfänger durch Handlungen im Sinne unserer Aufforderung erzielen kann. Etwa weil er die Antwortkarte absendet, bestellt, anruft usw. Wir fördern damit die Rückkoppelung (Response).

## DER DATENSCHUTZ

Datenschutz durch Gesetz ist notwendig geworden, weil die elektronische Datenverarbeitung (EDV) heute schon so leistungsfähig ist, daß sie ohne Schwierigkeit auch größte Mengen an Daten über einzelne Menschen und/oder Gruppen speichern und in verschiedensten Kombinationen zur praktischen Nutzung anbieten kann.
Der einzelne Staatsbürger vermag die Verwendung seiner persönlichen Daten durch dritte Personen, durch Institutionen usw. nicht mehr zu verfolgen, geschweige denn zu beurteilen; vielfach weiß er von der Nutzung seiner persönlichen Daten durch andere nur dann etwas, wenn sich etwa eben aufgrund solcher Verwendungen andere an ihn wenden.
Aus diesem Grunde werden nun Zug um Zug persönliche Daten in allen bedeutenden Staaten durch Gesetz gegen Mißbrauch gesichert.

Diese Gesetze berücksichtigen sowohl die Interessen des einzelnen an einem wirksamen Datenschutz als auch die gleichfalls gegebenen generellen Bedürfnisse an der Informationsbeschaffung und Informationsverarbeitung. Somit sind auch weiterhin unter dem Schutz dieses Gesetzes beispielsweise Adressenkarteien für werbliche Nutzung verfügbar.

## SCHUTZ DER PRIVATSPHÄRE

Datenschutz bezieht sich auf den rechtlichen Anspruch auf Geheimhaltung personenbezogener Daten. Darunter sind Informationen zu verstehen wie Geburtsdatum, Adresse, Krankheiten, Einkommen. Bei juristischen Personen (Unternehmen) kommen vor allem Angaben über wirtschaftliche Verhältnisse (z. B. Umsatz, Beschäftigtenzahl, Gewerbeberechtigungen, betriebliches Rechnungswesen) als Daten in Betracht.
Das Ziel dieses Gesetzes ist es vor allem, die Betroffenen in ihrer Privatsphäre zu schützen.
Gerade diese gewiß allgemein anerkannte Absicht zeigt aber auch die Schwierigkeit einer solchen abschirmenden Regelung. Prominente Persönlichkeiten sind mitunter aus Gründen eines möglichst hohen Bekanntheitsgrades (Publicity) an der Verbreitung solcher Informationen interessiert.
Der Datenschutz bezieht sich auf jede Form der „automationsunterstützten Datenverarbeitung“. Das Grundrecht auf Geheimhaltung personenbezogener Daten erstreckt sich grundsätzlich auf alle Formen der Informationsverarbeitung und -auswertung.

Naturgemäß bestehen unterschiedliche gesetzliche Regelungen in jedem Land und dazu verschiedene Detailbestimmungen. Man muß daher empfehlen, sich in allen einschlägigen Fällen (Gästekartei, Schreibautomaten, Kleincomputer usw.) unbedingt beraten zu lassen.

Für die Registrierung in Österreich wurden vom Datenverarbeitungsregister (Statistisches Zentralamt) Formblätter aufgelegt, sie sind in zahlreichen Buchhandlungen kostenlos erhältlich.

## MESSEN UND AUSSTELLUNGEN

Der Fremdenverkehr hat so große Bedeutung erlangt, daß auch Ausstellungen, Ferienmessen und sogenannte Reisemärkte (Veranstaltungen, auf denen verschiedene Reiseangebote präsentiert werden) in zunehmender Zahl veranstaltet werden.

Diese an den Letztverbraucher (Konsumenten) gerichteten Messen und Ausstellungen dürfen aber nicht überbewertet, also zu hoch eingeschätzt werden.
Bei manchen Untersuchungen über die Nutzung von Informationsquellen für die Urlaubsentscheidung rangiert der Besuch von Reiseausstellungen auf einem sicheren letzten Platz (siehe auch Seite 152, Tabelle unter „Anderes").
Würde man diese durchaus seriösen Studien zur alleinigen Richtschnur nehmen, so könnte die Zielrichtung nur mehr heißen: Möglichst nicht teilnehmen, und wenn schon durch irgendwelche äußeren Umstände dazu gezwungen, dann mit drei Plakaten, einigen wenigen Streuprospekten und einer Auskunftskraft. Mit anderen Worten: Beteiligung auf Sparflamme.
So einseitig sollte man aber derartige Publikumsmessen nicht bewerten. Für die Beteiligung an solchen Präsentationen sprechen:

1. Die Erfahrungstatsache, daß manche neue Reisedestination erst durch das Auftreten in einer großen Publikumsschau, günstigerweise in Zusammenarbeit mit einem oder sogar mehreren Reiseveranstaltern, überhaupt vom Markt, bzw. von einer breiten Öffentlichkeit potentieller Gäste, zur Kenntnis genommen wurde.
2. Es gibt durchaus seriöse Untersuchungen, die ein wesentlich positiveres Bild zeichnen: Immerhin besuchten über 120.000 Besucher aus Wien und Umgebung die Österreichische Ferienmesse mit internationaler Beteiligung, kurz OFM genannt, von denen sich mehr als die Hälfte „einen allgemeinen Überblick über das Urlaubsangebot in diesem Jahr" verschaffen wollte, während mehr als ein Drittel vom „Interesse für bestimmte Urlaubsziele" in die bunt dekorierten Hallen gelockt wurden. Der bei jedem Werbeeinsatz unvermeidliche Streuverlust war ziemlich gering, denn 90% der Besucher planten tatsächlich eine Ferienreise für dieses Jahr.

## GESICHTSPUNKTE FÜR DIE BETEILIGUNG AN FERIENMESSEN FÜR KONSUMENTEN

Ferienausstellungen und ähnliche Veranstaltungen betrachten wir als ein Werbemittel unter vielen, das im Konzert mit den anderen – unter Berücksichtigung von Kosten und Nutzen – eingesetzt werden kann.

Es müssen mehrere Voraussetzungen gegeben und zusätzliche Maßnahmen geplant und durchgeführt werden.

- Bei der *Standortwahl* spricht einerseits manches dafür, sich an Ferienausstellungen dort zu beteiligen, wo in der übrigen Werbe- und Verkaufsförderungsarbeit weiße Flecken auf der Landkarte bleiben und auch nationale Tourismusvertretungen oder sonstige Kontaktstellen fehlen, welche die notwendige Präsenz am Markt aufrechterhalten. Andererseits gibt der erprobte Werbegrundsatz der Konzentration demjenigen recht, der seine Ausstellungsbeteiligungen bewußt als Verstärker sonstiger Marketingmaßnahmen einsetzt. Letztlich ist diese Entscheidung von der jeweiligen Planung abhängig, die entweder auf raschen Durchbruch in wenigen abgegrenzten Märkten oder auf Abdeckung eines größeren Gebietes zielt.
- Um einen möglichst starken Besuch des eigenen Standes zu erzielen, müssen *flankierende Werbemaßnahmen* – Plakatierung, Insertion in lokalen Blättern usw. – vorbereitet und mit den einschlägigen Aktionen der Ausstellungsleitung abgestimmt werden. *Public-Relations-Aktivitäten* schon vor Beginn der Messe dienen der Sicherung eines großen Besucherstromes und der Aufmerksamkeit der Reisebranche in der betreffenden Region. Diese Wirkungen sind oft die eigentliche Rechtfertigung für die großen finanziellen und personellen Aufwendungen, die eine Messepräsentation allemal bedingt.
- *Standgestaltung und -präsentation* sollen sich nicht nur in das allgemeine werbliche Erscheinungsbild des Landes oder der Region einpassen, sondern auch Möglichkeiten für ungestörte Gespräche mit Geschäftspartnern und Meinungsbildnern bieten.

Aus reinen Zweckmäßigkeitserwägungen drängt es sich auf, bei Ausstellungen nicht wahllos teures Prospektmaterial in die oft nur mäßig interessierte Menge zu schleudern, sondern eigens für Ausstellungen gedrucktes, leichtes und wenig aufwendiges Material zu verwenden und ansonsten weniger durch Verteilung als durch Beratung zu brillieren.

*Wichtig:*
Auf Messen und Ausstellungen (und nicht nur dort) begegnen wir zahlreichen Besuchern, die vor allem Prospekte sammeln („Prospektjäger"). Oft ist auch der Aussteller zu einem nicht geringen Teil daran schuld, daß der Besucher lediglich Prospekte einsammelt.

**Wo erfahren Sie,
wie in
Österreich**

GAST-
FREUND-
SCHAFT

**geschrieben
wird ?**

KURIER
Wo man's erfährt

Um die Effektivität zu verbessern, empfiehlt es sich daher, während des Austeilens solcher Werbemittel zumindest ein kurzes Gespräch mit den Interessenten einzuleiten und nach bestimmten Sachverhalten zu fragen. Etwa ob es ein Urlaub mit Kindern sein soll, ob spezielle Interessen vorliegen, man kann aber auch Hinweise auf wesentliche Angebotsschwerpunkte geben. Im Sinne der Mitteilungen bzw. Antworten unserer Interessenten heben wir einzelne Stellen der zu übergebenden Werbemittel durch Ankreuzen, Vermerken von Rufzeichen sowie durch kurze ergänzende Worte hervor. Wir verleihen dadurch unseren Prospekten eine gewisse persönliche Note. Sorgfältige Kontrollen bewiesen, daß so zusätzlich ausgestattete Prospekte wesentlich bessere Wirkungen erzielen.

## ERFOLGREICHE KUNDENBETREUUNG BEI MESSEN UND AUSSTELLUNGEN

Besonders wichtig: Die Betreuung von Messeständen ist eine hochspezialisierte Tätigkeit, die weder von stundenweise gemieteten Studenten noch von verdienten Mitarbeiterinnen der Buchhaltung, die auch einmal hinaus ins rauhe Leben sollen, ohne Schulung und Training gemeistert werden kann. Das betreuende Personal von Messeständen muß vor allem die jeweiligen Schwerpunkte unserer Angebote bestens beherrschen und im Informationsgespräch auch betonen. Wir müssen uns nämlich im klaren darüber sein, daß vor allem die Qualität der persönlichen Kontakte am Ausstellungsstand den tatsächlichen Erfolg sichert.

> Vorrangig ist das freundliche Verhalten am Messestand! Speziell kommt es auf die Bereitschaft des Personals an, mit den vorbeigehenden Besuchern Blickkontakt herzustellen. Viele Besucher treten nämlich trotz eines gewissen Interesses nur dann näher heran, wenn sie davon überzeugt sind, offensichtlich gerne erwartet zu werden. Der erwähnte Blickkontakt spielt dabei eine sehr wichtige Rolle. Spricht das Personal des Standes lieber miteinander, „beschäftigt" es sich irgendwie, weicht es den Blicken der sich nähernden Interessenten aus, so unterbleiben viele an sich durchaus mögliche, ja sogar beabsichtigte Kontakte.

Um nicht mißverstanden zu werden: es schwebt uns keineswegs zudringliches Verhalten der Mitarbeiter am Stand vor! Wer aber den Blicken der Vorbeigehenden bewußt ausweicht, darf sich nicht

wundern, wenn nur wenige Besucher herantreten, um sich zu informieren. Solche Verhaltensweisen machen es auch erklärlich, daß oft verschiedene Aussteller der gleichen Halle sehr unterschiedliche Ergebnisse melden. Allzuoft liegt der Fehler in der Gleichgültigkeit der Standbetreuung gegenüber den Besuchern. Die Österreichische Werbewissenschaftliche Gesellschaft (ÖWWG) veröffentlichte eine empirische Studie über das Verhalten von Standbetreuern auf einer großen Messe, die nachdenklich stimmt:
Es ergab sich nämlich, daß mehr als die Hälfte (52%) der Berater an den Messeständen sich unfreundlich bis unpersönlich verhielt. Und 44% hatten nur geringes bis mittleres Wissen über die von ihnen zu betreuenden Waren und Leistungen.
Wir wollen hoffen, daß eine solche Untersuchung auf den Ferienmessen erfreulichere Resultate gezeitigt hätte.
Auf jeden Fall gilt:
Die Messebesucher müssen den Eindruck gewinnen, bei den Ausstellern wirklich willkommen zu sein.

Wir widmen deshalb den Besuchern volle Aufmerksamkeit, notieren ihre Fragen und Wünsche auch in jenen Fällen, da dies rein sachlich vielleicht nicht unbedingt notwendig wäre. Wir ermöglichen auch dadurch die erfolgreiche Nachbearbeitung nach Beendigung der Messe. Jedes Gespräch am Stand betrachten wir daher als ein wirkliches Verkaufsgespräch, auch dann, wenn sich der Besucher tatsächlich lediglich informieren will.

Je besser wir nämlich durch unser aufmerksames und gewissenhaftes Verhalten das Vertrauen zu unserem Angebot erwecken, umso eher entschließt sich unser Gesprächspartner in der Folge auch tatsächlich dafür.

## KUNDENBETREUUNG DURCH INFORMATION VOR MESSEBEGINN

Wir wissen, daß alle Messen, gleichgültig ob Universal- oder Fachmesse, von den vielfältigen Interessenten unterschiedlich frequentiert werden. Manche Besucher arbeiten genau nach Plan, überlegen also ihren Messebesuch vorher exakt. Andere überlassen ihre Besuchsroute völlig dem Zufall.
Zwischen diesen beiden Extremen kennen wir zahlreiche Abstufungen. Ein Teil der Besucher konzentriert sich beispielsweise von

Haus aus auf drei oder vier Aussteller und ordnet dem die übrige Besuchsarbeit unter. Andere Interessenten wieder lassen sich von mehr oder weniger unbestimmten, aber doch wirksamen Vorstellungen und Erwartungen lenken.

Schon diese Überlegungen zeigen uns, daß durchdachte Information der Interessenten noch vor Messebeginn sehr wirksam sein kann.

Exakte Planer schätzen es, wenn wir sie durch vorherige Informationen unterstützen.

Aber sogar Besucher, die „alles dem Zufall" überlassen, veranlaßt oft unsere Information, zumindest unseren Stand mit voller Absicht aufzusuchen.

Nun erhebt sich freilich die Frage, ob tatsächlich eine größere Zahl von Messeinteressenten nach „Plan" besucht.

Nun, wir kennen eine deutsche Veröffentlichung von H. Eckardt über die Ergebnisse einer Befragung, wie sich Besucher im Messegelände verhalten.

Mehr als ein Drittel der Befragten fixiert die Besuchsroute zum Teil schon Wochen vorher, zum kleineren Teil auf der Fahrt oder erst nach Ankunft im Hotel, aber gleichfalls noch vor Messebeginn.

Durch zeitgerechte Information läßt sich sicherlich die Zahl der schon vorher ihren Messebesuch planenden Interessenten noch vergrößern.

Wie verhalten sich die restlichen zwei Drittel?

Ein großer Prozentsatz entscheidet sich erst während des Rundganges, folgt von diesem Zeitpunkt an selbstgewählten Richtlinien. Es handelt sich dabei – bezogen auf die Gesamtheit der Befragten – um etwa ein Viertel der Messebesucher.

Knapp ein Fünftel arbeitet völlig systemlos, folgt Zufälligkeiten, aber auch optischen Eindrücken.

Der Rest vermied nähere Angaben.

Es bestätigt sich somit anhand dieser Zahlen der tatsächliche, wenn auch vielfach vielleicht den Interessenten unbewußte Bedarf an vorherigen Informationen. Durch unsere individuellen Werbemaßnahmen fördern wir aber auch den Messebesuch an sich, weil mitunter erst eine solche Einzelinformation den auslösenden Antrieb zum Messebesuch gibt. So gesehen stellen die Aktivitäten der Aussteller eine Art der Messeförderung dar, die letztlich allen zugute kommt.

In welchem Rahmen sind durch solche „individuellen Werbemaßnahmen“ einschlägige Interessenten anzusprechen?
Es bietet sich dafür grundsätzlich die gesamte Klaviatur zeitgemäßer Werbemittel an. Ein Unternehmen beispielsweise, das in bestimmten Organen inseriert, kann und soll durchaus auch auf diesem Wege seine Messebeteiligung bekanntmachen. In Ausnahmefällen kann es sogar in Frage kommen, ausschließlich mit Anzeigen die eigene Messebeteiligung kundzutun.
Von besonderer Bedeutung für die zeitgerechte Information über Messebeteiligungen ist die Direktwerbung.
Es ist bekannt, daß die dafür notwendigen Anschriften möglicher Interessenten unter den vielfältigsten Gliederungen nach Berufen, Wohn- und Firmenorten usw. bei den leistungsstarken Adreßverlagen erhältlich sind.
Wir sollten aber auch selbsterarbeitete Anschriften von Kunden und Interessenten konsequent verwerten.
Wir machen es uns eben zur Gewohnheit, womöglich jeden Kontakt mit Interessenten, Kunden, Gästen usw. zu nützen, um deren Anschrift zu erbitten. In vielen Fällen, nicht zuletzt bei Gästen, wird sie uns ja automatisch bekannt, wir registrieren sie aber auch. Gewissenhafte Arbeit am Messestand kann und soll uns ebenso Anschriften von Interessenten liefern. Wir sprachen ja schon davon, daß davon die erfolgreiche Nachbearbeitung abhängt.
Insgesamt sind wir dadurch in der Lage, unsere Besucher vorhergehender Messen für die nun bevorstehende gezielt einzuladen. Dadurch entsteht oft eine erstaunlich starke Bindung zwischen Interessenten und Anbieter. Letzten Endes bedeutet ein einladender Brief an einen Besucher früherer Messeveranstaltungen für ihn eine echte Aufwertung; er empfindet es nun geradezu als angenehme Pflicht, uns auch diesmal zu besuchen. Unser Messestand wird für ihn zum Markierungspunkt seines Messebesuches. Er erwartet nun freilich auch den einem „Stammbesucher“ würdigen freundlichen Empfang.

## DIE NACHBEARBEITUNG

Sie entscheidet oft den Erfolg der Messebeteiligung. Je besser wir am Stand Namen, Anschrift, Wünsche und Absichten notieren, umso wirksamer kann die Nachbetreuung sein (siehe auch Anfragenbeantwortung, Seite 267 und Seite 274).

## DAS BILDSCHIRMTEXT-SYSTEM

Mit dem Fachausdruck „Bildschirmtext“ bezeichnen wir ein Informationssystem, das mit Hilfe von längst verfügbaren technischen Einrichtungen verhältnismäßig preiswert genützt werden kann.
In den einzelnen Bildschirmtextzentralen werden für die Teilnehmer abrufbare Informationen (Daten) in Computern gespeichert.
Wer nun diese Daten „konsumieren“, also abrufen will, benötigt dafür lediglich einen Anschluß (Telefonapparat) an das Fernsprechnetz sowie ein für den Empfang von Bildschirmtext geeignetes Fernsehgerät.
Der Teilnehmer stellt sein Fernsehgerät auf Empfang und ruft über das Telefonnetz die entsprechende Information aus der Datenbank ab. Dabei hilft ihm der sogenannte „Suchbaum“ (ein übersichtliches Inhaltsverzeichnis), der die für die einzelnen Informationen notwendigen Nummern enthält.
Wichtig: Bildschirmtext ist mit den üblichen Fernsehprogrammen nicht identisch! Der Bildschirm des Empfanggerätes dient lediglich zur Projektion der mit Buchstaben, Ziffern und einfachen grafischen Darstellungen vermittelten Daten.
Pro Seite Bildschirmtext sind bis zu 24 Zeilen möglich. Pro Zeile kommen 40 Zeichen (Buchstaben und/oder Punktelemente) in Frage. Die Wiedergabe kann in Weiß oder in einer von 6 Buntfarben erfolgen.
Wissenschaftliche Untersuchungen bestätigen die gute Lesbarkeit von Bildschirmtexten. Es kommt allerdings darauf an, diese Texte so zu gestalten, daß sie den Bildschirmen unserer Fernsehgeräte entsprechen.

Bildschirmtext bietet somit *Informationen auf Abruf.* Vorrangig kommen dafür in Frage:

■ Aktuelles allgemeiner Art

---

Nachrichten, Sport, Lokalberichte, Veranstaltungskalender
Nationale und internationale Entwicklungen
Spezielle Branchenberichte usw.
Arbeitsmarkt

■ Informationen von Behörden

---

Adressen
Amtszeiten
Personelles
Termine
Tarife

■ Informationen über Reisen

---

Zimmernachweis
Fahrpreisauskünfte
Wetterberichte
Straßenberichte
Schneeberichte
Wechselkurs

■ Informationen über Waren und Produkte

---

■ Berichte aus dem Finanzwesen

---

■ Informationen für Haushalte

---

Naturgemäß kommen auch Abrufinformationen für spezielle Teilnehmergruppen, ebenso auch Informationen für Einzelpersonen (z. B. Informationen über den Kontostand) in Frage.
Dieses neue Informationssystem (Medium) bietet auch die Möglichkeit, über einen Code zusätzliche Informationen anzufordern. Beispielsweise kann so Prospektmaterial bestellt werden, ja man kann auch direkt buchen, also kaufen. Im gleichen Ablauf wird das Konto des Telefoninhabers automatisch belastet. Wir gewinnen über den Bildschirmtext spezielle Erfolgskontrollen, weil der Abruf der einzelnen Bildschirmtext-Seiten erfaßbar ist.
Freilich, Bildschirmtext allein wird sich kaum hinlänglich bewähren. Im Verbund mit anderen Werbemitteln stellt er aber eine Bereicherung unserer Möglichkeiten dar.

Der Bildschirmtext nützt auch der Verkaufsförderung; beispielsweise können spezielle aktuelle Angebote auf diesem Weg verhältnismäßig kurzfristig mit beachtlicher Breitenwirkung publiziert und von den Interessenten auch gleich gebucht (gekauft) werden.

## TELEFAX

Zu jeder Zeit – also auch in weit zurückliegenden Epochen mit nur geringen technischen Möglichkeiten – spielte die Schnelligkeit der Informationsübermittlung eine große Rolle. Wir verfügen inzwischen über ein weiteres, bereits bewährtes System: Telefax.
Es handelt sich dabei um Übermittlung per Fernkopierung via Telefonleitung. Briefe, Pläne, Dokumente, Zeichnungen, Preislisten, nicht zuletzt werbliche Informationen (etwa Angebote) können weltweit übermittelt werden.

# WERBEPRAXIS

## KONTROLLISTE FÜR DIE WERBUNG (CHECKLISTE)

### AUSGANGSBASIS/BESTANDSAUFNAHME

1. Ist das Werbeziel klar festgelegt? (Bekanntheitsgrad, Image, Verkaufserfolge, reine Bekanntmachung, Eindruck bei Ihren Wettbewerbern oder persönliche Befriedigung, Achtung bei Ihren übergeordneten Stellen gewinnen, mehr Anfragen, mehr Interesse für die Nebensaison usw.)
2. Welche Budgetanteile können Sie dafür einsetzen?
3. Ist die Budgetaufbringung gesichert bzw. sind alle beteiligten Geldgeber informiert und einverstanden?
4. Wurden verantwortliche Beauftragte bzw. Durchführende unmißverständlich bestimmt? (Sachbearbeiter, Fremdenverkehrsdirektor, Werbeausschuß, Werbeagentur usw.)
5. Haben Sie eine eindeutig definierte Abnahmeinstanz mit Entscheidungsvollmacht für alle beauftragten Unternehmungen bzw. freien Mitarbeiter festgelegt?
6. Ist Vorsorge getroffen, um den erhofften Werbeeffekt in seinen Auswirkungen auch zu verkraften? (Ist genügend Informationsmaterial vorhanden bzw. kann Ihre Organisation eine große Anfragenrate überhaupt bewältigen, kann sie präzise Angebote machen?)

### GÄSTEPROFIL

7. Wer sind Ihre Gäste bzw. können Sie Ihre Gäste ganz eindeutig und genau definieren? (Soziodemografische Festlegung.)
8. Woher kommen Ihre Gäste? (Einteilung nach regionalen und situationsbedingten Kriterien.)
9. Wie (mit welchen Werbemitteln) sprechen Sie diese Zielgruppe am besten und ökonomisch vertretbarsten an? (Z. B. Fernsehwer-

bung, Rundfunkwerbung, Einschaltungen in Tageszeitungen und Zeitschriften, Plakate, Werbebriefe, Ausstellungen, Veranstaltungen, Gemeinschaftswerbung, Pressefahrten, Schaufensterwerbung, Reisebürobesuche, Fachpublikationen usw.)

10. Nochmals genaue Festlegung des gewünschten Zieles unter Zugrundelegung der gewählten Werbemöglichkeiten; wollen Sie damit lediglich informieren oder soll der Umworbene reagieren? (Etwa auf Couponanzeigen.)

11. Zu welchem Zeitpunkt soll das Publikum reagieren? Wann muß daher der Werbestoß erfolgen?

## ANGEBOTSPROFIL

12. Beschreiben Sie genau, wofür Sie werben! (Erholung, Gesundheit, Erlebnis, Dienstleistungen, Wintersport usw.)

13. Durch welche Merkmale unterscheidet sich Ihr Angebot von ähnlichen Angeboten auf dem Markt?

14. Durch welche Merkmale unterscheidet sich Ihr Angebot vom Angebot Ihres unmittelbaren Konkurrenten (Nachbarn)? (Preis, Neuheit, Service, zusätzliche Einrichtungen, Komfort, Bequemlichkeit, Zusatznutzen usw.)

15. Legen Sie in einem einzigen Satz fest, was das besondere, hervorragende Merkmal Ihres Angebotes ist. So kommen Sie zu Ihrem USP (unique selling proposition), Ihrem Alleinstellungsargument.

16. Versuchen Sie, anhand dieses Satzinhaltes zu überlegen bzw. festzustellen, ob sich dafür auch irgend jemand interessieren wird; ändern Sie die Formulierung so lange, bis sie einem größeren Kreise (der gewählten Zielgruppe) interessant erscheinen könnte.

17. Ist jedoch die Aussage noch immer zu schwach, um eine Alleinstellung auszudrücken, überlegen Sie, ob von der Angebotsseite noch prägende Leistungen eingebunden bzw. neu geschaffen werden können.

## PROFILIERUNG NACH INNEN

18. Wie werden die geplanten Werbeaktionen auf die Mitgliedsorte des Verbandes oder auf die Fremdenverkehrsbetriebe des Ortes voraussichtlich wirken?

19. Sind Sie sicher, daß alle Beteiligten und Betroffenen sofort verstehen, was Sie mit Ihrer Werbung vorhaben?
20. Was können Sie unternehmen, damit diese Leute die Absichten Ihrer Werbebemühungen zu ihren eigenen machen und Sie mit gutem Willen unterstützen?
21. Ist die Kommunikation in Ihrem Betrieb, in Ihrer Organisation bestmöglich ausgenützt bzw. werden alle Beteiligten über Ihre geplanten Maßnahmen verläßlich informiert?
22. Welche internen Informationen sind während der Einsatzzeit Ihrer Werbung vorgesehen?

## WERBUNG

23. Gehen Sie davon aus, daß sich im allgemeinen nur wenige Menschen für Werbung wirklich interessieren, meistens nur auf aktuelle Darbietungen reagieren, die sie in irgendeiner Form betreffen. Entspricht Ihre Werbung diesem Grundsatz?
24. Hat Ihre Werbung einen hohen Auffälligkeitsgrad? (Umso eher wird sie unter den vielen anderen Werbeimpulsen bemerkt.)
25. Kann Ihre Werbung genügend Neugierde und Interesse erwecken? (Nur so wird sich der Betrachter länger mit Ihrer Werbung auseinandersetzen.)
26. Ist Ihre Werbung der Zielgruppe angemessen (zielgruppenadäquat) und verständlich? (Setzen Sie nicht zuviel an Wissen voraus?)
27. Entspricht Ihre Werbeaussage und Darstellung auch den Tatsachen? (Hier ist der Umworbene sehr empfindlich, und Sie könnten durch mißverständliche Angaben Ihre gesamten Bemühungen gefährden.)
28. Wirkt Ihre Werbung menschlich? (Es muß den Umworbenen leichtfallen, zu Ihrer Werbung eine Beziehung zu empfinden.)
29. Ist Ihre Werbung klar und knapp genug? (Niemand will sich mit Ihrer Werbung zweimal befassen oder sie zweimal lesen.)
30. Haben Sie bei Ihrem Einsatzplan den Grundsatz der Konzentration befolgt? (Konzentration in der Aussage, der Argumentation, bei der Auswahl der Zielgruppe, bei den Werbemitteln, den Werbeträgern und bei der Frequenz.) „Es ist immer besser, weniger Menschen intensiver zu umwerben als mehr Menschen mit gebremster Kraft!“

## Werbediagramm

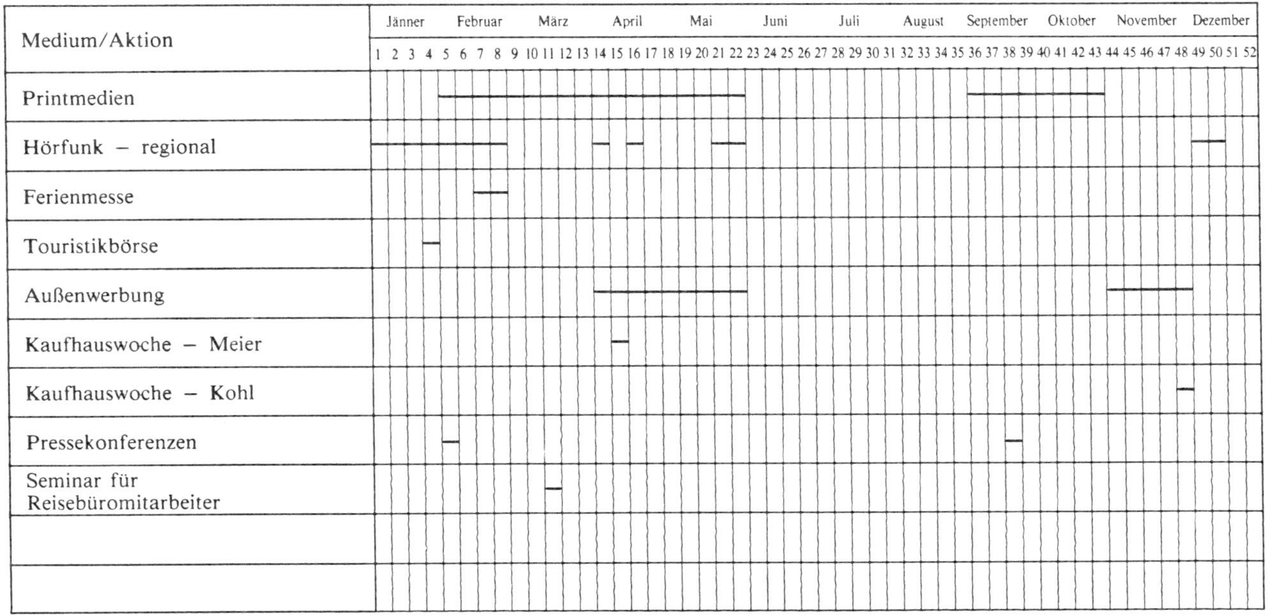

## AUFGABENTEILUNG

31. Welche Fachleute sind notwendig? Welche davon sind verfügbar, welche müssen Sie erst finden? (Werbung sollte nicht Funktionärshobby sein!)
32. Empfiehlt es sich, die gesamte Aufgabe einer Werbeagentur, einem Werbeberater zu übergeben?
33. Hat der vorgesehene Werbeberater Branchenkenntnisse? (Sie sollten sich gerade hier kein Risiko leisten!)
34. Haben Sie sich für Spezialaufgaben auch die Mitarbeit von Spezialisten gesichert? (Werbung besteht nicht nur aus Druck- und Streuaufgaben!)
35. Haben Sie allen, die für Sie arbeiten, das gesamte Material, alle Informationsunterlagen, bisherigen Produktionen und Maßnahmen, Statistiken usw. zur Verfügung gestellt? (Außenstehende können für Sie nur wirksam arbeiten, wenn sie das Problem genauso gut kennen wie Sie selbst.)

## WIRKUNGSKONTROLLE

36. Nach welchen Kriterien werden Sie die Wirkung Ihrer Werbung messen?
37. Wann wird gemessen, wer wird auswerten?
38. Wenn der Effekt Ihren Vorstellungen entspricht – haben Sie bereits geplant, wie es weitergehen soll?
39. Haben Sie festgelegt, wie es weitergeht, wenn Sie das gesetzte Werbeziel nicht erreichen?
40. Sind Sie imstande, jederzeit die schon eingesetzten Geldbeträge zu bestimmen?

# ZUSAMMENARBEIT MIT WERBEFIRMEN

Bevor wir die Zusammenarbeit mit einer Werbefirma suchen, sollte der Arbeitsbereich intern klar abgegrenzt werden. Entsprechend der Aufgabenstellung sind dann lediglich solche Partner heranzuziehen, die von ihrem Berufsbild her dafür überhaupt geeignet sind. Durch Erfahrung und Praxis ist es gut möglich, daß ein Grafiker auch fotografische Überlegungen anstellt, und umgekehrt. Wir sollten uns aber davor hüten, daß der Werbegrafiker auch gleich das gesamte werbliche Konzept entwickelt, Texte schreibt oder der klassische Werbemittler die Entwürfe für den Prospekt anfertigt. Die wesentlichen Berufsbilder der Werbung sind:

*Werbeberater:*
Plant und gestaltet die Werbung seiner Auftraggeber. Die Berufsausübung setzt den Befähigungsnachweis voraus.

*Werbemittler:*
Betreut den Einsatz (Streuung) der Werbung, z. B. Insertion im Pressewesen, Plakatanschlag, Fernsehwerbung usw.
Der Werbungsmittler erhält seine Provision ausschließlich von den Werbeträgern (Medien), wirkt als selbständiger Kaufmann und haftet daher für die von ihm weitergegebenen Aufträge. An Befähigungsnachweis gebunden.

*Werbeagentur:*
Beinhaltet die Merkmale des Werbeberaters und des Werbungsmittlers. Auch hier ist der Befähigungsnachweis für Beratung und Mittlung Voraussetzung.

*Werbeunternehmen:*
Ihre Tätigkeit gliedert sich in vier große Gruppen:

- Ankündigungsunternehmungen für Werbung im Freien, in Lokalen oder im Verkehr, mit Plakaten, Dauerwerbemitteln, Vitrinen, Schaukästen, phonetischen Darbietungen, elektroakustische Werbung mit fixen Anlagen, stabil und beweglich, mit optischen, fotografischen und anderen Werbemitteln.
- Adressenbüros.
- Werbemittelhersteller (Einzel- und Serienherstellung von Werbemitteln im Spritz-, Präge-, Stanz- oder sonstigen Verfahren).
- Werbemittelverteiler (Verteilung von Werbedrucksorten, Warenproben usw.) durch geschulte Verteiler von Haus zu Haus, auf Straßen und Plätzen usw.

*Werbegrafiker:*
Die Arbeit des Werbegrafikers ist ein Produkt aus geistig-schöpferischer und talentbedingter manueller Fertigkeit. Sein Arbeitsbereich erstreckt sich auf das gesamte Wirtschaftsleben unserer Zeit.

*Werbegestalter:*
Er plant, entwirft, gestaltet Ausstellungen, einzelne Ausstellungs- und Messeobjekte oder Schaufensterdekorationen.
Empfehlungen für die Praxis:

> Die Methode, Werbeunternehmen aller Art zur Präsentation von Ideen einzuladen, ist nicht immer der beste Weg und kommt wohl nur für größere Etats in Frage.
> Vielfach bitten wir Berater, Agenturen und Mittler, bisher geleistete Arbeiten unter Bekanntgabe der ursprünglichen Zielsetzung darzulegen. Erscheinen sie uns dadurch und auch aufgrund ihres Rufes als geeignet, so kommt eine Zusammenarbeit in Frage.

Voraussetzungen für erfolgreiche Zusammenarbeit:
a) Dem Werbeunternehmen eine klare Zielvorgabe nennen.
b) Werbefachleute (Betriebe) nur für solche Bereiche einsetzen, für die sie zuständig sind (der Werbegrafiker ersetzt nicht die Werbeagentur, der Mittler nicht den Werbegrafiker, die Druckerei nicht den Werbeberater).
c) Von Sonderfällen abgesehen, ist der kürzeste empfehlenswerte Zeitraum einer solchen Zusammenarbeit wohl mit einem Jahr zu veranschlagen, doch wird es sich meistens als vorteilhaft erweisen, längere Bindungen, wenn schon nicht von Haus aus einzugehen, so doch ins Auge zu fassen. Daher:
d) Nicht zu oft wechseln! Kontinuität wahren! Die Rotation (Wechsel der Beauftragten) darf nicht zur Gewohnheit oder gar zum einzigen „brillanten Einfall“ werden.
e) In der Praxis gibt es bei der Entgeltregelung viele Mischformen zwischen der „15%-Regelung“ und dem „Honorarsystem“.
Auch in diesem Zusammenhang wirken sich Angebot und Nachfrage aus. Wenn sich viele Agenturen gleichzeitig um einen Etat bewerben, so kann es schon vorkommen, daß der Auftrag unter Abstrichen der eigenen Forderungen erstrebt wird. Freilich, ob daraus dann die bestmögliche werbliche Leistung entsteht, ist zumindest nicht unbedingt gewährleistet. Es könnte ja sein, daß jemand, der unter Auftragsmangel leidet, einen Etat „um jeden Preis“ anstrebt. Aber entgegengesetzt dem „bewußten Unterbieten“ ist es durchaus auch üblich, wenn etwa sehr große Werbeetats zu geringeren Prozentsätzen, als es der 15%-Regelung entspräche, betreut werden. Zum Beispiel in jenen Fällen, in denen die Hauptaufgabe in der Verwirklichung, also im Einsatz der Werbemittel (der sogenannten

„Streuung") besteht, schöpferische Leistungen also nicht die Hauptaufgabe darstellen.
Andererseits wird auf Honorarbasis verrechnet, wenn umfassende kreative Arbeiten, die mitunter sogar mehrfache Forschungstätigkeiten, praktische Versuche erfordern, notwendig sind.
Wie werden werbliche Leistungen honoriert?
Handwerker beispielsweise verrechnen pro Arbeitskraft und Arbeitsstunde branchenübliche Beträge und beziehen dabei Fahr- und Gehzeiten sowie jede angefangene Stunde voll ein. Arbeitszeiten und Materialkosten ergeben so den jeweiligen Rechnungsbetrag.
Leistungen der Werbewirtschaft sind wegen ihrer Vielfalt, oft notwendiger Vorarbeiten, schwieriger zu berechnen. Es bestehen aber auch dafür allgemein übliche Berechnungsmethoden.
Eckpfeiler der Honorarfestsetzung sind einerseits die „15%-Regelung" und andererseits das „Honorarsystem".
Die sogenannte 15%-Regelung bedeutet in der Praxis, daß die Agentur die 15% Vermittlungsprovision, die sie in den Massenmedien für die Einschaltungen erhält, als Abgeltung ihrer gesamten Leistungen verwendet. Das umgekehrte Abrechnungssystem (Nettosystem) sieht vor, daß die gesamte Provision an den Auftraggeber rückvergütet wird und alle Leistungen der Agentur als Honorar (eventuell Pauschalhonorar) verrechnet werden.
Es ist auch üblich, einzelne Leistungen nach bestimmten Stundensätzen zu berechnen. Außerdem kommt für grafische Arbeiten die Honorarforderung der jeweiligen Grafikervereinigung in Frage: dabei handelt es sich aber um Mindestsätze, die erfolgreiche Fachkräfte auch überschreiten. Das eherne Gesetz von Angebot und Nachfrage spielt eben auch in diesem Zusammenhang eine große Rolle.

## GEMEINSCHAFTSWERBUNG

Gemeinschaftswerbung ist sehr oft das einzige Mittel, um im Wettbewerbskampf überhaupt zur Geltung zu kommen. Ein einzelner Betrieb mag noch stark genug sein, um im Nahbereich bzw. Inland wirksam zu werben. In weiter entfernten Herkunftsländern ist dies schon allein wegen der oft mangelnden Geographiekenntnisse der Bevölkerung nicht sinnvoll; dies gilt sinngemäß für die Urlaubsorte. Wir handeln daher richtig, wenn wir uns einer Werbegemeinschaft anschließen. Dessenungeachtet muß aber immer auch der eigene individuelle Auftritt beobachtet werden. Die gemeinsamen Maßnahmen bereiten lediglich den Boden vor, um mit eigenen Aktivitäten einen entsprechenden Anteil des Werbeerfolges ableiten zu können. Gemeinschaftswerbung ist nicht nur eine Frage des Zusammenlegens von Geldmitteln, sondern auch eine Frage der Bereitschaft zur Zusammenarbeit, also der geistigen Einstellung!

Es gilt: Je größer die Entfernung zwischen den Standorten des Fremdenverkehrsangebotes und dem Zielgebiet der Werbung ist, umso ungenauer sind meistens die Kenntnisse und Vorstellungen der dortigen Umworbenen vom betreffenden Urlaubsland, Gebiet, Ort oder Betrieb. In solchen Fällen ist die Gemeinschaftswerbung besonders dringend zu empfehlen.

Wirkungspotentiale der geistigen Zusammenarbeit ergeben sich unter anderem aus folgenden Punkten:

- gemeinsame Absprachen im Planungsstadium;
- ständiger Kontakt und ständiges Mitdenken mit den Partnern;
- gegenseitige Abstimmung, wer was wann tut;
- gegenseitige Unterstützung, aber auch Nutzung der Maßnahmen der Partner;
- gemeinsame Verwendung stilbildender Elemente;
- gegenseitiges Abstimmen der werblichen Aussagen;
- gegenseitige Vertretung;
- Gemeinschaftswerbung betreiben wir somit ebenso aus wirtschaftlichen wie auch aus ideellen Gründen, weil vereintes Denken und Handeln die allgemeine Einstellung zum Wettbewerb verbessert. Erfahrungsgemäß steigt die Überzeugungskraft der Aussagen mit der Größe der gemeinsam werbenden Gruppe. Die Sorge der Konsumenten vor subjektiver übertriebener Werbung sinkt hingegen. Daher wirken Aussagen eines Verbandes, einer sonstigen Gemeinschaft, etwa über einen Ort, gewinnender als Aussagen des Ortes über sich selbst.

Gemeinschaftswerbung verzeichnet auch Einwände:

Anläßlich gemeinsamer Werbung für Gebiete kommt es mitunter zu dem Vorwurf, einzelne Orte oder Sehenswürdigkeiten seien bevorzugt dargestellt. Großzügigkeit der Beteiligten ist hier empfehlenswert! Es kommt auf Prägnanz an; wenn nötig, eben mittels bekannter Sehenswürdigkeiten. Davon profitieren dann alle.

Es wäre auch irrig, etwa bei Gemeinschaftsausstellungen Fotodekorationen einzelner Partner nachzumessen, um „gleiche Ausmaße" für alle zu verlangen. Dann käme ein anderer Fachmann, um „Gleiches" nach anderen Gesichtspunkten zu fordern. Also Großzügigkeit auch in solchen Belangen.
Gestaltungsprinzip sollte es auch nicht sein, interne Budgetaufstellungsschlüssel sichtbar zu demonstrieren; es kommt darauf an, eine starke, gemeinsame Aussage zu bieten.

## FORMEN DER GEMEINSCHAFTSWERBUNG

Zusammenarbeit bedarf wirksamer Organisation. Dies gilt auch für die Gemeinschaftswerbung.
Je nach Möglichkeiten bzw. Interessen kommen nämlich unterschiedliche Zusammenschlüsse und damit Organisationsformen in Frage.

- *Gemeinschaftswerbung:* Werbung verschiedener selbständiger Partner. Alle Beteiligten bleiben anonym.
- *Horizontale Gemeinschaftswerbung:* Die Mitglieder einer solchen Gemeinschaft entstammen der gleichen Ebene. Zum Beispiel Schloßhotels, Sommerschigebiete, Messestädte, Fremdenverkehrsorte eines bestimmten Gebietes usw. Die Beteiligten werden genannt.
- *Vertikale Gemeinschaftswerbung:* Die Teilnehmer (Initiatoren, Sponsoren usw.) entstammen verschiedenen, aber aufeinander angewiesenen Angebotsebenen. (Etwa Staat, Länder, Kantone, Gebiete, Orte und Betriebe.) Nennung der Beteiligten.
- *Verbundwerbung (komplementäre Werbung):* Werbung verschiedener, aber sich ergänzender Sparten (Betriebe), wobei die Beteiligten ausdrücklich genannt, also nicht anonym sind. Zum Beispiel präsentiert der Sporthandel ein Schigebiet und stellt dabei einschlägige Bekleidung und Ausrüstung vor; ein Verkehrsträger und ein Festspielort werben gemeinsam.
- *Verbandswerbung:* Eine Institution, speziell ein Verband, wirbt für bestimmte Anliegen der Mitglieder, ohne diese einzeln zu nennen.

*Wichtig:*
So wie Werbung nur eines der absatzwirtschaftlichen Instrumente der Marketingarbeit ist, kann auch Gemeinschaftswerbung nur eine Teilfunktion erfüllen. Sie enthebt ferner nicht von der Aufgabe, auch individuell zu werben. Entwickeln wir die Gemeinschaftswerbung folgerichtig weiter, so entsteht geradezu automatisch gemeinsam gestaltetes Marketing, das vom gemeinsam gestalteten Angebot bis zur kooperativen Distribution reicht. Selbst bei bester Absicht der Teilnehmer bedarf es Mühe und Geduld, um gemeinsames Handeln auszulösen. Es gilt hier, was in vielen anderen Bereichen gleichfalls den Ausschlag gibt: realisierbare Ziele setzen! Also Ziele, die erreicht werden können. Diese Methodik bewährt sich auch, wenn es darum geht, bei Vollversammlungen den Fortbestand einer Werbegemeinschaft zu sichern.
Im Anschluß nun das Beispiel einer internationalen, erfolgreich agierenden Gemeinschaftswerbung – die Donauraumwerbung:

## DIE TOURISTISCHE WERBEGEMEINSCHAFT DER DONAULÄNDER – DONAURAUMWERBUNG

Seit 1972 werben sechs Donau-Anrainerstaaten – die Bundesrepublik Deutschland, Österreich, die Tschechoslowakei, Ungarn, Jugoslawien und Bulgarien –, Länder mit unterschiedlicher Geschichte, Wirtschaftsform und politischer Verfassung, für dasselbe Ziel: den Donauraum – definiert als 50 km breiter Streifen links und rechts des Stromes – bekannter zu machen und den Tourismus in diesem Gebiet zu fördern.
Die „Touristische Werbegemeinschaft der Donauländer“ ist der einzige touristische Zusammenschluß der Welt, der in einem solchen Maße politische und ideologische Grenzen überschreitet.
Die Mitglieder sind durch ihre nationalen Fremdenverkehrsorganisationen in einem sogenannten „Marketing-Komitee“ vertreten und werden durch fördernde Mitglieder – derzeit DDSG (Erste Donaudampfschiffahrts-Gesellschaft), Casinos Austria und Slovakoturist – in ihren Aktivitäten unterstützt. Derzeitiger Präsident der Werbegemeinschaft ist der Generaldirektor der DDSG, das Generalsekretariat mit dem Sitz in der Hauptgeschäftsstelle der Österreichischen Fremdenverkehrswerbung in Wien wird von Ursula Deutsch geleitet.

Die Aktivitäten der Donauraumwerbung reichen von der Schaffung eines einheitlichen Erscheinungsbildes mit dem Logo der Donauwelle, der Produktion von Prospekten, Plakaten und Videofilmen bis zur Pressearbeit, die die Herausgabe eines vierteljährlich erscheinenden Pressedienstes in vier Sprachen (d/e/f/i), die Organisation von Journalistenreisen und Pressekonferenzen auf wichtigen touristischen Messen, wie z B. der ITB in Berlin, umfaßt.

Ein besonders wichtiges Marketing-Instrument für die Donauraumwerbung ist die alle zwei Jahre stattfindende „Donaubörse". Die erste Messe wurde 1982 in Wien, mit 40 Ausstellern und 100 Einkäufern, die zweite im Herbst 1984 in Belgrad veranstaltet. Zur dritten Donaubörse, die im Oktober 1986 in Budapest stattfand, kamen doppelt so viele Einkäufer – nämlich 200 aus 17 Ländern – und mit 80 teilnehmenden Firmen in 52 Kojen ein Drittel mehr Anbieter als erwartet. Für die 4. Donaubörse, die im Herbst 1988 in Regensburg stattfand, ist wieder eine Erhöhung der Teilnehmerzahlen und eine Vergrößerung der Ausstellungsfläche zu verzeichnen! 83 Anbieter in 62 Kojen (32 aus Österreich, 20 aus der Bundesrepublik, aus der Tschechoslowakei und Ungarn je 10, aus Jugoslawien 8 und aus Bulgarien 2) und 220 Einkäufer aus den USA, Kanada, Japan und Australien sowie aus allen wichtigen europäischen Herkunftsmärkten.

Das Programm umfaßt nicht nur das eigentliche Börsegeschehen (1$^1/_2$ Tage), sondern auch ein umfangreiches Rahmenprogramm, in dem sich das Gastgeberland vorstellen kann, und Pre- und Postconvention-Touren in die Donauregionen der Mitgliedsländer organisiert werden.

Die Finanzierung der Donaubörsen erfolgt durch die Werbegemeinschaft und das Veranstalterland, seit 1988 wird eine Teilnehmergebühr für Einkäufer eingehoben.

Das Grundbudget der Gemeinschaft ist sehr klein, etwas über öS 850.000,–/DM 120.000,– große Aktionen werden direkt mittels Umlage finanziert; durch diese Methode ist Effizienz gewährleistet, was durch ungewöhnlich starke Medienpräsenz und rege Teilnahme an den Veranstaltungen der Werbegemeinschaft laufend unter Beweis gestellt wird.

Insgesamt hat sich die Weltwirtschaft außerordentlich günstig entwickelt. Mögen krisenhafte Erscheinungen auch das Bild trüben, wir sollten den zivilisatorischen Anstieg in fast allen Staaten unseres Erdballes nicht unterschätzen.
Dieser allgemeine Anstieg erfordert naturgemäß intensivierte Werbung. Und damit ist die Frage nach der Wirkung solcher Maßnahmen, aber auch nach dem Erfolg, also dem ökonomischen Effekt, immer dringlicher.
Analog zur Entwicklung der werbewissenschaftlichen Literatur empfiehlt es sich daher, zwischen *Werbewirkung* (Kriterien der Werbewirkung) und *Werbeerfolg* zu unterscheiden. Schon Prof. Dr. Rudolf Seyffert unterscheidet in seiner großen Werbelehre zwischen Wirkungsprüfung und Erfolgskontrolle. Und Prof. Dr. Günter Schweiger unterscheidet demgemäß zwischen außerökonomischen Werbezielen und ökonomischen Werbezielen. Zu den außerökonomischen Werbezielen zählen Aufmerksamkeitseffekte, Gedächtniswirkung, kommunikative Werte, Image usw., während ökonomische Werbeziele bzw. Werbeerfolge sich im Umsatz und Gewinn dokumentieren. Ökonomische Effekte werden aber im Gegensatz zu speziellen Werbewirkungen oft auch von anderen, durch Werbung nicht beeinflußbaren Faktoren bestimmt. Nicht zuletzt etwa im Falle des Fremdenverkehrs durch die Variablen (siehe Seite 46). Der Werbeerfolg als ökonomisches Ergebnis ist daher auch im günstigsten Falle nur annähernd exakt zu ermitteln.
Und gerade deshalb zählt es zu den wichtigsten Marketingaufgaben, immer wieder bemüht zu sein, nicht nur die Werbewirkungen zu erfassen, sondern auch die ökonomischen Effekte, also den Werbeerfolg, zumindest annähernd zu erheben.
Prof. Dr. Josef Mazanec, Ordinarius des Instituts für Fremdenverkehr an der Wirtschaftsuniversität Wien, betonte in diesem Zusammenhang schon vor Jahren, beste Artikulierung der Werbeziele fördere die Erfolgskontrolle.

# ARBEITSGRUNDLAGEN FÜR DEN TOURISMUS

Neben den allgemeingültigen Grundsätzen des Marketings und dem Kräftespiel von Angebot und Nachfrage haben wir noch die unterschiedlichsten gesetzlichen oder gesellschaftspolitischen Grundlagen der Herkunfts- bzw. Zielländer zu berücksichtigen. Die Voraussetzungen sind tatsächlich sehr verschieden. Für unsere Arbeit ist es unbedingte Notwendigkeit, den eigenen Standort zu bestimmen.
Die touristische Arbeitsbasis in den Zielländern ist vielfach davon abhängig, wie bedeutend die Fremdenverkehrswirtschaft im Verhältnis zur Gesamtwirtschaft ist. So steht beispielsweise Spanien in totaler wirtschaftlicher Abhängigkeit zum Tourismus, aber auch Österreich ist von den Deviseneinnahmen weitgehend abhängig. Die Fremdenverkehrsdichte ist somit meist ein sicherer Indikator dafür, daß in einem Land sehr ausgefeilte gesetzliche Voraussetzungen für die Fremdenverkehrswirtschaft bestehen.

Die Verantwortlichen der Angebotsführung sollten immer auch die übergeordneten Ziele beobachten, um daraus gewisse Vorteile für das eigene Angebot zu ziehen und um aber auch einen entsprechenden Beitrag zur Erreichung der Zielsetzung der nächstgelegenen Ebene zu leisten. Diese Forderung ist nicht immer leicht zu erfüllen und erfordert einige Disziplin. Die Schwierigkeit eines harmonischen Vorgehens liegt natürlich in der Konkurrenzsituation einerseits, aber andererseits auch in der unterschiedlichen Zielformulierung der touristischen Ebenen. Obwohl alle weitgehend dasselbe wollen, nämlich rentable Auslastung und zufriedene Gäste, werden die unterschiedlichsten Wege dorthin eingeschlagen.

In der Folge einige Beispiele für die unterschiedlichen Auffassungen, Zielsetzungen und Maßnahmen auf internationaler, nationaler und regionaler Ebene.
Dabei darf die Fremdenverkehrspolitik keineswegs isoliert gesehen werden – im Gegenteil. Die Einflüsse aus den verschiedensten Le-

bensbereichen sind für das Freizeitverhalten und die Tourismus-Situation besonders groß. Dabei sind politische Auswirkungen der Herkunftsländer ebenso bedeutend wie die der Zielländer.

| *Herkunftsländer* | *Zielländer* |
|---|---|
| Arbeitsmarktpolitik | Steuerpolitik |
| Gesundheitspolitik | Verkehrspolitik |
| Devisenpolitik | Währungspolitik |
| Wirtschaftspolitik | Umweltpolitik |
| Sozialpolitik | Raumordnungspolitik |
| Bildungspolitik | Förderungspolitik |
| Wettbewerbspolitik | Strukturpolitik |

## VORSCHLÄGE DER WTO

Die WTO, Welttourismusorganisation der Vereinten Nationen mit Sitz in Madrid (Generalsekretär seit 1985: Dr. Willibald Pahr, Österreich), schlägt eine verstärkte Kooperation und Integration der einzelnen Staaten vor.

1. Die staatlichen Institutionen der Haupttourismusländer müssen die Entwicklung des Tourismus mittel- bis langfristig verstärkt mit der allgemeinen wirtschaftlichen und sozialen Entwicklung ihrer Länder abstimmen.
2. Die staatlichen Institutionen müssen lernen, in größeren wirtschaftlichen, die nationalen Grenzen unberücksichtigt lassenden Zusammenhängen zu denken.
3. Der immer größer werdenden Tourismusnachfrage müssen durch internationale Kooperation neue Tourismusgebiete erschlossen werden.
4. Internationale Anstrengungen müssen darauf gerichtet werden, die Zusammenballung der Tourismusnachfrage auf wenige bekannte Urlaubsziele wieder zurückzudrängen. Vor allem wird daran gedacht, durch Lenkung des Tourismus in noch unterentwickelte Staaten diesen zu den wichtigen Devisen zu verhelfen, um ihre Entwicklung kontinuierlich voranzutreiben.

Diese Art von Zusammenarbeit, die eigentlich bereits in Dirigismus weltweiten Ausmaßes enden könnte, wurde auf der Welttourismuskonferenz 1980 allerdings abgelehnt.

Eine Art „Tourismus-Charta“ kennen wir allerdings seit der eben zitierten Weltkonferenz der WTO im Jahr 1980 in Manila. Von 700 Delegierten aus über 100 Staaten wurde die Maniladeklaration 1980 verabschiedet. Die 25 wichtigsten Resolutionspunkte zeigen die weltumspannende Funktion und internationale Verflechtung des Tourismus auf.

1. Tourismus ist eine für das soziale, kulturelle, bildungsmäßige und wirtschaftliche Wohlergehen der Staaten wesentliche Aktivität.
2. An der Schwelle zum 21. Jahrhundert erscheint es zeitgemäß, das Phänomen des Tourismus im Lichte bezahlter Ferien für alle Werktätigen zu analysieren und als nicht elitäre Aktivität in das wirtschaftliche und soziale Leben aller zu integrieren.
3. Angesichts der Einsicht der Staaten, daß der Tourismus innerhalb der menschlichen Aktivitäten eine immer größere Rolle spielt, wird die WTO beauftragt, in Zusammenarbeit mit Unterorganisationen der UNO die harmonische und kontinuierliche Entwicklung des Tourismus zu überwachen.
4. Das Grundrecht auf Ferien und Ferienreisen verpflichtet die Staaten, in Übereinstimmung mit ihren individuellen Möglichkeiten ihren Bürgern den besten praktischen Zugang zu diesen Aktivitäten zu gewährleisten.
5. Staaten und Staatenbünde sollen die Beschränkungen im Tourismus feststellen und Maßnahmen zur Beseitigung solcher negativer Einflüsse setzen.
6. Die Rolle, die der Tourismus in volkswirtschaftlichen Bilanzen spielt, beeinflußt die Weltwirtschaft wesentlich.
7. *In jedem Land trägt der Inländertourismus zu einem Ausgleich des nationalen Einkommens bei, weshalb die Bestrebungen zur Förderung des Ausländertourismus von Bemühungen, den Inländertourismus auszubauen, begleitet sein sollen.*
8. Die wirtschaftliche Rentabilität soll nicht allein das Kriterium zur Förderung des Fremdenverkehrs sein, sondern die Gelegenheit der Staatsbürger, die Umwelt kennenzulernen. Nationalbewußtsein und Solidarität zu entwickeln, sind weitere Hauptgründe, den nationalen und internationalen Tourismus zu entwickeln.

9. Die Bedeutung, die Millionen unserer Zeitgenossen dem Tourismus zuwenden, muß von den Regierungen voll in Rechnung gestellt und unterstützt werden.
10. Der Sozialtourismus ist eine Aufgabe, die die Gesellschaft im Interesse weniger privilegierter Staatsbürger beachten muß.
11. Durch die Auswirkungen des Tourismus auf die physische und geistige Gesundheit der Menschen wird die Leistungskraft der Gemeinschaft erhöht und ein Beitrag zur sozialen Stabilität der Gesellschaft geleistet.
12. Durch die Vielzahl seiner Dienstleistungserfordernisse schafft der Tourismus beträchtliche Arbeitsmöglichkeiten.
13. In bezug auf die internationalen Beziehungen und den Wunsch nach Frieden steht der Tourismus an wichtiger Stelle, gegenseitiges Verständnis und ein größeres Maß an Achtung und Vertrauen zwischen den Völkern der Erde herzustellen.
14. *Der moderne Tourismus entspringt der neuzeitlichen Errungenschaft bezahlten Urlaubs. Es ist darauf zu achten, daß er nicht zum rein wirtschaftlichen Tätigkeitsfeld wird, sondern kulturelle und moralische Dimensionen bewahrt.*
15. *Jugendtourismus und Tourismus für ältere und gehandikapte Personengruppen erfordern zunehmende Beachtung.*
16. In den weltweiten Bemühungen, eine neue internationale Wirtschaftsordnung zu etablieren, kann der Tourismus eine positive Rolle in Kooperation, gemeinsamem Verstehen, Solidarität und allgemeinem Ausgleich der wirtschaftlichen Unterschiede spielen.
17. Die Staaten sollten die Verbesserung der Arbeitsbedingungen der im Tourismus Beschäftigten fördern und das Recht zu gemeinsamem Handeln und Gewerkschaftsbildung schützen.
18. Die Tourismusgrundlagen müssen zwecks Bewahrung kontrolliert werden, um ihre Zerstörung oder negative Beeinflussung zu verhindern. Die Tourismusgrundlagen sind ein Teil des nationalen Erbes, und die internationale Gemeinschaft muß auf ihre Bewahrung achten.
19. Die internationale Kooperation im Tourismus ist evidenterweise von der WTO zu planen und zu harmonisieren.
20. Bilaterale und multilaterale technische und finanzielle Zusammenarbeit kann nicht als Hilfsakt gesehen werden, da sie das Konzentrieren von notwendigen Mitteln zwecks Nützung von Grundlagen zum Wohle aller Beteiligten darstellt.

21. Die geistigen Elemente des Tourismus müssen über die technischen und materiellen gestellt werden: menschliche Erfüllung, Bildungsmöglichkeit, Gleichheit der Menschen (Nationen), die Achtung der Identität des Menschen, die Anerkennung der Originalität verschiedener Kulturen und Respekt für moralische Traditionen der Menschen.
22. *Die Vorbereitung des Staatsbürgers auf touristische Aktivitäten soll in den Bereich seiner Ausbildung von zivilem Verantwortungsbewußtsein integriert werden. Die Regierungen sollen die ihnen zur Verfügung stehenden Mittel der Bildung und Information als Vorbereitung zur sinnvollen Feriengestaltung der Staatsbürger heranbringen.*
23. Alle langfristigen Analysen über die soziale, kulturelle und wirtschaftliche Entwicklung der Menschheit sollen den nationalen und internationalen Tourismus entsprechend berücksichtigen.
24. Die Staaten und andere Teilnehmer der WTO-Konferenz sollen zusammen mit der WTO die Leitlinien, Standpunkte und Empfehlungen der Konferenz stärkstens beachten, sodaß die praktische Durchführung der Ziele, den Prozeß der welttouristischen Entwicklung zu verbreiten und neues Leben in den Welttourismus einzuhauchen, gewährleistet wird.
25. Die Konferenz beauftragt die WTO, alle notwendigen Maßnahmen sowohl durch den eigenen Apparat als auch in Kooperation mit anderen internationalen, zwischenstaatlichen und sonstigen Körperschaften zu treffen, um die weltweite Durchführung der Prinzipien, Konzepte und Leitlinien im Schlußdokument der Maniladeklaration zu gewährleisten.

## TOURISTISCHE STRATEGIE FÜR DIE OECD-LÄNDER

Zu den anliegenden und zu erwartenden ökologischen und gesellschaftspolitischen Problemen des Tourismus sowie den Fragen der Raumordnungspolitik wurde im Rahmen der OECD ein Phasenkonzept entwickelt und den Mitgliedsstaaten vorgelegt.

Für *Phase 1* wurden folgende Ziele angesteuert:

1. Bestimmung der Umweltfaktoren ausgewählter Regionen, die eine Hauptanziehungskraft ausüben.
2. Untersuchung der zeitlichen Veränderungen dieser Umweltfaktoren.
3. Ermittlung der Veränderungen von Touristenfrequenz und Umsatz für den gewählten Zeitraum.
4. Bestimmung der Korrelation zwischen Umweltfaktoren, Tourismusfrequenz und Umsatz.
5. Auswahl von qualitativen und quantitativen Basiskriterien zur Bestimmung vertretbarer Touristendichten in bezug auf die vorherrschenden Hauptaktivitäten.
6. Definition von „Belastungszahlen" für Fremdenverkehrsgebiete, soweit ausreichendes Datenmaterial zur Verfügung steht.

*Phase 2* diente, auf der Basis von Fallstudien, der Entwicklung eines Instrumentenbündels, mit dessen Hilfe

1. bereits überlastete Tourismusgebiete mit erheblichen Umweltschäden vor weiterer Verschlechterung bewahrt oder gegebenenfalls verbessert werden können,
2. noch nicht voll belastete Tourismusgebiete geordnet weiterentwickelt werden können,
3. neu zu erschließende Tourismusgebiete von vornherein von den dargestellten Fehlentwicklungen freigehalten werden können.

*Im Rahmen von Fallstudien sollen Informationen über folgende Merkmale eingeholt werden:*

1. Umweltauswirkungen wie

- Art und Umfang von tourismusbedingter Umweltschädigung, z. B. Wasser- und Luftverschmutzung, Lärm, wuchernde Bebauung,
- Degradation von funktionaler und ästhetischer Umweltqualität durch Fehl- und Übernutzung und visuelle Beeinträchtigung,
- Ausbreitung von Zweitwohnungen und Dauercamping,
- Kommerzialisierung des Kulturerbes,
- Verhältnis störender Tourismusaktivitäten zu Hauptaktivitäten,
- Ausbreitung von der Fremdenverkehrsentwicklung zuwiderlaufenden Bodennutzungen,
- Entleerungseffekte im Hinterland, verursacht durch exzessives Wachstum in den Kernbereichen;

2. Wirtschaftliche Auswirkungen wie
- gemeindliche Ausgaben für fremdenverkehrsbedingte Maßnahmen,
- Kosten-Nutzen-Verhältnis dieser Aufwendungen auf Lokal- und Regionalebene,
- Verhältnis der privaten Investitionstätigkeit von Ortsansässigen im Vergleich zu auswärtigen Anlegern,
- Veränderung im Pro-Kopf-Einkommen bei Ortsansässigen,
- Veränderungen von Grundstückspreisen, Geschäfts- und Wohnraummieten,
- Veränderung der Wirtschaftlichkeit von Beherbergungsbetrieben durch Bodenpreisanstiege.

*Eine Ratsempfehlung der Expertengruppe „Tourismus und Umwelt"*, die schon 1979 über den Umweltausschuß dem OECD-Rat zur Beschlußfassung vorgelegt wurde, hat folgende Ausgangsbasis:

1. Tourismus ist einer der am schnellsten wachsenden Wirtschaftszweige und damit wichtiger Bestandteil der Volkswirtschaften zahlreicher OECD-Länder.
2. Tourismus hat einen wesentlichen sozialen und wirtschaftlichen Nutzen hervorgebracht und damit zur Steigerung der Lebensqualität, zur Schaffung von Arbeitsplätzen und zur Verbesserung der Zahlungsbilanz beigetragen.
3. Umwelt ist ein bedeutendes Element für Tourismus; die Aufrechterhaltung von einwandfreien Umweltbedingungen stellt eine wesentliche Voraussetzung für das weitere Wachstum von Tourismus dar.
4. In bestimmtem Umfang hat Tourismus ursächlich zur Verbesserung von Umweltbedingungen beigetragen. Die Vernachlässigung von Umweltbelangen hat jedoch nachteilige Folgen für die Tourismuswirtschaft.
5. Die Verschlechterung der Umweltqualität vermindert den Marktwert des Erholungsangebotes; damit verbunden ist die Gefahr von Langzeitkonsequenzen sowohl für den Tourismus als auch für die Umwelt.
6. Tourismus basiert überwiegend auf privatwirtschaftlichen Unternehmungen, und Marktmechanismen haben zu seinem Wachstum beigetragen. Marktmechanismen dagegen können und werden nicht gewährleisten, daß eine voranschreitende Umweltverschlechterung unterbleibt.

7. Es ist die Aufgabe der Regierungen, einen Umweltzustand zu erhalten, der den Bedürfnissen von Touristen und Einwohnern und den nationalen Interessen entspricht.
8. Unter Berücksichtigung von wirtschaftlichen und sozialen Erwägungen sollen die Regierungen die wirtschaftlichen, finanziellen, administrativen und gesetzgeberischen Maßnahmen ergreifen, die zu einer geordneten Entwicklung notwendig sind.
9. Bei der Behandlung von Umweltschäden soll das Verursacherprinzip voll Anwendung finden.
10. Zum Schutz und zur Verbesserung der Umwelt sollen die Regierungen im Interesse einer geordneten Tourismusentwicklung die hierzu als notwendig erachteten Richtlinien entwickeln.
11. Die Regierungen sollen dazu beitragen, saisonale Spitzenbelastungen im Tourismusgebiet räumlich und zeitlich auszugleichen.
12. Bei der Durchführung von Entwicklungsprojekten soll dafür Sorge getragen werden, daß die direkten und indirekten Umweltwirkungen bewertet werden und eine angemessene Bürgerbeteiligung gewährleistet ist.
13. Die Forschung über das Zusammenwirken von Tourismus und Umwelt soll verstärkt werden. Dies gilt besonders für die Ermittlung von Kriterien für die Belastbarkeit der physikalischen, ökologischen, sozialen und kulturellen Umwelt.
14. Den Mitgliedsregierungen wird empfohlen, auf nationaler und regionaler Ebene eine Tourismusplanung zu entwickeln und sie mit den übrigen Sektorplanungen abzustimmen.
15. Angesichts des zunehmenden internationalen Reiseverkehrs sollen die Mitgliedsländer auf international vergleichbarer Basis eine Inventarisierung der Haupterholungsgebiete vornehmen.

## TOURISMUSPOLITIK DER BUNDESREPUBLIK DEUTSCHLAND

Die Grundlage für die Tourismuspolitik in der Bundesrepublik Deutschland bildet das fremdenverkehrspolitische Konzept der Bundesregierung. Neben allgemeinen Grundsatzerklärungen wird mit operationalen Zielen und Realisationsmöglichkeiten versucht, die Probleme der Fremdenverkehrswirtschaft in den Griff zu bekommen; notwendig ist vielleicht die Feststellung, daß gesamtwirtschaftlich gesehen das Fremdenverkehrsgeschäft nur eine untergeordnete Bedeutung hat.

Grundsätzliches:

Fremdenverkehr ist in der Industriegesellschaft zu einem maßgeblichen sozialen und ökonomischen Faktor geworden. Für die Bevölkerung verbindet sich damit die Chance auf Erholung und Freizeitgestaltung, für einen Teil zugleich die wirtschaftliche Existenz.

Bund, Länder und Gemeinden haben die gemeinsame Aufgabe und Verpflichtung, zur Sicherung einer kontinuierlichen und zeitgerechten Entwicklung des Fremdenverkehrs in der Bundesrepublik Deutschland Ziele und Schwerpunkte, Prioritäten und Belastungsgrenzen festzulegen. Die Konsequenzen sollen mit allen Betroffenen intensiv erörtert werden, um über die materielle, regionale und institutionelle Gestaltung der deutschen Fremdenverkehrspolitik einen Konsens zu erzielen.

Zur Realisierung ihrer tourismuspolitischen Vorstellungen legt die Bundesregierung ein Schwerpunktprogramm vor. Sie geht dabei davon aus, daß die kontinuierliche Entwicklung des Fremdenverkehrs in der Bundesrepublik

- die Sicherung der allgemeinen Rahmenbedingungen für Urlaubs- und Kurzzeittourismus (Naherholung),
- die Steigerung der Leistungs- und Wettbewerbsfähigkeit der deutschen Fremdenverkehrswirtschaft,
- die Verbesserung der Möglichkeiten für die Teilnahme breiter Bevölkerungsschichten am Fremdenverkehr

zur Voraussetzung hat.

Die Probleme aus der Sicht der Bundesregierung lassen sich leitsatzartig wie folgt zusammenfassen:

1. Fremdenverkehrspolitik war bisher im wesentlichen regionale Wirtschaftsförderungspolitik.
2. Die Bundesländer haben bisher den Fremdenverkehr unterschiedlich beurteilt und gefördert.
3. Die Funktion des Fremdenverkehrs insbesondere in Hinblick auf die Konsumations- und Produktionsstrukturen der Volkswirtschaft sowie im Zusammenhang mit Fragen der internationalen Arbeitsteilung und der Währungspolitik sollte in der künftigen Diskussion allgemein ein stärkeres Gewicht erhalten.

4. Gleicher Beachtung bedürfen die Funktionen des Tourismus unter Gesichtspunkten der Sozial-, Gesundheits-, Familien-, Freizeit- und Raumordnungspolitik und ihre integrierte systematische Erörterung.
5. Wenn auch die Zielvorstellungen über die Naherholung in den Ländern grundsätzlich formuliert sind, so fehlen doch normbildende Vorstellungen für die Ausweisung von Naherholungs- und Fremdenverkehrsgebieten bei der Städteplanung und Raumordnung.
6. Offen ist auch, bis zu welchen Grenzen (Aufnahmekapazität) die einzelnen Gebiete in Hinblick auf ihre ökologische Belastbarkeit entwickelt werden können. In einigen Gebieten sind diese Grenzen offensichtlich bereits erreicht.
7. Das Angebot der deutschen Fremdenverkehrswirtschaft nahm bisher nicht immer ausreichend Rücksicht auf soziale Belange und die finanziellen Möglichkeiten breiter Bevölkerungsschichten. Dies gilt auch für die Berücksichtigung der spezifischen Bedürfnisse älterer Menschen. So bestehen insbesondere keine ausreichenden Möglichkeiten für die Familienerholung.
8. Erheblicher Nachholbedarf besteht im deutschen Beherbergungsgewerbe auch bei der Berücksichtigung von Belangen der Behinderten.

## ZU AKTUELLEN FRAGEN DER DEUTSCHEN FREMDENVERKEHRSWIRTSCHAFT:

■ *Information und Rechtsstellung der Touristen:*
Zur Zeit ist der Informationsgehalt der Werbung für eine rationale Entscheidung über Art und Ort des Urlaubs meist ungenügend. Die Rechtsstellung der Touristen ist noch unzureichend.

■ *Nachfragekumulation:*
Für die Fremdenverkehrswirtschaft wie für den Touristen bringt die Nachfragekumulation in den Sommermonaten Nachteile.

■ *Verkehrsprobleme:*
Die für das Beherbergungsgewerbe dargestellte Nachfragekumulation schlägt unmittelbar auch auf die Belastung der Hauptreisestrecken der Verkehrswege durch und bringt, da der überwiegende Teil der Urlaubsreisen mit dem Pkw durchgeführt wird, erhebliche Probleme für den Verkehrsablauf auf unseren Straßen mit sich.

■ *Organisation von Absatz und Vertrieb:*
Werbegemeinschaften sind unentbehrlich, sie können besser als der einzelne touristisches Interesse wecken. Die deutsche Fremdenverkehrswirtschaft muß erreichen, ihre Wettbewerbsvorteile gegenüber dem ausländischen Angebot zu nutzen.

■ *Arbeitswirtschaftliche Fragen:*
Dem Beherbergungs- und Gaststättengewerbe gelingt es seit mehr als einem Jahrzehnt nicht mehr, in ausreichender Zahl Fachkräfte anzuziehen.

■ *Informationsbasis:*
Die Informationsbasis aller an der Fremdenverkehrswirtschaft und ihrer politischen Gestaltung Beteiligten reicht nicht aus.
Die Reiseverkehrsstatistik genügt nicht mehr den gestellten Anforderungen. Über wesentliche Bereiche und Entwicklungstendenzen vermag sie keine oder nur verspätete Auskunft zu geben. Hierzu zählen vor allem Daten in regionaler Gliederung über die touristische Infrastruktur, die Inanspruchnahme von Ferienquartieren auf Bauernhöfen, in Ferienwohnungen, auf Campingplätzen und der verschiedenen Kategorien der Beherbergungseinrichtungen sowie der Reiseveranstaltung und Reisevermittlung.
Weiters fehlen sozialwissenschaftliche Untersuchungen.

■ *Realisierung politischer Zielsetzungen:*
Die Realisierung wesentlicher Zielvorgaben der Gesellschafts- und Sozialpolitik der Bundesregierung ist ohne eine leistungs- und funktionsfähige Fremdenverkehrswirtschaft und eine entsprechende Infrastruktur für den Tourismus nicht möglich. Es kommt deshalb darauf an, daß sich die Fremdenverkehrswirtschaft an den gestellten Aufgaben orientiert und zur Erreichung der gesteckten Ziele beiträgt.
Das Bemühen der Bundesregierung, breiten Schichten der Bevölkerung Möglichkeiten zur Erholung, Entspannung und zur freien Entfaltung der Persönlichkeit zu schaffen, kann einer entsprechend bedarfsorientierten Fremdenverkehrswirtschaft ein stark erweitertes Tätigkeitsfeld eröffnen. Besonders eng muß dieser Zusammenhang bei der Gesundheits-, Familien- und Jugendpolitik und bei der Berücksichtigung von benachteiligten Gruppen der Gesellschaft sein. In zunehmendem Maße werden Einrichtungen des Fremdenverkehrs für Zwecke der beruflichen Aus- und Fortbildung in An-

spruch genommen. Längerfristig dürfte der Bildungsurlaub, der in 200 Tarifverträgen verankert und in vier Bundesländern gesetzlich geregelt ist, eine wichtige Rolle spielen.

■ *Begrenzungen:*
Die intensive Nutzung der Landschaft für Freizeit und Erholungszwecke wirft Fragen des Umweltschutzes auf. Es ist damit zu rechnen, daß die Auflagen für den Umweltschutz auch für den Tourismus restriktive Bedeutung haben. Die zum Teil gerade erst erreichte unbehinderte Nutzung der Landschaft, der allgemeine Zutritt zu Wäldern und Seeufern wird im Interesse der Erhaltung der Erholungslandschaft u. U. begrenzt werden müssen. Die unlimitierte Benutzung von Motorbooten auf Binnengewässern kann z. B. ebensowenig hingenommen werden wie die Errichtung von Zelt- und Wohnwagenplätzen ohne Rücksicht auf die Belastbarkeit der Landschaft. Entsprechende Auflagen können hier bei einer weiteren Expansion in bestimmten Gebieten der Bundesrepublik erforderlich werden.

## Ziele und Maßnahmen zur Realisierung

*1. Ziel: Sicherung der für eine kontinuierliche Entwicklung des Tourismus erforderlichen Rahmenbedingungen*

Maßnahmen zur Realisierung:

- Erarbeitung einer Übersicht über alle Gebiete für Urlaub und Naherholung,
- Erarbeitung von Belastungswerten für die touristisch genutzten Gebiete der Bundesrepublik,
- Maßnahmen des Naturschutzes und der Landschaftsgestaltung,
- Ausbau der Infrastruktur für den Fremdenverkehr (im Rahmen der Gemeinschaftsaufgabe),
- Förderung von modellhaften Anlagen und Einrichtungen für die Naherholung und den Kurzzeittourismus,
- Verstärkung der Rechtsposition des Touristen,
- Berücksichtigung von Belangen des Fremdenverkehrs in der allgemeinen Gesetzgebung.

*2. Ziel: Steigerung der Leistungs- und Wettbewerbsfähigkeit der deutschen Fremdenverkehrswirtschaft*

Maßnahmen zur Realisierung:

- Förderung der Betriebsberatung,

- Unterstützung der Marktbeobachtung; Bereitstellung von Marktinformationen,
- Absatzförderung und Entwicklung von Standard- und Qualitätsnormen zur besseren Präsentation und zur Erhöhung der Vergleichbarkeit des Angebotes,
- Bereitstellung von Finanzierungshilfen (ERP, Gemeinschaftsaufgabe),
- Förderung der Aus- und Fortbildung,
- Ausarbeitung neuer Berufsbilder und Ausbildungsordnungen für Fremdenverkehrsberufe,
- Abbau von Wettbewerbshindernissen,
- Förderung der Unternehmenskooperation,
- Angleichung der Wettbewerbsbedingungen in der EG,
- Förderung der Auslandswerbung (Deutsche Zentrale für Tourismus).

*3. Ziel: Verbesserung der Möglichkeiten für die Teilnahme breiter Bevölkerungsschichten am Tourismus*

Maßnahmen für die Realisierung:

- Verstärkung der Beteiligung förderungsbedürftiger Gruppen der Gesellschaft am Tourismus,
- Förderung eines Informationsdienstes für Touristen,
- Entwicklung neuer Urlaubsformen und Gestaltungsmöglichkeiten der Freizeit,
- Förderung des internationalen Jugendaustausches.

*4. Ziel: Ausbau der internationalen Zusammenarbeit im Tourismus*

Maßnahmen für die Realisierung:

- Entwicklung einer Tourismuspolitik in der EG,
- Tourismuspolitische Zusammenarbeit in der OECD,
- Mitgestaltung der Fremdenverkehrspolitik der Welttourismusorganisation (WTO),
- Verbesserung von Schutz und Hilfeleistung für Touristen im Ausland in Gefahren- und Krisensituationen,
- Internationale Zusammenarbeit zur Förderung des Tourismus und zur Analyse der Auswirkungen des Tourismus auf die Entwicklung der internationalen Wirtschaftsbeziehungen,
- Abschluß von Kooperationsabkommen zur Förderung des Tourismus.

*5. Ziel: Verbesserung der Voraussetzungen für die Durchführung der Tourismuspolitik – Koordinierung und Information*
Maßnahmen zur Realisierung:

- Intensivierung der fremdenverkehrspolitischen Zusammenarbeit innerhalb der Bundesregierung, von Bund und Ländern und mit der Tourismuswirtschaft,
- Vergabe von Forschungsaufträgen zur Analyse der sozialökonomischen Bedeutung des Tourismus (Tourismusenquete),
- Verbesserung der Fremdenverkehrsstatistik,
- Berufung eines Beirats für Fragen des Tourismus beim BMWi.

Weiters wird festgestellt: „Parallel dazu ist eine genauere Kenntnis der künftigen Nachfrage nach Urlaubs- und Naherholungsangeboten erforderlich. Auch bei der Erstellung solcher Bedarfsanalysen ist nach Auffassung der Bundesregierung eine enge Kooperation von Bund, Ländern und kommunalen Spitzenverbänden unerläßlich. Vorrangiges Ziel muß sein, den Freizeitwert und den Charakter von Tourismusgebieten zu sichern. Hierzu gehört auch die Erarbeitung entsprechender Belastungswerte und -grenzen. Bei der Auswahl der Kriterien sind vor allem Raumordnungs- und Umweltschutzgesichtspunkte zu berücksichtigen.
Neben der Sicherung der landwirtschaftlichen Voraussetzungen und der infrastrukturellen Erschließung der Fremdenverkehrsgebiete legt die Bundesregierung auf die Ausweitung der Möglichkeiten für die Naherholung, die zu einem erheblichen Teil Wochenend- und Tagestourismus ist, besonderen Wert. Dabei kommt den Möglichkeiten für eine aktive Gestaltung der Freizeit große Bedeutung zu. Die regional sehr unterschiedliche Ausstattung mit Naherholungsgebieten und -einrichtungen muß verbessert werden. Dabei sollen Entwicklung und Ausbau von Naherholungsmöglichkeiten so geplant werden, daß Beeinträchtigungen des Urlaubstourismus durch den Ausflugsverkehr möglichst vermieden oder verringert, Ergänzungsmöglichkeiten hingegen weitgehend genützt werden."

Das tourismuspolitische Schwerpunktprogramm umfaßt folgende Punkte:

1. die Festlegung von Vorranggebieten, d. h. von den für touristische Nutzung geeigneten Gebieten für Urlaubstourismus und Naherholung,
2. die Festlegung von Belastungsgrenzen nach den Erfordernissen der Raumordnung und des Umweltschutzes,

3. die Anregung zu aktiven Maßnahmen des Naturschutzes und der Landschaftsgestaltung,
4. den Ausbau der Tourismusinfrastruktur,
5. die Aufstellung eines Programms der Naherholung für den Wochenend- und Tagestourismus,
6. die Erstellung von Bedarfsanalysen und Aufbereitung von statistischem Material für Naherholung und Kurzzeittourismus,
7. die Finanzierung von Modellanlagen für die Naherholung,
8. die stärke Beachtung des Tourismus in der Gesetzgebung,
9. die Förderung der Betriebsberatung für kleine und mittlere Unternehmen,
10. die Bereitstellung von Finanzmitteln u. a. aus ERP-Programmen,
11. die Erweiterung zur Beteiligung am Tourismus.

Insgesamt richtet sich dieses Programm stark am Kurzzeittourismus und am Inlandstourismus aus.

## ORGANISATIONSFORMEN

Wie auf nationaler oder internationaler Ebene ist es auch auf regionaler Ebene von entscheidender Bedeutung, welche Grundlagen (Fremdenverkehrsgesetze) für den Tourismus vorliegen. In den meisten Ländern – zumindest der westlichen Welt – finden wir eine dezentrale Organisation des Angebotes. Gerade diese Struktur und die Zusammensetzung des Angebotes aus verschiedenen Leistungsteilen machen es notwendig, den eigenen Standort genau zu bestimmen. Neben dem Selbstverständnis des eigenen Standortes (Standpunktes) ist der damit verbundene Arbeits- und Aufgabenbereich abzugrenzen. Um die eigene Aufgabenstellung des touristischen Marketings bestmöglich wahrnehmen zu können, müssen wir auch wissen, welche Aufgaben die Ebenen ober und unter uns zu erfüllen haben bzw. welche Maßnahmen geplant werden.

Zum besseren Verständnis *zwei Prinzipien:*

- Jeder Verantwortliche im Marketing der Angebotsträger hat neben der Konkurrenzbeobachtung auch so etwas wie eine laufende Partnerbeobachtung durchzuführen. Für die Ortsebene beispielsweise ist es von großer Wichtigkeit zu wissen, was auf der Regionalebene darüber geschieht bzw. auf der Betriebsebene darunter geplant wird.

- Jede Angebotsebene muß sich darauf verlassen können, daß die anderen Partner des Leistungsbündels alle Möglichkeiten optimal wahrnehmen und ausschöpfen. Es gibt dafür also einen „Vertrauensgrundsatz", der davon ausgehen muß, auf die Leistungen des anderen aufbauen bzw. gemeinsame Erfolge für sich mit in Anspruch nehmen zu können.

So vorteilhaft die dezentrale Organisation für die Angebotsentwicklung – durch die laufende Konfrontation mit den Gästewünschen – auch sein mag, so können wir die Nachteile vor allem bei der Angebotsführung nicht übersehen. Ein oft unüberwindbares Problem für umfassende und notwendige Kooperationen kann durch die unterschiedlichen gesetzlichen Voraussetzungen entstehen. Auf der kommunalen und regionalen Ebene finden wir die differenziertesten Organisationsformen. Während die Anliegen des Fremdenverkehrs einmal als Teil des Kulturamtes einer Stadt gelten, ein andermal durch ein Fremdenverkehrsamt wahrgenommen werden, finden wir genausooft die Konstruktion des Fremdenverkehrsvereines.

Die rechtliche Ausgangsbasis ist für den Arbeitsablauf und die Möglichkeiten sehr bedeutend. Während sich die öffentlichrechtliche Körperschaft bei der Durchsetzung und Abwicklung des Abgabe- und Steuerwesens vielleicht leichter behelfen kann wie der Verein, so steht dieser Organisationstyp vor scheinbar unlösbaren Hindernissen, wenn es um den konzessionierten Aufbau eines örtlichen Reservierungs- oder Verkaufsapparates geht.
Um eine Bereinigung dieser verschiedenen Arbeitsvoraussetzungen und dem damit verbundenen heterogenen Berufsbild der Fremdenverkehrsdirektoren ist seit einigen Jahren die EUTO (Europäische Vereinigung der Fremdenverkehrsdirektoren) sehr bemüht.
Meist steht die Organisationsform in sehr enger Verbindung mit dem Gebarungssystem. Es ist nämlich ein großer Unterschied, ob ein Fremdenverkehrsort durch Landesgesetz ermächtigt wird, Ortstaxen und freiwillige Fremdenverkehrsförderungsbeiträge einzuheben, diese an das Land abzuliefern hat und dortselbst wieder um Förderung für Fremdenverkehrsprojekte des Ortes ansuchen muß, oder ob der Gemeinde die Bildung eines Verkehrsvereines durch Gesetz zwingend vorgeschrieben wird und für die Pflichtmitglied-

schaft Beitragspflicht besteht und die Budgetmittel auf der Ortsebene verbleiben. In den wichtigsten Touristikländern finden wir die verschiedenartigsten gesetzlichen Regelungen, sehr oft aber auch keine legislative Ordnung.

Gänzlich ohne gesetzliche Basis arbeitet eine der wichtigsten touristischen Angebotsebenen, nämlich die der Regionalverbände. Als Konsequenz des stärkeren Wettbewerbes, von allen Fachleuten empfohlen, schließen sich immer mehr Fremdenverkehrsgemeinden zu Talschaften oder Regionalverbänden zusammen. Dies geschieht auf freiwilliger Basis, aus Gründen der Vernunft, oder weil mit finanziellem Anreiz von oben oft nachgeholfen wird.

Die Regionalverbände haben eine wichtige Aufgabe in der Entlastung der örtlichen Verkehrsvereine bei der Präsentation und Bewerbung des Angebotes. Auch die Verkaufsbemühungen sind meist nur für größere Einheiten sinnvoll und können von diesen Verbänden wahrgenommen werden. Die größten Schwierigkeiten bestehen dort, wo Fremdenverkehrsgemeinden mit extrem unterschiedlichen Größen zusammengefaßt sind oder die Angebotsstruktur wenig homogen ist. Neben den klassischen Regionalverbänden kommt es deshalb immer wieder zu losen Arbeitsgemeinschaften. Sehr erfolgreich agieren sogenannte Aktionsgemeinschaften, die nach einem festgelegten Schlüssel gemeinsame Einzelaktionen oder Maßnahmenpakete finanzieren und durchführen (lassen). Die Fremdenverkehrsgemeinden fühlen sich hier durch die übliche Verbandsmitgliedschaft nicht gebunden und nicht zuletzt wird damit der zwangsläufige Verdacht der einseitigen Bevorzugung der einen oder anderen Gemeinde unterlaufen.

Zum Kapitel der Arbeitsgrundlagen des Tourismus sei abschließend betont:
Es erscheint richtig, daß sich die Welt-Tourismus-Organisation mit den Auswirkungen der Reiseströme befaßt, die OECD Konzepte für die gesellschaftspolitischen Probleme des Fremdenverkehrs entwickelt und die Urlaubsländer selbst über nationale Tourismusgesetze verfügen; die unumstritten wichtigste Zelle des Angebotes aber ist die Urlaubskommune, von hier gehen alle wichtigen Impulse aus. Und vom Gast selbst, für den wir das Angebot bereitstellen.

# HOFFNUNGSMÄRKTE

Hoffnungsmärkte sind – wie der Name schon sagt – Märkte, die sich in Zukunft qualitativ oder quantitativ besonders entwickeln werden.
Tendenzen, die man heute schon erkennen kann, sollen zu forcierter Marketing-Arbeit veranlassen. Natürlich gilt es, zuerst die Frage zu beantworten, ob die betreffenden Teilmärkte für das eigene Angebot überhaupt von Interesse sind.
Wenn generell ja, dann sollte das Angebot auf seine Marktreife überprüft werden, bzw. hinterfragt werden, ob und wie – von Angebotsgestaltung bis zur Ansprache der Zielgruppe – etwas geändert werden müßte.
Im folgenden sollen drei Hoffnungsmärkte, die gerade in der Touristik bereits jetzt und verstärkt in der Zukunft Bedeutung haben, näher beleuchtet werden.

## DIE SENIOREN

Die Zahlen sind eindeutig: Im Jahr 2000 werden 53% der Bevölkerung älter als 40 Jahre, jeder vierte wird bereits über 60 Jahre sein. Auf diese Veränderungen muß man sich einstellen, wenn man am Markt erfolgreich sein möchte.
Marktmacht erklärt sich auch immer in Geld. Es wird nicht nur mehr ältere Menschen geben, sie werden auch über überproportional mehr Geld verfügen. 1985 betrug der durchschnittlich ausgegebene Geldbetrag pro Haushaltsmitglied in der Bundesrepublik:

| Altersgruppe | DM |
|---|---|
| 20 bis 29 Jahre | 800,– |
| 30 bis 39 Jahre | 746,– |

| Altersgruppe | DM |
|---|---|
| 40 bis 49 Jahre | 813,– |
| 50 bis 59 Jahre | 915,– |
| 60 Jahre und mehr | 925,– |

Bis zum Jahr 2030 werden Personen ab 60 Jahren 47,6% des gesamten Ausgabenpotentials zur Verfügung haben. (Alle Zahlen stammen aus „Unternehmer 12/87“, Bundesrepublik Deutschland.)

Die Chancen bei neuen und klassischen Dienstleistungen für SELPIES (= „Second Life People“) sind in den USA längst erkannt worden. In Ergänzung zum Telefonbuch gibt es dort neben den Gelben Seiten schon Silberne Seiten mit speziellen Angeboten für Senioren.
Während man heute schon berechnet, daß Akne-Mittel um 28% oder Cola um 12% Marktanteil verlieren werden, lassen die neuen Produkte und Dienstleistungen, die speziell auf die veränderte Käuferschicht zugeschnitten sind, auf sich warten.
Marktleader machen sich schon längst ihre Gedanken. So auch im Reisemarkt. Kurt Niclaus, Club Mediterranée, sieht die Trends wie folgt (Quelle: Absatzwirtschaft 11/87): „Der Club Med hat vielfältige Maßnahmen eingeleitet, um den Bedürfnissen auch älterer Touristen zu entsprechen. Neue Clubanlagen offerieren luxuriöse Übernachtungen im Gegensatz zur vorher forcierten einfachen Unterbringung. Die Zimmer sind abschließbar, die Restaurants haben neben Tischen für acht Personen auch solche für zwei und drei Personen. Angeboten werden Wanderungen, Seidenmalerei, Töpferkurse, klassische Musik. Der Golfplatz ist, so in Da Balaia/Portugal, direkt an die Ferienanlage angebunden. In diesem Clubdorf übrigens sind die Urlauber bereits überwiegend Endvierziger... Auch Bergdörfer, im Winter Skibegeisterten vorbehalten, werden im Sommer zunehmend von älteren Club-Anhängern frequentiert. Auch hier ist die Saturierung geistiger Interessen wesentlicher Angebotsteil... Exkursionen zu Geologie, Pflanzen-, Tierwelt...“
Im Vordergrund steht auch das Bemühen, hochwertige Produkte zu entwickeln. Hierzu zählt die laufende Renovierung aller Club-Anlagen. Insgesamt fordert eine angejahrte Klientel nicht durchgängig abweichende Animationsraster: „Neue persönliche Kontakte stehen auch bei dieser Zielgruppe im Vordergrund der Wünsche.“

## SENIOREN WERDEN MEHR – ABER: „DIE SENIOREN" GIBT ES NICHT

Vorbei ist es mit dem Klischee, daß alte Menschen schlichtweg weniger Mobilität, weniger Kaufkraft und vor allem Anspruchslosigkeit auszeichnet.

Und vorbei ist es auch mit den demografischen Schablonen, daß nach den Kindern, den Jugendlichen, der Jung-Familie und den Yuppies (Young Urban Professional People) oder Dinks (Double Income, No Kids) einfach die Alten, also die Senioren kämen.

Vieles, im Sinne ernst gemeinter Zielgruppenarbeit, muß hier neu überdacht werden.

■ Einen Lösungsansatz bietet der Münchner Unternehmensberater Dr. Klaus Höfner, der fünf neue, einkommensstarke Verbraucherzielgruppen in Westeuropa skizziert („Industriemagazin", Mai 1987):

**Perspektivsucher**
Kaufkraft

Milliarden Mark

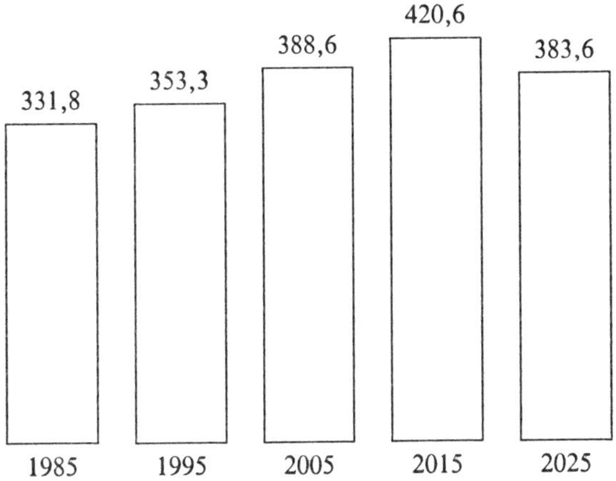


In gehobenen Berufen lebende Verheiratete, deren Kinder bereits außer Haus sind. Sie sind 45 bis 59 Jahre alt und verfügen über ein Haushaltsnettoeinkommen von 3.500 Mark pro Monat. Sie sind kontakt- und erlebnisfreudig, sicherheitsbedürftig und gesundheitsbewußt, ausgabefreudig und reagieren allergisch auf jede Werbung, die den Altersaspekt überbetont oder verkrampfte Jugendlichkeits-Klischees vermitteln will. Der Personenkreis umfaßte 1985 in Westeuropa rund 7,9 Millionen Menschen und wird sich bis 2025 auf 9,1 Millionen vergrößern. Sein Nachfragepotential beträgt heute über 300 Milliarden Mark pro Jahr.

**Nachkarrieristen**
Kaufkraft

Milliarden Mark

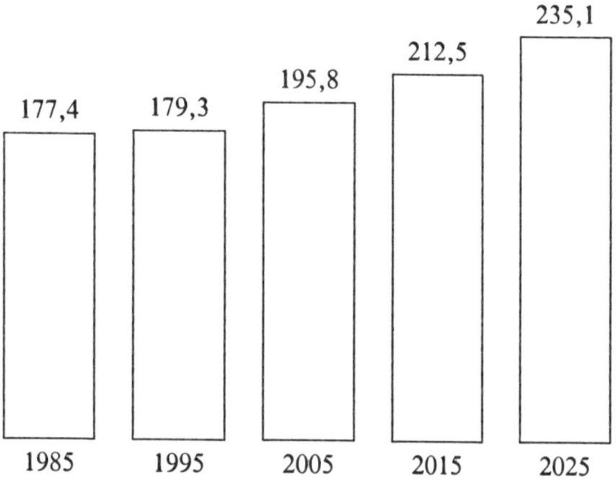


Dazu gehören in Westeuropa knapp sechs Millionen Personen zwischen 55 und 64 Jahren, die vorzeitig aus dem Berufsleben ausgeschieden sind, sich aber nicht zur Ruhe setzen, sondern neue Betätigungsfelder erschließen wollen. Ihr überdurchschnittliches und konjunkturunabhängiges Ruhestandseinkommen (mehr als 2.500 Mark pro Monat) ermöglicht dieser „neuen Generation“ einen materiell sorglosen Übergang zum Lebensabend. Freizeit und Sport sind für diese Menschen ebenso wichtig wie Gesundheit und Abwechslung. Ihre Zahl wird auf über 7,8 Millionen im Jahr 2025 anwachsen. Das jährliche Nachfragepotential beträgt derzeit 177 Milliarden Mark.

**Jugendliche 60er**
Kaufkraft
Milliarden Mark

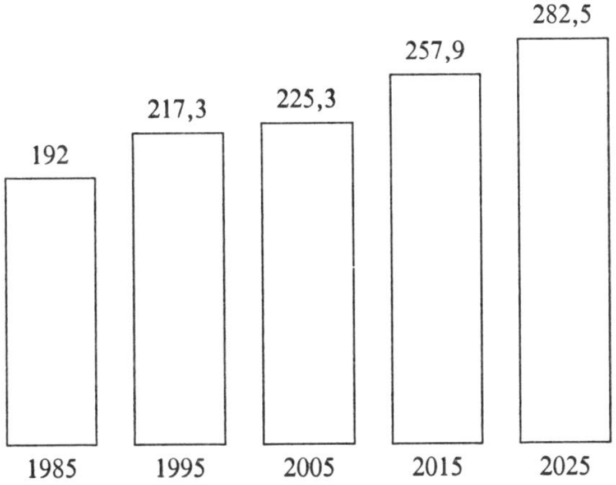


Eine dynamische Alterszielgruppe zwischen 60 und 69 Jahren mit Interessen, die früher atypisch für dieses Alter waren. Ihre Nachfrage, die jährlich ein Potential von über 192 Milliarden Mark in Westeuropa ausmacht, betrifft vor allem exklusive Markenartikel in Sport und Freizeit, Gesundheit, Reisen und Ernährung. Der Lebensstil ist konsumfreudig, allerdings wollen die „Jugendlichen 60er" nicht von „Senioren"-Produkten und -Programmen angesprochen werden. Mit 5,3 Millionen Menschen in Westeuropa stellten sie schon 1985 eine attraktive Zielgruppe dar, die bis 2025 auf 7,8 Millionen Menschen anwachsen wird.

## Aktive 70er

Kaufkraft

Milliarden Mark

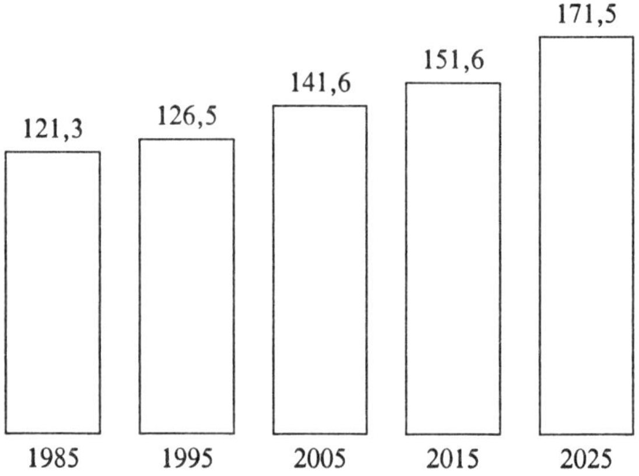


Hier handelt es sich um über 70jährige Ruheständler aus gehobenen Berufen, deren monatliches Haushalts-Nettoeinkommen mindestens 3.000 Mark beträgt. Es sind kontaktfreudige Menschen, die vielerlei Interessen haben und ihr Leben gesund und frei von Mühsal genießen wollen. Dazu haben sie genügend Geld, das sie auch ausgeben wollen. Ihre Hauptnachfrage konzentriert sich besonders auf gesundheitsbewußte Ernährung und auf Reise- und kollektive Erholungserlebnisse. Diese sozial noch vollständig integrierte Gruppe, die 1985 in Westeuropa aus 3,4 Millionen Personen bestand (2025 voraussichtlich 4,8 Millionen), hat heute schon ein Nachfragepotential von 121 Milliarden Mark.

## REISEN IM ALTER

Den aktuellen Stand illustriert eine Untersuchung „Reisen im Alter", der Universität des 3. Lebensalters an der Johann Wolfgang Goethe-Universität in Frankfurt, durchgeführt 1986.
Anlaß dazu war das zunehmende Interesse der Älteren an Aktivitäten im Urlaub und die Erfahrung, daß im Reiseverhalten der älteren Generation gravierende Änderungen eingetreten sind. Insgesamt wurden 826 Fragebogen ausgewertet. Durch die Zeitschrift „Senioren heute – aktiv leben" gelangten die Fragebogen in die ganze Bundesrepublik.

### 1. Reisevorbereitung und Organisation

Aus 826 ausgewerteten Antworten ergibt sich, daß 65% der Befragten ihre Vorbereitungen privat treffen und 39% Reiseveranstalter und Organisationen in Anspruch nehmen. 4% entscheiden sich für beide Möglichkeiten. Die Befragung ließ Mehrfachnennungen für einzelne Fragen zu. Hieraus ergeben sich Prozentsätze, die z. T. über 100 liegen.
Die „organisiert Reisenden" verteilen sich auf

| | |
|---|---|
| Reisebüros, Reiseveranstalter | 45% |
| spezielle Seniorenreisen | 25% |
| Verbände, Vereine, Sozialämter | 19% |
| Sonstige | 11% |

### 2. Welches Verkehrsmittel wird in Anspruch genommen?

| | |
|---|---|
| Eisenbahn | 47% |
| Auto | 44% |
| Omnibus | 42% |
| Flugzeug | 30% |
| Schiff | 9% |

Verkehrsmittel Nr. 1 ist die Eisenbahn (Seniorenpaß). Schaut man aber genauer hin, so zeigt sich, daß etwa bis zum 70. Lebensjahr eindeutiger Favorit das Auto ist. Erst die Älteren steigen dann auf Eisenbahn und Bus um.

### 3. In welcher Jahreszeit gehen Senioren vorwiegend auf Reisen?

| | |
|---|---|
| zu jeder Jahreszeit | 33% |
| Frühling | 42% |

| | |
|---|---|
| Sommer | 26% |
| Herbst | 47% |
| Winter | 9% |

### 4. Welches Reisegebiet wird bevorzugt?

Reisen im *deutschsprachigen Raum* (einschließlich Österreich und der Schweiz) stehen mit 87% an der Spitze. Aufgeschlüsselt ergibt sich folgendes Bild, wobei zu erkennen ist, daß viele Befragte mehrmals im Jahr in unterschiedliche Gebiete reisen:

| | |
|---|---|
| Alpen | 60% |
| Mittelgebirge | 48% |
| Nord-/Ostsee | 29% |
| Flachland | 14% |

Die Alpen und das Mittelgebirge sind deutlich als Schwerpunkte erkennbar; die deutschen Alpen und Österreich sind führend. Unter den Mittelgebirgen liegt der Schwarzwald an der Spitze.

### 5. Welche Beschäftigung bevorzugen Senioren im Urlaub?

| | |
|---|---|
| Spaziergänge/Wandern | 80% |
| Kulturelle Veranstaltungen | 48% |
| Gespräche/Unterhaltung | 37% |
| Ausruhen | 28% |
| Sportliche Aktivitäten | 11% |
| Kreative Aktivitäten | 9% |

### 6. Reisen Senioren im Ruhestand öfter als früher?

| | |
|---|---|
| Ja | 59% |
| Nein | 32% |

Im Verhältnis von etwa 3 : 2 hat sich die Reisehäufigkeit im Alter verstärkt.

### 7. Seniorenreisen: Wünsche und Vorstellungen

*1. Sollte es mehr spezielle Reiseangebote für Senioren geben?*
Diese Frage wird von 57% der Befragten bejaht. 27% verneinen diese Frage, der Rest (14%) hat die Frage nicht beantwortet.

*2. Sollte es in Gaststätten und Restaurants mehr sogenannte „Seniorenteller" geben?*
Diese Frage wird von 78% der Antworten bejaht – 22% verneinen sie. Gastwirte und Hoteliers sollten sich darauf einrichten, ihre Speisekarten mehr den neuesten Erkenntnissen der Ernährungswissenschaft anzupassen.

*3. Sollte es mehr spezielle Unterhaltungsprogramme für Senioren geben?*
Mit Ja haben 59%, mit Nein 41% geantwortet. Nähere Angaben über die Art der Unterhaltungsprogramme wurden nicht gemacht. Es zeichnet sich zwar der Wunsch nach Unterhaltung ab, wobei aber auch der Trend zur Eigeninitiative deutlich erkennbar ist.

*4. Sollte es mehr Einzelzimmer geben?*
Dies wünschen 67% der Beteiligten. 10% antworten mit Nein. Vor allem wird auf die oftmals ungünstige Lage der Einzelzimmer und auf Lärmbelästigung hingewiesen. Auch die Zuschläge für Einzelzimmer werden als ungerechtfertigt hoch empfunden.

**Anmerkung:**

Wenn hier mit großer Mehrheit Dienstleistungen oder Einrichtungen zugestimmt wird („Seniorenteller" oder „Unterhaltung für Senioren" etc.), dann muß man dabei auch berücksichtigen, daß in diesem Fragebogen keine Alternativen eingebaut waren. – Es heißt, daß ältere Menschen zwar an einem für sie zugeschnittenen Unterhaltungsprogramm interessiert sind, nicht aber, daß dieses „Seniorenprogramm" heißen muß. Leichte Gerichte und Speisenangebote ja, die Bezeichnung „Seniorenteller" muß allerdings in Frage gestellt werden.

Quantitativ liefert die Zielgruppe „Urlaub mit Kindern" gleich zwei interessante Aspekte:

**Aktuell:**

zeigt beispielsweise die Studie „Urlaub mit Kindern", 1988 (Institut für Grundlagenforschung, Salzburg), auf, daß die Verluste bei Gästen aus der Bundesrepublik Deutschland vorrangig innerhalb der Zielgruppe „Familien mit Kindern" stattgefunden haben. – Hier liegt die Verlustrate bei –5,3%, gegenüber bei Haushalten ohne Kinder –1,8%.

**Gewinn/Verlust-Bilanz 1977 : 1987**

| | *Kinder im Haushalt* | | | *Kein Kind im Haushalt* | | |
|---|---|---|---|---|---|---|
| | 1977 | 1987 | +/– | 1977 | 1987 | +/– |
| Italien | 10,5% | 15,9% | +5,4% | 8,7% | 11,5% | +2,8% |
| Spanien | 9,7% | 10,7% | +1,0% | 10,5% | 14,2% | +3,7% |
| Jugoslawien | 3,2% | 5,7% | +2,5% | 3,2% | 6,3% | +3,1% |
| Niedersachsen | 5,6% | 5,9% | +0,3% | 4,7% | 4,0% | –0,7% |
| Baden-Württemberg | 6,3% | 5,7% | –0,6% | 6,9% | 4,9% | –2,0% |
| Schleswig-Holstein | 8,8% | 6,9% | –1,9% | 5,3% | 5,1% | –0,2% |
| Bayern | 12,0% | 9,2% | –2,8% | 11,9% | 10,0% | –1,9% |
| ÖSTERREICH | 13,2% | 7,9% | –5,3% | 12,1% | 10,3% | –1,8% |

**Reiseziele deutscher Urlauber mit Kindern**

| 1977 | | 1987 | 1977 | 1987 | +/– |
|---|---|---|---|---|---|
| Rang 1 | ÖSTERREICH | Rang 4 | 13,2% | 7,9% | –5,3% |
| Rang 2 | Bayern | Rang 3 | 12,0% | 9,2% | –2,8% |
| Rang 3 | Italien (gesamt) | Rang 1 | 10,5% | 15,9% | +5,4% |
| Rang 4 | Spanien (gesamt) | Rang 2 | 9,7% | 10,7% | +1,0% |
| Rang 5 | Schleswig-Holstein | Rang 5 | 8,8% | 6,9% | –1,9% |
| Rang 6 | Baden-Württemberg | Rang 7 | 6,3% | 5,7% | –0,6% |
| Rang 7 | Niedersachsen | Rang 6 | 5,6% | 5,9% | +0,3% |
| Rang 8 | Jugoslawien | Rang 7 | 3,2% | 5,7% | +2,5% |

Quelle: IGF

**Verkehrsmittelnutzung 1987 (+/– zu 1977)**

| | *Kein Kind im Haushalt* | *+/– zu 1977* | *Kinder im Haushalt* | *+/– zu 1977* | |
|---|---|---|---|---|---|
| PKW | 46,5% | – 4,4% | 61,5% | – 6,4% | VERLIERER |
| Wohnwagen/ Wohnmobil | 3,9% | + 1,6% | 8,4% | + 5,0% | GEWINNER |
| Bahn | 12,6% | – 10,7% | 6,6% | – 4,2% | VERLIERER |
| Bus | 11,1% | + 3,7% | 5,5% | + 0,6% | |
| Flugzeug | 24,5% | + 10,1% | 16,7% | + 5,4% | GEWINNER |

**Wahl der Unterkunft 1987 (+/– zu 1977)**

| | *Kein Kind im Haushalt* | *+/– zu 1977* | *Kinder im Haushalt* | *+/– zu 1977* | |
|---|---|---|---|---|---|
| Hotel | 25,4% | + 0,2% | 18,4% | – 1,3% | VERLIERER |
| Gasthof | 11,8% | + 5,1% | 7,3% | + 2,2% | |
| Pension/ Fremdenheim | 16,7% | – 3,3% | 14,2% | – 2,6% | VERLIERER |
| Privatzimmer | 8,4% | – 4,7% | 7,4% | – 4,7% | VERLIERER |
| Zimmer bei Verwandten/ Bekannten | 9,4% | – 5,4% | 7,9% | – 4,1% | VERLIERER |
| Camping/ Wohnwagen/ Wohnmobil | 9,6% | + 1,4% | 13,4% | + 1,6% | |
| Ferienwohnung/-haus | 13,4% | + 8,7% | 25,2% | + 12,8% | GEWINNER |
| Urlaub auf Bauernhof | 0,9% | + 0,6% | 1,8% | – 0,3% | |

Quelle: IGF

Interessant dazu auch die Ansätze, wo die Gründe für die Unzufriedenheit liegen könnten (Quelle: IGF):

- Fehlende Kontaktmöglichkeiten zu anderen Kindern schaffen Konflikte zwischen Erholungsbedürfnis der Eltern und Aktivitätserwartungen des Kindes.
- Eigenes Einzelzimmer für das Kind ist oft zu teuer. Kinderbeistellbett im Elternzimmer führt oft zu Spannungen (Lösung: Hotel-Apartments?).
- Eltern und Kinder wollen etwas getrennt unternehmen und sich trotzdem kurzfristig wieder zusammenfinden können.
- Erstaunlich hohen Stellenwert nimmt der Wunsch der Kinder nach gutem Essen ein oder präziser: essen können, was einem Spaß macht.

Diese Wunschvorstellung dürfte auch einer der Hintergründe für den Erfolg von Essensbuffets sein, wo sich Kinder ihre „Essensträume“ selbst erfüllen können.

**In Zukunft:**

wird die Zielgruppe „Familie mit Kindern“ – analog zum Anwachsen des Seniorenmarktes – drastisch schrumpfen: Im Jahr 2010 werden nur noch 39% der Bevölkerung unter 39 Jahren sein!
Jeder, der auf diesem Markt mitbieten möchte, wird sich also nocheinmal „mehr“ einfallen lassen müssen, um erfolgreich zu sein.

*Warum also dann die Bezeichnung „Hoffnungsmarkt“?*
Diese Bezeichnung ist gerechtfertigt, wenn man den Großteil der aktuellen österreichischen Angebote überblickt.
Denn hier gäbe es eine Menge Lösungsansätze, viele Marketingfehler der Vergangenheit gut zu machen.

**Lösungsansätze:**

Ansätze sind dort zu finden, wo Kritik geübt wird:

- *Beherbergung:*

Wenn man von der Ferienwohnung absieht, ist die Lösung der Beistellbetten nun eben eine unbequeme. Für Eltern wie auch für Kinder.
*Lösungsansätze* könnten im Mini-Apartment oder in der zusätzlichen Schlafnische liegen, die bei Belegung durch nur zwei Personen auch anders (Sitzecke, Garderobenraum etc.) genützt werden könnte.

■ *Programmgestaltung:*
Dem Erlebnishunger der Kinder muß vermehrt Rechnung getragen werden.

*Lösungsansätze:* Wenn von einzelnen Betrieben ein Programm nicht getragen werden kann, wäre vielleicht ein Zusammenschluß im Ortsverbund zu überlegen. Kinderanimation – wie im Club Med oder das österreichische Paradebeispiel des „Bunten Dorfes“, veranstaltet vom Innovationspreisträger „Freiraum“, einem Kinderreisebüro, sind gute Beispiele, wie man zu einem ausgefüllten, erlebnisbetonten Programm unter fachlich qualifizierter Leitung kommen kann.

■ *Abends ist früh Schluß:*
Wer in Österreich mit Kindern urlaubt, geht – im Unterschied zu beispielsweise Italien – zeitig aufs Zimmer. Während in Sonnenländern Kinderattraktionen bis spätabends offen haben, man spazierengeht, Eis ißt oder gemeinsam noch etwas trinkt, ist man in Österreich zum Frühschlaf verurteilt. Das freut weder die Kinder noch die Eltern. Und den Angebotsträgern entgeht ein möglicher Umsatz.

*Lösungsansätze:* Entsprechende Programmpunkte schaffen, wo auch Kinder gerne gesehene Gäste sind. Bei Kleinstkindern wären Überwachungsgeräte (Babyalarm) sinnvoll, die das Schlafzimmer im Ernstfall mit dem Stammtisch verbinden.

■ *Kinderfeindlichkeit*
Die vielzitierte österreichische Kinderfeindlichkeit, die sich im wesentlichen darauf reduzieren läßt, daß Kinder in Österreich viel ruhiger sein müssen als in Sonnenländern – dafür aber mehr bezahlt werden muß –, wird von den Eltern einkalkuliert.
Für mehr Geld haben sie oftmals mehr Konflikte. Auch das mag ein wichtiger Faktor sein, warum Österreich verstärkt zur Durchreise genutzt wird.

*Lösungsansätze:* Wenn Kinder für andere Gäste eine unzumutbare Lärmbelästigung darstellen, dann sollte man nicht um sie werben. Oder: Auf die Homogenität der Zielgruppe achten. Wenn alle mit Kind kommen, kann sich keiner beschweren. Oder: Konfliktbereiche entzerren. Einen Speisesaal speziell für Kinder herrichten. Mit Malsachen, einem Kindertisch, pflegeleichtem Mobiliar und Boden, eigener flexibler Speisekarte etc.

In den Ferienzeiten ein zusätzlicher Raum, der den Rest des Jahres anders genutzt werden kann, als Spielzimmer adaptieren. Denn: Das Hotelzimmer alleine kann bei landesüblichen Schlechtwetterzeiten nur zur allgemeinen Urlaubsunzufriedenheit beitragen.
Verbote könnten auch anders formuliert werden. – Wenn im hoteleigenen Hallenbad Kinder nicht ballspielen, springen und spritzen dürfen – mit Rücksicht auf den Rest des Gästeklientels – ist dies grundsätzlich einzusehen. Das Festlegen eigener Zeiten (beispielsweise am Nachmittag jeweils eine Stunde), wo alle diese Kinderspiele ausdrücklich erlaubt sind, führt sicherlich bei anderen Gästen zu keiner Mißstimmung. Jeder kann sich daran halten.

■ *Formulierung des Angebotes:*
Eltern – und Kinder – wollen konkret wissen, was sie erwartet. Die landläufige Bezeichnung „Kinderfreundlicher Ort" wird von erfahrenen Eltern oftmals als das identifiziert, was es ist: Ein Ort, in dem nichts los ist. Viel Wiese, aber keine Attraktionen. Und das ist heutzutage zuwenig.
*Lösungsansätze:* Wenn also Angebot, dann detailliert beschreiben. Was, wann und zu welchen Zeiten. Und zu welchen Nebenkosten. Die Bezeichnung „Kinderbetreuung" nützt nichts, wenn dabei nicht ein Betrag – oder der Zusatz „gratis" – hinzugefügt wird. Das Angebot sollte auch gleich so formuliert werden, wie es Eltern an Kinder weitergeben können. Denn Kinder tragen zu einem hohen Prozentsatz zur Reiseentscheidung auch via Prospekt bei.

■ *Schwächen können Stärken sein:*
wenn man sie bewußt so ausspricht. Das fehlende Meer wird nicht mehr vermißt, wenn man demgegenüber liest, wie sauber der See oder das Alpenstrandbad ist. Denn Gesundheit ist ein wichtiger Aspekt. Die mangelnde Attraktivität der Nähe kann durch die kurze Anreise schmackhaft gemacht werden. Die fehlende Exotik der fremden Sprache wird angesichts des freundlichen Kinderarztes oder der kreativen Kindergartentante, die selbstverständlich Deutsch sprechen, vielleicht auch anders gesehen.

■ *Kinderermäßigungen:*
Abgesehen davon, daß Kinderermäßigungen auch oft mit Sonnenländern nicht konkurrieren können, sind sie manchmal nicht zeitgemäß formuliert. Die Übernachtung im „Doppelzimmer der Eltern" vergrämt zumindest 15% der deutschen Kinderhaushalte. Hier gibt es nämlich nur mehr ein Elternteil. Und diese Zahl steigt

ständig. – Oder Omas oder Opas, die mit Enkel verreisen, kommen hier nicht vor.
*Lösungsansatz:* Flexibilität in der Preisgestaltung auch für unvollständige Familien.

■ *Man lernt urlauben:*
Wohin man als Kind gerne gefahren ist, dorthin kehrt man – später mit eigenen Kindern – wieder gerne zurück. Wer gelernt hat, daß man besonders gelungene und preiswerte Urlaube in Sonnenländern verbracht hat, wird diese Erfahrung wiederholen.
*Lösungsansatz:* Als Investition in die Zukunft wäre zu betrachten, hier zu einer Orientierung beizutragen. Vielleicht sollte einem das auch ein Umdenken in der Kalkulation – von der Kinderermäßigung bis zu den Nebenkosten (alkoholfreie Getränke etc.) wert sein.

■ *Kampf dem Urlaubsgepäck:*
Wer mit Kindern verreist, weiß, daß jedes Auto zu klein werden kann. Wenn hingegen Dinge am Urlaubsort als vorhanden gemeldet werden, kann dies ein Argument sein, dorthin zu fahren.
*Lösungsansatz:* Von Sportgeräten bis zu Büchern, von der gutsortierten Spielothek bis zum Kasperltheater oder dem Lego-Baukasten, leihweise, gegen Gebühr oder gratis, all das könnte dazu beitragen, das Urlaubsgepäck leidgeprüfter Eltern stark zu entlasten.

■ *Ernährung:*
Kinderbuffets, Wahlgerichte oder einige Standardgerichte, die es garantiert jeden Tag gibt (ohne Aufpreis), könnten so manchen Auftritt am Mittagstisch ersparen. – Einige kochen selbst, weil ihre Kinder nicht alles essen...

## KURZREISEN

„Nichts wie hin, nichts wie weg – egal wie", so beschreibt ein Spiegel-Bericht (Nr. 23/1988) den oft starken Trieb der Deutschen, Wochenende für Wochenende, mit wirklicher Ausdauer, auf Reisen zu gehen.

Durchschnittlich dauert dieser Ausflug 11 Stunden, die Fahrt beträgt 167 km, 83% benützen den eigenen PKW. Staus bei Hin- und Rückreise werden ebenso in Kauf genommen, wie das Schlangestehen oder das in der Kolonne-Marschieren am herbeigesehnten Ausflugsziel. „Urlaub" – und sei es einen Tag lang – definiert Opaschowski (B.A.T. Freizeit-Forschungsinstitut Hamburg) als zweites Leben, das Hoffnung darauf bietet, die sozialen Fesseln ungestraft abstreifen zu können, die ewig gleichen Normen und Regeln einmal zu brechen und nicht nach „Titel, Beruf und Steuerklasse" eingruppiert zu werden wie zu Hause überall.
„Abschalten, möglichst weit weg von zu Hause", ist die Devise vieler. Genauso ist auch das Freizeitverhalten von Statussymbolen geprägt: Man muß auch erzählen können, wo man war. So kommt auch Kulturreisen, Ein-, Zwei- oder Dreitageskurzflügen ein wachsender Stellenwert zu.

## KURZURLAUBSREISEDATEN AUS DEUTSCHLAND:

1. 1985 führten 27,6 Mio. Bundesdeutsche eine Haupturlaubsreise durch und 15,7 Mio. eine Kurzurlaubsreise. Die Zuwächse der Kurzurlaubsreisenden (2–4 Tage) zeigten in den letzten 10 Jahren eine höhere Dynamik als die der Haupturlaubsreisenden.
2. Das Volumen der Kurzurlaubsreisen (2–4 Tage) lag 1985 bei 43,7 Mio. Dem steht ein Volumen der Langreisen (mindestens 5 Tage) von mindestens 32,2 Mio. gegenüber.
3. Bei der Kurzurlaubsreise dominierte der Verwandten-/Bekanntenbesuch (41% oder 17,9 Mio. Kurzurlaubsreisen). Spezifische Reisearten, wie Sportreisen oder Bildungsreisen, sind bei den Kurzurlaubsreisen stärker ausgeprägt als bei der Haupturlaubsreise.
4. Kurzurlaubsreisende sind im jüngeren Segment (14–29 Jahre) stärker vertreten, haben höhere Bildung und höheres Einkommen.
5. Dreiviertel der Kurzurlaubsreisenden bleiben im Inland, Bayern mit 16,7% und Baden-Württemberg mit 9,7% führen bei den Inlandszielen. Im Ausland führt Österreich mit 5,5% vor Frankreich mit 4,1%.
6. Fast zwei Drittel benutzen das Auto, das Flugzeug mit 2,5% Anteil wird relativ selten benutzt. Bahn und Bus haben mit je

13,1% einen stärkeren Anteil bei Kurzurlaubsreisen als bei der Haupturlaubsreise.

7. Aufgrund des hohen Anteils des Verwandten-/Bekanntenbesuches wird auch bei diesen sehr stark genächtigt (34,1%). Klammert man Verwandten-/Bekanntenbesuche aus, wird Hotel und Gasthof stärker, Privatzimmer und Camping seltener genutzt als bei der Haupturlaubsreise.

## KURZURLAUBSREISEDATEN AUS ÖSTERREICH:

- 19% der Österreicher und Österreicherinnen haben 1987 eine Kurzurlaubsreise unternommen. In absoluten Zahlen waren das 1,420.000 Kurzurlauber. Jeder dieser Kurzurlauber hat im Durchschnitt 2,2 Kurzurlaubsreisen durchgeführt. Das entspricht 7,950.000 Reisetagen.
- 10,8% der Bevölkerung unternahmen nur eine Kurzurlaubsreise, 3,9% zwei, 1,8% drei und 2,5% vier oder mehr.
- Gegenüber 1984 ergab sich eine Steigerung von 1,7%.
- 11,2% aller Österreicher bevorzugten das Inland als Reiseziel. 5,2% das Ausland, 2,6% sowohl In- als auch Ausland.
- Gegenüber den Zahlen aus der BRD werden in Österreich nur Kurzurlaubsreisen gegen Entgelt erhoben. – Besuche mit Nächtigung bei Verwandten oder Bekannten sind hier nicht mitgezählt.

## PROFILIERUNGSANSÄTZE FÜR KURZREISEANGEBOTE

Profilierung bei Kurzreiseangeboten ist notwendig. Mehr und eindeutiger vielleicht noch als bei anderen Angeboten.
Man fährt nicht mehr einfach nach..., man fährt nach..., um dort etwas Bestimmtes zu tun.
Der Schwerpunkt muß klar und eindeutig mit der Destination verbunden sein, gemeinsam ausgesagt werden.
Profilierungsansätze können sein:

- gastronomische Besonderheiten;
- Aktivitätsschwerpunkte von der Kinderspielattraktion bis zur besonderen Sportart, dem kulturellen Anlaß, interessant präsentierten Besichtigungsmöglichkeiten, landschaftlichen Besonderheiten oder kunsthandwerklichen Angeboten.

- zielgruppengerechte Ansprache.

Auch hier gilt: Alles und für jedermann wird letztlich niemanden bewegen.

*Wichtig ist:*
Wenn man Kurzreisegäste möchte, muß man das auch sagen. Wer Rückgänge bejammert – und trotzdem Zuschläge für kurze Aufenthaltsdauer verrechnet –, darf sich nicht wundern.
Kurzreisegäste sind weniger preisempfindlich, können teurere Angebote leichter verkraften als der länger bleibende Gast.
Dafür muß aber erstens auch etwas geboten werden und zweitens das Angebot auch entsprechend – vom Erlebnisgehalt, der Attraktivität bis zur Formulierung – aufbereitet sein.
Der Gast will „abschalten können" – und trotzdem etwas zum Erzählen haben.

### KURZREISEN ALS CHANCE

Wenn man das eigene Urlaubsangebot in Form von Kurzreisen anbietet, kann man auch gezielt versuchen, den eiligen Gast zu einem längeren Bleiben zu motivieren. Einige positive Beispiele (Schnupperkur, 2-Tages-Skipässe etc.) gibt es bereits am Markt.
Man daf nicht vergessen, daß jedes Urlaubsangebot bis zum Antritt der Reise nur ein abstraktes Gebilde, bestehend aus Information und Prospektinhalten, ist. Für Reisen gab es keine Muster und Warenproben. – Der Kurzurlaub ist die Chance, als Muster für einen längeren Aufenthalt zu gelten.

## FREIZEITPARKS

Der touristische Geschäftszweig „Freizeitparks" ist von den Vereinigten Staaten von Amerika ausgehend inzwischen auch anderswo mehr oder weniger verwirklicht. Einige Beispiele aus Europa belegen die Anziehungskraft solcher Einrichtungen, wobei aus österreichischer Sicht vor allem archäologische Besuchsstätten besonders interessant erscheinen:

Römerhaus und Museum in Augst/Kanton Baselland (ohne Freilichtbereich): ca. 80.000 Besucher/Jahr.
Trier – Landesmuseum 100.000 Besucher/Jahr.
Trier – Römische Bauwerke 470.000 Besucher/Jahr.
Xanten – Archäologischer Park 310.000 Besucher/Jahr.
In Österreich bestehen schon verschiedene Freizeitzentren, solche mit archäologischem Charakter liegen noch nicht ausdrücklich so gestaltet vor, doch verfügt Kärnten mit dem geradezu einmaligen Magdalensberg (für die Ausgrabungsarbeiten sind speziell Gernot Piccottini und Andreas Wasilewski zu nennen) über ein besonders gut geeignetes Objekt.
Und im Raum Carnuntum wird derzeit ein archäologischer Park geplant. Darüber berichteten 1988 Diether Bernt, Josef Mazanec, Peter Pauer, Richard Winkler, Andreas Zins. Auf jeden Fall ist der touristische Markt für Freizeitparks existent und zukunftsträchtig. In diesem Sinne berichtete auch Robert Rogner auf der Werbewirtschaftlichen Tagung 1989 in Salzburg in dem dem Fremdenverkehr gewidmeten, von Dr. Klaus Lukas geleiteten Arbeitskreis.

## ZUKUNFTSGERICHTETE FORSCHUNGSARBEIT ERMÖGLICHT HOFFNUNGSMÄRKTE

Die in diesem Buch notwendigerweise mehrfach betonten Veränderungen der Nachfrage und der Wertewandel im Denken vieler Interessenten erfordern naturgemäß intensivierte Forschungsarbeit. Auch die bekannten Schwierigkeiten der Bewältigung wachsender Freizeit und die konsequente Vergrößerung des Urlaubsraumes auf praktisch alle Erdteile machen solche Bemühungen unumgänglich. Andererseits sichern richtig interpretierte bzw. genützte einschlägige Erkenntnisse Bildung und Erfassung bisher ungewohnter, ja nicht existenter Zielgruppen mit speziellen Interessen.
So gesehen bedeutet zukunftsgerichtete Forschungsarbeit tatsächlich die Schaffung neuer touristischer Märkte, die freilich in vielen Fällen verhältnismäßig klein, dabei aber sehr zielführend und daher lukrativ sein können.

Einige Beispiele:

- Die Gästebefragung Österreich (GBÖ)

Seit 1984 erhoben; über die ersten Ergebnisse berichteten Josef Mazanec und Hans Mikulicz. Ein kumulierter Bericht über vier Saisonen folgte 1987; dessen Verfasser: Raimund Fuhri und Hans Mikulicz. Eine „follow up"-Untersuchung 88/89 ist derzeit im Feld.

- Betriebsvergleiche im österreichischen Gastgewerbe; von E. H. Plank veröffentlichte Arbeit der „Projektgruppe Forschung" der „Österreichischen Gesellschaft für angewandte Fremdenverkehrswissenschaft".

- Das Marketing-Informations-System (MIS), dessen Anfangsversion der Österreichischen Fremdenverkehrswerbung im Februar 1984 übergeben wurde, ermöglicht EDV-gestützte Abfragen und die Aufbereitung von Daten der internationalen Fremdenverkehrsstatistik. Neben den aus demoskopischen Reiseanalysen der wichtigsten touristischen Entsendeländer zusammengetragenen Informationen bieten insbesondere die seit 1974 vergleichbar gestalteten Nächtigungszahlen die Möglichkeit zur Ermittlung touristischer Marktvolumina und der touristischen Marktanteile Österreichs und anderer Zielländer. Wissenschaftlicher Schwerpunkt des MIS ist ein Verfahren zur systematischen Bewertung der werblichen Bearbeitungswürdigkeit touristischer Herkunftsländer im Zwiegespräch mit dem Computer. Besonderes Augenmerk gilt dabei der Forderung, daß auch subjektives Erfahrungswissen des Fremdenverkehrs-Managers in einem solchen „Dialogmodell" zulässig sein muß, wenn es dem Anspruch auf unbeschränkte praktische Einsatzfähigkeit genügen soll.

Schließlich ist die Wirtschaftliche Analyse der musikveranstaltenden Betriebe Österreichs zu nennen. Die Österreichische Gesellschaft für Angewandte Fremdenverkehrswissenschaft (ÖGAF) wurde vom KLBV (Konzertlokalbesitzerverband) beauftragt, eine Analyse der wirtschaftlichen Situation durchzuführen. Die Analyse, im Juli 1988 abgeschlossen, ist aufgrund direkter Befragungen in den Betrieben mittels Fragebogen, informativer Gespräche mit den Unternehmen bzw. Geschäftsführern und Auswertung der Bilanzen der Jahre 1985 und 1986 erfolgt.

Diese bereits bewährten Methoden wurden nun mit einer weiteren, für die Beratung der an Urlaubsreisen Interessierten bestimmten Einrichtung ergänzt:

- Expertensystem auf elektronischer Basis für Reiseberatung; Harald Hruschka, Ordinarius am Institut für Marketing, und Josef Mazanec, Ordinarius am Institut für Fremdenverkehr der Wirtschaftsuniversität in Wien, berichteten bereits über dieses wirkungsvolle System zwecks Information über Reise- und Aufenthaltsmöglichkeiten. Es steht vor allem Reisebüros zur Verfügung.
- Ausschlaggebend erscheint auch die von Günter Schweiger initiierte multimodale Imagemessung. Der Ordinarius für Werbewissenschaft und Marktforschung präsentierte schon 1986 auf der 33. Werbewirtschaftlichen Tagung einschlägige Ergebnisse.

## DER PRAXIS VERFÜGBARE, WISSENSCHAFTLICH UNTERMAUERTE METHODEN ZUR AUFSTELLUNG VON WERBEBUDGETS

Die Meisterung des Problemkreises „Hoffnungsmärkte" erfordert konkrete Antworten auf die Frage: „Wie nehme ich die neuen, der Fremdenverkehrswirtschaft gestellten Aufgaben mit zukunftsgerichteten Führungsmethoden in Angriff?"

Dies gilt speziell für die Erstellung der Werbebudgets. Im gesamten Werbewesen – also über touristische Maßnahmen hinaus – zeigt sich nämlich immer wieder die Schwierigkeit, wissenschaftliche Methoden der Budgetberechnung und Optimierung praktisch zu nützen. Es kann aber kein Zweifel darüber bestehen, daß mit dem unerläßlichen höheren Niveau werblichen Einsatzes auch im touristischen Bereich einschlägige wissenschaftliche Erkenntnisse praktisch genützt werden sollen, ja genützt werden müssen.

Die vom Ordinarius Josef Mazanec im Organ Annals of Tourism Research, Vol. 13, pp. 609–634, 1986 veröffentlichte „Allocating an Advertising Budget to International Travel Markets" bietet Ansätze und Methoden, die auch für die Erstellung regionaler Werbebudgets adaptierbar sind.

# ÖSTERREICHISCHER FREMDENVERKEHRSTAG 1989

## RESOLUTIONEN AUSSCHUSS 1: „LÄNGERFRISTIGE ENTWICKLUNGSPERSPEKTIVEN 'UKUNFTSAUSSCHUSS)"

### RESOLUTION ZUR „PLANUNG NEUER TOURISTISCHER PRODUKTE"

Wenn Österreich als touristisches Zielland seine Marktposition künftig behaupten will, dann sind vermehrt Angebotspakete auf dem Sektor der Kultur-, Aktiv- und Erlebnis-, Sport-, Abenteuer- und Nostalgieurlaube zu gestalten.

Die fremdenverkehrspolitischen Entscheidungsträger auf nationaler, regionaler und lokaler Ebene mögen auf Förderung der Neuproduktplanung die folgenden Maßnahmen in Betracht ziehen:

1. Gemeindegrenzen überschreitende Bündelung und gemeinsame Vermarktung jener Leistungen, die dem Aktionsraum und dem präferierten Tätigkeitsmuster (Urlaubsstil) der Nachfrager entsprechen.
2. Wirkungsanalyse und Koordination der Investitionen (insbesondere in den Bereichen Verkehrswegebau, Flächenwidmung und Naturschutz) in Hinblick auf ihre touristische Relevanz (Veränderung der individuellen Handlungsspielräume) durch die betreffenden Gebietskörperschaften.
3. Investitions- und informationspolitische Festlegung der Rahmenbedingungen für eine gedeihliche Entwicklung des lokalen Fremdenverkehrsgewerbes durch die Gemeindegrenzen überschreitende Konzepte und Planungen auf den übergeordneten Ebenen.

4. Verstärkter Einsatz von Förderungsmitteln als Anreiz zu organisatorischen Verbesserungen (Kooperation privater Anbieter, sowohl komplementärer als auch gleichartiger Einzelleistungen; Kooperation von Gebietskörperschaften bei der Produktion gemeindeübergreifender Veranstaltungen sowie beim gemeinsamen Marketing).
5. Entwicklung neuer Informations- und Monitorsysteme mit angemessener regionaler Differenzierung (dadurch soll es dem potentiellen Urlauber ermöglicht werden, Leistungsbündel entsprechend seinen individuellen Präferenzen zusammenzustellen und zu konsumieren).
6. Forschungsanreize und Aufträge, insbesondere in den Bereichen: Simulation von Angebotsstrategien sowie von verschiedenen Szenarien der Nachfrageentwicklung.

## RESOLUTION ZUM „FORDERUNGSKATALOG ZUR ANGESTREBTEN TEILNAHME ÖSTERREICHS AM EG-BINNENMARKT AUS DER SICHT DES FREMDENVERKEHRS“

Der österreichische Fremdenverkehr anerkennt die Chancen, die die Errichtung eines großen einheitlichen Binnenmarktes für die wirtschaftliche Wohlfahrt seiner Mitglieder bietet. Der Fremdenverkehrstag begrüßt auch die Bemühungen der österreichischen Politik, die österreichische Wirtschaft an diesem Binnenmarkt vollständig und gleichberechtigt teilnehmen zu lassen. Der Fremdenverkehrstag ist sich allerdings bewußt, daß bis zu diesem Ziel noch ein Zeitraum von mehreren Jahren liegen könnte, in welchem das Binnenmarktprogramm der EG bereits Auswirkungen auch auf Österreich haben wird. Außerdem ist derzeit nicht mit Sicherheit absehbar, daß es jemals zu einem Vollbeitritt Österreichs kommen wird.

Der Zukunftsausschuß des Österreichischen Fremdenverkehrstages empfiehlt, die folgenden Gesichtspunkte zur Grundlage der österreichischen Politik zu machen:

1. Strukturelle Anpassungen und entsprechende Förderungsmaßnahmen haben von der baldigen Existenz des Binnenmarktes unabhängig von der Teilnahme Österreichs auszugehen. Insbesondere sollten strukturelle Anpassungen und gesetzliche Rege-

lungen in einer Weise erfolgen, die die Wettbewerbsfähigkeit für den Fall des Beitritts und der Übernahme der EG-Regeln sicherstellen.

2. Solange die österreichische Wirtschaft in den EG-Binnenmarkt nicht vollständig integriert ist, ist darauf zu achten, daß Diskriminierungen gegenüber konkurrierenden Angeboten aus dem EG-Raum vermieden werden. Die österreichische Politik hat daher nach Möglichkeit:
   - schon vor einem allfälligen Beitritt die gleichberechtigte Teilnahme an allen Gemeinschaftsprogrammen (Förderung, Finanzierung, Marketing) anzustreben;
   - rechtzeitig Informationen und Planungsunterlagen für Anpassungen in der Fremdenverkehrswirtschaft bereitzustellen und deren Interessen zu berücksichtigen. Dies bezieht sich insbesondere auch auf Änderungen des Steuersystems im Sinne der Harmonisierung;
   - dort, wo eine autonome Anpassung nicht möglich oder sinnvoll erscheint, dafür Sorge zu tragen, daß keine Wettbewerbsverzerrungen zuungunsten des österreichischen Fremdenverkehrs entstehen und daß unvermeidliche Nachteile ausgeglichen werden.
3. Der Fremdenverkehrstag empfiehlt erhöhte Aufmerksamkeit gegenüber Tendenzen und Regelungen in den EG, die den Grenzübertritt nach Österreich im Vergleich zu den Binnengrenzen der EG erschweren würden.
4. Unabhängig vom Beitritt und jedenfalls schon vor einem solchen sollte, auch im Interesse des österreichischen Fremdenverkehrs, das Transitproblem aufgegriffen und sollten Lösungsansätze umgehend verwirklicht werden. Österreich darf nicht einseitig als Transitland mißbraucht werden. Für eine die Umwelt schonende Infrastruktur ist die finanzielle Mithilfe aller am Transit interessierten Staaten zu gewinnen. Der Fremdenverkehrstag befürwortet im Prinzip verkehrssteuernde Maßnahmen, die ökosozial tragbare Lösungen erwarten lassen, und er unterstützt die möglichst weitgehende Verlagerung des Transitverkehrs auf den Verkehrsträger Schiene.

Der österreichische Fremdenverkehr ist sich bewußt, daß durch einen Beitritt Österreichs in vielerlei Hinsicht die Regeln des gemeinsamen Marktes auch in Österreich anwendbar werden. Erhebliche Ausnahmen erscheinen nicht sehr realistisch. Umso mehr ist zu fordern, daß die weiterhin gegebenen autonomen Gestaltungsmöglichkeiten eines Mitgliedslandes in Hinblick auf die spezifischen Strukturen der österreichischen Fremdenverkehrswirtschaft innovativ entwickelt werden.

5. Die Eigenart und Originalität der österreichischen Landschaft, Kultur und Tourismuswirtschaft stellen einen hohen Wert und einen Attraktionsfaktor dar, der zu schützen und zu entwickeln ist. Es sollte darauf hingewirkt werden, daß ein Europa der Regionen und damit der Vielfalt realisiert wird.
6. Eine konsequente Raumordnungspolitik ist durchaus EG-konform. Sie hat dafür zu sorgen, daß eine über das bisherige Maß hinausgehende Nutzung von Grund und Boden für Zweitwohnungszwecke hintangehalten wird, damit Urlaubsregionen nicht entwertet werden.
7. Die Konsequenzen der prinzipiellen Niederlassungsfreiheit sind aus touristischer Sicht zu untersuchen. Es sollten insbesondere Vorkehrungen gegen Entwicklungen überlegt werden, die die Qualifizierungsbemühungen im österreichischen Fremdenverkehr unterlaufen könnten.
8. Die regionalen und sektoralen Förderungsinstrumente innerhalb des gemeinsamen Marktes sollten in Hinblick auf die hohe Tourismusintensität unseres Landes gerade auch für Österreich genutzt werden können.
9. Die Landwirtschaft erbringt für den Fremdenverkehr wichtige Leistungen. Sie sieht sich in Hinblick auf die Schaffung des Binnenmarktes ernsten Strukturproblemen gegenüber. Hiefür sind auch im Interesse des Fremdenverkehrs Lösungen zur dauerhaften Sicherheit der landwirtschaftlichen Existenzgrundlagen zu entwickeln.
10. Die Lebensfähigkeit und Wettbewerbsfähigkeit der überwiegend kleinbetrieblich strukturierten österreichischen Fremdenverkehrswirtschaft könnten durch monopolistische Konzentrationstendenzen in der Freizeitindustrie der EG bedroht werden. Daher sollten die speziellen Vorteile der typischen österreichischen Betriebsformen besonders entwickelt werden. Überbetriebliche, überörtliche und überregionale Kooperationsformen sind ein Schlüssel dazu.
11. Es besteht die Gefahr, daß die Freiheit des Reisens an den EG-Außengrenzen behindert wird. Dies könnte im Fall der Teilnah-

me Österreichs den Grenzübertritt an den Außengrenzen gegen die Schweiz, das Fürstentum Liechtenstein und gegen die osteuropäischen Staaten betreffen. Hier sind alle Anstrengungen zu unternehmen, damit keine Verschlechterung der gegenwärtigen Situation eintritt.

## RESOLUTION ZUR „INFORMATIONSTECHNOLOGIE FÜR DEN FREMDENVERKEHR: ANBINDUNG ÖSTERREICHS AN WELTWEITE INFORMATIONS- UND RESERVIERUNGSSYSTEME"

Wenn Österreich im weltweiten Vermarktungssystem der internationalen Tourismuswirtschaft auf Dauer erfolgreich sein will, dann muß die Präsenz österreichischer Angebote in den internationalen Reservierungssystemen signifikant gesteigert werden. Ziel der österreichischen Fremdenverkehrspolitik sollte es daher sein, die flächendeckende Eingliederung des österreichischen Angebots in diese Systeme zu forcieren. Dazu ist – beginnend auf der Betriebs- und Ortsebene innerhalb Österreichs – der Aufbau von kompatiblen, kommunikationsfähigen und vernetzbaren Systemen zu beschleunigen.

Für die österreichische Fremdenverkehrspolitik folgen konkrete Maßnahmenempfehlungen:

- Ausarbeitung eines Muster-Pflichtenheftes für einheitliche Schnittstellenstandards sowie eines Verhaltenskodex für Systembetreiber
- Förderung der Verbreitung einer bereits existierenden oder der Errichtung einer neuen, die bestehenden Systeme verbindenden Systemlösung, die eine bestmögliche Mitsprache der österreichischen Fremdenverkehrswirtschaft, die mehrheitliche finanzielle Beteiligung österreichischer touristischer Anbieter sowie die europa- und weltweite Systemanbindung gewährleistet.
- Förderung der Installierung lokaler und regionaler Lösungen unter der Bedingung der Anbindungsfähigkeit an übergeordnete Systeme sowie der begleitenden Schulungs- und Aufklärungsmaßnahmen für die Klein- und Mittelbetriebe, die durch die Beteiligung an solchen Systemen Konkurrenzvorteile der Großbetriebe teilweise ausgleichen können.

# RESOLUTION ÜBER „POSITIVES FREMDENVERKEHRSBEWUSSTSEIN ALS KONSEQUENZ DER LEBENS- UND ARBEITSBEDINGUNGEN IM TOURISMUS“

Die Leitlinien „Fremdenverkehrspolitik 2000“ des BMfwA nehmen mehrfach Bezug auf die „Fremdenverkehrsgesinnung“, die „Beteiligung und Mitwirkung der einheimischen Bevölkerung am Fremdenverkehr“ und die „Aus- und Weiterbildung der im Fremdenverkehr Tätigen“. Der „Zukunftsausschuß“ unterstreicht und ergänzt diese Ausführungen durch folgende Forderungen:

1. Berücksichtigung der sozialen und kulturellen Bedürfnisse der einheimischen Bevölkerung bei der Erstellung von Fremdenverkehrskonzepten, der Planung und Erstellung der Infrastruktur;
2. Wahrung der regionalen und kulturellen Identität;
3. weitere Verbesserung der Arbeitsqualität hinsichtlich Arbeitsorganisation, Ausstattung der Arbeitsplätze zum Abbau der psychischen und physischen Belastung der im Fremdenverkehr selbständig und unselbständig Beschäftigten;
4. Verbesserung des Dienstleistungsangebotes durch Freizeit- und Arbeitszeitregelungen, die ausreichend Erholung und Familienleben für die im Fremdenverkehr Tätigen ermöglichen;
5. Abbau der arbeits- und sozialrechtlichen Benachteiligung der gastgewerblichen Arbeitnehmer hinsichtlich Abfertigung, Kündigungsschutz, Urlaubsanspruch;
6. Schaffung von betriebsunabhängigen (Familien-)Wohnmöglichkeiten für Fremdenverkehrspersonal;
7. Verstärkte Berücksichtigung neuer technologischer und gesellschaftlicher Entwicklungen in der Fremdenverkehrsausbildung (EDV, Fremdsprachen, Psychologie);
8. Hebung der Ausbildungsqualität durch bessere Qualifizierung der Ausbildner und durch Schaffung überbetrieblicher Ausbildungseinrichtungen;
9. Förderung inner- sowie überbetrieblicher Weiterbildung;
10. Weiterführung und Verstärkung der Öffentlichkeitsarbeit zugunsten einer weltoffenen Fremdenverkehrsgesinnung in der gesamtösterreichischen Bevölkerung.

## RESOLUTION ÜBER „DIE WELTFACHAUSSTELLUNG 1996 ALS ‚MEGA EVENT' IM GESAMTÖSTERREICHISCHEN FREMDENVERKEHRS-INTERESSE"

Nach den Schätzungen des Wirtschaftsforschungsinstituts werden beträchtliche Ausstrahlungseffekte des touristischen Großereignisses „Wien – Budapest" auf die übrigen österreichischen Bundesländer erwartet.
Im Interesse einer möglichst geschlossenen und eindrucksvollen Präsentation Österreichs als Veranstalterland für touristische „mega events" wird an die Bundesländer und alle touristischen Anbieter appelliert, die Bemühungen der Bundesregierung in Sachen Weltausstellung voll zu unterstützen und mitzutragen.
Umgekehrt ist sicherzustellen, daß die im Zuge der Weltausstellung in den Bundesländern und Regionen entwickelten Begleitangebote und -programme im gesamten Vermarktungskonzept angemessen berücksichtigt werden.

## RESOLUTION ZUM „EXPORT VON ÖSTERREICHISCHEM TOURISMUS-KNOW-HOW"

Auf dem internationalen Markt touristischer Beratungs-, Erschließungs- und Bauprojekte spielt Österreich eine nach wie vor untergeordnete Rolle, die im Widerspruch zu dem im Land nachweisbar vorhandenen Leistungspotential steht. Die Ursachen dafür sind in der Betriebsgrößenstruktur, aber auch in der mangelnden Koordinations- und Kooperationsbereitschaft zu suchen.
Da die Anbahnung internationaler Tourismusprojekte gewöhnlich mit Beratungsleistungen (insbes. Feasibility-Studien) eingeleitet wird, seien vorerst zwei konkrete Maßnahmen empfohlen:

1. Einberufung einer Arbeitstagung aller kooperationswilligen österreichischen Betriebs- und Tourismusberater, die internationale Projekte bearbeiten wollen; Diskussion möglicher Kooperationsmodelle zur Erzielung einer am internationalen Markt konkurrenzfähigen Betriebsgröße.
2. Anfertigung einer Durchführbarkeitsstudie zur Einrichtung einer österreichischen Clearingstelle für internationale Bera-

tungsprojekte, die nicht nur die Informationsweiterleitung promptest besorgt, sondern sich auch aktiv um die Projektakquisition im Ausland und um die projektspezifische Koordination bzw. die Gründung von Arbeitsgemeinschaften bemüht.

## RESOLUTION ZUR „FÖRDERUNGSPOLITIK ALS STEUERUNGSINSTRUMENT"

Die Förderungspolitik ist verbesserungsfähig, was nicht zuletzt in der jüngsten Delphi-Studie unter Fachleuten aus allen Bereichen der Fremdenverkehrswirtschaft (Zimmermann 1989) bestätigt wurde:

Zweckgerichtete Investitionsförderung muß

- deutliche Schwerpunkte setzen durch eine Konzentration auf wenige, besonders vordringliche Förderungsziele und damit den Lenkungseffekt erhöhen, wobei nach Regionen mit intensivem Fremdenverkehr und unterentwickelten (peripheren) Regionen – unter Beachtung der landesspezifischen regionalen Entwicklungskonzepte – zu differenzieren ist;
- mit hohem Grad an Flexibilität auf die Erfordernisse der Nachfrage reagieren (Förderungsziele sind in Drei-Jahres-Frist den geänderten Erfordernissen anzupassen.);
- rasch und effizient verwaltet werden (Der Förderungswerber soll einen Anspruch auf Entscheidung über sein vollständig dokumentiertes Ansuchen innerhalb eines Zeitraumes von sechs Monaten haben.).
- Um den selektiven Charakter des Förderungssystems weiter zu stärken und die Förderung weiter zu objektivieren, sollen auch im Fremdenverkehr stärker quantifizierbare Kriterien erarbeitet werden.
- Schließlich sollen sich die Förderungsmaßnahmen nicht allein auf die finanzielle Ebene beschränken, sondern begleitende und kostenlose Beratungsleistungen miteinschließen.

## RESOLUTION ÜBER „EIN FREMDENVERKEHRSFORSCHUNGSKONZEPT AUF BUNDESEBENE“

Die Unüberschaubarkeit des Forschungsmarktes, das hohe Ausmaß an Doppelgeleisigkeit, das Fehlen eines langfristigen Forschungsprogramms, die unzulängliche Grundlagenforschung und der geringe Grad an Wissenstransfer von der angewandten Forschung in die Fremdenverkehrspraxis... alle diese Kritikpunkte sind zutreffend und ernst zu nehmen.
Die fremdenverkehrsrelevante Forschung erschöpft sich keineswegs nur in der Marktforschung, die auch in den Leitlinien „Fremdenverkehrspolitik 2000“ des BMfwA erwähnt ist. Vielmehr ist der Beitrag mehrerer wirtschafts- und sozialwissenschaftlicher Fachgebiete notwendig. Um die Rahmenbedingungen der Fremdenverkehrsforschung in Österreich zu verbessern, wird an das BMfwA appelliert, ein Forschungskonzept auf Bundesebene mit folgenden Inhalten auszuarbeiten oder ausarbeiten zu lassen (Stichworte):

- Prioritätenkatalog des fremdenverkehrstypischen Forschungsbedarfs
- Qualitätsstandards für „Studien“
- Überprüfung der Zweckmäßigkeit eines eigenen Forschungsförderungsfonds für den Fremdenverkehr (analog zu anderen Wirtschaftszweigen)
- Maßnahmen zur Intensivierung des Wissenstransfers (der praktischen Umsetzung)
- Einsparungs- und Umschichtungsmöglichkeiten bei traditionellen Datensammlungsaktionen (z. B. Mikrozensus).

# SCHLUSSBETRACHTUNG

Die sozialen und psychologischen Auswirkungen der Industriegesellschaft, speziell die zunehmende Freizeit und das steigende Bedürfnis vieler Menschen nach Selbstbesinnung und Selbstbestätigung, nach Ausbrechen aus dem Alltag, nach Erholung, Entspannung und Erlebnis bedeuten zusätzliche Ansprüche, aber auch Chancen für das touristische Angebot von heute und morgen.
Dabei ist zu bedenken, daß unsere Feriengäste nicht in reale, geografische, sondern in psychologische, vorgestellte und erlebte Landschaften reisen.
Zweifellos sieht sich die moderne Industriegesellschaft in den nächsten Jahren schwerwiegenden Problemen gegenüber, von denen auch der Tourismus nicht unberührt bleiben wird: Verfügbarkeit preisgünstiger Energie, Verteilungskämpfe in weltweitem Maßstab, Arbeitslosigkeit, verbreitete Unsicherheit und Destabilisierung, nicht zuletzt zum größeren Teil sehr reale, aber auch mit oft unklarer Ansicht unbegründet behauptete Umweltschäden, um den Tourismus zu hemmen. Gerade in einer solchen Zeit wird überlegte und planmäßige Arbeit überlebensnotwendig – konsequentes Marketing ist ein Teil davon.
Erfolgreiche Marketingarbeit sichert zufriedene Anbieter und zufriedene Gäste. Um dieses hohe Ziel zu erfüllen, bedarf es einer positiven geistigen Einstellung, bedeutender Arbeitsleistungen, nicht zuletzt aber auch entsprechender finanzieller Mittel.

Ohne zu idealisieren: Die touristische Sparte vermittelt, wie keine andere, Glanzlichter des Lebens – sowohl für den Gast als auch für den Gastgeber. Sie arbeitet, um anderen Menschen zu helfen, ein schöneres Leben zu gestalten. Das ist ganz gewiß eine Aufgabe, für die ideell und materiell auch zukünftig zu wirken es sich lohnt.

*Möge dieses Buch in diesem Sinne aufgefaßt werden.*

# GLOSSAR

Die Marketing-Fachsprache ist mannigfaltig, enthält zahlreiche, meist englische Fremdworte und wird immer wieder durch neue Spezialausdrücke ergänzt.
Das folgende Glossarium bringt davon eine Auswahl mit knapper Erläuterung. (In die Fachsprache schon voll aufgenommene Fremdwörter werden mit großem Anfangsbuchstaben geschrieben.)

## A

| | |
|---|---|
| *Adressenverlage* | Liefern Adressen für die Direktwerbung, gegliedert nach Städten, Märkten, Dörfern, Privatpersonen, Branchen, Berufen usw. |
| *Advertising* | Werbung |
| *Advertising Research* | Werbeforschung; Zweig der Marktforschung, der Grundlagen und Wirkung der Werbung erforscht |
| *Affiche* | Plakat |
| *AIDA = attention – interest – desire – action* | Eine von vielen Merkhilfen. Enthält Aufbau einer Werbebotschaft: Aufmerksamkeit – Interesse – Wunsch – Handlung |
| *angeschnittene Anzeige (Inserat)* | Anzeige ohne Rand |
| *antizyklische Werbung* | Mehr theoretischer Begriff, der besagt, daß in der Konjunktur verringert, in der Rezession verstärkt geworben werden soll. In der Praxis bestenfalls teilweise realisierbar. Es zeigte sich aber mehrfach, daß Werbung in wirtschaftlich schwachen Zeiten bei der folgenden Konjunkturbelebung besonders wirksam ist |
| *appeal* | Aufforderung – Verlangen |
| *approach* | Art und Form der Ansprache |
| *Art Director* | Verantwortlicher Chefgrafiker |
| *art work* | Grafische Elemente eines Werbemittels |
| *art work (finished)* | Reinzeichnungen oder fertige Druckunterlage |
| *Assoziation* | Verknüpfung von Wahrnehmungen, Erinnerungen und Vorstellungen, Ähnlichkeit, Kontrast, räumliche und zeitliche Kontinuität (Zusammensein verschiedener Erlebnisinhalte) fördern diese Verknüpfungen |

| | |
|---|---|
| *Audiovisuelle Werbung* | Bezeichnung für Werbung mit Hilfe von Bild und Ton (z. B. Tonbildschauen) |

## B

| | |
|---|---|
| *Barter* | Gegengeschäft |
| *base line* | Hervorgehobene Schlußaussage |
| *basic data* | Grunddaten |
| *basic message* | Werbegrundaussage |
| *Bedarf* | Gebildet durch Bedürfnisse. Bedarf und Kaufkraft beeinflussen die Nachfrage |
| *Bedürfnisse* | Entstehen aus dem Bestreben, einen Mangel zu beseitigen. Bedürfnisse sind die Grundlage des Bedarfs |
| *blow up* | Fotografische Vergrößerung, Riesenformat |
| *body copy* | Haupttext |
| *Bogen* | Papierformat für genormtes (DIN-Formate), rechteckig zugeschnittenes Papier. Grundformat des Bogens im Plakatanschlag ist DIN A1 (594x841 mm).<br>Im Druckwesen: 1 Druckbogen umfaßt 16 Seiten |
| *Bogenanschlag* | Form des Plakatanschlages |
| *brain storming* | Spontanes, impulsives Äußern aller Einfälle und Ideen zu einem vorgegebenen Thema in Form von Gruppenarbeit |
| *brain trust* | Zusammenschluß qualifizierter Fachleute |
| *break-even-point* | Rentabilitätsgrenze, Gewinnschwelle |
| *Briefing* | Kurze Zusammenfassung aller Tatsachen und Unterlagen als Voraussetzung für die Entwicklung einer Werbekampagne |
| *Bürstenabzug* | Allgemeine Bezeichnung für Fahnenabzug (Andruck), um die Korrektur zu ermöglichen |

## C

| | |
|---|---|
| *campaign* | Werbefeldzug, Werbekampagne |
| *Cartoon* | Humoristische Zeichnung |
| *cash and carry* | Handelsunternehmen, die ihr Warensortiment an Händler und Gewerbetreibende in der Form der Selbstbedienung und gegen Barzahlung anbieten. Kurzbezeichnung: C & C |
| *clipping* | Zeitungsausschnitt |
| *column* | Spalte |
| *commission* | Mittlerprovision (Kommission) |

| | |
|---|---|
| *consumer advertising* | Verbraucherwerbung |
| *consumer relations* | Öffentliche Beziehungen eines Unternehmens zu den Verbrauchern |
| *consumer research* | Verbraucherbefragung |
| *co-operative-advertising* | Gemeinschaftswerbung |
| *copy* | Anzeigentext, Werbetext |
| *copy test* | Anzeigentest nach Erscheinen |
| *Corporate Identity* | Der unverwechselbare Ausdruck, die für den Außenstehenden möglichst leicht erfaßbare geistige und gegenständliche Eigenartigkeit eines Unternehmens, einer Institution, einer sonstigen Gemeinschaft im Markt bzw. in der Öffentlichkeit. Mit anderen Worten: Die Identität im Markt bzw. in der Öffentlichkeit. Siehe auch Seite 176. |
| *cover (page)* | Umschlag- und Titelseite |

## D

| | |
|---|---|
| *Delphi-Methode* | Prognosetechnik, die systematisch die Meinungen und Erwartungen der führenden Leute in den einzelnen Fachbereichen mehrfach durch Interviews oder durch Fragebogen erfaßt. Die gewonnenen Informationen werden den Befragten zur Stellungnahme zugänglich gemacht (Rückkopplung) |
| *Demografie* | Bezeichnung für die statistische Erfassung von bestimmten, meist wirtschaftlichen oder sozialen Bevölkerungsmerkmalen, z. B. Alter, Geschlecht, Schulbildung, Beruf, Wohnortgröße, Haushaltsgröße, Konfession, Einkommen usw. |
| *Design* | Bezeichnung für Formgebung oder künstlerische Gestaltung (z. B. eines Gebrauchsgegenstandes oder eines Gebäudes) |
| *Desk Research* | Auswertung von sekundärstatistischem Material |
| *Direct-Mail* | Direktwerbung: Brief- bzw. Postwerbung |
| *Display* | Ausstellung der Waren im Laden und Schaufenster zum Zwecke des Blickfangs. Display-Material (Plakate, Aufsteller, Schilder, Regalaufstecker u. ä.) soll diese Wirkung unterstützen. Auch diese Schaustücke und Dekorationsmittel werden in der werblichen Umgangssprache oft als „Display" bezeichnet |
| *Diversifikation* | Ausweitung des Angebotes in andere Bereiche, um rentabler und krisenfester zu sein |

| | |
|---|---|
| *Dummy* | Schaupackung, Muster der Aufmachung, Attrappe |
| *Dumping* | Preisunterbietung ohne Rücksicht auf Kostendeckung |

**E**

| | |
|---|---|
| *Evaluation* | Verwertung von Streuplänen nach Kriterien der Wirtschaftlichkeit (mit Hilfe von speziellen Computerprogrammen errechnet) |

**F**

| | |
|---|---|
| *feed back* | Rückkoppelung (Response) |
| *field research* | Feldbefragung mittels Fragebogens |
| *flop* | Mißerfolg |
| *folder* | Faltprospekt |
| *follow-up letter* | Nachfaß-Werbebrief (siehe auch unter „Nachfaßwerbung“) |
| *free lancer* | Freier Mitarbeiter |
| *front page (cover)* | Titelseite |
| *full service* | Totaler Betreuungsumfang durch die Werbeagentur |

**G**

| | |
|---|---|
| *Gag* | Besonderer Einfall |
| *Galvano* | Vom Originalklischee auf elektrochemischem Wege hergestellte Druckform |
| *Gewichtung* | Im Rahmen der Werbeplanung: Bewertung verschiedener Faktoren bei der Mediaauswahl |
| *gimmick* | Auf ungewöhnliche Weise die Aufmerksamkeit auf eine Werbeaussage lenken |
| *give-away* | Werbegeschenke |
| *good will* | Guter Ruf, öffentliches Vertrauen |

**H**

| | |
|---|---|
| *Headline* | Schlagzeile |
| *human appeal* | Ansprache an das Menschliche |
| *human touch* | Menschliche Note und Seite einer Geschichte |

**I**

| | |
|---|---|
| *Image* | Vorstellungsbild |
| *impact* | Stärke des Eindrucks der Werbung |

| | |
|---|---|
| *Incentive-Reise* | Belohnungsreise |
| *Incoming* | Hereinkommender Tourismus |
| *Innovation* | Darunter versteht man vor allem neuartige Produkte, Arbeitsmethoden, neue Einrichtungen, Angebote usw.<br>In der Volkskunde bedeutet Innovation die Wiederbelebung alter Bräuche, Erneuerung überlieferter Formen und Verhaltensweisen.<br>In der Soziologie versteht man darunter Verbesserung durch neuere wirksamere Systeme.<br>Auch aktive Werbe- und Verkaufstechnik kann und soll innovativ wirken.<br>Innovationen sind naturgemäß auch im gesamten touristischen Bereich notwendig. |
| *insets* | Zeitungsbeilagen |
| *Intermedia-Forschung* | Untersuchungen über den Werbewert verschiedenartiger Werbeträger zwecks gegenseitigen Vergleiches |

## J

| | |
|---|---|
| *Jingle* | Gesungener Werbespruch |
| *Job Description* | Arbeitsplatzbeschreibung |

## K

| | |
|---|---|
| *Kaufmotive* | Rationale und emotionale Beweggründe für den Kauf von Waren oder Dienstleistungen |
| *keener competition* | Verschärfter Wettbewerb |
| *K 1-Wert* | Leserschaft einer Ausgabe einer periodisch erscheinenden Publikation (Zeitung, Zeitschrift). Im Gegensatz zum „Leser pro Nummer" nicht direkt erfragt, sondern aus den Angaben zur Lesehäufigkeit errechnet. Dieser Wert drückt die Kontaktchance pro Ausgabe in einem Erscheinungsintervall von 12 Nummern aus |
| *K 2-Wert* | 2 Einschaltungen im Erscheinungsintervall von 12 Nummern |
| *K 12-Wert* | Kontaktchance, wenn im Erscheinungsintervall alle 12 Nummern mit Werbung belegt wurden |
| *Kumulierte Reichweite* | Reichweiten ab K 2-Wert |
| *Klischee* | Druckform für die Reproduktion von Bildern, von der Originalvorlage hergestellt |
| *Know-how* | „Gewußt wie" |
| *Kontakt* | 1. Werbeträgerkontakt = Kontakt zwischen Per- |

| | |
|---|---|
| | son und dem Werbeträger (Zeitschrift, Zeitung, Plakatanschlagstelle) 2. Werbemittelkontakt = Kontakt zwischen Person und Werbemittel (Anzeige, Plakat) |
| *Kontakter* | Fachkraft in der Werbeagentur zur Betreuung von Kunden |
| *Kuponanzeige* | Inserat, das einen Kupon enthält, der zur Bestellung von Werbedrucksachen oder Warenproben benützt werden soll |

## L

| | |
|---|---|
| *Layout* | Entwurf des Werbemittels |
| *Leser pro Nummer (LpN)* | Anzahl von Personen, die innerhalb des Erscheinungsintervalls eine Ausgabe einer Zeitung oder Zeitschrift lesen oder durchblättern |
| *Leseranalyse* | Quantitative und qualitative Untersuchung der Leserschaft von periodisch erscheinenden Publikationen (Zeitungen, Zeitschriften) |
| *Leser-Blatt-Bindung* | Bezeichnung für das Ausmaß der Verbundenheit der Leser mit ihrer Zeitung oder Zeitschrift |
| *Logotype (Logo)* | Firmenschriftzug |

## M

| | |
|---|---|
| *Mailing* | Werbesendung per Post |
| *marketer* | Anbieter; Vermarkter; Händler |
| *market research* | Marktforschung |
| *market segment* | Marktsegment (Teilmarkt) siehe auch unter „Segmentation“ |
| *market share* | Marktanteil |
| *Marketing* | Unternehmenspolitik, die alle betrieblichen Maßnahmen auf den Markt ausrichtet |
| *Marktanteil* | Eigener Anteil am Gesamtumsatz (einer Branche, eines Landes, Ortes, einer Artikelgruppe) |
| *measurement of results* | Erfolgskontrolle |
| *Mediaanalyse (MA)* | Quantitative und qualitative Untersuchung von Werbeträgern, um ihre Auswahl für den Werbeeinsatz zu unterstützen |
| *Media Observer* | Österreichisches Unternehmen, das den Werbeaufwand in Massenmedien nach Produkt- und Dienstleistungsgruppen monatlich ausweist. |
| *Meeting* | Besprechung, Sitzung |
| *Message* | Werbebotschaft |
| *motivation research* | Motivforschung |

## N

| | |
|---|---|
| *Nachfaßwerbung* | Bezeichnung für Werbemaßnahmen, die die vorhergehenden Aktionen einprägen sollen. Das Intervall zwischen solchen Maßnahmen soll nicht zu groß sein (siehe auch „follow-up letter"). |
| *Nielsenerhebungen* | Von der A. C. Nielsen Marktforschungsgesellschaft auf der Basis eines repräsentativen Einzelhandelspanels regelmäßig durchgeführte Absatzkontrolle, unterteilt nach genau festgelegten Gebieten.<br>Die Nielsenerhebungen sind für die Wirtschaft, speziell für die Markenartikelindustrie, so bedeutungsvoll, daß andere Werbeforschungen wie z. B. Mediaanalysen deshalb zusätzlich nach den Nielsenerhebungen ausgewertet werden |
| *Nielsengebiete* | In Österreich: I West (Salzburg, Tirol, Vorarlberg); I Ost (Oberösterreich); II Süd (Steiermark, Kärnten, Osttirol, südl. Burgenland); II Nord (Niederösterreich, nördl. Burgenland); III Wien<br>In der Bundesrepublik Deutschland: I Schleswig-Holstein, Hamburg, Bremen, Niedersachsen; II Nordrhein-Westfalen; IIIa) Hessen, Rheinland-Pfalz, Saarland; IIIb) Baden-Württemberg; IV Bayern; V West-Berlin |

## O

| | |
|---|---|
| *Off-Stimme* | Nicht sichtbarer Sprecher im Film |
| *Omnibus-Untersuchung* | Umfrage, an der sich mehrere Auftraggeber mit kleineren Fragekomplexen beteiligen |
| *operations research* | Unternehmensforschung |
| *Opinion Leader* | Meinungsführer |
| *Optimierung* | Bestimmung der günstigsten Kombination von Werbeträgern und der Zahl der einzusetzenden Werbemittel, um ein gesetztes Ziel zu erreichen |
| *Outgoing* | Hinausgehender Tourismus |
| *outline* | Skizzierte Grundkonzeption, Umrißgrafik |

## P

| | |
|---|---|
| *Package* | 1. Ein aus mehreren Elementen (meist Transport, Unterkunft und Mahlzeiten) bestehendes Pauschalangebot im Fremdenverkehr<br>2. Moderne Form der Direktwerbung: Brief plus Beilagen (Prospekt, Antwortkarte, Muster, Sonstiges). |

| | |
|---|---|
| *Panel* | Befragtengruppe, deren Einstellung und (Kauf-) Verhalten laufend in festgelegten Abständen erforscht wird |
| *peak season* | Hauptsaison, Spitzenzeit |
| *Penetration* | Bezeichnung für den Bekanntheitsgrad eines werbenden Unternehmens bzw. der Bekanntheit von Werbebotschaften im Markt |
| *point of purchase* | Ort des Kaufs |
| *point of sale* | Ort des Verkaufs |
| *Poster* | Plakat |
| *Posttest* | Test nach Erscheinen. Prüfung von Werbemaßnahmen nach Erstphase des Einsatzes. Auch nach Abschluß der Maßnahmen zwecks Revision. |
| *PR = Public Relations* | Öffentlichkeitsarbeit |
| *Präferenz* | Bevorzugung eines Angebotes (Marke) |
| *Pretest* | Prüfung eines Werbemittels vor seinem Einsatz. Auch probeweiser Einsatz in einem Gebiet. |
| *Printmedien* | Gedruckte Medien |
| *Promotions* | Werbemaßnahmen, die kurzfristig und direkt auf den Verbraucher gerichtet sind |
| *Publicity* | Öffentliche Aufmerksamkeit |
| *public opinion* | Öffentliche Meinung |
| *purchase proposition* | Verkaufsargumentation |

## Q

| | |
|---|---|
| *questionnaire* | Fragebogen |
| *quota sample* | Methode zur Auswahl von Bevölkerungsquerschnitten im Rahmen der Marktforschung durch Vorgabe von Quoten (Anteile in Zahlen ausgedrückt) innerhalb von bestimmten Bevölkerungsschichten |

## R

| | |
|---|---|
| *random sample* | Zufallsauswahl im Rahmen der Marktforschung |
| *redaktionelles Umfeld* | Generelles Umfeld einer Anzeige oder eines anderen Werbemittels (redaktionelles Umfeld und Umfeld an anderen Werbemitteln im Werbeträger) |
| *Reichweite* | In Prozenten ausgedrückter Anteil der Gesamtbevölkerung oder einer Teilgruppe, der von einem Werbeträger erreicht wird. Die Reichweite ist die in Prozent oder per Tausend ausgedrückte Leser-pro-Nummer-Zahl |

| | |
|---|---|
| *Report* | Bericht |
| *repräsentativer Querschnitt* | Nach mathematischen Regeln gebildete Stichprobe, die aber der Gesamtheit entsprechen muß (Teil für das Ganze) |
| *research* | Forschung |
| *Response* | Bezeichnung für aktive Reaktion der Umworbenen im Sinne von Rückkoppelung |
| *retailer* | Einzelhändler |

## S

| | |
|---|---|
| *sales appeal* | Verkaufsappell |
| *salesfolder* | Illustrierte Unterstützung des Verkaufs |
| *sales promotion* | Verkaufsförderung |
| *sample* | Stichprobe, auch Warenmuster |
| *Sandwich-Man* | Plakatträger |
| *Scribble* | Entwurf |
| *Segmentation* | Gliederung eines Gesamtmarktes in Marktsegmente; dafür sind unter anderem maßgebend: spezielle Zielgruppen, spezielle Gebiete und ausgeprägte besondere Bedürfnisse.<br>Segmentation ist typisch für das Marketing-Denken |
| *seller's market* | Verkäufermarkt |
| *Shell* | Blankovordruck eines Werbemittels (vor allem Plakate und Prospekte) |
| *Signet* | Marke, Firmensiegel |
| *sketch* | Entwurf |
| *slide* | Diapositiv |
| *Slogan* | Werbebotschaft in Form eines (auch rhythmischen) Satzes |
| *Soziodemografie* | Demografische Erfassungen mit soziologischen Schwerpunkten |
| *splitting* | Teilung der Auflage |
| *Spot* | Werbeeinschaltung in Hörfunk oder Fernsehen |
| *sticker* | Aufkleber |
| *stopper* | Blickfang |
| *Story Board* | In der Werbung: Illustriertes Drehbuch |

## T

| | |
|---|---|
| *target* | Planziel |
| *Testimonial* | Empfehlung zu Werbezwecken |
| *Tiefeninterview* | Erforschung von Motiven (Kaufmotiven) durch indirekte Fragen und psychologische Methoden, die Unbewußtes erkennen lassen |

| | |
|---|---|
| *Tiefenpsychologie* | Sie betrifft das Unbewußte. Die Psyche wird eben als Gesamtheit aller bewußten und unbewußten Vorgänge im Menschen gedeutet. Tiefenpsychologie ist für die Erforschung der Kaufmotive von großer Bedeutung. Behutsamkeit ist am Platze, doch ist es möglich, unbewußte Kaufgründe schrittweise zu erfassen. Insbesondere mit Hilfe des Tiefeninterviews |
| *Timing* | Einsatzzeit von Werbemaßnahmen. Richtige Zeitbestimmung der Werbeaktion ist mit ausschlaggebend für den Erfolg |
| *tourist advertising* | Fremdenverkehrswerbung |
| *Tour Operator* | Reiseveranstalter |
| *Treatment* | Filmidee in schriftlicher Form bzw. Vorstufe zum Drehbuch |
| *typesetting* | Satz |

## U

| | |
|---|---|
| *Umbruch* | Im Druckwesen: Bezeichnung für die bereits nach Seiten zusammengestellten Druckformen. Davon zu Korrekturzwecken hergestellte Abzüge sind die Umbruchbürsten |
| *Understatement* | Untertreibung |
| *USP = unique selling proposition* | Einzigartiger Verkaufsgrund, Alleinstellungsargument |

## V

| | |
|---|---|
| *validity* | Gültigkeit, Treffsicherheit (in der Marktforschung, ob eine spezielle Frage wirklich geeignet ist, einen Sachverhalt zu erfassen) |
| *Visualiser* | Berufsbezeichnung. Die Tätigkeit betrifft grafische Darstellung (Skizzierung) von Ideen |
| *voice-over* | Synchronisation |
| *Voucher* | Gutschein im Reiseverkehr |

## W

| | |
|---|---|
| *Weitester Leserkreis* | Zahl aller Leser einer periodischen Publikation (sinngemäß aber auch von Teilnehmern des Hörfunks oder Fernsehens). Dieser Begriff kann eingeschränkt werden auf bestimmte Ausgaben bzw. Zeitabschnitte |

| | |
|---|---|
| *Werbeetat* | Schriftliche Fixierung der finanziellen Mittel der Werbetätigkeit für eine festgelegte Zeit. Basis der Werbeplanung, die nach Werbemitteln, Kosten und zeitlichem Einsatz möglichst detailliert aufgestellt wird |
| *wholesaler* | Großhändler |

## Y

| | |
|---|---|
| *Yellow Press* | „Gelbe Presse“, Sensationspresse |

# ABKÜRZUNGEN

| | |
|---|---|
| AAS | Austrian Air Services |
| AAT | Austrian Air Transport |
| ABC | Advance Booking Charter |
| ABR | Amtliches Bayerisches Reisebüro |
| ABTA | Association of British Travel Agents |
| ACI | Auto Club Italiano |
| ADAC | Allgemeiner Deutscher Automobil Club |
| ADR | Arbeitsgemeinschaft Absatzförderung Deutschlandreisen |
| ADZ | Allgemeine Deutsche Zimmerreservierung |
| AGRA | Arbeitsgemeinschaft Reiseanalyse |
| AIEST | Association Internationale d'Experts Scientifiques du Tourisme |
| AISC | Association Internationale des Skal Clubs |
| AIT | Alliance Internationale de Tourisme |
| ANTO | Austrian National Tourist Office |
| APA | Austria Presse Agentur |
| APEX | Advanced purchase excursion (Flugtarif) |
| APK | Archäologischer Park Carnuntum |
| ARBÖ | Auto-, Motor- und Radfahrer Bund Österreichs |
| ARD | Allgemeine Rundfunkanstalt Deutschland |
| ASR | Arbeitsgemeinschaft selbständiger Reisebüros |
| ASTA | American Society of Travel Agents |
| ATB | Austrian Travel Business |
| ATC | Alpine Tourist Commission |
| AUA | Austrian Airlines |
| AvD | Automobilclub von Deutschland |
| B.A.T. | Freizeit-Forschungsinstitut Hamburg (B.A.T. Cigarettenfabrik GmbH) |
| BDV | Deutscher Bäderverband e. V. |
| BITS | Bureau International du Tourisme Social |
| BÖG | Bund Österreichischer Gastlichkeit |
| BÖKF | Bund Österreichischer Kur- und Fremdenverkehrsdirektoren |

| | |
|---|---|
| CEMT | Europäische Verkehrsminister-Konferenz |
| COTAL | Confederación de Organizaciones Turisticas de la America Latina |
| DB | Deutsche Bundesbahn |
| DEHOGA | Deutscher Hotel- und Gaststättenverband |
| DER | Deutsches Reisebüro GmbH |
| DFV | Deutscher Fremdenverkehrsverband |
| DPA | Deutsche Presse Agentur |
| DRV | Deutscher Reisebüroverband |
| DWIF | Deutsches Wirtschaftswissenschaftliches Institut für Fremdenverkehr |
| DZT | Deutsche Zentrale für Fremdenverkehr |
| EAAA | European Advertising Agency Association |
| EG | Europäische Gemeinschaft |
| ENIT | Ente Nazionale Italiano del Turismo |
| ETC | European Travel Commission |
| EUTO | Europäische Vereinigung der Fremdenverkehrsdirektoren |
| FIF | Forschungsinstitut Fremdenverkehr |
| FITEC | Fédération international du thérmalisme et climatisme |
| FIYTO | Federation of International Youth Travel Organizations |
| FVV | Fremdenverkehrsverband |
| GBÖ | Gästebefragung Österreich |
| GCB | German Convention Bureau |
| GIT | Group Inclusive Tour (Flugtarif) |
| GUT | Gemeinwirtschaftliches Unternehmen für Touristik GmbH & Co |
| GWA | Gesellschaft Werbeagenturen (Deutsche Dachorganisation) |
| IAAA | International Advertising Agency Association |
| IAPCO | International Association of Professional Congress Organizers |
| IATA | International Air Transport Association |
| IAT | International Academy of Tourism |

| | |
|---|---|
| ICAO | International Civil Aviation Organization |
| ICCA | International Congress and Convention Association |
| IHA | International Hotel Association |
| IKD | Gesellschaft für medizinischen Tourismus |
| IRU | International Road Union |
| IUOTO | International Union of Official Travel Organizations |
| ITB | Internationale Tourismusbörse |
| ITM | International Tourism Management |
| ITS | Internationales Tourist Service |
| IT | Inclusive Tour |
| KLBV | Konzertlokalbesitzerverband |
| LVA | Landesfremdenverkehrsamt |
| MA | Mediaanalyse |
| MIS | Marketing-Informations-System |
| NUR | Neckermann und Reisen |
| NVB | Neckermann Vlieg Reizen Belgien |
| NVN | Neckermann Vlieg Reizen Niederlande |
| ÖAMTC | Österreichischer Automobil-, Motor- und Touring-Club |
| ÖBB | Österreichische Bundesbahnen |
| ÖBV | Österreichisch-Bayerisches Verkehrsbüro |
| OECD | Organisation für wirtschaftliche Zusammenarbeit und Entwicklung |
| OFM | Österreichische Ferienmesse |
| ÖFVW | Österreichische Fremdenverkehrswerbung |
| ÖGAF | Österreichische Gesellschaft für Angewandte Fremdenverkehrswissenschaft |
| ÖGZ | Österreichische Gastgewerbe-Zeitung |
| ÖHV | Österreichische Hoteliervereinigung |
| ÖKISTA | Österreichisches Komitee für Internationalen Studienaustausch |
| OMT | Organisation Mondiale du Tourisme |
| ÖRMA | Österreichische Reisemarktanalyse |
| ÖRV | Österreichischer Reisebüroverband |

| | |
|---|---|
| OTC | One Stop Tour Charter |
| ÖVB | Österreichisches Verkehrsbüro |
| ÖVW | Österreichische Verkehrswerbung |
| ÖWWG | Österreichische Werbewissenschaftliche Gesellschaft |
| PATA | Pacific Area Travel Agency |
| PCO | Professional Congress Organizer |
| POP | Point of Purchase |
| POS | Point of Sale |
| RA | Reiseanalyse |
| RB | Reisebüros |
| RCE | Regional Commission Europe (der OECD) |
| RDA | Ring Deutscher Autobusunternehmer |
| RIT | Rail Inclusive Tour |
| RSN | Spezialreiseredaktion (Reportage, Serien, Nachrichten) |
| RV | Reiseveranstalter |
| SBB | Schweizer Bundesbahn |
| StfT | Studienkreis für Tourismus |
| SVZ | Schweizerische Verkehrszentrale |
| t.a. | Tourist Austria International |
| TEE | Trans-Europ-Express |
| TUI | Touristik Union International |
| UFTAA | Universal Federation of Travel Agents Associations |
| UIA | Union of International Associations |
| UIOOT | Union International des Organismes Officiels de Tourisme (seit 1976 WTO) |
| USP | Unique selling proposition |
| VDFU | Verband Deutscher Freizeit-Unternehmen |
| VDRJ | Vereinigung Deutscher Reisejournalisten |
| VÖRJ | Vereinigung Österreichischer Reisejournalisten |
| WTO | World Tourism Organization |
| ZAW | Zentralausschuß der Werbewirtschaft |

# LITERATURHINWEISE

## I. „KLASSIKER“ DES EINSCHLÄGIGEN SCHRIFTTUMS

P. Bernecker: „Die Stellung des Fremdenverkehrs im Leistungssystem der Wirtschaft“, Wien, 1956
P. Bernecker: „Grundlagenlehre des Fremdenverkehrs“, Wien, 1962
G. Haedrich, C. Kasper, H. Kleinert, K. Klemm (Hrsg.): „Tourismus-Management“, Berlin, 1983
W. Hunziker und K. Krapf: „Allgemeine Fremdenverkehrslehre“, Zürich, 1942
Philip Kotler: „Marketingmanagement“, Stuttgart, 1974
H. P. Schmidhauser: „Marktforschung im Fremdenverkehr“, Bern, 1962
B. Tietz: „Handbuch der Tourismuswirtschaft“, München, 1980
Peter J. Trauth: „Werbeleiter-Handbuch“, München, 1973
St. F. Witt, L. Moutinho: „Tourism Marketing and Management Handbook“, 1989
H. L. Zankl: „Das Lehrbuch der Fremdenverkehrswerbung“, Bern, 1956

## II. MONOGRAPHIEN SEIT 1970

A. Brusatti: „100 Jahre Österreichischer Fremdenverkehr – Historische Entwicklung 1884 – 1984“
H. Hahn und K. D. Hartmann: „Reiseinformation, Reiseentscheidung, Reisevorbereitung“, Starnberg, 1973
K. D. Hartmann: „Zur Psychologie der Angebotsgestaltung im Fremdenverkehr“, Starnberg, 1977

D. Hebestreit: „Touristik-Marketing“, Berlin, 1975
C. Kaspar, B. Kunz: „Unternehmensführung im Fremdenverkehr“, Bern und Stuttgart, 1982
C. Kaspar: „Die Fremdenverkehrslehre im Grundriß“, Bern und Stuttgart, 1982
J. Krippendorf: „Marketing im Fremdenverkehr“, Bern und Frankfurt, 1971
R. Müller: „Fremdenverkehrswerbung in Österreich – Historische Beispiele seit 1884“, Wien, 1984
H. Paul: „Marketing für Fremdenverkehr“, Frankfurt, 1977
Studienkreis für Tourismus: „Werbung im Tourismus“, Starnberg, 1973
F. Tschiderer: „Ferienortplanung“, Bern und Stuttgart, 1980
J. Zenhäusern: „Fremdenverkehrswerbung“, Bern und Stuttgart, 1975

## III. DEUTSCHSPRACHIGE FACHMEDIEN

A-3 Gast, Wien
FM – Fremdenverkehr, Wien
Hotel & Touristik, Wien
tourist austria international, Wien
tourist intern, Wien
Österreichische Gastgewerbe Zeitung, Wien
Fremdenverkehrswirtschaft, Hamburg
Deutsche Reisebürozeitung, Frankfurt
Der Fremdenverkehr, Darmstadt
RB-Nechleba, München
touristik report, Frankfurt
TID, Erbach/Odenwald
touristik aktuell, Darmstadt
Hotelrevue, Bern
Münchner Wirte-Brief
Schweizerische Wirtezeitung, Zürich
Revue de Tourisme, Bern

# PERSONENREGISTER